主　编　黎红雷
副主编　胡国栋　孙明高

企业儒学年鉴

2024

中山大学出版社
·广州·

版权所有　翻印必究

图书在版编目（CIP）数据

企业儒学年鉴. 2024 /黎红雷主编；胡国栋，孙明高副主编.
广州：中山大学出版社，2025.3. -- ISBN 978 - 7 - 306 - 08407 - 1
Ⅰ. F272 - 54
中国国家版本馆 CIP 数据核字第 2025XH6442 号

QIYE RUXUE NIANJIAN 2024

出 版 人：	王天琪
策划编辑：	陈　莹
责任编辑：	刘　婷　陈　颖
封面设计：	曾　斌
责任校对：	陈　莹　陈晓阳
责任技编：	靳晓虹
出版发行：	中山大学出版社
电　　话：	编辑部 020 - 84111946，84113349，84111997，84110779，84110776
	发行部 020 - 84111998，84111981，84111160
地　　址：	广州市新港西路 135 号
邮　　编：	510275　　　　传　真：020 - 84036565
网　　址：	http://www.zsup.com.cn　E-mail：zdcbs@mail.sysu.edu.cn
印 刷 者：	恒美印务（广州）有限公司
规　　格：	787mm×1092mm　1/16　30.5 印张　529 千字
版次印次：	2025 年 3 月第 1 版　2025 年 3 月第 1 次印刷
定　　价：	118.00 元

如发现本书因印装质量影响阅读，请与出版社发行部联系调换

《企业儒学年鉴》编辑委员会

主　任：黎红雷（中山大学）
副主任：孙明高（深圳市天成投资集团有限公司）
委　员（按姓氏笔画排序）：

王　杰（中央党校/国家行政学院）　　张　雄（上海财经大学）
王建均（中央社会主义学院）　　　　细沼蔼芳（日本SBI大学院大学）
王建宝（长江商学院）　　　　　　　祝家华（马来西亚南方大学）
方　军（安徽财经大学）　　　　　　郭　沂（韩国首尔大学）
古　丽（乌兹别克斯坦布哈拉大学）　胡国栋（东北财经大学）
宁洲明（德国齐柏林大学）　　　　　胡治洪（武汉大学）
孙洪义（香港城市大学）　　　　　　胡海波（江西财经大学）
许福吉（新加坡南洋理工大学）　　　宫玉振（北京大学）
吕　力（扬州大学）　　　　　　　　原　理（中国人民大学）
李　晓（中国政法大学）　　　　　　晁　罡（华南理工大学）
李平生（山东大学）　　　　　　　　贾旭东（兰州大学）
陈　来（清华大学）　　　　　　　　黄建跃（湖南财政经济学院）
陈寿灿（浙江工商大学）　　　　　　阎世平（广西大学）
陈剑锽（香港中文大学）　　　　　　程　霖（上海财经大学）
吴照云（江西财经大学）　　　　　　彭新武（中国人民大学）
苏　勇（复旦大学）　　　　　　　　颜世富（上海交通大学）
林安梧（台湾元亨书院）　　　　　　戴　黍（广东青年政治学院）
张应杭（浙江大学）

前　　言

《企业儒学年鉴》是企业儒学学科发展的记录。《企业儒学年鉴2024》以2024年度召开的第二届企业儒学学术研讨会发表的论文为主体，适当收录第三届全国新儒商年会和首届国际儒商论坛的部分论文，总体上是对2024年度企业儒学研究现状的总结，具体分为"企业儒学与传统儒学""企业儒学与管理哲学""企业儒学与企业治理""企业儒学与企业伦理""企业儒学与企业实践""企业儒学的域外视角"六个部分，以及"特稿"和"附录"两个部分，基本上反映了2024年度企业儒学研究的成果。

什么是"企业儒学"？就学科定位而言，企业儒学是对当代儒学发展的一个新领域，也是当代企业理论的一个中国化表述；就理论形态而言，企业儒学是对千年儒学传统的创造性转化，也是对百年企业理论的创新性发展；就实践基础而言，企业儒学是对中华优秀传统文化融入现代企业经营管理实践的概括与总结，是新儒商企业治理智慧的结晶。企业儒学的创立，为中华民族现代文明谱写了工商文明的篇章，为世界新商业文明提供了中国方案，体现了重大的时代价值。

第一，实现儒家思想在企业的创造性转化。儒家思想作为治国之道，在中国古代社会延续了两千多年，留下了极其丰富的精神遗产。企业儒学将古代儒家的治国理念转化为现代企业的治理智慧，德以治企、教化为先，义以生利、利他经营，信以立世、诚以待人，促进了企业的健康可持续发展，实现了儒家思想在企业的创造性转化。

第二，推进企业理论在中国的创新性发展。企业作为现代市场经济的产物，其组织模式来自西方。在中国现代化、工业化、市场化的过程中，西方的企业理论传入中国并被广泛学习、借鉴和应用。而由于所根植的社会文化土壤不同，中国的企业家在向西方学习的同时，越来越多地受到数千年中华优秀传统文化特别是儒家文化的影响。企业儒学以"拟家庭化"发展企业组织理论，以"拟书院化"发展企业教育理论，以"拟身股制"

发展企业股份理论，是适应了中国本土企业现实的需要，更是对西方经典企业理论的超越和创新。

第三，为中华民族现代文明谱写工商文明篇章。习近平总书记在文化传承发展座谈会的讲话中强调："在新的起点上继续推动文化繁荣、建设文化强国、建设中华民族现代文明，是我们在新时代新的文化使命。"① 要坚定文化自信，担当使命、奋发有为，共同努力创造属于我们这个时代的新文化，建设中华民族现代文明。儒商文化是中华优秀传统文化的组成部分，企业儒学秉承中华优秀传统文化的核心精神，自强不息、努力奋斗，厚德载物、宽厚包容，与时偕行、不断创新，为中华民族现代文明谱写工商文明的篇章。

第四，为当代世界新商业文明提出中国方案。新商业文明的核心是从利己主义转向利他主义、从经济利润转向价值创造、从零和博弈转向和谐共赢。为此，企业儒学将中华优秀传统文化的精髓落实到企业管理中，以成功转变员工、顾客、合作厂商、社区群众乃至社会大众的思想。企业既要为员工创造幸福，也要为社会创造价值，成为提升能量、造福众生的"公器"；企业既要"助人成功"，也要"助人成长"，实现物质与精神的双丰收；企业既要"化废为宝"，也要"化恶为善"，承担自然与社会的双责任，从而为当代世界新商业文明提供中国方案。

当前，在学界、商界、政界的共同努力下，企业儒学和新儒商事业得到迅猛发展，建立了"全国新儒商团体联席会议"平台，2022 年在浙江宁波、2023 年在广西桂林、2024 年在广东佛山先后召开了三届全国新儒商年会，第四届年会将于 2025 年在山西太原召开。此外，还建立了"全国企业儒学团体联席会议"平台，2023 年在中山大学、2024 年在东北财经大学先后召开了两届企业儒学学术研讨会，第三届研讨会将于 2025 年在江西财经大学召开。与马来西亚联合举办的国际儒商论坛双年会首届年会于 2024 年 12 月 13—14 日在吉隆坡举行，发表了《首届国际儒商论坛吉隆坡宣言》；第二届国际儒商论坛将于 2025 年在中国深圳举行。

非常令人高兴的是，企业儒学的发展得到社会各界的认可和支持。目前，深圳三和仁爱基金会设立了"三和仁爱奖"，分设"企业儒学研究杰出贡献奖""企业儒学实践杰出贡献奖""儒学社会弘扬杰出贡献奖"，以

---

① 习近平：《在文化传承发展座谈会上的讲话》，载《求是》2023 年第 17 期，第 4 – 11 页。

及"企业儒学研究生奖学金"等。同时,深圳天成集团企业儒学发展基金会也设立了"企业儒学研究优秀成果奖",并提供《企业儒学年鉴》每年的出版经费。这样,企业儒学的研究,从人才的培养到成果的表彰、贡献的褒扬,以至著作的出版,都得到了有力的资金保障,进一步增强了我们拓展企业儒学事业的信心。

"长风破浪会有时,直挂云帆济沧海。"我们相信,以博大精深的中华文化传统、厚重丰满的儒商文化基因、生动鲜活的新儒商治理智慧为底蕴,企业儒学必将在以中国式现代化推进中华民族伟大复兴的新征程中做出重要的贡献!

目　录

⊙ **特稿**

从任正非看企业儒学与中国式管理创新　黎红雷 / 3

⊙ **企业儒学与传统儒学**

"儒道互补"的治理意蕴及其实践启示　彭新武　越龙龙 / 25
儒学视域中的企业管理研究　解光宇 / 38
企业儒学的"易"本论　唐雄山 / 50
"共在"—"共情"：先秦"爱"的哲思对当代新儒商文化的启示
　　唐少莲 / 66
以孟子思想涵养为商之德　陈晓霞　秦　超 / 78

⊙ **企业儒学与管理哲学**

中国管理学派：履践、责任与未来　吴照云　巫周林　姜浩天 / 95
儒家的自我反馈管理思想
　　——以王阳明心学管理思想为考察重点　周可真 / 111
企业儒学视阈中"君子自律"的特质及其意蕴
　　——基于"为仁由己"的解析　戴　泰　许拥旺 / 129
儒家身正令行领导观研究　黄建跃 / 141
君子的自我管理
　　——论王阳明的"为己—克己—成己"修养论　王占彬 / 154
重论先秦商家经营管理思想　温江斌 / 168

⊙ **企业儒学与企业治理**

论术道之辩语境下的儒家治理之道及时代价值　张应杭　胡昕宁 / 183

儒家文化视域下德性领导与家庭式组织的机理研究　胡国栋
　　李文昊／195
"心"之能量：中国式管理的道德生产效能　郑济洲　崔　翼／210
试论儒商"敬天爱人"的信仰　赵　武／222
新儒商如何构建中国式现代化企业治理新模式　唐诗武／234
管理"三界"互动与企业儒学的理论、实践及方法创新　贾旭东／243
中国式现代化视阈下建构以儒商精神为基因的当代中国企业家精神
　　徐德忠／252

⊙ 企业儒学与企业伦理

天下格局：一种解释中国优秀企业家精神的新框架　晁　罡　钱　晨
　　王　磊／267
论中华传统文化形塑企业领导—员工伦理互动的机制　刘素菊　张树旺
　　邹安欣／287
儒家德性领导对员工亲组织非伦理行为的影响机制研究　原　理
　　孙海航／300
儒家伦理文化"两创"与中国式现代旅游伦理建构研究　李文明
　　乐建成　崔　慧　李佳慧／318
"君亲师"：儒商在设计企业中的三重角色　徐平华　谢菊明／327

⊙ 企业儒学与企业实践

企业家精神与方太的实践　苏　勇／341
道创财富，德济天下
　　——企业儒学在山西天元集团的实践　李景春／351
儒家信仰，儒商文化
　　——企业儒学在深圳三和国际集团的实践　张　华／361
儒以铸文，文以化企
　　——企业儒学在深圳乐天成集团的实践　孙明高／373
基于君子文化的中国式管理模式：德胜洋楼的案例研究　胡海波
　　吴照云／387
苏州固锝：中国式管理与新商业文明探索　周文生／402

⊙ 企业儒学的域外视角

儒家思想与现代公司治理
  （乌兹别克斯坦）纳祖拉耶娃·古丽谢克拉·萨利莫夫娜
  刘微风　译／415
儒家思想与世界新商业文明
  （乌兹别克斯坦）纳吉萨·诺西罗瓦·贾莫利丁·齐兹
  刘微风　译／426
中国商业文化中的关系理性与交易理性　（德国）宁洲明
  刘微风　译／439

⊙ 附录

附录一　2022—2024年企业儒学大事记／467
附录二　首届国际儒商论坛吉隆坡宣言／472

■ 特 稿

特　稿

从任正非看企业儒学与中国式管理创新

黎红雷①

任正非从自己的人生经历和创办并引领华为发展的过程中，深感"孔子思想之伟大"，他自觉地从孔子的儒家思想中汲取源头活水，通过对"中庸之道"的领悟而建立"灰度哲学"，对"自强不息"的领悟而主张"以奋斗者为本"，对"吾日三省吾身"的领悟而倡导"自我批判"，从而形成了自己的企业治理思想。这对于我们理解企业与儒学的结合，把握中国式管理创新的思想源泉、实现路径和突破方向，都具有重要的启迪作用。

一、儒学的"中庸之道"与华为的"灰度哲学"

对于儒学的"中庸之道"，任正非曾有这样的感悟：

> 1996 年，任正非有一次在保加利亚雪山脚下散步，忽然问刚回到华为不久的为华为国际营销系统创始人之一的梁国世："你知道华为公司为什么能成功吗？"梁国世心中一喜，赶紧回应："我刚来华为，怎能悟出这般深奥的道理。您说，为什么呢？"任正非答道："中庸之道。"或许，从这时开始，任正非就已经建立起了他的重要管理理念：灰度哲学。②

"中庸"是儒家思想的灵魂，是最高的道德追求。儒家思想的奠基者

---

① 黎红雷，中山大学哲学博士、美国夏威夷大学比较管理哲学博士后，中山大学中外管理研究中心主任、教授、博士生导师，博鳌儒商论坛理事长、全国新儒商团体联席会议秘书长、全国企业儒学团体联席会议秘书长。

② 谭长春：《要学就学真华为》，企业管理出版社 2022 年版，第 27 页。

孔子说："中庸之为德也，其至矣乎！民鲜久矣。"① 什么是"中庸之道"？南宋儒学大师朱熹的回答是："中庸者，不偏不倚、无过不及，而平常之理，乃天命所当然，精微之极致也。"② 这里的"不偏不倚"，就是不偏向任何一方，秉持客观公正的立场；"无过不及"，就是既不过分也不缺失，处于恰到好处的状态。朱熹又指出："君子之所以为中庸者，以其有君子之德，而又能随时以处中也。"③ 在他看来，君子之所以能够始终坚持中庸的至德，在于随时依据事物的变化而不断调整自己的行为，合乎时宜，应时而动，随时变通，动态平衡。综上所述，所谓"中"，就是"合适"；所谓"中庸"，就是使事物达到合适的状态；所谓"中庸之道"，就是"不偏不倚、无过不及、动态平衡"的行为规范。"中庸之道"既是"百姓日用而不知"的"平常之理"，至今河南方言中的"中"就是这方面的语言文化遗存，也是体现天地、自然、人类活动规律的"天命所当然"，更是体现儒家思想"微妙处"的"精微之极致"。

自20世纪"打倒孔家店"和"批林批孔"两场运动以后，儒家思想被"扫进历史的垃圾堆"，"中庸之道"首当其冲，被视为"反动、落后、保守"的代名词，而遭到曲解、嘲笑乃至唾弃。任正非重提"不偏不倚、无过不及、动态平衡"的"中庸之道"，将其诠释为"开放、妥协、灰度"的"灰度哲学"，用以指导自己和华为的成长。

开放，是中庸之道"动态平衡"的前提。通过开放，可以接触到多种要素、多种智慧、多种可能，这就为"动态平衡"提供了必要的条件。在任正非看来，中华文化之所以能够传承至今，与其兼收并蓄的包容性有关。自古以来，中华民族诸多先贤的思想也是很开放的。"开放就能永存，不开放就会昙花一现。"④

热力学的熵增原理指出：一个封闭的孤立系统必然带来混乱、无序和低效。任正非借用这一原理，来帮助员工理解企业组织开放的必要性。如果企业取得阶段性成就后自我封闭，就会让组织处于一潭死水的状态。为此，必须让企业成为一个"耗散结构"组织，面对环境的不断变迁，及时

---

① 《论语·雍也》。
② 朱熹：《四书章句集注·中庸章句》。
③ 朱熹：《四书章句集注·中庸章句》。
④ 陈珠芳：《任正非：开放、妥协、灰度是科学管理的核心》，见华夏基石 e 洞察（https://k.sina.com.cn/article_232306342_8a76438601901130x.html）。

重新审视组织的定位、角色和担当，设定企业的愿景、使命、战略和商业模式，引进新能量，获得新动力，进而实现企业的目标。

高端的企业聚集高端的人才，然而高端人才的聚集也容易形成封闭的"人才金字塔"。任正非提出，"炸开"人才金字塔的顶端，以无限扩大其外延，使内生的领军人物不断涌现，外延的天才思想广泛云集，让组织永葆活力。为此，企业既要"因凤筑巢"，又要"筑巢引凤"，这样才能得天下英才而用之。同时，企业内部的人才必须跟外部的专家和组织积极交流，掀起"头脑风暴"，撞出"思想火花"，推动企业发展和科技进步。

创新，是企业发展的不竭动力。任正非主张"原创创新"，但不太认同"自主创新"的提法。在他看来，"自主创新"是封闭系统思维。企业要开放合作，创新也要开放合作，自己只做最有优势的东西，其他部分开放，让别人做，不开放就会走向失败。企业一定要开放地吸收别人的好东西，不要故步自封，不要过多地强调自我。创新是站在别人的肩膀上前进的，同时要像海绵一样不断吸收别人的优秀成果，而不是封闭起来的"自主创新"。

任正非意识到，领导者的心态决定企业开放的状态。只有不偏执、不固执、不自恋的领导者，才能真正成为企业开放的领军人物。为此，领导者要有"知之为知之，不知为不知"[①]的心态，放弃那种认为"只有各方面都比下属懂得多才能让下属信服"的想法，在员工面前勇于承认自己的不足。领导者要有"如履薄冰"的心态，头脑要清醒，既要避免只看得到"形势一片大好"而看不到约束条件，也要防止只看得到困难重重而看不到光明，最终错失良机。领导者要有"海纳百川"的心态，胸襟要开阔，团结一切可以团结的力量，吸收一切可以吸收的能量，提升自己，扩大团队，壮大企业。

妥协，是中庸之道"不偏不倚"的运用方法。通过妥协，可以将不同的人、不同的要素、不同的思想整合起来，达到共同的目标，实现双赢或多赢。在任正非看来，妥协是非常务实的通权达变的智慧。坚持正确的方向和原则与妥协并不矛盾。方向不能妥协、原则不能妥协，但在实现目标过程中产生的问题都可以妥协。"明智的妥协是一种适当的交换。为了达到主要的目标，可以在次要的目标上做适当的让步。这种妥协并不是完全

[①] 《论语·为政》。

放弃原则，而是以避退为进，通过适当的交换来确保目标的实现。"①

任正非认识到，企业最高领导者不能搞"一言堂"，而应该充分尊重管理团队的意见，尊重大家的民主决策。当然，领导者在非原则性问题上可以妥协，但是在关键问题上，应拥有一票否决权。这个否决权可以是众望所归的领导者个人，也可以是集思广益的领导者集体。比如，企业实行轮值 CEO 或轮值董事长制度，本质上就是企业最高决策群之间的相互妥协、相互制衡的机制，既可以让最高领导团队的智慧充分发挥出来，又可以用纠偏机制防范风险，平衡领导团队之间的关系以及企业各方面的矛盾，使企业得以均衡地成长。

华为不把同行当作竞争对手，而是称之为"友商"，意思是"友好的同行"。在其看来，企业竞争的目的是发展自己，而不是打击对手；同行之间有竞争，但也有很多可以合作的空间，比如技术上的相互授权、相互购买对方的产品和专利等。所以对于企业缺少的核心技术，可以直接购买或者支付专利费用，以支付许可费的方式来实现产品的国际市场的准入，在竞争的市场上逐步求得生存。由于支付了费用，就实现了与竞争对手的和平相处。当然，这种妥协并不是毫无原则的退让，而是以退为进，企业在消化外来技术的基础上，进行原创性的创新，最终实现后来居上。即使是面临对手的无理打压，也要心平气和，既要据理力争，也要留有后手，保持韧性，不要硬碰硬，更不要拼个鱼死网破，而应"退一步海阔天空"。

在任正非看来，人与人、企业与企业之间的关系，并不是征服与被征服的关系。如果将竞争比喻为人性的丛林，那么妥协就是在人性的丛林中得以生存的智慧。妥协是双方或多方在某种条件下达成的共识，在解决问题上，它不是最好的办法，但在更好的方法出现之前，它却是最好的方法，因为它有不少的好处。"凡是人性丛林里的智者，都懂得恰当时机接受别人妥协，或向别人提出妥协，毕竟人要生存，靠的是理性，而不是意气。"②

"灰度"，是中庸之道"无过不及"的形象表达。用"灰度"的哲学看世界，就能在各种矛盾的人、事、物中，找到其联系性和依存性，从而

---

① 任正非：《开放、妥协、灰度——在 2009 年全球市场工作会议上的讲话》，见喜马拉雅网（https://www.ximalaya.com/sound/212218492）。

② 任正非：《开放、妥协、灰度——在 2009 年全球市场工作会议上的讲话》，见喜马拉雅网（https://www.ximalaya.com/sound/212218492）。

游刃自如，无往而不通。1994年，笔者在美国夏威夷大学哲学系做博士后时，为美国学生上"中国哲学"课，一开始就在黑板上画出阴阳太极图，指出这就是中国人的哲学图腾，体现了中国人的世界观和方法论。① 任正非则用太极来阐释"灰度"：太极里的白鱼表示阳，黑鱼表示阴。白鱼中间有一只黑眼睛，黑鱼之中有一只白眼睛，表示阳中有阴，阴中有阳，阴阳结合，相生相克。受此启发，任正非认识到："一个清晰方向，是在混沌中产生的，是从灰色中脱颖而出，而方向是随时间与空间而变化的，它常常又会变得不清晰。并不是非白即黑，非此即彼。"② 因此，"领导者的责任就是要创造条件让矛盾互相转化，化解矛盾而不是加深矛盾，而关键就是要掌握好灰度"③。

（1）高品质与高效率。高品质的新产品是需要花时间精细"打磨"的，快速交付却容不得企业花时间去精细"打磨"。而通过高瞻远瞩、适时决策，保证企业坚持高质量的原则做正确的事，并用高效率的方法正确地做事，就可以实现"鱼和熊掌兼得"。

（2）规范性与灵活性。规范流程可以使员工提高工作效率，保证产品质量，只有员工遵守规范和服从纪律，企业才能获得成功。但是，规范流程不是万能的，要靠人去执行，也会发生例外事件。对此，只有在处理时保持一定的灵活性，才能帮助我们规避险阻。

（3）分工与合作。分工是社会进步的象征，是创造效率的手段。但是，没有合作的分工也可能会把管理者推上"危机英雄"的宝座，使之成为"救火队"的队长。因此，每个员工都必须从公司的整体目标去思考本岗位的责任，不仅要做好自己的工作，还要善于与他人合作。

（4）利润与生存。企业的首要任务是生存，而利润则是企业生存的指标之一。但如果过度追求企业当下利润最大化，就会伤害企业未来的成长。反之，现在重视投资企业未来内生竞争力的成长，并重视供应生态链的合作共赢、共同发展，企业才能在创造利润的同时，维持健康发展。

总之，正是通过对"中庸之道"的领悟和实践，任正非建立了他的

---

① 参见黎红雷《儒家商道智慧》，人民出版社2017年版，第165页。
② 任正非：《开放、妥协、灰度——在2009年全球市场工作会议上的讲话》，见喜马拉雅网（https://www.ximalaya.com/sound/212218492）。
③ 陈珠芳：《任正非：开放、妥协、灰度是科学管理的核心》，见华夏基石e洞察（https://k.sina.com.cn/article_232306342_8a76438601901130x.html）。

"灰度哲学"。他认识到，领导者重要的素质是把握方向、节奏，他的水平就是合适的灰度。"真正领悟了妥协的艺术，学会了宽容，保持开放的心态，就会真正达到灰度的境界，就能够在正确的道路上走得更远，走得更扎实。"①

二、儒学的"自强不息"与华为的"以奋斗者为本"

对于儒学的"自强不息"，任正非的感悟是：

> 在市场部"胜则举杯相庆，败则拼死相救"的精神号召下，各个部门的团结、协作有了明显的进步。大市场不分前方、后方已为各级领导认同，本位主义、官僚主义已在减弱。随着业务流程重整，一个优良的管理体系有可能在这种文化基础上建成。②

"自强不息"出自儒家经典《周易》中的"天行健，君子以自强不息"③。所谓"自强不息"，就是要人们充分发挥积极性、主动性、能动性和创造性，刚健顽强，积极进取，百折不挠，永不懈怠，为实现人生目标和理想而努力奋斗。儒家十分推崇"自强不息"的奋斗精神，《论语》有言："士不可以不弘毅，任重而道远。仁以为己任，不亦重乎？死而后已，不亦远乎？"④ 孔子本人就是一个奋斗不息的榜样，他为了实现"天下归仁"的理想，周游列国，奔走呼号，"发愤忘食，乐以忘忧，不知老之将至"⑤，为后人树立了一个自强不息、永不懈怠的"奋斗者"的光辉典范。任正非则结合企业的实践，将"以奋斗者为本"列入华为的核心价值观，进一步明确奋斗者的内涵，倡导奋斗者的团队精神，重视对奋斗者的物质

---

① 任正非：《开放、妥协、灰度——在 2009 年全球市场工作会议上的讲话》，见喜马拉雅网（https://www.ximalaya.com/sound/212218492）。
② 任正非：《自强不息，荣辱与共，促进管理的进步》，见喜马拉雅网（https://www.ximalaya.com/sound/225002050）。
③ 《周易·乾卦·象辞》。
④ 《论语·泰伯》。
⑤ 《论语·述而》。

激励和精神激励。①

在任正非看来，企业奋斗者不同于劳动者。对于以获取薪酬为目的的普通劳动者，企业应该按照法律相关条款，保护他们的利益，并根据企业的经营情况，给他们高一点的报酬，这是对普通劳动者的关怀。对于一般的奋斗者，企业则要为他们安排好合适的岗位，只要他们做出的贡献大于支付给他们的成本，其报酬就可以比社会平均工资稍微高一点。而企业最需要的是不计报酬、不懈努力、卓有成效的奋斗者，他们是企业的中坚力量，企业要通过奖金与股票等方式让奋斗者分享企业的红利，以鼓励越来越多的人走进这个队伍。

企业奋斗者也不同于投资者。投资者投入资金需要回报，也就是俗话所说的"钱生钱"。但是钱是不可能自己自动产生钱的，而要通过人来"生钱"。这里的"人"指劳动者，包括体力劳动者和脑力劳动者，在企业就是指普通员工、技术人员和管理人员。劳动创造财富，劳动者也分享财富。企业处于激烈的市场竞争之中，不奋斗就会衰落，衰落后连一般劳动者的权益也保护不了，更不要说为投资者提供回报了。因此，企业更需要的是奋斗者。当然，投资者也是奋斗者，要承担投资的风险和责任；奋斗者也是投资者，不仅包括精神和时间的投入，而且包括获得企业的股份激励之后资金的投入。而奋斗者在享受股份红利的同时，能否永远保持奋斗的精神，这不仅是对其个人人性的考验，也是对公司治理方略和用人策略的考验。

企业奋斗者与客户紧密相连，休戚相关。从奋斗的动力来看，儒家主张"家国天下"，一个人奋斗的目的，从小处说是实现个人的人生价值和家庭的幸福，从大处说是为了国家和人民的福祉；而对于企业的奋斗者来说，无论是为了个人和家庭，还是为了国家和人民，最后都要落实到为了客户，所以"以奋斗者为本"和"以客户为中心"，其内涵是相通的。从奋斗的结果来看，奋斗者的利益与客户的利益是一致的。服务好客户，奋斗者就会得到合理的回报；但如果无限制地拔高奋斗者的利益，导致增加企业的运作成本，导致被客户抛弃，企业就会在竞争中落败，最后反而会使奋斗者失去立身之所。从这个角度看，"以客户为中心，以奋斗者为本

---

① 参见黄卫伟主编《以奋斗者为本——华为公司人力资源管理纲要》，中信出版集团2014年版；杨爱国《华为奋斗密码》，机械工业出版社2019年版。

是两个矛盾的对立体，它就构成了企业的平衡。难以掌握的灰度，妥协，考验所有的管理者"①。

"一花独放不是春，百花齐放春满园。"任正非十分重视群体奋斗，着力打造奋斗者的团队，为此就要树立群体协作的共识，营造长期奋斗的远识。

在任正非看来，华为需要个人英雄，更需要由无数个个人英雄组成的英雄群体。企业的奋斗者是为客户服务的，而客户的要求不可能是一个人就能独立完成的。为了满足客户的需要，企业要将总目标分成无数个分目标。任何一个目标的实现，都是英雄的英雄行为。无数英雄及英雄行为就组成了企业强大的群体及力量。因此，企业中的每一个人，都是群体协作中的一分子，都应该为群体做出贡献，都可以成为英雄群体中光荣的一员。在群体奋斗、群体成功的时代，还要有良好的心理素质。别人干得好，我们为他高兴；干得不好，我们帮帮他，这就是"群体意识"。由此，任正非提出的著名口号："胜则举杯相庆，败则拼死相救。""不管谁胜利，都是我们的胜利，我们大家一起庆祝；不管谁败了，都是我们的失败，我们拼死去救"。② 企业文化就这样形成了。

在任正非看来，华为的奋斗历程不是短期的而是长远的，因此就要倡导"长期艰苦奋斗"的企业价值观，并以此来激发一代又一代员工的奋斗精神。孔子说："性相近也，习相远也。"③ 人们与生俱来的人性欲望中既有善的部分，也有恶的部分；既有奋斗进取的一面，也有贪婪懒惰的一面。企业文化的作用就是让员工本性中善的部分、奋斗进取的一面充分发挥出来，让恶的部分、贪婪懒惰的一面得到有效的抑制，从而形成良好而长远的行为习惯。"蓬生麻中，不扶而直；白沙在涅，与之俱黑"④，什么样的环境就会熏陶出什么样的人。"以奋斗者为本"的企业文化，能不断激发一代又一代员工人性欲望中的进取心和奋斗激情，保证企业后继有人。

---

① 任正非：《以客户为中心，以奋斗者为本》，见百度文库（https://wenku.baidu.com/view/56b8c7da76eeaeaad1f3304b）。
② 黄卫伟主编：《以奋斗者为本——华为公司人力资源管理纲要》，中信出版集团2014年版，第22页。
③ 《论语·阳货》。
④ 《荀子·劝学》。

在任正非的领导下，华为在大力倡导奋斗者及其团队奋斗精神的同时，采取有力措施保护奋斗者的主动性、积极性和创造性，提出："我们决不让'雷锋'吃亏，奉献者定当得到合理的回报。"[①] 在他们看来，员工个人的奋斗可以是无私的，而企业不应让奉献者吃亏；企业要靠无数的雷锋、无数的奋斗者做出贡献，就要建立对奋斗者超额回报的激励机制，其中包括物质激励、精神激励和文化激励三个方面。

在物质激励方面，一是薪酬激励，华为实行竞争力薪资制度，根据员工的绩效和贡献水平来确定薪酬水平，表现优秀的员工可以获得更高的薪资和奖金，多得多劳，上不封顶。既建立长期面向未来的战略奖金机制，又有短期"自下而上"的奖金生成机制，长短期结合，未来战略目标与当期业务相结合。二是股权激励，华为通过将股权分配给奋斗者特别是其中的绩效突出者，使他们能够分享公司成长的回报。这不仅可以增加奋斗者的归属感，还能吸引更多的优秀员工加入奋斗者的行列，激发他们想干事创业的动力。

在精神激励方面，一是荣誉激励，华为设立了"荣誉榜""荣誉堂"，让绩效显著、贡献突出的奋斗者入榜进堂，召开颁奖大会隆重表彰，颁发奖牌，提高其荣誉感和在企业内外的知名度。二是机会激励，华为为品德好、能力强、绩效大、贡献多的奋斗者提供职位晋升的机会。"出成果就要出干部，出成绩的地方也要出人才。"公司要为绩效卓越的人才提供素质训练的机会，待其素质提高后即给予适当的职位。公司要将"好事"留给奋斗者，将机会向奋斗者倾斜，让奋斗者在竞争和淘汰机制中脱颖而出，让懒人、庸人，占着位子不作为、不创造价值的人在竞争和淘汰机制中出局。

在文化激励方面，华为始终坚定不移地倡导和落实"以客户为中心，以奋斗者为本，长期艰苦奋斗，自我批判"的核心价值观，营造一个让人愿干事、能干事、干大事的环境，建设一支团结奋斗、英勇善战、能创造成功的战斗团队，建立一个切实有效的利益驱动机制和考核评价机制，让奋斗者充分感受到"德不孤必有邻"的氛围，坚定"有付出必有回报"的信念，提升"艰难困苦，玉汝于成"的勇气，让个人价值与企业价值紧

[①] 黄卫伟主编：《以奋斗者为本——华为公司人力资源管理纲要》，中信出版集团 2014 年版，第 62 页。

密结合，个人成长与企业成功紧密结合，物质文化与精神文化紧密结合，从而心甘情愿、义无反顾地为企业打拼，实现自己的梦想。

三、儒学的"三省吾身"与华为的"自我批判"

对于儒学的"三省吾身"，任正非的感悟是：

> "吾日三省吾身"，我是深感其伟大。我一生有过这么多经历，我批评别人很多，自我批判更多，每天都想哪些事情做对了，哪些做错了……我认为一个善于自我批判的人、有素质的人、有成功经验的人，越批评他，事会做得越好。[①]

"吾日三省吾身"，来自儒家思想奠基之作《论语》，是孔子的弟子曾参说的。其原文是："吾日三省吾身：为人谋而不忠乎？与朋友交而不信乎？传不习乎？"大意是，我每天多次自我反省：为别人办事是否尽心尽力了？与朋友交往是否真诚守信了？对老师传授的学业是否认真复习了？如此看来，"三省吾身"是儒家提出的提升个人修养和自身素质的重要途径。而任正非却另辟蹊径，将"三省吾身"作为华为核心价值观之一——"自我批判"的思想来源，从个人的自我批判到组织的自我批判，特别是干部的自我批判，为华为的持续发展提供了不竭的思想动能。

华为的奋斗实践，使任正非深深领悟到自我批判对一个公司发展的重要性。他在演讲中用了六个排比句[②]来论证"没有自我批判，就没有华为的今天，更没有华为的明天"。任正非还现身说法道：别人说我很了不起，其实只有我自己知道自己，我并不懂技术，也不懂管理及财务，我的优点是善于反省、反思，像一块海绵，善于将别人的优点、长处吸收进来，转化成自己的思想、逻辑、语言与行为。在任正非看来，我们是普通人，但通过自我批判，"从泥坑里爬起来的人就是圣人"。因此，自我批判无论是对于企业的发展还是对于个人的成长，都具有不可或缺的作用。"任何一

[①] 《任正非在自我批判指导委员会座谈会上的讲话》，见喜马拉雅网（https://www.ximalaya.com/renwenjp/26817170/210834030）。

[②] 《从泥坑里爬起来的人就是圣人——任正非在核心网产品线表彰大会上的讲话》，见喜马拉雅网（https://www.ximalaya.com/sound/212210419）。

个时代的伟大人物都是在磨难中，百炼成钢的。矿石不是自然能变成钢，是要在烈火中焚烧去掉渣子，思想上的煎熬，别人的非议都会促进炉火熊熊。缺点与错误就是我们身上的渣子，去掉它，我们就能变成伟大的战士。"① 由此，华为采取了多种自我批判的形式。

（1）自我批判大会。2000年9月1日，华为研发体系组织几千人参加了"研发体系发放呆死料、机票"活动暨反思交流大会，把研发中由于工作不认真、测试不严格、盲目创新等产生的呆死料单板器件，把那些为了去"救火"产生的机票，用相框装裱起来，作为"奖品"发给研发系统的几百名骨干。当研发体系来征求任正非对大会的意见时，任正非把"从泥坑里爬起来的人就是圣人"这句话送给他们。八年后，2008年9月2日，华为在同一个地方再次召开"核心网产品线表彰大会"，任正非以"从泥坑里爬起来的人就是圣人"为题发表讲话，认为八年前的自我批判大会和八年后的这个表彰大会，是有其内在的前因后果的。"正是因为我们坚定不移地坚持自我批判，不断反思自己，不断超越自己，才有了今天的成绩，才有了在座的几千圣人。自我批判，不是自卑，而是自信，只有强者才会自我批判。也只有自我批判才会成为强者。"② 十年后，在"烧不死的鸟是凤凰，在自我批判中成长"专题仪式上，任正非再次以"从泥坑中爬起来的是圣人"为题发表讲话。他充满激情地宣告："跌倒算什么，爬起来再战斗，我们的青春热血，万丈豪情，谱就着英雄万古流。伟大的时代是我们创造，伟大的事业是我们建立，伟大的错误是我们所犯，渺小的缺点人人都有……改正它，丢掉它，朝着大致正确的方向，英勇前进。"③ 从"从泥坑里爬起来的人就是圣人"到"烧不死的鸟是凤凰"，体现了华为人对自我批判精神的意志坚定、执着坚守和持续坚持。

（2）自我批判指导委员会。在任正非的推动下，华为成立了自我批判指导委员会，负责指导和督促各级干部的自我批判工作。在自我批判指导委员会的座谈会上，任正非指出：自我批评不会批垮公司，自我批评不会

---

① 《从泥坑中爬起来的是圣人——任正非在"烧不死的鸟是凤凰，在自我批判中成长"专题仪式上的讲话》，见搜狐网（https://www.sohu.com/a/217612054_99967922）。
② 《从泥坑里爬起来的人就是圣人——任正非在核心网产品线表彰大会上的讲话》，见喜马拉雅网（https://www.ximalaya.com/sound/212210419）。
③ 《从泥坑中爬起来的是圣人——任正非在"烧不死的鸟是凤凰，在自我批判中成长"专题仪式上的讲话》，见搜狐网（https://www.sohu.com/a/217612054_99967922）。

使大家自卑心增长。自我批判能够使干部变得更有能力，更加沉着冷静，更加成熟。任正非认为"一个善于自我批判的人、有素质的人、有成功经验的人，越批评他，事会做得越好"①。

（3）民主生活会和集体宣誓。华为自创立起，就要求干部严于律己、自我批判，并通过民主生活会和集体宣誓等形式，制度化地防止干部腐化、自私和得过且过。民主生活会主要在中高级管理层每三个月或半年举行一次，任正非本人也必须参加。同时，由任正非带头，华为从高级干部开始，各级干部每年都要进行一次集体宣誓。宣誓的内容是《华为干部八条》②，这八条实际上就是华为干部自我批判的"镜子"，保证了自我批判的严肃性、指向的明确性，以及与公司核心价值观的一致性。

做好自我批判，关键在于干部。任正非主张，要从高级干部的自我批判开始，多听反对的意见，要把客户、竞争对手的批评公开出来，避免成为井底之蛙。凡是不能进行自我批判的干部，原则上不能提拔；对于那些群众不提任何意见的干部，要重点审查；群众意见很大的干部，则要分门别类进行识别与处理。如果领导干部没有自我批判能力，公司很快就会消亡。通过自我批判，干部得以洗刷思想、开阔心胸，将来才能够经得起别人批评。"只有有牺牲精神的人才有可能最终成长为将军，只有长期坚持自我批判的人，才会有广阔的胸怀。"③

在任正非看来，"比技能更重要的是意志力，比意志力更重要的是品德，比品德更重要的是胸怀，只有具备自我批判的人才具备优秀的品德和

---

① 《任正非在自我批判指导委员会座谈会上的讲话》，见喜马拉雅网（https://www.ximalaya.com/renwenjp/26817170/210834030）。

② 第一，绝不搞迎来送往，不给上级送礼，不当面赞扬上级，把精力放在为客户服务上。第二，绝不动用公司资源，也不能占用工作时间，为上级或其家属办私事。遇非办不可的特殊情况，应申报并由受益人支付相关费用。第三，绝不说假话，不捂盖子，不评价不了解的情况，不传播不实之词，有意见直接与当事人沟通或报告上级，更不能侵犯他人隐私。第四，认真阅读文件、理解指令。主管的责任是胜利，不是简单的服从。主管尽职尽责的标准是通过激发部属的积极性、主动性、创造性去获取胜利。第五，反对官僚主义，反对不作为，反对发牢骚讲怪话。对矛盾不回避，对困难不躲闪，积极探索，努力作为，勇于担当。第六，反对文山会海，反对繁文缛节。学会复杂问题简单化，六百字以内说清一个重大问题。第七，绝不偷窃，绝不私费公报，绝不贪污受贿，绝不造假，也绝不允许任何人这样做，要爱护自身人格。第八，绝不允许跟人、站队的不良行为在华为形成风气。个人应通过努力工作、创造价值去争取机会。

③ 《任正非在自我批判指导委员会座谈会上的讲话》，见喜马拉雅网（https://www.ximalaya.com/renwenjp/26817170/210834030）。

宽广的胸怀,才能容天、容地、容人"①。士兵如果不知道自己错在哪里,就永远不会成为将军。他知道过去什么做错了,哪次错了,怎么错的,这就是宝贵财富。将军是不断从错误中总结、从自我批判中成长起来的。所以,华为的高级干部要光明磊落,问到什么事的时候,原原本本把事情说清楚就行了。并非高级干部就不能犯错误,重要的是我们要不断去研究、去总结。如果大家都认为自己是完人,很完美,那这个公司就会故步自封。"没有自我批判精神的公司一定会倒的,华为公司这种自我批判的精神一直要贯彻灌输下去。"② 在这里,任正非把领导干部"自我批判"的个人行为提升到事关组织生死存亡的高度,是对儒家"吾日三省吾身"精神的创造性转化与创新性发展。

四、企业儒学:中国式管理创新的突破口

"中国式管理"自20世纪80年代提出以来,已经近半个世纪了,成果却不尽如人意——这里的"成果",不仅包括理论的成果、实践的成果,更包括理论和实践成功结合的成果。究其原因,一是没有明确中国式管理创新的思想源泉,二是没有明确中国式管理创新的实现路径,三是没有明确中国式管理创新的突破方向。而任正非及其在华为的成功实践,为我们解决上述三个问题打开了思路。

第一,儒家思想是中国式管理创新的源头活水。探索"中国式管理"离不开中华传统文化,而中华传统文化博大精深、源远流长。就其形成、发展和成熟的过程来说,春秋战国百家争鸣,秦始皇采用法家学说为统一中国打下基础,秦朝却二世而亡;汉初采用道家学说开创了"文景之治",却无法解决这个大一统国家的内忧外患;直到汉武帝采用董仲舒"罢黜百家,独尊儒术"的建议,使儒学成为此后两千多年中国古代社会治国理政的指导思想;东汉后佛教东传,道教兴起,又经过千年的融合,终于在宋

---

① 黄卫伟主编:《以奋斗者为本——华为公司人力资源管理纲要》,中信出版集团2014年版,第191页。
② 黄卫伟主编:《以奋斗者为本——华为公司人力资源管理纲要》,中信出版集团2014年版,第192页。

明时期形成了儒、佛、道三教合流的"新儒学"①，后来"新儒学"深入民间，成为中国古代社会后期的主导意识形态。以上事实证明，儒家思想正是两千多年中华传统文化的主流。

南宋儒学大师朱熹有诗："半亩方塘一鉴开，天光云影共徘徊。问渠那得清如许？为有源头活水来。"② 人们把任正非称为"企业界的思想家"，而任正非本人却自觉地为自己的思想寻找来自儒学的源头活水。如上所述，任正非把自己的"灰度哲学"与儒家的"中庸之道"对接，把"以奋斗者为本"与儒家的"自强不息"对接，把"自我批判"与儒家的"吾日三省吾身"对接，并多次称孔子为"圣人"，号召华为人向孔子学习，像孔子那样思考，做孔子那样的"奋斗者"，成为"从泥坑里爬起来的圣人"……这些都体现了任正非将儒学作为自己思想源泉的自觉追寻。除此之外，还有不自觉的探索与思考。这里就有一个很有意思的例子。大家都知道，华为实行了员工持股的激励分配制度，这种制度一般被认为是任正非和华为的独创。直到2006年，电视剧《乔家大院》风靡大江南北，华为人观看《乔家大院》，了解到晋商的"身股制"，并追索到其背后的核心精神，正是来自儒家经典《大学》中的"财散人聚，财聚人散"。"这句话背后其实正好体现了华为对于激励分配的深度理解。老板把钱花出去，人才就会来，这是学习晋商的一个深刻感受。"③

其实，任正非的行为在当今中国的企业家中并非个例，在笔者主持的博鳌儒商论坛和全国新儒商年会中，就有千百个像任正非那样以儒家思想指导企业治理并取得卓越成绩的企业家。④ 可是令人不解的是，在"任正非们"将儒家思想作为现代企业治理思想源头活水的同时，企业管理学界的一些研究者对儒家思想却"敬而远之"，甚至"不敬而弃之"。须知中国管理的现代化离不开中华文化，而如果作为中华文化主流的儒家文化，对中国管理的现代化只有负面作用的话，那么，这样的所谓"中华文化"

---

① 《大不列颠百科全书》将"儒学"译为 Coufucianism，而将宋明理学译为 Neo-Coufucianism。
② 朱熹：《观书有感》，见《朱熹集》卷二，四川教育出版社1996年版，第88–89页。
③ 冉涛：《华为灰度管理法》，中信出版集团2019年版，第157页。
④ 类似企业家的事例可参阅以下著作：黎红雷《儒家商道智慧》，人民出版社2017年版；黎红雷主编《致敬儒商——博鳌儒商大典人物志》，中华书局（香港）有限公司2019年版；黎红雷主编《新儒商家风》，团结出版社2022年版。

又有何价值可言？要实现"中国式管理创新"，就必须老老实实地向任正非等当代新儒商企业家学习，自觉在儒学等传统文化中寻求给养。只有拓展中华文明的历史长河，方能不辜负于这个伟大的时代！

第二，守正创新是中国式管理创新的必由之路。"中国式管理"的"创新"，不是所谓"破坏性创新"，更不是所谓"颠覆性创新"，而是"守正创新"。守正是创新的必要前提，创新是守正的必然结果，以守正保证创新的正确方向，以创新赋予守正时代内涵。任正非指出："中华文化之所以活到今天，与其兼收并蓄的包容性是有关的。今天我们所说的中华文化，早已不是原教旨的孔孟文化了，几千年来已被人们不断诠释，早已近代化、现代化了。中华文化也是开放的文化，我们不能自己封闭它。向一切人学习，应该是华为文化的一个特色，华为开放就能永存，不开放就会昙花一现。"① 如上所述，任正非站在现代化的角度，将"原教旨的孔孟文化"诠释为华为的企业治理哲学，就是守正创新的典范。

所谓"守正"就是"恪守正道"。什么是"正道"？从中国式管理创新的角度来看，所谓"正道"就是中国传统的治理之道，简称"治道"。实际上，"治道"正是中国传统管理思想的原生形态。《史记·太史公自序》指出："夫阴阳、儒、墨、名、法、道德，此务为治者也。"阴阳家如邹衍《主运》"五德转移，治各有宜"，儒家如《论语·泰伯》"舜有臣五人而天下治"，墨家如《墨子·兼爱中》"兼相爱、交相利，此圣王之法，天下之治道也"，名家如《邓析子》"治世，位不可越，职不可乱"，法家如《韩非子·八经》"凡治天下，必因人情"，道家如《道德经·第六十章》"治大国若烹小鲜"，如此等等。而正如儒家思想是中华传统文化的主流一样，儒家的治道也是中国传统治道的主体。孔子当年周游列国，主要的工作就是为各国君主提供治国理政的方案。在此过程中，孔子明确提出"治理"的概念："邻国相亲，则长有国；君惠臣忠，则列都得之；不杀无辜，无释罪人，则民不惑；士益之禄，则皆竭力；尊天敬鬼，则日月当时；崇道贵德，则圣人自来；任能黜否，则官府治理。"② 这里，从外交、内政、人事、法律乃至信仰等方面，全面论及了儒家治理之道的

---

① 任正非：《以客户为中心，以奋斗者为本》，见百度文库（https://wenku.baidu.com/view/56b8c7da76eeaeaadl f3304b）。
② 《孔子家语·贤君》。

内涵。虽然孔子的主张在当时并没有得到采纳，但自汉代"罢黜百家，独尊儒术"以后，孔子所开创的儒家治理之道便成为中国古代多数朝代的统治思想并得到实践，唐代魏征等人编撰的《群书治要》、宋代司马光编撰的《资治通鉴》等书，就对此留下了丰富而生动的记录。古人言："半部《论语》治天下。"① 在当代，《论语》的精神当然也可以治理企业。中国式管理创新，只有赓续传统，"推明治道"，才能真正形成具有中国特色的管理理论。

所谓"创新"就是"推陈出新"，不断依据时代的需要而创造出新的事物、新的理念和新的局面。我们知道，产生于西方的企业管理理论，为现代企业管理的科学化做出了贡献，至今依然值得我们学习和借鉴。与此同时，我们也必须看到，东西方管理智慧相互补充、融会贯通，是当代世界管理理论和实践的发展趋势。为当代世界管理理论的发展提供"中国的概念"，为现代中国管理注入"本土化的因素"，为建立当代管理学界的"中国学派"奠定坚实的思想根基，正是中国式管理创新的时代价值。

依据当代新儒商的成功实践，"守正创新"的中国式管理创新之路，可以概括为以下十六字方针："中学明道，西学优术，中西结合，以道御术。"这里所谓"中学明道"，就是明确树立中华优秀传统文化的价值信仰体系；"西学优术"，就是接受并优化西方近百年来发展出来的现代管理体系、流程、制度、方法和工具；"中西结合"就是将中华优秀传统文化和西方管理科学技术有机地糅合在一起，成为"一张皮"，而不是"两张皮"；"以道御术"，就是以中华文化的核心理念去观照西方的管理制度、流程和方法，使之完全融入具有中国特色的现代企业治理体系。②

第三，企业儒学是中国式管理创新的突破口。近半个世纪以来，学术界和企业界对中国传统管理思想的研究和探索着力不少，但迄今为止，"中国式管理创新"却依然像一堵坚硬的"城墙"横亘在我们面前，使人不得其门而入。该怎么突破？任正非"只对着一个'城墙口'冲锋"的战略战术也许会给我们有益的启示。2016 年，任正非在接受新华社记者

---

① 典出罗大经《鹤林玉露》卷七："赵普再相，人言普山东人，所读者止《论语》，盖亦少陵之说也。太宗尝以此语问普，普略不隐，对曰：'臣平生所知，诚不出此。昔以其半辅太祖定天下，今欲以其半辅陛下致太平。'普之相业，固未能无愧于《论语》，而其言则天下之至言也。"

② 茅忠群：《以道御术打造方太管理文化》，见黎红雷主编《企业儒学的开创与传承》，中山大学出版社 2022 年版，第 307－317 页。

专访时谈道:"华为坚定不移 28 年只对准通信领域这个'城墙口'冲锋。我们成长起来后,坚持只做一件事,在一个方面做大。华为只有几十人的时候就对着一个'城墙口'进攻,几百人、几万人的时候也是对着这个'城墙口'进攻,现在十几万人还是对着这个'城墙口'冲锋。密集炮火,饱和攻击,最终在大数据传送上我们领先了世界。"①

"他山之石可以攻玉",任正非在这里说的虽然是技术上的突破,但对学术理论上的突破,其道理也是一样的。正如任正非在上述专访中所言:"没有理论基础的创新是不可能做成大产业的。'板凳要坐十年冷',理论基础的板凳可能要坐更长时间。"②"中国式管理创新"正是这样一种需要十年甚至几十年"坐冷板凳"的基础研究。回想笔者自 1987 年起,追随成中英、曾仕强诸先生研究中国管理哲学,而开拓"企业儒学"领域,迄今已三十余年矣。在此笔者不避浅陋,根据多年来的探索与思考,提出将"企业儒学"作为当前中国式管理创新的突破口,供各位学术界和企业界的同人探讨。

什么是"企业儒学"?"就学科定位而言,企业儒学是当代儒学发展的一个新领域,也是当代企业理论的一个中国化表述;就理论形态而言,企业儒学是对千年儒学传统的创造性转化,也是对百年企业理论的创新性发展;就实践基础而言,企业儒学是中华优秀传统文化融入现代企业经营管理实践的概括与总结,是新儒商企业治理智慧的结晶。"③

把"企业儒学"作为中国式管理创新的突破口,可以推动儒家思想在企业的创造性转化。儒家思想作为治国之道,在中国古代社会延续两千多年,留下了极其丰富的精神遗产。企业儒学将传统的儒家思想融入现代企业的治理实践,德以治企、教化为先,义以生利、利他经营,信以立世、诚以待人,不仅促进了企业的健康可持续发展,而且为中华优秀传统文化在当代的创造性转化树立了一个活生生的样板。

把"企业儒学"作为中国式管理创新的突破口,可以促进西方企业理

---

① 《28 年只对准一个"城墙口"冲锋——与任正非面对面》,见新华社全媒体头条(http://fms.news.cn/swf/2016_qmtt/5_09_2016_rzf/)。

② 《28 年只对准一个"城墙口"冲锋——与任正非面对面》,见新华社全媒体头条(http://fms.news.cn/swf/2016_qmtt/5_09_2016_rzf/)。

③ 黎红雷:《企业儒学的理论与实践》,见黎红雷主编《企业儒学的开创与传承》,中山大学出版社 2022 年版,第 7 页。

论在中国的创新性发展。"企业"作为现代市场经济的产物，其组织模式来自西方。在中国现代化、工业化、市场化的过程中，西方的企业理论得到广泛的学习、借鉴和应用。而由于所根植的社会文化土壤不同，中国的企业家在向西方学习的同时，也受到数千年中华优秀传统文化特别是儒家文化的影响，而使中国的本土企业出现了与西方企业诸多不同的因素。企业儒学以"拟家庭化"发展企业组织理论，"拟书院化"发展企业教育理论，"拟身股制"发展企业股份理论，既是适应中国本土企业现实的需要，更是对西方经典企业理论的超越。

把"企业儒学"作为中国式管理创新的突破口，可以为世界新商业文明提供中国的方案。在西方现代化过程中，传统商业文明以"利己主义"为标志，以企业为中心，以股东为第一，盲目地增长，片面地强调企业利润最大化，在价值理念、经营模式和市场结果方面逐步衍生出资本至上、赢者通吃和两极分化的恶性循环，其理论基础和发展前景越来越受到人们的质疑。新商业文明的核心是从利己主义转向利他主义、从经济利润转向价值创造、从零和博弈转向和谐共赢。为此，企业儒学主张将中华优秀传统文化的精髓落实到企业，以成功转化员工、顾客、合作厂商、社区群众乃至社会大众的思想。成人而成己，成己而成人，成己而成物，从而为当代新商业文明提供中国的方案。

把"企业儒学"作为中国式管理创新的突破口，可以为中华民族现代文明谱写工商文明的篇章。习近平总书记在文化传承发展座谈会上强调："在新的起点上继续推动文化繁荣、建设文化强国、建设中华民族现代文明，是我们在新时代新的文化使命。"[①] 要坚定文化自信，担当使命、奋发有为，共同努力创造属于我们这个时代的新文化，建设中华民族现代文明。中华文明拥有五千年的历史，蕴含着极其丰富的智慧。企业儒学紧紧围绕中华文明的核心精神，以"自强不息"激励企业家努力奋斗，以"厚德载物"提醒企业家宽厚包容，以"与时偕行"教导企业家不断创新，必将在赓续中华文明伟大精神的基础上，为中华民族现代文明谱写工商文明的灿烂篇章！

---

① 习近平：《在文化传承发展座谈会上的讲话》，载《求是》2023年第17期，第4-11页。

后记

　　自20世纪80年代以来,笔者在企业儒学领域的理论研究和引导新儒商企业家的实践方面,做了一些探索性的工作,有了一些初步的成果①,但离突破"中国式管理创新"这堵厚实的"城墙"的目标还有相当一段距离。目前,"全国企业儒学团体联席会议"平台已经建立,企业儒学国际学术研讨会首届于2023年4月27—29日在广州举行,第二届于2024年7月20—21日在大连举行;以企业儒学的实践者企业家为主体的"全国新儒商团体联席会议"平台也已经建立,全国新儒商年会首届于2022年11月28—30日在宁波方太举行,第二届于2023年11月19—22日在广西桂林举行,第三届于2024年11月23—24日在广东佛山召开。借此机会,呼吁学术界和企业界更多的有志者加入我们的战斗队伍,一起对着"企业儒学"这个中国式管理创新的突破口"不断冲锋,密集炮火,饱和攻击",最终像任正非引领华为在大数据传送上领先世界各国一样,共同打造出具有中国特色和普遍意义的企业治理学科体系,造福企业,引领世界!

---

① 这些成果有：黎红雷《儒家管理哲学》,广东高等教育出版社1993年第一版、1997年第二版、2010年第三版,中山大学出版社2020年版;黎红雷《儒家商道智慧》,人民出版社2017年版;黎红雷主编《企业儒学2017》,人民出版社2017年版;黎红雷主编《企业儒学2018》,人民出版社2019年版;黎红雷主编,晁罡、胡国栋副主编《企业儒学的开创与传承》,中山大学出版社2022年版;黎红雷《儒商文化通论》,企业管理出版社(即将出版)。

企业儒学与传统儒学

01

"儒道互补"的治理意蕴及其实践启示[①]

彭新武 赵龙龙[②]

先秦时期，儒、道两家彼此分立，政治认知大相径庭。到了战国晚期，随着兼并战争的持续进行，政治统一之势日渐明朗，诸子学说也呈现出一种融通综汇的趋势。在兼容并包的黄老之学中，儒家（以及法家等学说）被统摄进以道家为主干的理论体系中，而成为其中重要的理论因子。秦汉以降，虽然儒学开始占据"独尊"的地位，但道家学说作为一种不可或缺的存在，与儒家等学说一起，共同支撑起传统中华思想文化体系的理论基石。在这一过程中，形成了"儒道兼综"的魏晋玄学以及在"三教合流"背景下的宋明理学等"儒道互补"的新理论形态。在中国传统社会的政治实践中，虽然自秦汉以降"王霸杂用"日渐成为中国传统社会的主导治国方略，但"儒道互补"的治理机制也一直或隐或现地出现在两千余年的历史长河中，成为"王霸杂用"方略的重要补充。

一、从儒道分立到黄老道家的融合

可以说，先秦哲学本质上是以政治哲学为主要内容和表现形态的。如司马谈在《论六家要旨》中所言："夫阴阳、儒、墨、名、法、道德，此务为治者也。"春秋战国时期，随着"学在官府"的局面被打破，一个新兴的社会知识阶层——"士"随之崛起。面对当时的社会困局，他们纷纷"著书言治乱之事，以干世主"[③]，从不同角度各自提出了一整套治国安邦的政治方略，并引发了诸多激烈的争论。

[①] 本文系国家社会科学基金重大项目"中华大一统的历史演变、制度建构及其治理实践研究"（23&ZD234）阶段性成果。

[②] 彭新武，中国人民大学哲学院教授。赵龙龙，中国人民大学哲学院博士研究生。

[③] 《史记·孟子荀卿列传》。

依孔子之见，社会动荡的原因在于"人心不古"①，要改变当时"上失其道，民散久矣"②的情况，应恢复"周礼"，其主旨在于"亲亲"之道，即确立以血缘为基础、以等级为特征的宗法统治体系，要求各阶层都能安于名位而不僭越，所谓"礼之用，和为贵，先王之道斯为美"③。而要"复礼"，就必须"克己"，让一切言行都应置于"礼"的规范和约束之下，从而实现"天下归仁"的社会理想——"克己复礼为仁"④。在孔子那里，相对于"礼"的外在形式来说，"仁"则强调内在的道德自觉。故而，孔子把"道之以德"同"齐之以礼"相提并论，以实现德治和礼治的结合。孟子继承了孔子"仁"的社会理想，超越血缘亲情而径直将"善"作为人内在固有的品性，认为人皆有"不忍人之心"⑤，皆有实现善的能力。如此一来，外在的道德规范就转化为人心中固有的道德自律原则。

孟子的"性善说"似乎为儒家的德治图式找到了一个看似合理的心性凭借，但是，这种将政治理想建基于统治者的同情心及"推恩"之政上，显得并不可靠。为此，后世的荀子一改孟子的思路，以"性恶"立论。在荀子看来，"饥而欲饱，寒而欲暖，劳而欲休"本来就是人性的真正面目，而道德意识乃是通过后天的人为（"伪"）而获得的，即"人之性恶，其善者伪也"⑥。在荀子看来，这些无礼义节制的欲望，正是造成社会争斗和动乱的根源，因此，需要"明分使群"⑦，即通过明确人们的社会地位，并通过建立一定的社会机制，使人们都能按照"分"的要求去行动。在荀子那里，"礼"是外在的"分"，即宗法等级制度所规定的等级名分，而"义"是内在的"分"，即对宗法等级制度及其等级名分的自觉意识和服从，所谓"少事长，贱事贵，不肖事贤，是天下之通义也"⑧。由孔子重视"亲亲"发展为荀子重视"尊尊"，这反映了战国末期强化君主专制统

---

① 《论语·阳货》。
② 《论语·子张》。
③ 《论语·学而》。
④ 《论语·颜渊》。
⑤ 《孟子·公孙丑上》。
⑥ 《荀子·性恶》。
⑦ 《荀子·王制》。
⑧ 《荀子·仲尼》。

治的时代要求——"隆礼义之为尊君也"①。

当儒家积极重构社会秩序之时,道家则站在了儒家的对立面。在老子看来,天下无道、民不聊生的根源在于统治阶级"求生"太厚,过于"有为"②。普通百姓被迫为了生计而纷纷为盗,所谓"法令滋彰,盗贼多有"③。对此,老子开出的"药方"是:不要过度沉湎于物欲、争斗之中,主张过一种简单、朴素的生活,"小国寡民"④才是一种自然的状态。为此,老子从"道法自然"的立场出发,指出"道"是宇宙的最终本原,是人们活动的最高准则,治理天下要遵循"道"的规定——"人法地,地法天,天法道,道法自然"⑤。道家的治道方略落实到实践层面,就是所谓"无为之治"。在老子那里,"无为"既不是无所作为,也不是随心所欲,而是顺应自然法则,遵循事物客观发展规律——"道不违自然,乃得其性,法自然也"⑥。为此,老子提出"圣人处无为之事,行不言之教"⑦的治国纲领,主张把政治回归到完全清静无为的状态中去,只要统治者不多事扰民,老百姓便会自然归化,即"我无为而民自化,我好静而民自正,我无事而民自富,我无欲而民自朴"⑧。可见,在老子那里,"无为"是一种似无实有的统治技巧,"为无为,则无不治"⑨才是终极目的。

正是从道法自然的立场出发,老子将儒家所崇尚的"礼"视为社会祸乱之源而大力鞭挞。在老子看来,礼法制度恰恰是纷争混乱的开始,由于人们失去了自然大道,才提倡德性;由于失去了德性,才提倡仁爱;由于失去了仁爱,才提倡仁义;而没有了仁义,才提倡礼法制度,即所谓"失道而后德,失德而后仁,失仁而后义,失义而后礼。夫礼者,忠信之薄而乱之首"⑩。战国时代的庄子沿袭老子的这一致思取向,彻底否定了"礼"

---

① 《荀子·君道》。
② 《道德经》第七十七章。
③ 《道德经》第五十七章。
④ 《道德经》第八十章。
⑤ 《道德经》第二十五章。
⑥ 王弼注,楼宇烈校释:《王弼集校释》,中华书局1980年版,第213页。
⑦ 《道德经》第二章。
⑧ 《道德经》第五十七章。
⑨ 《道德经》第三章。
⑩ 《道德经》第三十八章。

的价值，认为"仁可为也，义可亏也，礼相伪也"①。庄子的意思是，礼与仁、义属于有为范畴，与道相对立，隐藏着人性、人情的异化。在庄子看来，法家禁锢的只是人的手足和肉身，而儒墨以仁、义正心，以礼、刑正形，对人的危害更具有迷惑性、欺骗性，其实质乃是使人殉于仁、义，而失却天性和自由生活："是得人之得而不自得其得者也，适人之适而不自适其适者也。"②故而，如司马迁所言："世之学老子者则绌儒学，儒学亦绌老子。"③

不过，先秦儒、道两家在其相互对立的外观之下，蕴含着融合和互补的种子。历史地看，至战国末期，随着兼并战争的持续进行和秦国统一趋势的日渐明朗，各派学术的融通综汇一时蔚成风气。譬如，荀子的礼法并重，韩非之道法合流，等等。此外，还出现了综合各家学术的"综合家"或者说"杂家"。如《吕氏春秋》一书，融合儒、道、墨、法、兵、农、纵横、阴阳家等学说，试图建立起一套与秦帝国统一后的社会形势相适应的治理模式。《吕氏春秋》认为，只有打破门派陋习，兼取各家之长，才能"齐万不同"④。与《吕氏春秋》相呼应，进行这种理论综合的还有齐国的稷下学派。道家思想在老子之后大致形成两种走向：一种以庄子为代表，主张绝礼学、弃仁义，即道家"出世"一派；另一种则以稷下学派为代表，专心于治国之术的"入世"，即"黄老道家"。黄老之道在战国末期已经出现，是托黄帝之名，以老子道家学说为主旨，兼采阴阳、儒、墨、名、法之学而形成的一种经世之学。黄老道家坚持老子"道生万物"的世界本原论，将法视为自然法则在社会政治领域中的体现和衡量是非的标准——"贤生圣，圣生道，道生法"⑤。同时，黄老道家发挥了老子"无为而不为"的观念，并克服了庄子"蔽于天而不知人"⑥的弊端，在"无为"中充实"有为"的内容，主张"君无为而臣有为"⑦。此外，黄老道家继承了历史上关于"刑德并用"的思想，主张"刑德相养"⑧。上

---

① 《庄子·知北游》。
② 《庄子·骈拇》。
③ 《史记·老子韩非列传》。
④ 《吕氏春秋·不二》。
⑤ 《鹖冠子》。
⑥ 《荀子·解蔽》。
⑦ 《慎子·民杂》。
⑧ 《黄帝四经·十大经·姓争》。

述主张，对于百业凋敝、民生维艰的汉初社会而言，自然是十分必要的。陆贾有感于先秦儒法之争中儒家重文轻武而法家重武轻文的偏向，力主实现仁义和法令的结合，即"文武并用"①，并建议刘邦采取宽松策略，施行无为而治，即"昔虞舜治天下，弹五弦之琴，歌南风之诗，寂若无治国之意，漠若无忧民之心，然天下治"②。陆贾的思想融仁义、无为于一炉，从而为汉初的黄老政治作了舆论上的先导。自此，无为之治成为君臣上下一致的共识。无为而治在汉朝初期推行了70余年，大见成效，史称"文景之治"。

二、"儒道兼综"与"三教合流"

在黄老之学盛行的同时，汉初开放书禁，儒生日渐活跃，"仁义礼乐"的观念重新得到重视。汉文帝时期，贾谊力倡君臣之礼，向汉文帝谏言建立一种"等级分明""下不得疑"的礼法制度。汉武帝时期，董仲舒通过全面总结秦亡之教训和汉初"无为"政治之弊端，摒弃"无为""恭俭"的思想，集黄老、法、儒于一体，兼收阴阳家及某些神权思想，建构起一个庞大的"新儒学"体系。这一思想体系所体现的重名分、别尊卑、贵礼法、君权神授和"大一统"的思想文化，巧妙地用儒家的外衣，迎合了汉武帝意欲强化君王权力和权威的心理。因此，汉武帝接受了董仲舒的建议——"罢黜百家，独尊儒术"③，儒家思想开始成为国家的主流意识形态霸权。与先秦儒家所倡导的强调人人修为的"德治"不同，董仲舒的"德主刑辅"把刚性的法律原则和柔性的道德观念融为一体，使之成为一套以"三纲五常"为核心的社会治理规范，由此奠定了"王霸杂用"这一治国方略的基础。

随着儒学的渐趋走强，"儒士入仕"在汉代成为一种官场生态。然而，自东汉中期以来，由于各级行政长官大都由望族大姓充任，他们往往操纵选举，相互推荐亲属、故旧，这一人才选拔机制遂沦为豪门贵族网络的工

---

① 《史记·郦生陆贾列传》。
② 《新语·无为》。
③ 《史记·武帝纪赞》。

具。汉代以"名教"①治天下，既造就了一批不惜牺牲生命坚守操行气节的士大夫，也出现了一批有名无实的伪名士。而自东汉中后期以来，外戚、宦官交替专权，官爵唯钱是授。这种状况激起了以天下为己任、忧国忧民的正直士大夫的强烈不满，形成了抨击朝政的"清议"之风，但最终却招致宦官集团的镇压，造成"党锢之祸"。"党锢之祸"的惨烈现实，使得先前士大夫与太学生抨击朝政的婞直之风被扫荡一空，幸存者大多由政治转向学术，在研究中兼习黄老，援道释儒。例如，王符提出"恬淡无为，化之本也"②，又提出"道德之用，莫大于气"③，而归本到儒学，这种二元论倾向正是他欲融合儒道的结果；郑玄在反复强调"生逢此时，有德君子应避世不出"④的同时，也强调君子亦应不忘修德，以淡泊恬静的心境直面困境，"遭困之时，君子固穷，小人穷则滥，德于是别也"⑤，体现出明显的儒道互补的迹象；仲长统则极力反对当时盛行的谶纬神学，强调王朝的兴亡在于人事而无"天命"主宰，并转向老庄的玄虚、逍遥之学；等等。

汉末的这场"援道释儒"思潮，开启了之后的魏晋玄学。先秦儒学的德治本来重点在于统治者自身的道德修养和道德示范，但实际上更看重的却是对百姓的道德说教。曹魏正始年间（240—249年），以何晏、王弼为主要代表的名士，尝试调和自然与名教的矛盾，创立"正始玄学"。他们注意到儒家经典中关于本体论的缺失，故而通过"援道入儒"，为名教寻求合理依据及存在价值。何晏从《周易》《老子》中提炼了"以无为本"的命题，但没有形成完整的理论体系。真正提出系统"贵无论"思想的是王弼。在王弼看来，传统名教只重外在规范，舍本求末，以至趋向虚伪化、功利化，所以主张"夫以道治国，崇本以息末"⑥。这个"本"即"道"，即"无"。不过，他不赞成老子的"弃智绝圣""绝仁弃义"，而认为名教本身就是自然之道的表现——"守母以存其子，崇本以举其

---

① "名教"一词源于孔子"为政之道在正名"之说，就是以名为教，实际上是以"三纲五常"为主要内容的礼义教化的总称。
② 《潜夫论》卷三。
③ 《潜夫论》卷三十二。
④ 《论语》郑玄注。
⑤ 《周易》郑玄注。
⑥ 《老子道德经注校释》第五十七章。

末"①。就这样，王弼化道家的宇宙论为儒家本体论，论证了"名教"的合理性。基于此，王弼主张舍弃有为而复归于自然无为之道，即"为治者务欲立功生事，而有道者务欲还反无为"②。相比之下，老子主张"行不言之教"③是以否定"礼"为前提的；而王弼的"行不言之教"却是以肯定"礼"为前提的，主旨在于如何更有效地发挥名教的治世功能。④

正始玄学之后，又兴起了一种以阮籍、嵇康等竹林七贤为代表的竹林玄学。他们将名教与自然相对立，要人们摆脱压抑人性的名教，以自然取而代之，过一种自由的生活。阮籍指责儒家"坐制礼法，束缚下民"，"假廉以成贪，内险而外仁"⑤。嵇康则站在老庄立场，反对儒家人伦纲常，主张"越名教而任自然"⑥。由此，摆脱世俗名教的束缚而直任自然本体的开展，便成为竹林名士的基本旨趣。此后，玄学朝着两个方向发展：一是元康放达派，徒慕放达之名，走向了空虚颓废、嗜酒极欲、放浪形骸。二是以裴頠和郭象为代表的崇有派。其中，裴頠将"有"视为万物存在和变化的基础，而肯定了名教的作用；郭象主张"名教即自然"，认为真正的圣人并非"两耳不闻窗外事"，而应"与世同波而不自失"⑦，体现了一种儒道互补的立场。受此影响，"遵儒者之教，履道家之言"⑧也成为当时的一种社会风尚。总的看来，道家思想经过魏晋玄学家们的诠释，与儒家的对立色彩已大为淡化。尽管各自的表现形式不同，学术上的"儒道兼综"却是一致的。相对于汉代经学，玄学侧重于讨论传统政治哲学所忽略的问题，如圣人、道、名教与道的关系，人为和自然的关系，等等，从而使传统政治思维得以深化。

就在玄学兴盛之际，随着异域佛教的传入，中国文化开始进入一个文化大碰撞时期。东晋之际，皇权衰弱，时局动荡。佛教所宣扬的万般皆可成佛、众生平等的生活理想，使下层群众见到一丝希望。由此，佛教"销

---

① 《老子道德经注校释》第三十八章。
② 《老子道德经注校释》第三十章。
③ 《老子道德经注校释》第二章。
④ 参见高晨阳《论王弼自然与名教之辨的基本义蕴及理路》，载《孔子研究》1997 年第 3 期，第 99 – 106 页。
⑤ 《大人先生传》。
⑥ 《释私论》。
⑦ 《南华真经注疏·天地》。
⑧ 《三国志·魏书·王昶传》。

路"大开,并促成了中国化的佛教宗派——禅宗的产生。与此同时,作为本土宗教的道教也日渐兴盛。魏晋以来,一批道士为了提高道教的地位和自己的身份,开始将道教与政治融通,从理论上论证王权神圣及君主制度的合法性。比如,葛洪把道家学说彻底宗教化,并与儒家伦理纲常相结合,提出"儒道双修"①;道教还将忠孝节义与鬼神联姻,将忠孝诠释成养生、求福、成仙之道;等等。面对佛教势力的迅猛崛起,道家与儒家常常结成统一战线,依据华夷之辩、伦理纲常、王权至上等观念,攻击佛教徒削发损肤、不娶妻生子、不敬王者等行为。佛、儒、道三家长期纷争,显然不利于国家长治久安。早在隋朝,大儒王通就提出"三教于是乎可一矣"②的思想,主张以儒学为宗,吸收、改造佛、道二教。唐朝中晚期,佛教出现了宗密,道教出现了杜光庭,此二人分别成为"佛""道"立场之上"三教融合"论的代表人物。与此相呼应,柳宗元则提出了以"儒"为基点的"三教融合"观。对于儒学,柳宗元主张吸收其"经世济民"的思想,而摒弃其"天人感应"论;对于佛教,主张吸收其"中道观"与心性论,而摒弃其"无夫妇父子""不为耕农蚕桑而活乎人"之论;对于道教,主张吸收其"元气论"与"自然论",而摒弃其服饵、食气等方术。③总之,在柳宗元看来,三教虽然有"抵牾而不合"之处,但"皆有以佐世"④。

到了宋代,儒学融合了道、佛二教,以新的形象——理学出现,并名副其实地占据了意识形态的王者之位。这与当时的政治实践密切相关。宋太祖基于唐末五代道德沦丧、世风日下的社会现实,极力提倡重整伦理纲常,多次下诏把尊孔读经作为学校教育的主要内容。在这一过程中,北宋儒者走出秦汉以来烦琐的章句之习、考据之风,专注于儒学义理,并将佛、道"修养"方式引向"齐家""治国""平天下",使哲学的终极从彼岸回到此岸,使儒学从伦理学上升为哲学——理学。明朝王守仁在承袭理学的基础上,先后提出了"心即理"与"知行合一"等观点,从个体的内心自省和外在的实践修炼相结合的角度,为儒家道德理想主义的实

---

① 《抱朴子·塞难》。
② 《中说校注·问易》。
③ 参见张勇《柳宗元:唐代三教融合思潮中的儒家代表》,载《孔子研究》2010年第3期,第97-106页。
④ 《送元十八山人南游序》。

现，开辟了一条兼具儒学与道学色彩的"心"路。明末清初以来，经学家们一方面对儒学的经世致用思想推崇备至，另一方面则对道学中有关心性修炼、性理参悟等方面的内容给予了积极的肯定。① 正由于这种兼收并蓄、调和致用的理论品格，儒学才得以始终固守着其独尊的地位。

三、"儒道互补"的治理实践

纵观以上儒道关系的复杂演绎，不难发现：在从黄老道家到玄学，再到理学的理论形态演进中，儒、道思想始终是相互伴随、相互补充的。汉代黄老道家以"道"为宗，博取诸家，体现出一种积极进取的儒家精神。魏晋玄学虽然流派各异，但其主流基调仍在于揭露名教之伪，试图以道家的哲学理论来夯实儒家本体论的根基。在"三教争衡"和"三教合流"过程中，儒家与道家常常结成统一战线，以捍卫儒家的纲常伦理。事实上，随着"儒道合流""三教合流"，儒家与道家之间很多时候已很难分出彼此。

从实践上看，"儒道互补"的治理思路，成为"王霸杂用"这一中国传统治道方略的重要补充。在"王霸杂用"的治国方略中，重礼义、尚德与仁政、王道相联系，而重功利、尚力则与暴政、霸道相关。前者为"柔"，后者为"刚"，二者的结合蕴含着一种中庸思维，即宽猛相济、刚柔相济或者说"文武之道"。在真实的历史情景中，这种"刚柔相济"常常表现为一种灵活适应不同情势的"刚柔交替"的权变策略：和平时期，实施柔性策略；动荡时期，则施行刚性策略。可以说，这种"刚柔交替"的策略非常契合"一治一乱"的传统社会。纵观中国历史，几乎每个王朝之初都经历了战乱，生产凋敝，人心思定，故而常采用休养生息的"无为而治"之策——这实际上与儒家的仁政一起，都可视为"柔"的一面。值得注意的是，人们惯常将"无为而治"视为道家的专利。然而，究其实，儒、法、道三家都讲无为而治。相比较而言，道家的"无为而治"以虚无、清静为基础，主张顺道而为。而儒家的"无为而治"则是指君主通过"德修于己"的无为手段去感化他人，进而实现天下致治的目标——

---

① 参见吕锡琛《论王船山对道家治道的衍解与吸收》，载《中国哲学史》2015年第4期，第101-107页。

"无为而治者，其舜也与？夫何为哉？恭己正南面而已矣"①。对于法家而言，只有做到"法明""令行"，让人们对统治者的法令充分信赖，才能实现有效的统治。这便是法家意义上的"无为而治"。在法家那里，整肃社会秩序的关键在于确立"法"的基本准则，所谓"官不私亲，法不遗爱，上下无事，唯法所在"②。韩非认为，法治的最高境界是，民众受赏不会感激君主，受罚也不会怨恨君主，因为这些都是自身的行为所致，而与君主无关，即"民知诛罚之皆起于身也，故疾功利于业，而不受赐于君"③。这一强调人的自我约束的论调与儒家思想可谓殊途同归，只不过儒家的自我约束来自道德修养，而法家的自我约束则是来自国家法度。

从实践上看，汉代的文景之治，事实上就是黄老道家打着"无为"的旗号吸收了儒、法两家学说而造就的，体现为一种"儒道互补"的治理机制。西晋伊始，晋武帝"思与万国以无为为政"④，为政宽松大度。此后，东晋偏安，主导政策一直是无为之治。史载，王导执政时，"为政务在清静"⑤。谢安秉政时，"不存小察，弘以大纲，威怀外著，人皆比之王导，谓文雅过之"⑥。在这样一种氛围中，许多官员"居官无官官之事，处事无事事之心"⑦。同样，唐太宗鉴于隋炀帝穷奢极侈、徭役不息、穷兵黩武以致民不堪命的现实，一方面汲取"无为而治"思想之精华，提倡节俭、轻徭薄赋、和平外交，另一方面则积极寻求更加有为的施政方式。唐太宗及大臣们通过历史考察发现，前代君王任用儒学之士，治致太平，而到了魏晋以后，儒学地位下降，淳风大坏，社会动荡。因此他们确信，要使天下大治，必须重振儒术，所谓"今欲专以仁义诚信为治，望革近代之浇薄也"⑧。当然，唐太宗对德治的尊崇，并不意味着对法治的忽视。唐太宗深切地认识到："国家大事，惟赏与罚。"⑨ 为此，他主张明正赏罚，

---

① 《论语·卫灵公》。
② 《慎子·君臣》。
③ 《韩非子·难三》。
④ 《晋书·武帝纪》。
⑤ 《晋书·列传·王导》。
⑥ 《晋书·列传·谢安》。
⑦ 《晋书·列传·刘惔》。
⑧ 《贞观政要·仁义》。
⑨ 《贞观政要·封建》。

力求"君之赏不可以无功求，君之罚不可以有罪免者也"①。总之，由于唐太宗坚持以身作则，加上其措施得力，社会、政治、经济日益繁荣昌盛，人民安居乐业，从而创造出饮誉后世的"贞观之治"。这可谓中国历史上最为成功的一次"儒道互补"的治理实践。

北宋是黄老思想流行的又一个高峰。北宋君臣大多崇尚黄老。宋太祖为政期间，"务农兴学，慎罚薄敛，与世休息，迄于丕平"②。宋太宗在伐辽接连失利之后，开始转向黄老之治，"朕每议兴兵，皆不得已，古所谓王师如时雨，盖其义也。今亭障无事，但常修德以怀远，此则清静致治之道也"③。到了宋仁宗时期，他更崇尚清静无为之道，"仁祖以清静无为之道持盈守成，四十二年终始如一"④，其朝被称为"太平之治"⑤。此外，明朝从太祖到宣宗，力推"休养生息"政策，出现了"仁宣之治"的盛世局面。清朝从顺治到康熙、雍正、乾隆，也崇尚清静无为、儒道兼济之策，从而造就了"康乾盛世"。值得注意的是，"无为而治"既能发展出以退为进、以屈求伸的汉唐雄强政治，也能发展出一味退守的北宋文弱政治。例如，宋徽宗将"无为"阐释成消极地顺应自然，选择了个人的无为逍遥，即"其难也，若有为以经世；其易也，若无为而适己"⑥。他甚至认为治理天下最好的办法是"以不治治之"。在他看来，"有为"最多只能利益一世，而"无为"则能利益万世，所谓"以仁爱民，以智治国，施教化，修法则，以善一世，其于无为也难矣。圣人利泽施乎万世不为爱人，功盖天下似不自己，故无为也，用天下而有余"⑦。在这里，宋徽宗基本上是以庄子所谓"帝王无为而天下功"来唱高调的。他在注释《老子》的"治大国，若烹小鲜"时说："治大国而数变法，则惑。是以治道贵清静而民自定。"⑧ 这里的"变法"不光是指王安石立新法，也包括司马光等人废新法，立与废都是"变法"，都是"有为"。宋徽宗主张维持

---

① 《贞观政要·择官》。
② 《宋史·太祖本纪三》。
③ 李焘：《续资治通鉴长编》第四册，第758—759页。
④ 张继禹：《中华道藏》第十一册，华夏出版社2009年版，第483页。
⑤ 王夫之：《船山全书》第十一册，岳麓书社1996年版，第110页。
⑥ 赵佶：《宋徽宗御解道德真经》卷一，见《道藏》第十一册，第844页。
⑦ 赵佶：《宋徽宗御解道德真经》卷一，见《道藏》第十一册，第849页。
⑧ 赵佶：《宋徽宗御解道德真经》卷一，见《道藏》第十一册，第876页。

现状,既不立也不废,任由矛盾发展,直至北宋灭亡。①

在"儒道互补"的文化格局下,"儒道兼综""刚柔并济",成为众多士人的人生哲学。这方面的一个典范便是曾国藩。曾国藩一方面矢志不移地坚持"修身、齐家、治国、平天下"这一儒家式的人生设计,在学问和道德方面自我完善,又挺膺负责,躬身入局,试图师夷长技以制夷;另一方面,他也受老庄出世思想的影响,隐忍求全,处处收敛,谦退自抑,韬光养晦,当进则进,该退则退。由于他对官场之道参悟深透,升官最快、做官最好、保官最稳,并能功成身退,因而为众多士人所尊崇。曾国藩这种坚忍刚毅、外柔内刚的人生写照,所体现出的正是这种"儒道互补"的人生哲学。"儒道互补"还常常表现为一种"儒道交替",即"入世为儒、出世为道"的人生轨迹。孔子的"天下有道则见,无道则隐"②和孟子的"穷则独善其身,达则兼善天下"③,便是对儒家积极处世的行为方式所进行的调和。道家则将这一思想发挥到了极端,遁入"出世"一途。儒家激励人积极入世求仕,而当他们经历仕途坎坷和风波之后,安贫乐道与清静无为便成为他们的精神归宿。这通常成为中国传统文人、士大夫深层人格中两个互补的侧面,所谓"逃儒则归道,逃道则归儒"。这一点在唐代士人王维的身上体现得尤为突出。王维早年积极进取,他在《少年行》四首中所刻画的"相逢意气为君饮"的意气风发的游侠少年形象,所表达的"纷纷射杀五单于"的英雄气概,便是其追求积极人生的真实写照。而当他在遭遇仕途挫折之际,则转向对道家内涵的体认,并对儒家思想进行了佛家的阐释,最后完成自我的救赎,达到心灵净化的境界,即所谓"一片冰心在玉壶"。④

---

① 参见尹志华《试论北宋老学中的"无为"与"有为"之辨》,载《社会科学研究》2005年第3期,第77-81页。
② 《论语·泰伯》。
③ 《孟子·尽心上》。
④ 参见房瑞丽《三教圆融视域下唐代文人价值观的变迁》,载《孔子研究》2017年第3期,第119-125页。

四、结语

综上所述，在汉代以降的中国社会，尽管儒学被定于一尊，但也不排除对法家、道家等学说的汲取，故而才有了"王霸杂用"和"儒道互补"相互协同的治理实践。因此，从更全面的意义上讲，中国传统社会的基本治国方略，可简略概括为"王霸杂用，兼采无为"。南宋时期孝宗皇帝"以佛治心，以道治身，以儒治世"[①] 之说，虽然强调了儒、释、道三者在不同场域中各自的特定功效及其互补性征，但忽视了三者都有治心、治身和治世的功用。

可以说，对于国家治理这样一个涉及诸多因素的复杂系统，任何一种单一的理论体系都是不充分的、不完备的。进入新时代，其治国理政所应汲取的思想资源也不应是单一的。习近平总书记指出："要善于从中华优秀传统文化中汲取治国理政的理念和思维，广泛借鉴世界一切优秀文明成果。"[②] 唯其如此，我们一方面应坚定不移地贯彻马克思主义政党的治国纲领；另一方面，也应充分借鉴现代政治文明和中国传统政治文化的优秀资源，在立足当代中国特色的社会主义实践的基础上去芜存菁、兼收并蓄，充分实现马克思主义基本原理同中国具体实际、同中华优秀传统文化相结合。无论是儒家思想还是道家思想，我们都要进行审慎鉴别，积极挖掘其现代价值，以共同服务于新时代中国特色社会主义的治理体系和治理能力的现代化。

[①] 《三教平心论》卷上。
[②] 习近平：《铸牢中华民族共同体意识 推进新时代党的民族工作高质量发展》，载《中国新闻发布（实务版）》2024年第2期，第3-5页。

儒学视域中的企业管理研究

解光宇①

企业管理作为一门管理哲学,越来越朝着人本化、责任化、生态化的方向发展,这与儒学理论具有契合之处。从人本论看,儒家"以人为本"的人本思想对于企业实行人本管理具有启示作用;从义利观看,儒家"义利合一""义以生利"的价值取向,促使企业更加认识到承担社会责任的必要性和重要性;从经权观看,儒家"执经达权"的经权思想,对于保持企业的生态平衡具有重要的方法论意义。儒家管理哲学与企业管理的基本理念和精神存在相通之处,这说明儒学能够为建构中国的企业管理理论体系做出贡献,同时也表明儒学在新的时代同样具有经世致用的价值。

一、儒家的人本论与企业的人本管理

人本论也好,人本管理也好,人性假设是管理理论探讨的一个重点,可以说任何一种管理理论都有着自己的人性假设前提。"性善论"和"性恶论"是儒家人性观的两大代表。

孟子主张"性善论",荀子持"性恶论"。尽管孟子和荀子对人性所作的假设不同,但两者都把管理活动建立在道德判断和道德教化的基础之上,目的都在于扬善去恶,这就把管理当作塑造人性、成圣成仁的过程。所以,儒家人性论的最大特点在于人性可塑,认为管理不仅是对人性的适应过程,而且是对人性的塑造过程。只不过在人性塑造的途径上,孟子以"存心养性"来保存善性,荀子则以"化性起伪"来导人为善。

如何认识人性,在某种程度上决定着管理哲学的基本模式。儒家对人性的探索,目的就是建立一个适合人性的管理模式。"人性可塑论"表明

---

① 解光宇,安徽大学中国哲学与安徽思想家研究中心教授、尼山学者,研究方向:儒学与传统文化。

儒家管理哲学的根本特征就是以人为本，管理就是成就人的道德善性并推进社会和谐发展的实践过程。

儒家人本思想的哲学根据是"仁"。"仁"，即"二人"的复合字，这表明儒家实际上是将人以及人与人之间的关系，作为管理思想的出发点。"仁"的内涵是"爱人"。关于管理者如何爱人，一是"己欲立而立人，己欲达而达人"①，即为忠；二是"己所不欲，勿施于人"②，即为恕，亦即所谓忠恕之道。"仁"包含了管理者与被管理者之间关系的基本准则，是用来调节人与人之间的关系。孔子要求管理者以人为本，关心人、爱护人、重视人的价值，然后进一步对被管理者"教之""富之"，"修己以安人""修己以安百姓"③。

可以看出，孔子构建了以人为本位的仁学体系，是将管理活动视为己立、己达，进而立人、达人的活动过程来加以阐释的。孔子的这种"贵人"思想，把人作为管理的主要对象，确立了人在管理活动中的中心地位，一切管理活动都是围绕着"安人"和"安百姓"来展开。

从以上分析可以看出，儒家管理哲学以"人性"为起点，在管理过程中立足于人，最后的落脚点仍为人，即"安人"。儒家管理哲学作为修己安人的历程，体现的是生生不息的仁德。儒家高扬人本主义精神，把管理活动看成塑造人的善性过程，始终坚持以人为本，把人放在中心地位，关注人民的利益和需求，即"文武之政，布在方策。其人存，则其政举；其人亡，则其政息"④。简言之，为政在人。儒家的这些思想，对于企业管理具有重要的借鉴意义。

企业管理作为一门管理科学，最突出的一个特点就是强调人本化，把企业的成长和员工的成长看得同等重要。21世纪已成为知识经济主导的时代。在知识经济社会，管理的本质就在于处理好人与人之间的关系。人本管理，不同于"见物不见人"，或者把人作为工具手段的传统管理模式，而是以人为中心，突出人在管理中的地位。它强调"人是目的"，主张把人看成一切管理活动的出发点和归宿点，在管理过程中要尊重人，发挥人的潜能，实现人的价值。

---

① 《论语·雍也》。
② 《论语·卫灵公》。
③ 《论语·宪问》。
④ 《礼记·中庸》。

企业管理理论的演变，经过了艾维·李的"公众必须被告知"，伯纳斯的"投公众所好"，以及斯科特·卡特里普和阿伦·森特提出的"双向对称传播"等阶段，这些都反映了公众的地位不断提升，也就是"人"的地位在管理活动中不断上升。由此可见，实行人本化管理是企业管理的必然趋势。一个组织的内部管理或外部交往，如果不能顺应"以人为本"的时代潮流，就难以达到预期的目标。以人为本观念的确立，能够为企业营造良好的文化心理环境。

儒家建立了以人为本的管理模式，形成了"道之以德"的管理手段，确立了"富国安民"的管理目标，对管理理论做出了重大的贡献。不仅儒学的人本思想与现代企业管理的精神并行不悖，而且儒学的"仁者爱人""民惟邦本""安人"等人本思想，对于深化企业的人本管理具有重要的作用。儒家人本论对企业的人本管理有哪些启示呢？

（1）儒家人本论与内部管理。

组织内部良好的关系，能够为组织创造一个团结、和谐的氛围，调动组织成员的积极性、主动性和创造性，增强组织内部的凝聚力。内部员工是组织的主体，更是组织的主人，是"全员公关"的基础，对外直接代表着组织的形象。此外，良好的员工关系，是组织开展其他方面工作的保证，只有做到"内求团结"，才能真正做到"外求发展"。

首先，组织要以仁爱之心对待员工，着力突出人的地位。"爱人"是管理者从事管理活动的出发点和落脚点。组织要树立人本观念，了解员工，承认和尊重员工的个人价值，真诚地对待他们。不把员工看成抽象的、毫无区别的集体成员，而把他们看成一个个独一无二的个体。以人为本中的"本"，实际就是哲学意义上的"本位、根本、目的"。构建以人为本的管理模式，应尊重员工的个性和独立人格，突出员工在组织活动中的中心地位，重视人文管理手段的运用，把重视人、关心人、塑造人作为组织发展的永恒主题，以儒家独具特色的"道之以德"的管理方法来管理员工，培养员工内在的道德感和责任感。

其次，依照德才兼备的标准，注重开发人力资源。儒家十分重视对人才的选拔和任用，并建立了一套完善的人才管理体系。"任人唯贤"是用人之道的核心思想，而"贤"的标准就是德才兼备。儒家主张用教育的方法来培养人才，同时用开阔的胸襟兼容并蓄，广纳人才。组织要建立一套发挥各级人员积极性、创造性的体制，大力培训职工，重用人才，开发其潜力。只有这样，组织的发展才能拥有不竭的动力源泉。

最后，组织可通过完善内部沟通网络，营造和谐氛围，培养员工对组织的认同感和归属感，着力培育企业文化，创造充满人情味的内部环境。这种"人情味"的管理是儒家式管理的一大特色。

（2）儒家人本论与外部管理。

组织外部环境良好，不仅可以在公众中树立起良好形象，使组织对公众产生巨大的吸引力，而且可以产生强大的辐射力，有力地促进组织与社会公众开展广泛而深入的横向合作。外部公众是组织的外部舆论环境，是组织实际形象的评价者。组织自身的目标最终实现与否，直接取决于它与外部公众的关系。

在处理与外部公众关系的时候，一方面要"己所不欲，勿施于人"[1]，按规范运用"利他原则"。组织在开展活动时，要懂得站在外部公众的立场上考虑问题，把公众的需求放在第一位。这主要包括满足公众知晓心理需求，力争做到"百问不厌，有问必答"；尊重公众独立自主的人格需求，以礼待人，一视同仁；虚心征求公众意见，尊重公众选择和风俗习惯；满足公众不断转移、升华的精神需求，针对性地采取适宜的方式来理解、支持与合作，力求为公众提供一流的服务。另一方面，要借助"人和"的理念，协调人际关系，以达到组织与各类外部公众的关系和谐。外部公众分布广泛，构成复杂，包括社区公众、新闻界公众、政府公众、顾客公众等。各类外部公众都与组织有利益关联，组织必须分别满足各类公众的利益要求，才能得到他们的支持和合作，更好地生存和发展。"和"要求注重矛盾各方的对立统一。孔子提出"君子和而不同，小人同而不和"[2]。虽然组织与公众之间有不同的利益诉求，但双方可以追求关系之"和"，在互惠互利中协调处理，以达到互惠双赢。"礼之用，和为贵"[3] 思想，把企业主体与公众客体双方关系建立在对立统一的辩证基础之上，追求"人和"，进而实现组织的目标。也就是说，良好的企业声誉是从处理组织与公众之间的关系开始的，既要在组织内部实现人本管理，又要关注外部公众的切身利益，把公众的需求放在重要位置，围绕人来开展活动。这些

---

[1] 《论语·卫灵公》。
[2] 《论语·卫灵公》。
[3] 《论语·学而》。

都说明企业的人本管理与儒家"以人为本"的思想是一致的,即把人本主义作为理论基础。

二、儒家的义利观与企业的社会责任

义利观是儒学的价值观之一。孟子说:"义,人之正路也。"① "义"即道义、公正和正义;而"利"则是指物质价值,如社会财富、地位等。义与利的关系相当于道德价值与物质价值的关系。长期以来,不少人认为先秦儒家义利观的核心是"重义轻利""尚义排利",这实际上是对义利观的误解,因为孔子、孟子都曾肯定求"利"的合理性。

孔子说:"富与贵,是人之所欲也;不以其道得之,不处也。贫与贱,是人之所恶也;不以其道得之,不去也。"② 孔子承认人有追求富贵的本能,追求一己之私是人的天性,这是正常且正当的要求。孟子也十分强调人们对物质利益的追求,认为"无恒产而有恒心者,惟士为能。若民则无恒产,因无恒心。苟无恒心,放辟邪侈,无不为己"③。可见,没有"恒产"的民众,生活得不到一定的保障,是不会追求所谓的"义"的。故孟子提出了"制民之产"的思想,即"是故明君制民之产,必使仰足以事父母,俯足以畜妻子,乐岁终身饱,凶年免于死亡;然后驱而之善,故民之从之也轻"④。孟子认为,"制民之产"是"仁政"的开端,"明君"关心人民物质利益,采取"利"民政策,其统治就有了坚实的基础。由此可见,孔子和孟子都肯定了"利"的价值,肯定追求"利"的合理性,都主张治理国家要"富民",让民众得到利益。

在涉及统治者处理"义"和"利"的关系时,孟子提出了"先义后利""见利思义"。在《孟子·梁惠王上》中,当梁惠王问孟子"何以利吾国"时,孟子直言"先义后利"方是治国之本。因为孟子认识到动辄言利势必造成"上下征利而国危"的结果。"王何必曰利",孟子告诫人们,在一个无序、混乱的社会中,首先想到的不应是如何追求利,而是如何建立公正的秩序,建立人与人之间的和谐关系。故只有"先义后利",

---

① 《孟子·离娄上》。
② 《论语·里仁》。
③ 《孟子·梁惠王上》。
④ 《孟子·梁惠王上》。

一个国家才会有良好的社会秩序，统治者也才能因此得到好处。荀子也主张"先义后利""以义制利"。他说："先义而后利者荣，先利而后义者辱。"① 他主张功利的获得以"义"为前提，"正利而为谓之事，正义而为谓之行"②。

"见利思义"指在面对利益时，要首先考虑这种利益的获得是否符合道义。这就牵涉到面临义利抉择时的价值判断问题。"见利思义，见危授命，久要不忘平生之言，亦可以为成人矣。"③ 孔子把"见利思义"作为衡量人的品德的一条重要标准。"不义而富且贵，于我如浮云。"④ 儒家坚决不获取违背社会道义的财富，坚持君子爱财，取之有道，不能见利忘义。孟子也认为"非其义也，非其道也，禄之以天下，弗顾也"⑤。义和利实际上是统一的，儒家的价值取向是"义利合一""重利尚义"。无"利"，人类将无法生存；无"义"，社会将变得无序。从人的生存上讲，人往往先利后义，因为利是物质基础，先要满足物质生活，然后才能追求道德伦理生活。但从人之为人以及生命的本质意义上来讲，当利和义发生不可调和的冲突时，应把义置于物质利益之上，这样才能显现出人之为人的价值和尊严。而儒家的这种义利合一观体现在管理活动中就是"义以生利"。孔子曾说："礼以行义，义以生利，利以平民，政之大节也。"⑥ 而所谓的"义以生利"的管理活动，就是精神价值创造物质价值、精神价值制约物质价值的过程。管理者的职责就在于循礼而行义，只有行义，才能创造出物质文明，从而满足人民的需要，这也是为政的真谛。

儒家的义利观与企业关于社会责任的理论是共通的。近年来，关于企业的社会责任的研究越来越多，如认为企业管理作为一种管理哲学，在其决策与行动上，都应以公众利益为前提。也就是说，在现代经济活动中，社会组织要承担起更多的社会责任，朝着"义"的方向发展，更多地关注公众的利益，而不能仅仅追求组织之"利"。

一般而言，企业应负担的社会责任有两种，一种是企业本身运作所产

---

① 《荀子·荣辱》。
② 《荀子·正名》。
③ 《论语·宪问》。
④ 《论语·述而》。
⑤ 《孟子·万章上》。
⑥ 《左传·成公二年》。

生的问题，对于这些问题，企业责无旁贷地需要负责，如排放的废气、废水造成的环境污染问题；另一种社会责任是与企业本身没有直接的关系，如社会公益、慈善活动等。如果企业主动协助解决这些问题，将有助于品牌塑造，为企业提供进一步发展的机会。

社会责任是企业的伦理基础，社会责任导向与企业管理学的发展几乎是同步的。也正是现代企业管理学的产生，唤醒了组织的社会责任感。现在，企业管理理论不断朝着伦理化方向发展，公众不仅要求组织能提供多样化、个性化的产品和服务，而且要求组织担当起维护公众利益、保护生态环境、参与公益事业、提升社会文明等多重社会责任。

可以说，现代企业管理的社会责任理念与儒家的义利观有较强的关联性。儒家义利观的实质，是强调在谋取利益和伦理行为之间寻找恰当的平衡，这也为企业承担社会责任的道德合理性和知识合法性提供了本土化的哲学依据。同时，儒家义利观对企业的责任精神也起着积极的塑造作用。

第一，"先义后利"有助于促进组织树立责任意识。

孔子曾说："放于利而行，多怨。"① 孟子之所以主张"先义后利"，正是认识到过分追求"利"而忽略"义"必将引起秩序的紊乱，最终导致自身利益受损。孔孟的"先义后利"的义利观运用到企业的社会责任方面，就是要求企业树立责任意识，从长远战略的高度，摒弃急功近利的短视行为，真正认识到公共利益的重要性，为了组织的长远利益而承担一定的社会责任。

组织和公众之间关系的发展，是组织行为对公众负责任的结果。当企业实践不合伦理、不负责任时，就会变成操纵和欺骗。如果组织违背社会和公众的利益，成为唯利是图的工具，就会被大众唾弃。现代社会信息流通无阻，一个以欺骗和蒙混公众来获取利益的组织，终究会让自身名誉蒙羞。所以，为了与公众保持良好的关系，组织必须是负责任的，企业管理就是一种对公众负责任的实践。

第二，"义以生利"有助于提高组织承担社会责任的积极性。

儒家所说的"义利合一"，就是精神价值和物质价值的统一，体现在管理活动中就是"义以生利"。组织通过负责任的公共关系实践，其良好的社会形象深入人心，这本身无疑就是组织的一笔巨大的信誉资产，能够

---

① 《论语·述而》。

为组织拓宽发展空间，给组织带来更大的"利"，从而提高组织承担社会责任的积极性。

现代管理学家艾维·李曾反复强调："凡是有益于公众的事务，必有益于企业和组织。"①

企业承担社会责任的意义在于，有利于改变公众关系从属于营销战术的局面，将其上升到营造未来市场空间、积累社会资本、培养社会亲和力、配置企业软性竞争力的战略高度。事实证明，具有强烈社会责任感的公众关系实践，容易引发社会公众的关注和共鸣，有助于形成正面的舆论形象。所以，组织的经营目标和社会目标是协调一致的，自身利益和公众利益是共存的、相互促进的。

第三，"尚义"有助于提升组织的责任境界。

儒家义利观实质上是一种以精神生活为灵魂、物质生活为基础的价值观。"义"作为一种普遍的道德原则，超越个人的狭隘性而具有普遍的意义，是体现着社会整体利益的公利。儒家管理的最终目标是实现天下大同的至善社会，达到这一目标的方法就是首先要对义与利进行辨别，区分长期利益和短期效益，区分国家、民族的大义和个人的一己之利，也就是要把个人利益与社会责任相连接，以社会之"大利"为"义"。因此，企业管理的"义"不应该只停留在"主观为自己，客观为别人"的认识层面上，因为这种认识仍会制约企业管理实践的高度。"善"不仅是有利于自身的"小善"，而且应该是"兼济天下"的"大善"，它具体表现在对社会责任的担当上。这就需要"义"，需要企业在自身经营活动中注入价值追求和人文关怀。"尚义"就是要求组织突破狭隘的利益圈，展现自身的人文关怀和价值理念，以社会责任作为决策的出发点，提升组织的责任境界。

三、儒家的经权观与企业的生态平衡

经权观是儒家管理哲学的方法论。在管理活动中，"经"指基本的管理原则，"权"指灵活多变的管理技巧。管理方法的经权配合，体现的是管理的艺术，表现在管理实践中，就是"执经"与"达权"。"执经"是

---

① 转引自许锡文、解光宇等《公共关系学教程》，安徽人民出版社1989年版，第53页。

指在管理活动中要坚持管理方法的原则;"达权"是指要根据现实情况的变化而采取适宜的变通方法。变通可称作管理之"术",在坚持"安人"的管理前提下,针对不同的情况,礼法并用,宽猛相济,刚柔相济,做到"权不离经""权不舍本""权不损人"。孟子说:"执中无权,犹执一也。"① 在孟子看来,如果一味坚持原则,不知依据实际情况适当变通,就是"执一",这会不利于管理之"经"的贯彻。

在儒家看来,要想成为一个优秀的管理者,需要把握"执经达权"的四条要求,即适其时、取其中、得其宜、合其道。"适其时"即合于时势的发展;"取其中"即合于中庸的原则;"得其宜"即合于义的要求;"合其道"就是要求人们的所作所为合乎一定的规范。管理既能持守管理之经,又能根据具体情况采取适宜的变化。

经权思想的根本目的,在于使管理活动达到最佳的和谐境界。管理活动中的和谐,是管理要素彼此之间关系的和谐,具体表现在人与人之间关系的和谐、人与事之间关系的和谐、事与事之间关系的和谐。只有实现了管理要素彼此之间的和谐,才能保证管理活动的顺利进行。

"执经达权"的管理方法,就是保证管理的各种要素能够达到"和"的境界,充分发挥组织内部各要素的作用,实现管理的最终目标。

那么,儒家的经权观与企业管理有无共通之处呢?回答是肯定的。

学术界对企业管理艺术的探讨有一个发展过程,即从"传播说""形象说""协调说"到"生态说",人们对这一问题的认识不断深化。近些年来,生态学的思想被应用到企业管理研究领域。1985 年,卡特利普、森特和布鲁姆正式把生态思想纳入管理领域,这就是"调整—适应"的模型。在此模型中,生态学被用来说明组织与它们所处的社会环境的相互作用。卡特利普宣称,组织必须不断地调整与公众之间的关系,才能对变化异常的社会环境做出回应。"生态"一词不仅包含公众环境的意义,而且包含着各种公众环境要素此消彼长的动态变化。生态理论把组织视为一个开放系统,把组织视为与环境之间不断变化的相互联系、相互依赖的活动体系。由于环境在本质上是动态系统,因此它具有较大的不确定性。组织依赖与环境之间的交换,同时又被环境所制约。

还有学者在此基础上进一步提出"组织生态平衡说",认为"任何社

---

① 《孟子·尽心上》。

会组织，无论是营利性组织，还是非营利性组织，都存在着自身内部关系和与社会其他组织的外部关系。这些社会关系成为组织生存发展的人事环境和社会气候。组织在日常活动中形成这种内外社会环境，而社会环境反过来又影响着组织的生存和发展。组织与社会环境形成了相互影响、相互关联、相互制约的互动关系。因而，社会环境的不断变化，必然要求组织不断地进行自身调整，以适应社会环境变化，保持组织与社会环境的平衡"；"一个开放系统根据外界环境的变化，协调组织的行为与其适应，通过与外界环境的交换使组织得到生态平衡，在良好的环境中生存和发展"。[①] 从生态的角度理解企业管理，更贴近管理的本质，并且大大拓宽了企业管理的研究视野。

从上述生态内涵分析，我们可以明确以下两点：①企业管理处于一个复杂多变的组织——公众系统中；②管理的根本目的，在于保持组织与外部环境的生态平衡。面对极其不确定、不稳定且充满变化的组织系统环境时，儒家经权观对组织的生态平衡具有重要的方法论意义。

经与权，即原则性与灵活性的问题。儒家管理哲学的经权观既要求把握稳定不变的管理原则，又要求根据面临的内外问题，审时度势，适时调整管理对策和管理方法。

第一，"执经"要求把握管理的基本原则。

在儒家管理哲学中，"执经"即贯彻"忠恕之道""仁者爱人""己所不欲，勿施于人"，表现在管理上，则是主张"为政以德""齐之以礼"等。在管理活动中，"经"可以理解为管理的规范和准则，是管理实践必须遵守的原则。"执经"就意味着在持守基本原则和规范的前提下开展一系列管理活动，将其作为管理实践的根本，并以此来指导实践。

与该问题相关，居延安在《公共关系学》中根据公共关系的目标和任务，提出了四条公共关系的规范和准则：公共关系必须以满足公众需求为出发点；公共关系必须十分注重社会效益；公共关系必须遵循实事求是的大原则；公共关系必须以不断创新为灵魂。[②] 这四条原则即要求公关实践突出人的显著地位，要把公众的需求放在重要位置；秉承"义"的理念，

[①] 解光宇：《论公共关系与组织的生态平衡》，载《安徽大学学报》（哲学社会科学版）1995年第1期，第62-65页。

[②] 参见居延安《公共关系学》，复旦大学出版社1989年版，第155页。

积极承担社会责任，关注公众利益；坚守"信"的底线，诚实守信，全面深入地掌握事实，实事求是地传播事实，杜绝弄虚作假、欺骗公众的行为；贯彻"变"就是"经"的观念，坚持观念、内容、方法上的创新，以应对复杂的环境。

根据生态说，组织与环境形成了相互影响、相互制约的生态系统，构成了一个动态的开放体系。社会组织只有透过现象看本质，抓住关键，把握企业管理的"经"，即基本原则和规范，才能在复杂多变的环境中立足，获得长远发展。

第二，"达权"要求注重企业管理的方法策略。

"权"讲究管理方法的灵活和变通。儒家所谓的"权"其实是对"经"的应用、变化和复归，在执行"经"的过程中要因时、因地、因人而制宜。组织—公众—环境这一系统有着复杂多变的特点，主要表现在：社会组织需要处理与员工、消费者、政府、媒介、社区、股东等之间的关系；内外部环境瞬息万变，信息量大，具有传播速度快以及传播手段多样等特点，一旦稍有疏忽，就可能爆发危机，影响组织形象，致使生态平衡被打破。这些都要求组织时刻监测环境，根据环境的变化，灵活采取各种公关策略，以维持组织生态平衡。

一方面，组织要运用各种调查方法，密切监测组织所处的舆论环境，采集组织形象信息、产品形象信息和组织运行状态及其发展趋势信息等，对环境的变化保持高度的敏感性；另一方面，组织要敢于突破常规，废除陈规，独辟蹊径，以新、奇、活取胜。例如，组织可开展别出心裁的公关活动，以扩大组织影响力。在应对突发事件或者危机时，要开动脑筋，不死守规矩，在"合其道"的基础上适当变通，改进工作方法，出奇制胜。在儒家看来，"权"是一种高深的学问，必须对"经"心领神会、理明义精，才能正确行"权"；而用"权"要"适其时，取其中，得其宜，合其道"，才能时时不离"经"，处处合于"经"。

第三，"执经达权"要求达到组织生态平衡的目的。

正如儒家"执经达权"的根本目的在于使管理活动达到最佳的和谐境界，企业管理充分运用经权观的最终目标，也是保持组织的生态平衡。平衡是一种和谐，生态平衡既包括组织内部的平衡，又包括组织外部的平衡，这就要求组织协调好内部员工之间的关系，并通过双向沟通与外部公众保持良好的互动关系，将组织的信息真实、准确、及时、有效地传递给公众,"输出"到社会环境中,为推广组织形象创造良好的舆论和氛围,这也就达到了所谓的"人和"境界。"执经达权"的方法论就是要确保组织内部各要素都能协调有序,内外关系和谐,达到一种动态的平衡。总之,只有组织生态平衡,组织才能谈得上继续发展,才能实现组织既定的目标。

四、结语

通过在儒学的视野中探讨企业管理,可知儒学所提倡的以人为中心、重视社会责任、强调原则性和灵活性的平衡统一,对于企业管理具有重要的借鉴意义。同时,这些理念也一定程度上代表了企业管理理论发展的趋势所在,即通过协调人与人之间的关系,充分发挥人的作用来实现组织目标;以公众利益和社会责任为导向,塑造一个更加负责任的社会组织形象;为应对复杂多变的内外组织环境,在坚持原则的基础上采取更加灵活多变的方法,以保持组织的生态平衡。

儒学是一种视良好的人际关系为基础的人性哲学,企业管理也是一门讲究"人和"的学科。我们从以上分析可以看出,儒家管理哲学与企业管理的基本理念和精神存在相通之处。这说明两者具有融合的基础,儒家思想能够为建构中国的企业管理理论体系做出贡献。同时,也表明儒学在新的时代同样具有经世致用的价值。

企业儒学的"易"本论

唐雄山①

一、相关问题概述

本文中的"易",指的是《易经》。据传,《易经》是周文王所作。周文王被儒家尊崇为圣人。由于《易经》由符号、隐喻、比喻构成,十分晦涩难懂,先秦时期出现了专门对《易经》进行解读的《易传》。《易传》包括《系辞》(上、下)、《彖传》(上、下)、《象传》(上、下)、《文言》、《说卦》、《序卦》、《杂卦》,总称"十翼"。据传,《易传》是孔子及其弟子所作。《易经》与《易传》合称《周易》。秦汉之后,人们对作为儒家经典的《周易》进行不断的研究与阐发,从而形成了"易学"。

学界有观点认为,《易传》非儒家作品,或者说《易传》的主导性思想非儒家思想。② 但是,企业儒学是具开放性与包容性的学说,其以儒家思想为主导,不仅包容中国传统的各家优秀思想,还包容国外的优秀思想。

本文中的"本",指是本源与本体。本源、本体是中国哲学中重要的范畴性概念之一。本源是指事物的起源、来源。本体是指事物的内在规定性。某事物失去或改变其内在规定性,该事物将变成其他事物。

本源、本体的多元性与多层次性是中国哲学本源论、本体论的特征。③ 企业儒学的本源、本体亦不例外。

企业儒学的"易"本论包括两个方面的内容:一是企业儒学的许多思想可以上溯到《易经》,即《易经》是企业儒学的最重要的本源之一;二

---

① 唐雄山,博士,任教于佛山大学管理学院,教授,研究方向:管理哲学。
② 参见陈鼓应《易传与道家思想》,生活·读书·新知三联书店1996年版。
③ 参见唐雄山《贾谊本源、本体论的特征及其思想传承》,载《孔子研究》2013年第1期,第45–51页。

是《易经》中的基本理念对企业儒学具有内在的规定性而成为企业儒学的本体,离开这些基本理念企业儒学就不能成立。

二、企业儒学对《易经》思想的传承

(一)礼为主,刑为辅

企业儒学中"导之以德的企业管理之道"与"导德齐礼的治理观"实为"礼为主,刑为辅",这种思想本源于《易经》中的履卦与噬嗑卦。

履卦九二爻曰:"履道坦坦,幽人贞,吉。"履卦是《易经》六十四卦之第十卦,主卦是兑卦,卦象是泽;客卦是乾卦,卦象是天。履、礼,古通用。《说文》曰:"履,足所依也。""足所依",即行为所依。行为所依者为礼,即制度规范。履,理也、礼也。理为履之内,礼为履之外。理即道,即天道与人道。《象》曰:"上天下泽,履;君子以辩上下,定民志。"因此履就是制度化与规范化,即所谓的礼制化。

"履道坦坦,幽人贞,吉。"此爻的意思是说:所制定的制度与规范内含大道,不存在制度与规范锚定的内容(即不存在腐败制度化与制度腐败化),执行时公正无私,如此,因犯了错误(罪)而受到惩罚的人也会坚守自己的良知与美德,吉祥。否则,企业就会掉入制度化、规范化的陷阱。这是企业儒学"导之以德""导德齐礼"的实质之所在。

如果说履卦论述的是礼,噬嗑卦讨论的则是刑。

噬嗑卦是《易经》六十四卦之第二十一卦,主卦是震卦,卦象为雷;客卦是离卦,卦象是火、电。噬是咬,嗑是上颚与下颚合拢,噬嗑是上下颚咬合,有将吃的东西咬碎之意。《象》曰:"雷电,噬嗑,先王以明罚敕法。"《彖》曰:"颐中有物,曰噬嗑,噬嗑而亨。刚柔分,动而明,雷电合而章。柔得中而上行,虽不当位,利用狱也。"上下咬合,意指立法建章,断刑明狱。

就噬嗑卦的内容来看,噬嗑卦论述了制定处罚制度的重要性与原则性,提出针对不同错误应采取不同的处罚措施,并指出过度处罚的危害。履卦使企业走向制度化与规范化,而噬嗑卦则对企业的制度规范进行补充与完善。

噬嗑卦卦辞为:"噬嗑,亨,利用狱。"应用到企业中,意思是说:确立合法、合理、合情的处（刑）罚原则与制度，如此，企业就会亨通、顺利，有利于对不同的错误行为进行恰如其分的惩罚。

（二）财富分配

企业儒学中财富分配的思想本源于《易经》中的屯卦、大有卦与颐卦。其中，颐卦对财富分配问题的论述最为详细与系统。

卦辞：颐，贞，吉。观颐，自求口实。
初九：舍尔灵龟，观我朵颐，凶。
六二：颠颐，拂经于丘颐，征，凶。
六三：拂颐，贞，凶，十年勿用，无攸利。
六四：颠颐，吉。虎视眈眈，其欲逐逐，无咎。
六五：拂经，居贞，吉，不可涉大川。
上九：由颐，厉，吉，利涉大川。

从颐卦的内容来看，它主要论述了财富分配的原则、方法及应注意的问题。财富的分配是企业重大的战略问题，它直接影响企业成员的积极性、向心力，在构建"理想的"心理情感能量场的过程中起了至关重要的作用。[①] 财富分配得好，可以为企业提供巨大的原动力，推动企业不断地向前发展；财富分配得不好，企业心理情感能量场会四分五裂，企业将快速走向衰亡。

下面结合企业财富分配问题对颐卦的卦辞与爻辞进行详细的解释。

卦辞：颐，即分配财富以颐养。企业主要的功能就是创造财富与分配财富。企业对创造的财富进行合理的分割与分配，符合正道，长此以往，吉祥。考察、审核财富（颐）的数量、类型与质量，应坚持多劳多得的原则，根据企业成员的业绩、能力与贡献，制定财富分配的方案，并根据制定的方案对企业财富进行分配。

初九：企业分配财富根据贡献与业绩进行，每个成员得到的财富基本上与自己的业绩、贡献相匹配，是凭自己的才能、技术、辛勤劳动所得，

---

① 关于心理情感能量理论，参见唐雄山、甘燕飞、陈晶瑛等《企业心理情感能量场》，中山大学出版社 2022 年版。

有如"灵龟"一样，十分珍贵。如果舍弃自己所得，羡慕他人所得，凶险。如果因此抢夺他人所得，则十分凶险。企业的领导者应事前就分配的原则和方案与企业成员进行充分沟通，亦可让企业一般成员参与分配原则和分配方案的讨论与制定。在分配财富的过程中，人们会高估自己的能力与贡献，因此，制定科学、合理的绩效评价体系至关重要。科学、合理的绩效评价体系可以让企业成员准确了解自己的能力与贡献，避免激发嫉妒、怨恨、失望等心理情感能量。

六二：打破科学、合理的分配原则与方案，或者制定不科学、不合理的分配原则与方案，剥夺或减少企业普通成员的份额，企业一旦有事，则十分凶险。民食不可夺。民以食为天，夺民之食即违天道。天即民，民即天；江山即人民，人民即江山。

六三：不对企业创造的财富进行科学、合理的分割与分配，少数人独享财富，违背正道，长此以往，十分凶险。企业成员的积极性、创造性、向心力会大幅下降，失望、怀疑、仇恨会充满企业心理情感能量场，企业将长时间得不到发展，什么事也做不成，没有任何好处。《大学》曰："财散则人聚，财聚则人散。"

六四：作为企业的高层领导者，负责企业财富的分配，低估自己的贡献与业绩，少分一些，吉祥。作为财富的分配者，严密监督（虎视眈眈）财富分配的过程，保证企业中每个人的合理欲望都得到满足，这样做，没有错。

六五：作为企业最高的管理者，低估自己的贡献与业绩，少分一些，长此以往，吉祥。但企业最高的管理者有可能会因此丧失积极性、创造性与开拓性，不利于企业成就大事业。

上九：作为企业的董事长（董事会），详细、客观、公正地评估每一个人的业绩、能力与贡献，按照多劳多得的分配原则，制定科学、合理的财富分配方案，并严格执行之。这个过程很艰难，但对企业来说，吉祥，有利于企业成就大事业。

（三）包容八荒，任人以德

这是《易经》中关于用人的基本原则，这一原则贯穿了《易经》关于用人的各个维度的阐述，是企业儒学最重要的来源之一。下面从企业管理的角度，对《易经》中的部分内容进行阐释。

泰卦九二爻：

包荒，用冯河，不遐遗，朋亡，得尚于中行。

此爻的意思是说：在选拔、启用人才的过程中，企业要心胸宽广，如天地一样能包容八荒，不分亲疏远近。将各种人才聚集在一起，用其所长，避其所短；防止企业成员结党营私，引导企业成员走中正之道，且以走中正之道为荣。

师卦卦辞：

师，贞，丈人，吉，无咎。

此爻的意思是说：企业在商战中坚守正道，由有德、有才、有位的人做统帅，这样就会吉祥，不会有大的灾祸与大的过错。

师卦九二爻：

在师中，吉，无咎。王三锡命。

此爻的意思是说：由有德、有才、有位的人在商战中进行统率，对企业来说是吉祥的，不会发生大的过错。前提是要得到最高领导者的充分信任。

师卦六五爻：

田有禽，利执言，无咎。长子帅师，弟子舆尸，贞，凶。

此爻的意思是说：企业所在市场（行业）中有不良（破坏性）的竞争者，企业需要发起商战，给不良（破坏性）的竞争者以打击，从而维护市场的正常秩序。企业成员，特别是核心成员就此充分发表自己的见解，这样做没有错。但如果在商战中任人唯亲、用人不当，则会给企业带来严重的损失，长此以往，十分凶险。

师卦上六爻：

大君有命，开国承家，小人勿用。

　　此爻的意思是说：如果商战取得胜利，企业就有可能得到进一步发展，人员变多、业务变多、产品或服务变多、技术变得更复杂、各种关系变得更复杂，由此，原来的组织结构与组织模式已经无法适应新形势，企业需要进行部门化、区域化，对权力、责任、义务、利益、地位进行重新分配。企业最高领导者在推行部门化、区域化的过程中，要启用有德、有才的人，对于只有才而无德的人则千万不能委以重任。让有才无德的小人掌管一个部门，或担任一个部门的副手，对企业来说都是灾难性的。

　　既济卦九三爻：

　　高宗伐鬼方，三年克之；小人勿用。

　　此爻的意思是说：要实现企业宏大的战略目标，需要长时间艰苦卓绝的努力。就如殷高宗武丁攻伐鬼方，用了三年才取得胜利。在这个过程中，千万不能任用无德之人。取得胜利后，亦不能对无德之人委以重任。无德之人一旦得势，企业政治生态就会出现严重的问题，仇恨、愤怒、嫉妒、不满、失望将弥漫整个企业心理情感能量场。

　　需要特别指出的是，"小人勿用"并不是指不用"小人"，而是指不能让"小人"在关键的岗位任职。"小人"有贡献、有功绩，可以在经济上给予充分的奖赏，在荣誉上给予充分的肯定，但是不能让其担任重要的或关键的职位。

（四）"王假有家"与"得臣无家"

　　"王假有家"与"得臣无家"是企业儒学拟家庭化企业组织思想的重要来源，以下同样从企业管理的角度来阐述《易经》中的相关内容。

　　家人卦九五爻：

　　王假有家，勿恤，吉。

　　该爻的意思是说：企业的最高领导者首先要治理好自己的家，以此感化企业的其他成员；同时要将企业变成拟态家庭，将企业视为一个大家庭，用心经营，使企业的财富不断积累、德行不断圆满，人才济济，与利益相关者关系友善，使企业心理情感能量场具有强大的吸引力。如此，便没有什么可忧虑的，企业一定可以克大难、创大业，吉祥。

损卦上九爻：

> 弗损，益之，无咎；贞，吉，利有攸往，得臣无家。

该爻的意思是说：奉献精神作为一种心理情感能量是有限的，是可以被耗尽的。为了保证企业成员的奉献精神与奉献行为的可持续性，企业需要遏制企业成员的奉献精神被过度消耗，并对企业成员的奉献精神与奉献行为进行回报（益之）。这样做不会有错，长此以往，吉祥，有利于企业达成目标，企业成员会以企业为家。此爻对企业具有极为重要的启示作用。

将企业建设成拟态家庭是企业儒学追求的目标，与人类社会发展——文化人社会的大趋势相符。[①]《易经》中涣卦、损卦、益卦中的相关论述对如何将企业建设为拟态家庭均有十分重要的启示作用。

（五）不富以其邻

"不富以其邻"是《易经》中的重要思想，是企业处理与利益相关者关系的重要原则，是企业儒学的重要思想来源，以下继续从企业管理的角度来阐释《易经》中的相关内容。

小畜卦九五爻：

> 有孚挛如，（不）富以其邻。

该爻的意思是说：在一点一点地、缓慢地积累财富的过程中，企业应始终牢牢地坚守诚信与正道。在经营的过程中，应充分兼顾供应商、销售商、顾客、社区、政府、员工等利益相关者的利益，与利益相关者建立良好的关系，构建起良性的心理情感能量场。在这个心理情感能量场中，企

---

① 参见唐雄山、仇宇、王伟勤等《社会工作理论与方法本土化——妇联参与社会治理及典型案例点评》，中山大学出版社2015年版，第7-10页。

业要与利益相关者进行良性的互动。企业之间的竞争，在本质上就是心理情感能量场之间的竞争。对企业来说，构建"理想"的心理情感能量场具有重大的战略意义。

泰卦六四爻：

翩翩，不富以其邻，不戒以孚。

该爻的意思是说：企业在经营过程中，应知权达变，灵活应对。同时，企业应诚实守信，充分兼顾利益相关者的利益，不牺牲利益相关者的利益以谋求自己的利益。如此，利益相关者便会对企业没有戒备、恐惧之心。这对企业稳定发展具有极大的好处。

贲卦初九爻：

贲其趾，舍车而徒。

该爻的意思是说：企业在经营的过程中，应装饰、修饰自己的行为，为利益相关者的利益着想，控制好自己的决策与行为，以免给利益相关者带来不便或损失。这便是《象辞》所说"舍车而徒，义弗乘也"的真正含义。

三、《易经》基本理念对企业儒学的内在规定性

《易经》的基本理念内含在乾坤之间的战略对话之中：

乾卦九二曰：见龙在田，利见大人。
坤卦六二曰：直、方、大、不习，无不利。
乾卦九三曰：君子终日乾乾，夕惕若厉，无咎。
坤卦六三曰：含章，可贞。或从王事，无成有终。

上述这段对话包含七个重要的概念：直、方、大、不习、乾乾、惕、含章。

直，即孚，诚信；方，即正、中、贞；大，即谦与兼；不习，即随、

易；乾乾，即奋斗不止，自强不息；惕，即敬、警、惧、畏；含章，即遵守制度规范，占领道德制高点。这是《易经》的基本理念，对企业儒学具有内在的规定性，是企业儒学的本源，亦是企业儒学的本体。由于篇幅所限，下面只讨论直、方、大、不习这四个概念。

（一）直

直，即孚，诚信。"诚信"作为儒家表达"内诚于心而外信于人"的一个重要道德范畴，是立身之本、交往之道、治国之要和事业之基。因此，孚，即诚信，是企业儒学的本体，它渗透到了企业儒学的方方面面。抽离诚信，企业儒学便无法成立。

诚信，由"诚"与"信"构成，两者的内涵存在着区别。信，意为言、行两者一致，即说的与做的相一致。这是小信。个人或企业更应有大信。大信指的是言、行与仁、义、礼、智相一致。在面临选择时，个人或企业要取大信。诚，意为心、言、行三者一致。这是小诚。个人或企业更应有大诚。大诚指的是心、言、行与仁、义、礼、智相一致。在面临选择时，个人或企业要取大诚。

《易经》中的中孚卦，论述的就是大诚、大信。

> 卦辞：中孚，豚鱼，吉，利涉大川，利贞。
> 初九：虞，吉；有它，不燕。
> 九二：鹤鸣在阴，其子和之；我有好爵，吾与尔靡之。
> 六三：得敌，或鼓或罢，或泣或歌。
> 六四：月几望，马匹亡，无咎。
> 九五：有孚挛如，无咎。
> 上九：翰音登于天，贞，凶。

下面我们结合企业管理对中孚卦的卦辞与爻辞进行详细的解释。

卦辞：中孚，即大诚、大信。企业如果能如豚鱼一样严格地、虔诚地、一贯地遵守诚信，且具有大诚、大信的德行，吉祥，有利于企业成就大业，有利于企业长期坚守自己的事业。

初九：企业遇事以大诚、大信为原则，仔细考虑，反复权衡，详细规划，吉祥。否则，企业将后患无穷，不得安宁。

九二：大诚、大信具有强大的感应力、感召力、感染力与渗透力，有如母鹤在远处或隐蔽之地鸣叫，小鹤则会随声附合；亦如"我"有好酒，好朋友会来与"我"同饮共醉。

六三：与敌相遇，遵循大诚、大信的原则，围而不歼，以强大的声势使敌人屈服，或围困使其弹尽粮绝、疲惫不堪而屈服，或以歌声、哭声感化使其放下武器。战争的目的是使敌人屈服，而非杀戮。以仁为本，便是所谓的"用六"（"用阴"）、"用柔"。诚信、以仁为本，才是大诚、大信。仁者无敌。大仁，不战而屈人之兵。

六四：大诚、大信的德行几如满月，即使丢失了如马匹一样珍贵的东西，也没有什么过错，也不会留下什么后患。只要拥有大诚、大信的德行，丢失的东西迟早会回来，或者会得到意外的、超乎想象的其他补偿。

九五：牢牢坚守大诚、大信的原则，心系天下，没有过错，也不会留下什么后患。

上九：诚信的名声很大，远播天下，但是，虚而不实。长此以往，凶险。

据笔者初步统计，《易经》中共有43个"孚"字，分布在需、讼、比、小畜、泰、大有、随、观、坎、大壮、晋、家人、睽、解、损、益、夬、姤、萃、升、革、丰、兑、中孚、未济等卦中，内容涉及企业的开拓与发展、与利益相关者关系的处理、面临困境时应有的心态与行为模式、变革与创新、人才战略、奉献与回报等。可见，"孚即诚信"是《易经》之本体，是企业儒学的本源与本体，是企业生存、发展的根本性战略。

（二）方

1. 方即正

正，即思想、言语与行为上方正、端正、直正，即所谓的"无妄"。《易经》有无妄卦。

卦辞：无妄。元，亨，利贞。其匪正，有眚，不利有攸往。

初九：无妄，往，吉。

六二：不耕获，不菑畬，则利有攸往。

六三：无妄之灾：或系之牛，行人之得，邑人之灾。

九四：可（应为厉）贞，无咎。

九五：无妄之疾，勿药有喜。

上九：无妄，行有眚，无攸利。

无妄卦是《易经》六十四卦之第二十五卦，主卦是震卦，卦象是雷；客卦是乾卦，卦象是天。《象》曰："天下雷行，物与无妄；先王以茂对时，育万物。"妄，即邪、不正确、不正当、荒诞。无妄，即无妄念、无妄言、无妄行。

下面结合企业管理对无妄卦的卦辞与爻辞进行详细的解释。

卦辞：无妄，意指无妄念、无妄言、无妄行。无妄可以为企业心理情感能量场的运行及在场成员的行动提供原动力，使企业亨通顺利、坚守正道，有利于企业的长期生存与发展。如果存在无妄之妄，放任、懒惰、马虎、得过且过，则会招来灾祸，不利于企业达到既定的目标。

初九：无妄念、无妄言、无妄行，长此以往，吉祥。

六二：耕种时不要指望马上就有好的收获，要想着后期还有许多艰难的工作要做，且存在许多不可控制的因素，要做好长期努力工作和承受损失的心理准备；别指望新垦的土地马上变成良田，要想着还得不断地施肥、浇水、平整、除草、去石，经过三五年的不断努力，新地才会变成良田。如果企业及其成员对所有的事情都是如此这般，则有利于达到既定的目标。

六三：有时企业会遭受无妄之灾。例如，一个行人将牛系在村头的树上，离开了一小会儿，另一个路过的行人顺手把牛牵走了。牛的主人回来看见牛没有了，便找村里人的麻烦，认为是村里人偷走了。这便是无妄之灾。无妄之灾包括人为的和自然的。企业该反思的要反思，该坦然处之的便要坦然处之。不能因为自己遭受无妄之灾而变得有妄，亦不能使自己变得无妄之妄：放任、懒惰、马虎、得过且过。

九四：有时坚守无妄念、无妄行、无妄言很艰难。如在前面的案例中，村里的人可能会产生妄行与妄言。尽管艰难，但只要一直坚守下去，以道义为基础，就不会有什么咎害。

九五：有时企业会遭受莫名的无关紧要的小麻烦与小问题，只要坚守正道，无须采取应对措施，这些麻烦与问题也会自然消失。

上九：企业如果存在（变得）无妄之妄，放任、懒惰、马虎、得过且过，那么，无论做什么事都会招来灾祸，无论做什么事都无法达到目标。

2. 方即贞

《易经》中共有"贞"字111个。六十四卦中,除了大有、复、大过、坎、睽、夬、井、鼎、震、丰共10个卦中没有出现"贞"字,其他各卦均有"贞"字。其中,屯卦中出现了5个"贞"字,随卦、恒卦、大壮卦、晋卦中出现了4个"贞"字,比卦、颐卦、明夷卦、损卦、革卦、旅卦、未济卦中出现了3个"贞"字。

仔细梳理《易经》中111个"贞"字,其含义有:正、正确、坚持、坚守、等待、长此以往等。其核心含义是正、正确。总括起来,《易经》中111个"贞"字表达了三个方面的内容:不正确地坚守、坚持,凶;坚守、坚持不正确的事情,凶;正确地坚守、坚持正确的事情,吉。

3. 方即中

《易经》中的"中"字共出现6次,分布在讼卦、泰卦、益卦、夬卦、复卦共五个卦中,其主要含义为中正、中正之道。

综上所述,"方"对企业儒学具有内在的规定性,是企业儒学的本体,离开"方",企业儒学便不能成立。

(三) 大

大,即谦与兼。《易经》中的谦卦即具谦、兼之意。

> 卦辞:谦,亨,君子有终。
> 初六:谦谦君子,用涉大川,吉。
> 六二:鸣谦,贞,吉。
> 九三:劳谦,君子有终,吉。
> 六四:无不利,㧑谦。
> 六五:不富以其邻,利用侵伐,无不利。
> 上六:鸣谦,利用行师,征邑国。

谦卦是《易经》六十四卦之第十五卦,主卦为艮,卦象为山;客卦为坤,卦象为地。山本高大,但处于地下。谦分为两个方面:山谦与地谦。山谦为谦下、谦让。地谦实为兼,即广大、虚怀、包容、兼容并包。从卦象来看,坤(地)包容了无数座山。但山还是山,地还是地。从这个意义上来说,谦者,兼也。兼言、兼行、兼人、兼事谓之兼。谦卦论述了兼、谦的重要性，陈述了兼、谦的三个层次，揭示了兼、谦的作用。

下面结合企业管理对谦卦的卦辞与爻辞进行详细的解释。

卦辞：谦者，兼与谦也。"兼、谦"意为广大、虚怀、兼顾、兼容、包容、谦下、谦让。企业实施"兼、谦"的战略并以之为本，就会亨通顺利，就能得到长久的生存与发展（有终）。

初六：实施"兼、谦"战略并以之为本的企业，可以成大业、克大难、平大险，吉祥。

六二：企业与企业领导者言语与表情兼、谦，坚持不懈，定会吉祥。

九三：企业与企业领导者行为兼、谦，坚持不懈，企业就能得到发展与壮大，定会吉祥。

六四：企业与企业领导者言语、表情与行为兼、谦，坚持不懈，形成习惯、形成固定的心理态势与行为模式，成为企业与企业领导者主导性的本性组合形态，成为企业文化的核心部分，企业心理情感能量场由兼、谦主导，兼、谦心理情感能量不断外溢，企业则无往而不利。

六五：企业在发展的过程中，始终坚持不牺牲而充分兼顾、兼容利益相关者利益的原则，有利于企业开拓新的市场、新的领域，有利于开发新的技术，而且无往而不利。

上六：企业坚持不懈实施"兼、谦"战略并以之为本，兼、谦之名远播，有利于组建各种团队，收购、兼并目标企业，实现企业跨越式发展。被收购、被兼并的企业也会心甘情愿、心悦诚服。对于企业来说，"兼、谦"战略实为最高等级的品牌战，这种无形的品牌战略具有气吞山河之象。

（四）不习

1. 不习即随，即随变

《易经》中随卦充分表达了随变之意。

卦辞：随，元，亨，利贞，无咎。
初九：官有渝，贞，吉。出门交，有功。
六二：系小子，失丈夫。
六三：系丈夫，失小子。随有求，得，利居、贞。
九四：随有获，贞凶。有孚，在道以明，何咎？

九五：孚于嘉，吉。

上六：拘系之，乃从维之，王用亨于西山。

随卦是《易经》六十四卦之第十七卦。随卦的主卦是震卦，卦象是雷，特性是运动；客卦是兑卦，卦象是泽。随，变也，即随形势的变化而做出改变、调整。随卦论述了随形势而做出改变、调整的原则与重要性，分析了这个过程可能会遇到的问题，并提出了相应的解决之道。随卦的前一卦即第十六卦是豫卦，豫卦论述的是战略、计划（规划）、政策等。

下面结合企业管理对随卦的卦辞与爻辞进行详细的解释。

卦辞：随，就是变，变化、改变、修改、调整。企业的战略、计划（规划）、制度、政策、组织结构应随着企业内外环境的变化而做出调整，如此，企业便会获得新的原动力，会亨通顺利，有利于企业长期生存与发展。只要坚持随环境变化而变化的原则，就不会有大的过错。

初九：外部大环境发生了较大的变化，企业坚持随变之道（与时俱进），调整企业的战略、计划（规划）、制度、政策、组织结构，吉祥。同时，企业"走出去"，重新协调、调整企业与外部的关系，企业将会获得新的发展。

六二：企业在调整内部的战略、计划（规划）、制度、政策、组织结构，协调、调整外部关系的同时，需要对内部人事进行调整。此时，企业可能会面临这样两难的选择：是启用年轻有为、敢想敢干、观念新颖但不够成熟稳重的新人，还是启用经验丰富、老成稳重的干将。

六三：经过反复权衡，企业启用经验丰富、老成稳重的干将，让年轻有为、敢想敢干、观念新颖但不够成熟稳重的新人再多历练与学习。企业调整内部的战略、计划（规划）、制度、政策、组织结构，协调、调整外部关系，对内部人事进行调整等，都需要有明确的目标，否则，就会迷失方向。企业员工团结合作、努力工作，终有所得（创造了近期成果），如此，有利于安定人心，有利于企业长期坚守自己的事业，推动企业不断向前发展。

九四：企业执行调整之后的战略、计划（规划）、制度、政策、组织结构及与外部的关系有所收获，但前景仍然不明，坚持下去可能十分凶险。但只要企业坚守诚信、坚守正道，给企业及企业员工指明正确的大方向，就不会出现什么大的过错。

九五：企业在急剧变化的环境中执行随变之道以谋求生存与发展，能够坚守大诚大信的原则，吉祥。

上六：企业坚持随变之道，有些人因利益受损而反对，有些人因其他原因而反对。企业可以用强制手段使其在行为上服从、跟随，用价值观、宗旨、远景、企业的光辉历史使其内心信服。经过企业全体成员共同努力，终于取得了巨大的成就，企业又上了一个新台阶，企业便可欢庆，即所谓"用亨于西山"。

2. 不习即易，即变革与创新

《易经》中的井卦、革卦、鼎卦充分表达了改革与创新之意。由于篇幅所限，这里仅列出革卦。

卦辞：革，已日乃孚，元，亨，利贞，悔亡。
初九：巩用黄牛之革。
六二：已日乃革之，征，吉，无咎。
九三：征，凶；贞，厉。革言三就，有孚。
九四：悔亡，有孚，改命，吉。
九五：大人虎变，未占有孚。
上六：君子豹变，小人革面，征，凶。居，贞，吉。

革卦是《易经》六十四卦之第四十九卦，主卦是离卦，卦象是火；客卦是兑卦，卦象是泽。《象》曰："泽中有火，革。"

革，即革命、革新、变革。革卦是随卦的升级版。变革是一个复杂的过程。在本质上，任何变革都是权力、财富、名望、地位、责任、义务的重新分割与分配，因此，反对变革与赞成变革的力量会同时存在。变革者要抓住时机，既不能过早变革，也不能过晚变革，时机成熟要当机立断。变革者要争取民众与重要人物的支持，要心怀大道，不可有私心。变革不可操之过急，变革方案要反复讨论。革卦论述了企业变革的时机、原则、方法及应注意的问题。

下面结合企业管理对革卦的卦辞与爻辞进行详细的解释。

卦辞：革，即变革、改革。变革需要等待时机。只有时机成熟，变革才能取得人们的信任。得到人们的信任，可以为变革提供原动力，变革会十分顺利，有利于企业长期生存与发展，变革所带来的悔、恨、怨自然会消失。

初九：变革必须等待合适的时机，时机未到，绝对不能轻言变革。在变革旧的制度规范与程序，确立新的制度规范与程序之前，企业原有的制度规范与程序必须得到严格的执行，有如用黄牛皮将人牢牢捆住一样，否则，企业就会大乱。

六二：时机成熟便立即进行变革，改革旧的制度规范与程序，确立新的制度规范与程序。改革完成后，企业推行扩张型战略，吉祥，如此没有过错。

九三：在进行改革期间，企业不宜奉行扩张型战略，否则，有凶险；如果要将已经发起的扩张型战略坚持下去，则十分艰难。改革的方案需要反复讨论，反复征求各方的意见与建议，让企业成员参与其中，如此，就会获得企业成员的信任，获得企业成员的心理承诺与行为承诺，为改革营造"理想"的心理情感能量场。在这个能量场中，信任与希望取得支配性地位。

九四：由于改革时机与改革措施得当，改革取得了阶段性成就，企业成员普遍得到了实际的利益，改革初期产生的悔、恨、怨消失了，企业成员对继续改革有了信心，企业的心理情感能量场达到高度统一，变革得以继续进行，企业的命运因此得到改变，吉祥。

九五：改革不仅需要适当的时机与措施，还需要有大德、有高位、有实权的领导者。由这样的领导者来领导变革，雷厉风行地推行变革，不需要进行占卜，不需要借助神灵的力量，就能获得企业成员的信任。

上六：企业最高领导者突然推行某项改革，没有调查研究，没有征求企业成员的意见，得不到众多企业管理者与一般成员真心实意的支持，他们只是迫于形势，表面应付。这种现象说明这项改革很难取得真正的成功。此时，企业不宜推行扩张型战略，否则，有凶险。在这种情况下，企业应推行稳定型战略，坚守正道，解决企业内部的人心不服的问题，塑造"理想"的企业心理情感能量场。如此坚持下去，吉祥。

综观《易经》，"易"有两义：一是变易，即所谓的不习；二是不易，即在变易的过程中，要牢牢坚守直（孚、诚）、方（正、正道）、大（谦与兼）、惕等，不能变易，不能变通。这两者都是企业儒学的本体。

"共在"—"共情":先秦"爱"的哲思对当代新儒商文化的启示

唐少莲[1]

"爱"的伦理本质正是肇始于"自我—他者"的关系问题,是个体破除对"自我"的执着而表现出"一体之仁"。儒家仁爱之心、墨家兼爱精神,其理论缘起都离不开"'自我'与'他者'如何构建一个从'共在'到'共情'的共同体"这一核心命题。从"仁民爱物"的"能近取譬",到"兼爱""兴利"的"爱无差等",虽然儒、墨两家表现出思想旨趣的明显异向,但其理论大厦尽皆旨归于以"爱"来抚平"自我"与"他者"的鸿沟,通过"爱"的良性互动实现由"我—他"型对象性关系到"我—你"型主体际关系的转变。其互利共赢、共生共存的伦理意蕴成为中华儒商文化丰厚的理论滋养与不竭的思想资源。

一、"仁爱":一种"差序格局"的"共情"

作为一种生存论上的事实,"人—我"之间与"人—物"之间都存在着基于自我意识觉醒的对象性认知。在这种对象性关系中,"自我"以外的"他者"都不过是为"我"的存在。这就必然带来"人—我""人—物"之间的冲突乃至对立。如何化解这种对立实现"自我—他者"的"共生共存"?儒家通过预设"仁爱"之心来填平自我与他者之间的鸿沟。

---

[1] 唐少莲,博士,广东石油化工学院马克思主义学院院长,教授,研究方向:中国哲学与文化、马克思主义中国化。

（一）"爱有差等"：儒家"共情"的基本格局

1. 恻隐之心

儒家"共情"的起始。《孟子·告子上》云："恻隐之心，人皆有之。"此"恻隐之心"乃"仁"的发端，"非由外铄我也，我固有之也"。《孟子·公孙丑上》举例说："今人乍见孺子将入于井，皆有怵惕恻隐之心。"显然，此恻隐之心是儒家"共情"的基点，仁爱成为人不学而能、不虑而知的"良能""良知"。《孟子·尽心上》云："人之所不学而能者，其良能也；所不虑而知者，其良知也。孩提之童，无不知爱其亲者，及其长也，无不知敬其兄也。亲亲，仁也；敬长，义也；无他，达之天下也。"①

2. 爱有差等

儒家"共情"的格局。"爱"在儒家这里被表述为一个"有等差"的序列，即"亲亲"—"仁民"—"爱物"。《孟子·尽心上》曰："君子之于物也，爱之而弗仁；于民也，仁之而弗亲。亲亲而仁民，仁民而爱物。"在孟子这里，"爱之""仁之"与"亲之"，虽皆表达仁爱之意，但旨趣却各有侧重。对万物，儒家的态度是珍惜、爱惜；对老百姓，儒家倡导要关爱、要呵护；对亲人，儒家则强调亲近、亲爱。费孝通先生将这种人己之间"爱有差等"的关系格局称为"差序格局"，即"从自己推出去的和自己发生社会关系的那一群人里所发生的一轮轮波纹的差序"②。

3. 民胞物与

万物"共情"的境界。为什么要"亲亲"才能"仁民"？因为整个社会的合理结构及其稳定性都奠基于血缘亲情之上。试想一下，一个人如果连最亲的人都不能亲近，那么他何以亲近与他无关的"他者"？至于"爱物"，在宋儒的"民胞物与"说中表达得淋漓尽致。张载的《西铭》有一个非常著名的命题："民吾同胞，物吾与也。"这里的"与"字就是"类别、同类"的意思。"民胞物与"就是说所有人都是我的同胞，万物都与我们是同类。程颢后来干脆说："仁者，浑然与物同体。"③ "与物同体"

---

① 《孟子·尽心上》。
② 吴重庆：《"道"通往何方——兼论儒家的爱是否有差等》，载《读书》2018 年第 2 期，第 163 页。
③ 程颢、程颐：《二程集》，中华书局 2004 年版，第 16—17 页。

并非抹杀事物之间的差异和界限从而"合二为一",其不过是"万物皆备于我"的"仁者"融身于万物之中而已。

(二)"忠恕之道":儒家"共情"的基本原则

1. 尽己谓忠,推及谓恕

"恻隐之心"的预设并不能实质性解决"自我—他者"的情感疏离与利益冲突,"仁爱"之心必须要有一个可以落地落实的方法,即"为仁之方"。这是儒家化解"我—他"冲突的第二个抓手。孔子点拨弟子曾参说:"吾道一以贯之。"什么是孔子"一以贯之"的道呢?《论语·里仁》载曾参的话说:"夫子之道,忠恕而已矣。"对此,朱熹的注释是:"尽己之谓忠,推及之谓恕。"① 朱熹举例说:"推己及物底,便是我吃饭,思量道别人也合当吃,方始与人吃",这是"尽己之心,无少伪妄"② 的"忠",其精神实质是对人能尽己所能,真诚无妄。"恕"是能将自己的情感欲望通情于他人。王应麟在《困学纪闻》中说:"中心为忠,如心为恕,《诗》《春秋》正义之说也。"③《楚辞·离骚》王逸注曰:"以心揆心为恕"④,与今所谓将心比心类也。清代学者刘宝楠在《论语正义》中指出,"忠恕"是一体的,"君子忠恕,故能尽己之性;尽己之性,故能尽人之性;非忠则无由恕,非恕奚称为忠也"⑤。

2. 立己立人,达己达人

孔子论"忠"源于子贡的"问仁"。在《论语·雍也》中,当弟子子贡问怎样做才算是仁时,孔子说:有仁德的人是自己想要站得住(指安身立命)时,会考虑到让他人也站得住;自己想要行得通(指成就事业与品格)时,会同时顾及让他人也行得通。这就叫"能近取譬",是达成仁德的基本方法。孔子云:"夫仁者,己欲立而立人,己欲达而达人。能近取譬,可谓仁之方也已。"这种立己立人、达己达人之道被孔子的弟子们理解为"忠"德。"忠"德的核心价值是在人我之间以"立人、达人"的同

---

① 朱熹:《四书章句集注》,中华书局1983年版,第48页。
② 黎靖德编,王星贤点校:《朱子语类》,中华书局1986年版,第691-692页。
③ 王应麟著,翁元圻等注,栾保群、田松青、吕宗力校点:《困学纪闻》,上海古籍出版社2008年版,第274页。
④ 王逸、洪兴祖著,夏剑钦点校:《楚辞章句补注》,岳麓书社2013年版,第11页。
⑤ 刘宝楠:《论语正义》,河北人民出版社1988年版,第82页。

理心或道德移情搭建起仁爱的桥梁。

3. 己所不欲，勿施于人

"恕"是子贡请教孔子有没有一个字可以终身奉行时，孔子直接给出的答案。所谓"恕"，就是"己所不欲，勿施于人"① 的推己及人之道。如果说"忠"是通过成就他人之人格事功来成就自己的仁德的"做加法"的行为，核心是"尽己"，那么"恕"就是不对他人实施与其愿望背道而驰的"做减法"的行为，核心是"及人"。西方学者在翻译"恕"道时，多以"互惠"来诠释——如德国汉学家罗哲海指出："在西方汉学研究的文献中，'恕'字大多被译作 reciprocity，亦即互惠"② ——恐怕是不太准确的，因为"恕"道更多是为了避免悖逆心性需求的互相伤害。罗哲海指出，"恕"道最重要的不是"自己对他人有所行为或不行为"，而是人我之间能不能做到"彼此设身处地的考量"③。这无疑是抓住了要害。

（三）"仁政"：儒家"共情"的核心论域

1. 修己安人：儒家"共情"的政治逻辑

在儒家的"仁政"图谱中，统治者的"仁"是化解君（官）、民冲突的不二法门。为了消弭政治场域的两极对立，儒家以"仁爱"为焦点设计了一条实践进路。《论语·宪问》载："子路问君子。子曰：修己以敬。曰：如斯而已乎？曰：修己以安人。曰：如斯而已乎？曰：修己以安百姓。""修己以敬—修己以安人—修己以安百姓"，构成了儒家"修齐治平"的基本理论逻辑。这一逻辑的核心是上行下效的德行"感召力"，其理论预设乃《周易·文言》"同声相应，同气相求"的感应机制。上位者以其德行与感召力潜移默化地影响和带动下位者，使之心悦诚服。《论语·颜渊》云："君子之德风，小人之德草，草上之风，必偃。"梁启超指出："儒家深信同类意识之感召力至伟且速，谓欲造成何种风俗，惟在上者以身先之而已。"④ 良政善治无非是统治者以自身的模范行为垂范天下、

---

① 《论语·卫灵公》。
② ［德］罗哲海：《轴心时期的儒家伦理》，陈咏明、瞿德瑜译，大象出版社2009年版，第171页。
③ ［德］罗哲海：《轴心时期的儒家伦理》，陈咏明、瞿德瑜译，大象出版社2009年版，第172页。
④ 梁启超：《先秦政治思想史》，天津古籍出版社2004年版，第100页。

感化众生而已。

2. 庶之—富之—教之："共情"治理三部曲

《论语·子路》记载了孔子与弟子冉有的一次对话：

> 子适卫，冉有仆。子曰："庶矣哉！"冉有曰："既庶矣。又何加焉？"曰："富之。"曰："既富矣，又何加焉？"曰："教之。"

显然，"庶之—富之—教之"，这是"仁政"的三部曲，其中"庶之"是基础，"富之"是目标，"教之"是关键。

"庶之"是官民双方实现"共情"治理的基础。《论语·颜渊》中有关于"足食，足兵，民信之矣"的阐述。"足食"乃因"民以食为天"，提供了民众与官方"共情"的原始根基，是"庶之"的基础性工程。"足兵"为国家和百姓提供足够安全的保障，是"庶之"的必要条件。"民信之"是"庶之"的社会心理基础，是官民"共情"的核心表征，双方"无信"不可能"共情"。故"庶之"代表治理有效，人气鼎盛。

"富之"是官民双方实现"共情"治理的核心。儒家讲"富之"，不仅有具体要求，而且有"制民之产"的实现方式。如何"制民之产"？孟子的总原则是"不违农时，谷不可胜食也；数罟不入洿池，鱼鳖不可胜食也；斧斤以时入山林，材木不可胜用也"。具体方案是："五亩之宅，树之以桑，五十者可以衣帛矣。鸡豚狗彘之畜，无失其时，七十者可以食肉矣。百亩之田，勿夺其时，数口之家可以无饥矣。""方里而井，井九百亩，其中为公田。八家皆私百亩，同养公田，公事毕，然后敢治私事。"①

"教之"是官民双方实现"共情"治理的升华。儒家认为，教导、化育老百姓，使之明礼仪、懂人伦，从而得以聚拢民心。孟子说："善政不如善教之得民也。"②"教之"的具体内容是什么？"谨庠序之教，申之以孝悌之义，颁白者不负戴于道路矣"，其目的在于"皆所以明人伦也"。而"人伦明于上，小民亲于下"③。显然，在"君（官）—民"二元的治理结构中，养民而"庶之"、"制产"而"富之"、"明伦"而"教之"，

---

① 《孟子·梁惠王上》。
② 《孟子·尽心上》。
③ 《孟子·滕文公上》。

使上"仁"下，下"亲"上，这便是儒家"仁政"的"共情"进路，是儒家所描绘的"劳心者—劳力者"如何消弭对立、实现"共生共存"的"爱"的图谱。

二、"爱"与"利"：墨家"兼爱"的四重逻辑

如果说儒、墨两家对仁爱的发用流行有着相当一致的致思主题，那么在仁爱的旨趣上，两家却有着不少的歧异。前辈学者张岱年先生指出："墨子的兼，与孔子的仁，大体相近，然亦颇不同。仁是由己推人，由近及远，以自己为起点，而渐渐扩大；由近远之程度，而有厚薄。兼则是不分人我，不分远近，对一切人，一律同等爱之助之。所以仁是有差等的，兼是无差等的。"① 如何在"自我"与"他者"的对立中实现无差别的"爱"？墨子通过援"利"入"爱"，建构其"兼爱"观的多重逻辑。

（一）"爱无差等"：墨家"共情"的核心逻辑

墨家"兼爱"思想的核心是"爱无差等"，这是其"共情"的核心逻辑。"兼爱"是从反对人性的"自利"开始的，要挖掉导致社会大乱的"不相爱"这个总根源。墨子强调说："诸侯不相爱，则必野战；家主不相爱，则必相篡；人与人不相爱，则必相贼；君臣不相爱，则不惠忠；父子不相爱，则不慈孝；兄弟不相爱，则不和调。天下之人皆不相爱，强必执弱，富必侮贫，贵必敖贱，诈必欺愚。凡天下祸篡怨恨，其所以起者，以不相爱生也。是以仁者非之。"既然否定了人与人、国与国之间的"不相爱"，那么该用什么观念和办法来取代呢？那就是"以兼相爱、交相利之法易之"。墨子主张，人与人之间应该"兼相爱，交相利"，强调兼爱不分亲疏，不分贵贱，要做到"爱无差等"，也就是对待别人要如同对待自己，爱护别人如同爱护自己，彼此之间相亲相爱，不受等级地位、家族地域的限制。墨家以兼爱为出发点，希望通过"视人之国，若视其国；视人之家，若视其家；视人之身，若视其身"② 的良方来解决社会矛盾，在"共情"的基础上实现平等互利。

---

① 张岱年：《中国哲学大纲》，中国社会科学出版社1982年版，第278页。
② 《墨子·兼爱中》。

孟子曾尖锐地批判墨家是"兼爱无父"①。此说得到很多人的响应，宋儒朱熹就赞同此说。② 当然，韩愈、李贽等人都曾为墨家的"兼爱"做过辩护。章太炎说："诋其'兼爱'而谓之'无父'，则末流之嘂言，有以取讥于君子，顾非其本也。"他认为"无父"说扭曲了墨家学说的根本，因为"墨家宗祀严父，以孝视天下，孰曰无父？"③ 在墨子看来，亲亲有术（杀）、尊贤有等的爱不是待人如己的"兼"，而是一种带有偏爱的有区分的"别"，所以人与人、国与国才会"交相恶"。故此，墨子提出"兼以易别"④的思想，即用兼爱取代"差等之爱"。

（二）"投桃报李"：墨家"共情"的实践原则

墨家"兼爱"思想的日用流行基于一种"投桃报李"的对等原则，这是其实践逻辑。墨子假定，如果我们每个人都像爱自己一样去爱别人，那么别人就会像我们一样回馈对等的爱。反之，如果我们作恶，那么别人也会以恶待我们。这就是"投桃报李"的原则。《墨子·兼爱下》云："先王之所书，《大雅》之所道，曰：'无言而不雠，无德而不报。投我以桃，报之以李。'即此言爱人者必见爱也，而恶人者必见恶也。不识天下之士，所以皆闻兼而非之者，其故何也。"

为什么会有对等的反馈？《耕柱》篇里记载了墨子与儒家之徒巫马子的一次辩论。尽管巫马子不是儒家名士，但他很典型地代表了儒家观点，即"爱由亲始"，人与人之间本有亲疏远近，越贴近自身，则爱之越深，这是人的自然情感属性。这是为"自利"进行人性的辩护。但墨子认为巫马子之言是极端利己主义，而此种极端利己的结果必会导致同意你观点的人要杀你以利己；不同意你观点的人也要杀你，因为你散布恶言。所以，这种言论毫无好处，不过是胡说八道罢了。墨子还通过举例说明"兼（相爱）"比"别（相恶）"具有更广泛的社会接受度。墨子强调，从可行性分析，与举起泰山，越过黄河、济水那样困难的事情不同，"兼相爱、交相利"比较容易施行。这就是墨子对批判者的回应。从客观效果分析，正面看，互爱可以互利；反面看，如果我们"交相恶"，那么人与人之间就

---

① 《孟子·滕文公下》。
② 朱熹：《四书章句集注》，中华书局1983年版，第272页。
③ 章太炎：《章太炎全集》，上海人民出版社2014年版，第7—8页。
④ 《墨子·兼爱下》。

会互相伤害。故墨子断言:"夫爱人者,人必从而爱之;利人者,人必从而利之;恶人者,人必从而恶之;害人者,人必从而害之。"①

(三)"兴利除害":墨家"共情"的价值目标

墨家"兼爱"思想的价值目标是"兴天下之利,除天下之害"②,这是其方法论。墨家主张爱与利相互涵摄,即爱人必须利人,利人就是爱人。他们把"兴天下之利,除天下之害"称作"义",因此贵义的本质内涵就是兴利除害,"义"被当作"天下之良宝也"③。孟子评价杨墨学说:"杨子取为我,拔一毛而利天下,不为也。墨子兼爱,摩顶放踵利天下,为之。"④ 如果说杨子的"为我"是重生意义上的"自爱",那么这种"自爱"与墨子的"兼爱"就代表了完全不同的两种伦理向度。墨子正是因为洞察到人性自为、自爱、自利的一面,并以之作为致乱之源,故而提出"兼相爱,交相利",把互爱与互利有机地统一起来,其根本目的是为天下百姓谋利益和福祉。《墨子·兼爱下》云:"仁人之事者,必务求兴天下之利,除天下之害。"墨子认为,天下最大的祸害是战乱,故墨子明确提出"非攻",反对统治者发动不义战争。

墨子还提出"天志"说。"天志"是一种人格性的超验存在,为世俗社会尤其是统治者提供行为的法度。《墨子·法仪》云:"天之行广而无私,其施厚而不德,其明久而不衰,故圣王法之。既以天为法,动作有为,必度于天。天之所欲则为之,天所不欲则止。"天的善意与仁爱之心以及鬼神的赏善罚恶成了"兼爱"的合法性源头,并通过"尚同"构建起以利害关系为原点的全社会一体遵从的"兼相爱,交相利"落地机制。用萧公权先生的话说,"墨子之政治思想既以利害为起点,亦立为尚同、天志、明鬼诸义,以保障兼爱之施行。尚同者,盖墨子中之政治制裁,而天志、明鬼则其宗教制裁也"⑤。

---

① 《墨子·兼爱中》。
② 《墨子·兼爱下》。
③ 陈克守、桑哲:《墨学与当代社会》,中国社会科学出版社2007年版,第39页。
④ 《孟子·尽心上》。
⑤ 萧公权:《中国政治思想史》,新星出版社2005年版,第91页。

三、"仁爱""兼爱"对当代儒商文化建设的启示

（一）儒商文化视域中的"仁爱"哲思及其现代意义

1. 从"仁爱"到"互爱"：当代儒商文化的核心内涵

严格地说，从"仁者爱人"到"互爱互利"乃中华儒商文化的核心内涵。"爱"首先是对"他者"的关心、关爱、关照，并在此基础上实现与"他者"的互惠互利。社会心理学把这种给他人带来利益和好处的行为称为"亲社会行为"（prosocial behavior），泛指"一切有益于他人和社会的行为，如助人、分享、谦让、合作、自我牺牲等"[①]。儒商与奸商的根本区别不在于如何"经商"，而在于如何"待人"。"奸商"是以财为本，目中无"人"，其"财"是自我之财，非互利之财，且财胜于人；而儒商是以"人"为本，因"人"生财，其"财"既是己财，亦是人财，为共赢之财，且不以财害"义"、以财伤"人"。

儒商文化所倡导的"爱人"并非一方向另一方的单向输出，而是以"仁爱"为基础的互爱互惠。因为一个组织、一个社会如果不能建构"好心有好报"的"互爱"与"护爱"机制，那么"爱"也将因得不到正向反馈而失去赖以持续生存的社会心理土壤。

儒家仁爱思想的"互爱—互惠"逻辑不仅鲜活地凸显于生活场域，如父慈子孝、夫义妇顺、兄友弟恭，而且鲜明地体现于政治场域，如君仁臣忠。子张向老师"问仁"，孔子回答："能行五者于天下为仁矣。"这五者就是"恭、宽、信、敏、惠"五种美德。当君子以此五德施之于众时，就会得到民众相应的回馈，即"恭则不侮，宽则得众，信则人任焉，敏则有功，惠则足以使人"[②]。后来的孟子说得更为明白："仁者爱人，有礼者敬人。爱人者，人恒爱之；敬人者，人恒敬之。""互爱—互惠"逻辑对当代新儒商文化的启示就是：一个有"爱"的组织或社会，绝不是倡导企业家或有钱人的"单向度输出"，而是要深度厘清老板、员工、客户、股东、

[①] 章志光：《社会心理学》，人民教育出版社 2008 年版，第 349 页。

[②] 《论语·阳货》。

消费者等多元主体间的"共存"逻辑，以"共情"为基点，整体设计并运行一套基于"互利互惠"的"共赢"模式。

2. 从"忠恕"到"共情"：当代儒商文化的方法论

如果说"自我—他者"的对立是一种实然，那么，"自我—他者"的"共存"则是必然，而"自我—他者"的"共情"乃是应然。在主客二分的认识论结构中，"自我"与"他者"只能是互为对象性存在。如何实现"共情"？儒家"忠恕之道"为当代新儒商文化提供了重要的方法论启示。

一是做人做事要以"心"为本。"忠""恕"都与"心"有关。王应麟所云"中心为忠，如心为恕"，与苏格兰新教传教士理雅各的理解大抵一致。作为第一位系统研究并翻译中国古代经典的西方人，理雅各认为，"中心"之"忠"乃是指"中间的心"，代表尽"我"的心或者说"本我"的心；"如心"为"恕"，意为"相似的心"，代表对他人有同理心、同情心。[①] 当代社会"心"常被物欲遮蔽，遭功利侵蚀，形成物本主义的价值观。当代新儒商文化的要义，就是在普遍功利、浮躁的物欲洪流中超越对"利"的过分执着，持守本心、初心、同理心、尽己尽责之心，保持内心的通透与澄明，做人"尽己之心"，做事"体人之心"。

二是人我之间、组织之间要将心比心。"尽己"之"忠"是去除了私欲的搅动和偏见的遮蔽后，以对己之心对人，以尽己之心尽人。儒商文化建设，倡导的就是跳出个人或小集团的狭隘视域与利益纠缠，不以一己之利益得失为得失，不以一己之进退为进退，追求"共存"情境中的"共荣"。"推及"之"恕"，是以同理、共情为基本特征的将心比心，是"不给他人添堵"。"忠"强调内心的诚敬，需要道德情感的升华和道德理智的觉醒；"恕"强调待人接物时的通情与体谅，呼唤人同此心、心同此理。儒商文化建设毫无疑问应破除以"我觉得"为表征的自我中心主义，在组织内外和全社会大力弘扬以"我们觉得"（感同身受）为标识的共情或移情。

3. 从"仁政"到"共赢"：当代儒商文化的价值目标

当代儒商文化的"共赢"目标与"仁政"异曲同工：一是作为儒商的组织领导应让员工"庶之"。这里的"庶之"并非指员工越多越好，而

---

① 程刚：《理雅各与韦利〈论语〉译文体现的义理系统的比较分析》，载《孔子研究》2002年第2期，第19页。

是指创造条件让员工安心工作,没有后顾之忧,即便经济环境不景气,也能与组织同甘共苦,共度时艰。二是要"富之"。儒商之不同于奸商,就在于儒商"穷则独善其身,达则兼善天下"①。修己以敬,崇德厚仁,不断涵养自己的爱民情怀,将"仁政"施之于员工,用之于客户,惠及于股东,报之于社会。各类儒商企业务必把员工、客户、利益相关者乃至普通百姓对美好生活的期待作为奋斗目标,让大家都过上好日子,让"仁爱"有真正的着落处。三是要"教之",要通过加强儒商文化建设,在组织内外大力弘扬优秀传统文化,传播社会主义核心价值观,让"仁爱"思想化为雨露,滋润大众心田,提升全社会文明素养。

(二)儒商文化视域中的"兼爱"哲思及其现代启迪

1. "爱人如己":走出丛林法则

从自然状态的视角看,人的确具有自爱、自为、自利的特性,如果对这种原始心理状态放任自流,必将导致弱肉强食。墨子的"兼爱"既是为了匡救时弊,也是为了匡扶人心。"为彼犹为己也",就是要打破自为自利造成的人我区隔,通过倡导不论人我、不辨亲疏、不分贵贱、不管强弱、无关智愚和众寡的平等互爱,最终实现互利共赢。"爱人如己"不仅是一种伦理原则,还是一种爱的能力。美国人本主义心理学家弗洛姆提出爱的能力的观点。他认为,真正的爱是基于个体爱的能力主动积极地追求被爱的人的发展和幸福。如果一个人只是"自爱"而不会"相爱",即只爱自己或自己的家庭却不爱他人,是缺乏爱的能力的表现。②在利益日益多元化、复杂化的今天,在自我中心主义日益膨胀乃至泛滥的当下,吸收、借鉴墨家"兼爱"思想,有利于我们更加关注人格的平等、更加注重利益关系的平衡与协调、更加有效地弘扬友爱与互助的主流价值,更为重要的是,有利于我们冲出自我中心主义乃至人类中心主义的迷雾,树立共赢思维,推进共建共治共享。

2. "兴利除害":担当复兴使命

墨家关注"国之大者",以"兴天下之利,除天下之害"为己任,把

---

① 《孟子·尽心上》。
② [美]弗洛姆:《爱的艺术》,李健鸣译,上海译文出版社2008年版,第55页。

是否对天下百姓有利作为判定是非取舍的根本标准和价值尺度。同时，《墨子》对社会弱势群体关注尤多。它把饥饿的人没有饭吃、寒冷的人没有衣穿、终日劳作的人得不到休息称为社会的三大祸患，把"老而无妻子者，有所侍养以终其寿；幼弱孤童之无父母者，有所放依以长其身"① 的社会当作"理想王国"，表现出朴素而鲜明的人民立场。儒商文化亦如此。当代新儒商一则肩负兴国家富强、民族复兴和人民幸福之使命，融企业发展于时代发展之洪流，必须为社会创造财富；二则强调社会责任感的担当，必须为国家、民族和员工排忧解难。企业家们要牢记：世界上之所以需要鞋匠，是因为有人需要鞋，而不是因为鞋匠需要钱。

3. "投桃报李"：寻求"最大公约数"

新时代的儒商究竟应该建立一套什么样的道德调节与利益共享机制？笔者以为，必须借鉴墨家以"兼相爱，交相利"为表征的"共在"境域中的利他主义伦理情结。所谓"共在"，就是你与我同处于一个共同体内，形成休戚与共的互动关系。儒商文化所标举的"家园"共同体，实质上是要在一个生存共同体内建立起一种主体际的"我—你"型平等互惠关系。"兼爱（互爱）←→交利（互利）"机制的正当性依据，不在于"互爱"这种利他情结的先验"善"属性，而在于"互爱"表达了个体与"他者"如何"共生"的生存论命题，即"互爱"如何实现"互利"。作为一个追求在多元中共存、在差异中共生的时代，一个追求共同富裕的社会主义国家，面对日益复杂多元的价值观和利益关系，必须在社会道德心理层面寻求"最大公约数"。这一"最大公约数"的伦理基石有三：一是个体层面破除对"自我"的执着，形成"共在"的自觉；二是在儒商组织内部领会并尊重"他者"的生存，激发"互爱"的动力；三是在社会层面建立并完善一套持续强化"互爱"动机和行为的"互利"机制，即"投桃报李"机制。"兼爱（互爱）←→交利（互利）"机制可以恰当地扮演上述角色，对社会道德心理与多元利益关系进行引导和调节，并在实践中逐步沉淀为规范儒商行为、重塑社会生活的公共价值理性与行为准则。②

---

① 《墨子·兼爱下》。
② 唐少莲、周敏：《与"他者""共生"——论和谐视域中"互让←→共享"机制的建构及其意义》，载《广东石油化工学院学报》2014年第5期，第5—6页。

以孟子思想涵养为商之德

陈晓霞　秦　超①

孟子思想作为儒家文化的重要组成部分，越来越受到中西方学者的高度重视。孟子结合战国时期的具体情况，继往圣之绝学，并有所创发，使儒家学说成为当时的显学。孟子的人性论、义利之辨、王道思想等不仅成为历代学者思想研究的重要理论资源，而且在普通民众中广为流传，成为百姓日用而不知的精神理念。孟子思想中有着较为浓厚的"重商"观念、经商智慧。当代企业管理哲学与孟子思想进行有机结合，有利于实现孟子思想的创造性转化、创新性发展，让孟子思想服务于当代社会，为新时代涵养为商之德提供智慧。

一、儒商概念的缘起与辨析

儒商作为一个复合型的概念，其内涵经过中国历代文人志士的不断扩充与丰富，全面涵括了商人的精神特质、管理制度、行为规范等多个方面，并臻于系统与完善。儒家文化是以君子人格、家庭和睦、国泰民安、天下太平为旨归，其与西方宗教相分野的"人能弘道"的入世哲学，在一定程度上体现了儒家文化的普适性与创新性。在古代，儒家的精神理念不只作为商人的从商之道，而且广覆社会各个领域，形成了儒将、儒医等职业行为圭臬，从而塑造了一批引领职业操守、闻名于世的典范人物，如春秋时期儒商中的子贡，南宋时期儒将中的张浚、吴猎，宋元儒医中的朱丹溪、朱震亨，等等，足以说明儒家之道"天无私覆，地无私载"的特性。以察今日，以上这些独具儒家精神内涵的概念也甚为流行。本文将着重对儒商展开研究，儒家道统是一以贯之的，其不偏不倚的方法论，实现了道

---

① 陈晓霞，尼山世界儒学中心孟子研究院研究员。秦超，尼山世界儒学中心孟子研究院文博馆员。

与术、常与变的有机统一，只要厘清儒商概念，就可以触类旁通兼及他者。

儒与商的由来以及内涵为何？这是首先需要辨析的问题。儒，根据章太炎的说法，可以分为三科，即达、类、私三名，"儒有三科，关达、类、私之名。达名为儒：儒者术士也……类名为儒：儒者，知礼、乐、射、御、书、数……私名为儒：《七略》曰：'儒家者流，盖出于司徒之官，助人君顺阴阳明教化者也。游文于六经之中，留意于仁义之际，祖述尧舜，宪章文武，宗师仲尼，以重其言，于道为最高'"①。胡适因不满意章氏对儒的定义，进而利用历史学的方法对此进行补充，他在《原儒》一文中讲道："儒是殷民族的教士，他们的衣服是殷服，他们的宗教是殷礼，他们的人生观是亡国遗民的柔逊的人生观。"② 胡适还援引《说文解字》与《周易》需卦中"柔"与"迟滞"之义为自己的观点进行佐证。许慎在《说文解字》中对儒的解释为："儒，柔也，术士之称，从人需声。"③ 儒还与殷人有关，孔子作为殷代的遗民，对殷代的礼仪应当是如数家珍，所以才会说："殷因于夏礼，所损益，可知也；周因于殷礼，所损益，可知也。"④ 他还明确说道："殷礼，吾能言之。"⑤ 孔子始终不忘自己的出身，《史记·孔子世家》中有言："夏人殡于东阶，周人于西阶，殷人两柱间。昨暮予梦坐奠两柱之间，予始殷人也，后七日卒。"⑥ 他同样明确说道："丘也，殷人也。"⑦ 从孔子对自身的身份认同与开创私名儒的角度来看，儒之名也应是与殷代关联在一起的。可见，最初的儒是殷人，品性柔逊，居教士一职，着鲜明的服饰，执殷代的礼仪，以售卖知识为生，具有助葬相礼、天文顾问等服务功能，在一定程度上体现了早期儒者的人身依附性。春秋时期，礼崩乐坏、战争频仍、养士盛行的现实让孔子不得不反思儒的发展问题，孔子不再认为儒服是儒的特色标识，他在对鲁哀公问儒服一事中回答道："丘少居鲁，衣逢掖之衣，长居宋，冠章甫之冠。丘

---

① 章太炎：《章太炎讲中国传统文化》，河海大学出版社2019年版，第197-198页。
② 胡适：《中国思想史》（上），吉林出版集团股份有限公司2018年版，第3页。
③ 徐锴：《说文解字系传》卷十五，上海商务印书馆1919年版，第2页。
④ 朱熹：《四书章句集注》，中华书局1983年版，第59页。
⑤ 朱熹：《四书章句集注》，中华书局1983年版，第63页。
⑥ 司马迁：《史记》卷四十七，武英殿清乾隆四年刻本，第27页。
⑦ 郑玄注，孔颖达疏：《礼记注疏》卷七，南昌府清嘉庆二十年刊本，第12页。

闻之也，君子之学也博，其服也乡。丘不知儒服。"① 孔子也不认为"祝人儒"是儒的主要功能，而认为儒应该以是否坚守善道来判定，体现了儒的人格独立性，与早期人身依附性的儒划开了界限。他说："儒有不陨获于贫贱，不充诎于富贵，不慁君王，不累长上，不闵有司，故曰儒。今众人之命儒也妄，常以儒相诟病。"② 由于孔子对儒有了新认识，他才对子夏告诫道"女为君子儒，无为小人儒"③，还认为"君子不器"④ 才是君子儒的重要表征。因此，"君子"与"不器"作为儒新的诠释，即"私名儒"的确切内涵。

对于殷商来说，商与殷可以互称，那么商就具有了多重含义。有的学者认为商与地名有关，如俞水生在《汉字中的人文之美》中引用日本汉学家镰田重雄的观点："商人的商，本来用作地名和国号，殷王朝置都于商，故谓之商。周亡殷后，这些散在诸侯国的殷遗民，习惯上称为商人。"⑤ 商之称谓还与殷朝的"重商"传统有关，如《礼记·祭义》提到"殷人贵富"⑥，但受制于当时土地国有制的原因，商业经济未能实现高速的发展，但相对夏朝而言已经取得了突破性的进展。所以，有的学者认为商贸行为起源于殷人，如徐中舒讲道："商贾之名，疑即由殷民而起。"⑦ 以此为端，郭沫若对卜辞中的"朋""贝"进行研究，认为"中国古代的贸易行为必始于商人"⑧。西周以降，周人重视殷遗民的贵富传统，以此发挥殷人经商的才能，允许他们在农功完成之后可以"肇牵车牛，远服贾，用孝养厥父母"⑨，让他们靠长途商贸活动来孝养父母。所以，胡适曾说："商之名起于殷贾，正如'儒'之名起于殷士。"⑩ 他认为商之名与儒之名都来源于殷人。"商之名起于殷贾"，那么商与贾之间有什么关系？《白虎通·商贾》："商之为言商也，商其远近，度其有亡，通四方之物，故谓之

---

① 郑玄注，孔颖达疏：《礼记注疏》卷五十九，南昌府清嘉庆二十年刊本，第1页。
② 郑玄注，孔颖达疏：《礼记注疏》卷五十九，南昌府清嘉庆二十年刊本，第13页。
③ 朱熹：《四书章句集注》，中华书局1983年版，第88页。
④ 朱熹：《四书章句集注》，中华书局1983年版，第57页。
⑤ 俞水生：《汉字中的人文之美》，文汇出版社2017年版，第20页。
⑥ 郑玄注，孔颖达疏：《礼记注疏》卷四十八，南昌府清嘉庆二十年刊本，第9页。
⑦ 徐中舒：《二重证据与文明探源》，生活·读书·新知三联书店2018年版，第5页。
⑧ 郭沫若：《中国古代社会研究》，商务印书馆2011年版，第191页。
⑨ 孔安国传，孔颖达疏：《尚书正义》，南昌府清嘉庆二十年刊本，第21页。
⑩ 胡适：《中国思想史》（上），吉林出版集团股份有限公司2018年版，第18页。

商也。贾之为言固也,固其有用之物,以待民来,以求其利者也。"① 结合朱子对《孟子》"商贾皆欲藏于王之市"注解为"行货曰商,居货曰贾"②。可见贾是囤积货物,等到人们需要的时候才进行售卖;商是通四方之物,是对距离远近、商品有无等情况了解之后,才进行的流动式经商活动。居贾行商的目的都是求财,因此后来逐渐出现了商贾不分的情形,以致今日商取代了贾。

据前文可知,儒与商的概念肇启于殷朝,儒与商的互动,或是以儒入商,或是以商显儒,在孔子思想里已初见端倪。孔子曾把子贡比作专用祭祀的一种华美礼器"瑚琏",但孔子认为"君子不器",这就说明了儒家思想的普适性,在政治、经济、社会、自然等方面都能够适用,也更进一步说明天道能够时时刻刻流行于万事万物中,所以孔子"无常师",可以在人世间体证"天地之道"。子贡作为孔子的得意门生,在《论语》《史记》等历史文献中多被提及,甚至在《论语》中出现的频率多达57次,相关的内容主要阐明了子贡的道德理想与商业才能,司马迁说子贡"既学于仲尼,退而仕于卫,废著鬻财于曹、鲁之间,七十子之徒,赐最为饶益"③。虽然当时儒商的概念隐而不彰,但子贡通过身体力行已成为儒商的代表。在子贡与老师的对话中以及对子贡个人的描述中可知,儒商的主要特点是以"博施于民"作为商业活动的最终目的,其施行"仁"道的重要方法是,以聚焦他人的"立"与"达",来实现"成己成物"的儒家理想;以"超越贫富"作为商业活动的最高境界,"贫而无谄,富而无骄"是商人的低层次的境界,不可"安于小成",应该以"《诗》所云'如切如磋,如琢如磨'"④ 追求卓越的精神,达到"贫而乐,富而好礼"的境界,因为"乐则心广体胖而忘其贫,好礼则安处善,乐循理,亦不自知其富矣"⑤。"行先言后"作为商业活动的职业操守,以躬行实践为重,避免出现"言不信、行不果"不诚信的现象;"因时而动"作为商业活动的经营准则,以遵循市场规律,来增强经营本领。孔子说子贡"亿则屡中",即子贡具有较强的市场预测能力,遵循"废著"的经营原则,适时

---

① 陈立:《白虎通疏证》卷七,淮南书局清光绪元年刻本,第27页。
② 朱熹:《四书章句集注》,中华书局1983年版,第211页。
③ 司马迁:《史记》卷一百二十九,武英殿清乾隆四年刻本,第5页。
④ 朱熹:《四书章句集注》,中华书局1983年版,第53页。
⑤ 朱熹:《四书章句集注》,中华书局1983年版,第53页。

买进卖出或采取薄利多销的经营模式，有助于加速资金的流转与商品的流通。此外，先秦的儒商精神随着儒家文化的式微逐渐衰落，到了宋明渐有复兴之势，在明代嘉靖前后出现了大量与儒商义同的"儒贾"的表述。"儒商"一词正式出现是在清代康熙间杜浚所撰的《汪时甫家传》中，"汪君时甫，名学易，歙人也，其先出自唐越国公。君之父曰君房，公丰于财而乐善好施，尝以五百金脱友人于难……公世振纲册，为最善。今虽时移势异然，参酌而施之，犹可以砥柱狂澜也，蹉使者跫其言有儒商之目焉"①。清代儒商精神再次被激活，延至今日，对中国乃至东南亚影响深远，铸就了诸多东方商业神话，受到了世界各国商业精英的广泛关注。

通过上文对儒与商的概念以及儒商特点的分析，儒商的整体概念便逐渐明朗。儒商是以儒家思想作为经营的主要理念，结合商业经营的时代特点与形式，力求儒家之道与经营之术的统一，来实现儒家外王的理想。由此，笔者比较赞同施炎平对儒商的定义，他说："从本质上看，儒商应是儒家文化精神和商业经营活动相结合的产物。尽管儒商兼有儒士和商人的双重身份，但构成儒商根本特征的还是看其在商业经营的理念和生活方式上是如何代表了或体现着儒家文化的基本精神……儒商是指传统商人中具有儒者气质和儒家文化精神的承担意识和实践品格的那一部分。"②

二、建立"亲商"的政商关系

人类是群体性动物，生活于世，难免不与他人发生关系。通过群体分工与关系的建立，形成和谐有力的团队，不仅能够战胜猛兽，还能在人与自然的关系中彰显人类价值。中国社会强调"关系本位"或"伦理本位"，许多中西学人与外国友人对此表示认同。中国所谓的"关系"是一个具有深刻内涵、意味深远的词汇，西方没有与之对等的词汇，遂用中国的汉语拼音"Guanxi"作为通用的英文专业术语。针对"关系本位"的问题，梁漱溟认为："不把重点固定放在任何一方，而从乎其关系，彼此相交换；其重点实在放在关系上了。"③ 儒家文化作为中国传统文化的主流，

---

① 杜浚：《变雅堂文集》卷六，黄冈沈氏清光绪二十年刻本，第10页。
② 施炎平：《儒商精神的现代转化》，载《探索与争鸣》1996年第10期，第27页。
③ 梁漱溟：《中国文化要义》，安徽师范大学出版社2014年版，第95页。

在关系本位论述方面极为丰富,尤其是儒家思想内核的"仁",从字形上来看就是二人为仁,表示人与人之间的关系。

孟子作为儒家道统中重要的传继者,对三王时期伦理关系做出了概括:"父子有亲,君臣有义,夫妇有别,长幼有叙,朋友有信。"① 即所谓的"五伦"。这是一种对等的人伦关系,表示权利与义务的统一。朱子对此解释道:"然无教则亦放逸怠惰而失之,故圣人设官而教以人伦,亦因其固有者而道之耳。书曰:'天叙有典,敕我五典五惇哉。'此之谓也。"②"五伦"是当时人类社会关系的基本法则与规范,亦是天理在人类社会的具体体现。它是以血缘关系本位为起点,由亲而疏向外扩散到最高价值——义缘本位,从而形成了一种"差序格局"。在人类关系中,一方的世界观、价值观必然会对另一方造成影响,尤其好的价值理念必然会得到彼此认同,比如"君子之德风,小人之德草。草上之风,必偃"③,"舜之居深山之中,与木石居,与鹿豕游,其所以异于深山之野人者几希;及其闻一善言,见一善行,若决江河,沛然莫之能御也"④。从消极的一面来看,"君之视臣如手足,则臣视君如腹心;君之视臣如犬马,则臣视君如国人;君之视臣如土芥,则臣视君如寇仇"⑤。这种"出乎尔反乎尔"的感应回馈机制在众多儒家文献中都得到了体现。那么,对于儒商关系的建构,就要求管理者必须树立正确的道德观念,制定合理的政策与制度体系,使从商者受到感化,从而在社会范围内营造出为商服务、以义亲商的政商环境。

政府管理者要树立"以民为本"的价值观念。孟子以民、社稷、君并提,提出了"民为贵,社稷次之,君为轻"⑥ 的民本思想,构建了保民而后社稷安,社稷安而后有其君的内在逻辑理路,正如朱子对其注解道:"盖国以民为本,社稷亦为民而立,而君之尊,又系于二者之存亡,故其轻重如此。"⑦ 先秦时期所谓的民包括士、农、工、商四个阶层,商人囊

---

① 朱熹:《四书章句集注》,中华书局1983年版,第259页。
② 朱熹:《四书章句集注》,中华书局1983年版,第259-260页。
③ 朱熹:《四书章句集注》,中华书局1983年版,第138页。
④ 朱熹:《四书章句集注》,中华书局1983年版,第353页。
⑤ 朱熹:《四书章句集注》,中华书局1983年版,第290页。
⑥ 朱熹:《四书章句集注》,中华书局1983年版,第367页。
⑦ 朱熹:《四书章句集注》,中华书局1983年版,第367页。

括其中，说明作为维护公共秩序的管理者对商人的精神状态、生产生活等情况予以关注和帮助。孟子说："民事不可缓也。"① 在《孟子》的语境中，民事主要是指农事，但从以"民为贵"的思想来看，民事亦包括商业。"不可缓"要求管理者审时度势，见微知著，合理布局，对商业、加工业、服务业做出政策指导，调动其积极性，避免出现消极怠工的局面，正如焦循正义曰："《易·序卦传》云：'解者，缓也。'解即懈，义为怠惰。不可缓即不可使怠惰也。何以不使怠惰，故又申言之云：以政督趣，教以生产之务。"②

管理者要制定合理的规章制度，运用有效的施政手段，发挥政府的监管功能，维护公平竞争的市场秩序。市场经济以谋利为基础，根据每个人的需求，"以其所有易其所无者"。整个交易的过程必须"有司者治之耳"③，切实发挥好政府的监管职能。即使这样，也有些商人利欲熏心，欲壑难填，以自我为中心，铤而走险，"必求龙断而登之，以左右望而罔市利"④，不仅损害了中小企业的利益，而且扰乱了市场秩序，这种商人在孟子看来是"贱丈夫"。作为管理者，要对其征收赋税，打击谋取市利的不法商人，以维护市场秩序，恢复正常交易，推动经济发展。孟子认为"征商，自此贱丈夫始矣"⑤。马端临对此现象进一步分析道："古人关市征敛之本意，盖恶其逐末专利而有以抑之，初非利其货也。"⑥ 但是，对于商人征税到底是不是因为垄断，当前学界有不同的声音，还有待考证。

发挥政府的服务功能，畅通政商关系。据史料记载，西周后期出现了关税制度，具体来说应该在周公之后，其设关的目的是对出入关卡的商旅收缴通关税。孟子对此特别反对，他认为："古之为关也，将以御暴；今之为关也，将以为暴。"⑦ 意思是说设置关卡是为了防御暴行，监察不法分子以防出入，今日之关反而成了对商人横征暴敛的工具。赵注云："古之为关，将以御暴乱，讥闭非常也。今之为关，反以征税出入之人，将以

---

① 朱熹：《四书章句集注》，中华书局1983年版，第254页。
② 焦循：《孟子正义》（上），中华书局1987年版，第332页。
③ 朱熹：《四书章句集注》，中华书局1983年版，第248页。
④ 朱熹：《四书章句集注》，中华书局1983年版，第248页。
⑤ 朱熹：《四书章句集注》，中华书局1983年版，第248页。
⑥ 马端临：《文献通考》卷十四，武英殿清乾隆十二年刻本，第11页。
⑦ 朱熹：《四书章句集注》，中华书局1983年版，第366页。

为暴虐之道也。"① 《孟子》中有两处谈到了"讥而不征"的问题,表明孟子强烈要求取消关税的态度。这与墨子的观点不同,墨子认为:"贤者之长官也,夜寐夙兴,收敛关市山林泽梁之利,以实官府,是以官府实而财不散。"② 由此看出,孟子具有浓厚的重商、保商的观念。其实孟子的言外之意为:政府设置关卡是为了保护商旅的人身安全、财产安全。那么,商人来到异地经商,如何处理商品存放与滞销的问题呢?孟子提出了"廛而不征,法而不廛"的行政手段。"廛"有多义,有民居之区域(郑玄注)、市中空地(郑司农注)、市物邸舍(郑玄注)等多种解释。那么,"廛而不征"是指政府向商人提供地方以供存放物品。对于"不征",古代主要有两种解释:一是不收取货物税,二是不收取货物储存税。"法而不廛"也主要有两种解释:一是政府按照法规收购滞留货物;二是对农民依法收取什一的地税,不收取商人的税。笔者比较认同杨伯峻的解释:"在市场,给与空地以储藏货物,却不征收货物税;如果滞销,依法征购,不让它长久积压。"③ 用现代的宏观经济学原理来说,政府利用财政手段购买滞销货物,调节市场供需关系,达到稳定物价的目的,并制定税收优惠政策,加大招商引资力度来吸引四方之商。总体来看,政府要为企业做好服务工作,及时帮助企业破解难题,让企业没有后顾之忧。

发挥政府的教化功能,提升商人的道德素养。中国古代政府一贯实行政教合一的制度,其主要功能是政治与教化,与西方世界的政治与宗教合一的文化不同。在现实中,对民施行价值理念上的教化,必须以人民的生活水平为基础。在古代文明早期,《管子》《论语》《礼记》等古典文献都提出了"富民"的思想,把民生问题放在首位。孟子接续三代圣王与孔子的思想,亦提出了"五亩之宅"民有所居,"树墙下以桑""五母鸡,二母彘,无失其时""百亩之田"民有其财的养民、保民、富民的思想与策略。生活保障是人民保持"恒心"的基础,若"无恒心,放辟,邪侈,无不为已"④。对于现代社会来说,政府要保护人民合法的私有财产,让人民有恒产,实现人民生活富足。从商人、企业的视角来看,政府要保护商人权益与企业产权,包括有形与无形的财产,才能确保社会经济的有效

---

① 焦循:《孟子正义》(下),中华书局1987年版,第969页。
② 方勇译注:《墨子》,中华书局2011年版,第57页。
③ 杨伯峻:《孟子译注》,中华书局2018年版,第57页。
④ 朱熹:《四书章句集注》,中华书局1983年版,第211页。

运行。随着全民物质生活质量的提升，政府要适时发挥教化功能，"谨庠序之教，申之以孝悌之养"①，天下才能实现社会大同。一个完整的治理体系必须具备价值观、制度设计以及切实有效的治理手段，正如聂志红所说："对于一种制度而言，哲学是地基，价值观是支柱，财产制度是顶梁，而具体设计是制度大厦内的家俱。"

综上所述，可以看出：与时俱进推动孟子思想乃至整个儒家思想的"两创"，可以为国家治理体系与治理能力现代化建设提供思想源泉，对繁荣发展社会主义先进文化以及构建和谐的政商关系有所裨益。

三、以孟子思想涵养为商之德

人类是有情有义的智性动物，具有高度的能动性。在社会不同领域，总是以"善"为前提，"求善而得善"是人类的孜孜追求与向往。在文明的发展进程中，人类创造了诸多有价值的思想理念与科技成果，凸显了人类的主体性与创造性。儒家文化以"仁"作为思想的内核，建构了一个宏大而又完整的哲学体系。儒家极力探究天人之际，力求天人合一，从而形成"万物一体"的人文情怀，追求"成己成物"的伟大使命。孟子以人释"仁"，特别强调自我的能动性，如"凡有四端于我者""我善养吾浩然之气""我以吾仁""求之在我者也""当今之世，舍我其谁也"等对"我"的强调，与孔子"求仁而得仁""人能弘道"的主体性思想相一致。《大学》在对八条目的论述中，明确指出"自天子以至于庶人，壹是皆以修身为本"，以修身立本，即以修"我"身心为本，那么天下的"大我"才能平。孟子告诉我们，若不得志时，一定要"修身见于世"，无论生命长短，都要"修身以俟之"，才能安身立命。从商人员亦是如此，修身不仅是齐家、治国的根本，还是企业壮大的不竭动力。因此，做好修身功夫应是每一个从商人员的义务，不仅是对企业、国家负责的应有态度，更是身为人类的重要使命。

首先，以志润身。孟子说："夫志，气之帅也；气，体之充也。"②"君子所性，仁义礼智根于心。其生色也，睟然见于面，盎于背，施于四

---

① 朱熹：《四书章句集注》，中华书局1983年版，第204页。
② 朱熹：《四书章句集注》，中华书局1983年版，第230页。

体，四体不言而喻。"① 志与气的关系是历代儒家老生常谈的重点问题。基于文本，其义大体为：志须统领气，气须听志的使唤，才能使气充塞天地之间，才能够惊天地、泣鬼神。总体来说，志的朝向会影响个人的气质与身体状况。从感性经验上看，一个人若是心灰意冷、百无聊赖或者消极悲观、厌弃人世，总会带有一股懒惰之气，这种状态还会危害自己的身体健康。由此，人必须志存高远，制定高标准的人生志向，就如拉弓射箭"必志于彀"② 一样。那么高标准是什么呢？孟子告诉我们要"志于道""志于仁"，不能"以道殉乎人"③。所以，新时代的商人要筑牢"仁爱"思想，发扬博施于人、同舟共济、扶贫济困的仁爱之心，以他人、国家甚至宇宙的命运为一体，把仁爱之心推扩出去，使经营活动精神化、伦理化，才能使自身与企业具有生生不息的生命力。

其次，以诚立身。诚信可靠的品德是人类的立身之本，更是商人应有的职业操守，"君子不亮，恶乎执"④？因为"诚者，天之道也；思诚者，人之道也"⑤。那么人们如何做到诚呢？"不明乎善，不诚其身矣"⑥，明善才能诚身。如何做到明善？朱子说："不明乎善，不能即事以穷理，无以真知善之所在也。"⑦ 也就是说，人们要即事穷理，从事物中发明真知，让内在本有的"诚"得以显现。另外，还要时时"反求诸己"，反思是不是能够"万物皆备于我矣"⑧，即不再把万事万物对象化，将其当作外在的事物进行打量，而是把事物带入自己的生命中进行体验，使我产生与之共生共存的一体之感。只有自诚，才能感动他人，若没能感动他人，是因为自己不够真诚。自诚会让父母喜悦，进而会得到朋友的信任，随后会得到上级的信任，从而会让民众信服。只要一个环节出现了问题，就需要反求诸己。当代社会日益全球化、信息化、科技化，一些功利主义、个人主义等思想侵蚀着人类的道德性，引发了道德滑坡、伦理良知丧失等现象。有些商人亦是如此，毫无诚信可言。商人应该胸怀天下，探究好人、好事

---

① 朱熹：《四书章句集注》，中华书局1983年版，第355页。
② 朱熹：《四书章句集注》，中华书局1983年版，第337页。
③ 朱熹：《四书章句集注》，中华书局1983年版，第362页。
④ 朱熹：《四书章句集注》，中华书局1983年版，第362页。
⑤ 朱熹：《四书章句集注》，中华书局1983年版，第282页。
⑥ 朱熹：《四书章句集注》，中华书局1983年版，第282页。
⑦ 朱熹：《四书章句集注》，中华书局1983年版，第282页。
⑧ 朱熹：《四书章句集注》，中华书局1983年版，第350页。

中的事理，经常性地反求诸己以至于见贤思齐，真诚地对待父母、朋友、同事、同行，建立良好的人脉关系，才能长久地立于不败之地。

再次，以义化身。孔子成仁，孟子取义。孔子的"仁"学思想，在孟子的传承中得到了发扬，"仁学"因而更具系统性、全面性，正如程子所说："孟子有功于圣门，不可胜言。仲尼只说一个仁字，孟子开口便说仁义。"①《孟子》开宗明义地提出了"义利"问题。在《孟子》的语境中，孟子的对话者是王者，对于管理者来说，应该"先义后利"，否则"上下交征利而国危矣"②。这里并没有排斥"利"，而是以义为先、取利为后，也就是说，必须建立一个合理的秩序，在良序下合法取利。管理者必须"利他为义"，在确保人们的正常生活的基础上，对人们开展教化活动，这一点在孟子对"恒产""恒心"的论述中也可以看出。基于以上两点，我们有理由认为孟子提倡义利统一。另外，"义者，宜也"，义讲求适宜，不能顽固不化，需要因地适宜、因时而异，变通处理事务，实现天地人的统一。义可用"权"通释，孟子遵从"男女授受不亲"的一般性原则，但在如嫂子溺水的特殊情况下必须"援之以手"。③ 义对于企业来说，可以根据企业发展的阶段分别定义。企业发展初期，急需资本壮大企业，因此可以在合法合规的前提下取利；发展中期，已有一定的资本作为基础，需不断完善企业的规章制度，力求公平公正；发展鼎盛期，需要企业积极回馈社会，在生态、环保、民生等方面做出应有的贡献。

又次，以孝爱身。中国历来具有家国同构的观念，力求以孝治天下。为人子是人类出生后的第一个角色，并伴随着先定的责任与权利。在儒家思想中，为人子的责任是孝，其权利则是几谏。若不孝顺，则"不可以为子"④，不能得到父母的欢心，则"不可以为人"⑤。父母几谏的问题在孔子、曾子与荀子的论述中都有体现，然而孟子并没有谈及，这也不能说明孟子不要求子女对父母几谏的权利。孟子站在更高的层次上规谏"为民父母"的君主，"务引其君以当道，志于仁而已"⑥。对父母的不孝有几种情

---

① 朱熹：《四书章句集注》，中华书局1983年版，第199页。
② 朱熹：《四书章句集注》，中华书局1983年版，第20页。
③ 朱熹：《四书章句集注》，中华书局1983年版，第284页。
④ 朱熹：《四书章句集注》，中华书局1983年版，第287页。
⑤ 朱熹：《四书章句集注》，中华书局1983年版，第287页。
⑥ 朱熹：《四书章句集注》，中华书局1983年版，第345页。

况呢？孟子说："世俗所谓不孝者五：惰其四支，不顾父母之养，一不孝也；博弈好饮酒，不顾父母之养，二不孝也；好货财，私妻子，不顾父母之养，三不孝也；从耳目之欲，以为父母戮，四不孝也；好勇斗很，以危父母，五不孝也。"① 这段话可以根据《孟子》中提到的"事亲"与"守身"两个方面进行理解。前三者是针对"事亲"上讲的，四肢懒惰、好博弈饮酒、好财、偏爱妻儿，不管父母的奉养，被视为不孝。后两者是针对"守身"讲的，若纵声色欲望、逞强好斗，一方面损害自己的身体被视为不孝，《孝经》有言："身体发肤，受之父母，不敢毁伤，孝之始也。"② 另一方面，其行为可鄙会使父母受到牵累乃至蒙辱，这也是不孝。基于此，企业经营者应在家庭中扮演好为人子的角色，对父母不仅要养其身，还要养其志，这样才能营造良好的家风。对自身而言，在保养身体、勤于事业、规范行为、节制欲望等方面下功夫，不要让父母担心乃至蒙受耻辱。对国家而言，企业家应急国家之所急，盼国家之所盼，为国家积极建言献策。

最后，以耻敬身。儒家的耻感文化作为中华优秀传统文化的精华，在中国历代社会中发挥了积极的作用，形成了中国耻感政治、耻感经济、耻感社会，铸就了中华民族鲜明的精神特质与文化模式。从字形上看，"耻"字从耳从止，表示入乎耳，止于某物。在出土的战国楚简中，耻写作"恥"，吴元满释"恥"为："恥，从心耳，会意，取闻过自愧之意。凡人心惭，则耳热面赤，则为耻也。"③ 由此可知，"耻"字表示为入乎耳，止于心。在孟子的心学中，恻隐、羞恶、辞让、是非"四心"是人的本心，羞恶之心可指耻感，为"义"之端。孟子将耻感作为"四心"之一，可见耻感在孟子思想中的重要地位。更有甚者，顾炎武认为在国之四维中"耻尤为要"④。其实，孟子也认为"耻之于人大矣"⑤，并表示"人不可以无耻"⑥。无耻之义为何？"无耻之耻，无耻矣。"⑦ 此句较为费解，学

---

① 朱熹：《四书章句集注》，中华书局1983年版，第299页。
② 李隆基注，邢昺疏，金良年校点：《孝经》，上海古籍出版社2014年版，第5页。
③ 吴元满：《六书总要》，齐鲁书社1997年版，第43页。
④ 顾炎武著，黄汝成集释：《日知录集释》（中），上海古籍出版社2006年版，第722页。
⑤ 朱熹：《四书章句集注》，中华书局1983年版，第351页。
⑥ 朱熹：《四书章句集注》，中华书局1983年版，第350页。
⑦ 朱熹：《四书章句集注》，中华书局1983年版，第350页。

界一般依照杨伯峻的解释:"人不可以没有羞耻,不知羞耻的那种羞耻,真是不知羞耻呀!"① 孟子对无耻更进一步解释道:"为机变之巧者,无所用耻焉。"② 这就把无耻具体化,指存有智巧变诈心计的小人,这种人是没有耻感可言的,最终会造成"不耻不若人,何若人有"③ 的结果,朱注曰:"但无耻一事不如人,则事事不如人矣。"④ 人知耻后会是什么样的状态?孔子说:"好学近乎知,力行近乎仁,知耻近乎勇。知斯三者,则知所以修身。"⑤ 这种勇不同于血气之勇,是基于耻之上的道德之勇:"自反而不缩,虽褐宽博,吾不惴焉;自反而缩,虽千万人,吾往矣。"⑥ 对于现代企业来说,耻感文化尤为重要。在世界经济发展中,企业越来越民族化,企业的荣耻观对企业乃至国家的形象都有一定的影响。企业必须以德为导向,涵养本心,在科技研发、经营模式中融入道德价值,避免"机变"之心作祟;必须注重品牌塑造,结合儒家的耻感文化,制定耻感文化品牌;必须以德化人,把耻感教育纳入企业未来发展战略中,长期开展耻感教育活动,让企业人员"有耻且格";必须出台和完善员工行为准则,切实为顾客做好服务,为同行做出示范,避免出现欺诈顾客和同行的不良行为。只有这样,企业才不会"何若人有",才能以"舍我其谁"的"勇"承担中华民族伟大复兴的重任。

综上所述,商人要以修身为基点,重视商德,挺立商人品格,涵养浩然正气,与天地同参,彰显自身在社会上的价值与意义。若"身体"不适,企业经营者应以志、诚、义、孝、耻为"药方",解决"身体"上的疑难杂症,才能恢复为一个物质与精神相调适的有机生命体。商人会因物质性身体的健康,更有精力处理各种事务;会因精神性的价值指引,更有能力带领企业健康持续发展。在世界未来发展的局势中,各行各业的长足发展必然不会以"非道德"作为基础,而是通过"道德"守护自身的生命,与其他生命建立联系,共同构建共生共存的"活泼"世界。本文认为,处理好商人与政府之间的关系以及自身"身体"的问题是构建"活

---

① 朱熹:《四书章句集注》,中华书局1983年版,第279页。
② 朱熹:《四书章句集注》,中华书局1983年版,第351页。
③ 朱熹:《四书章句集注》,中华书局1983年版,第351页。
④ 朱熹:《四书章句集注》,中华书局1983年版,第351页。
⑤ 朱熹:《四书章句集注》,中华书局1983年版,第29页。
⑥ 朱熹:《四书章句集注》,中华书局1983年版,第230页。

泼"世界的必要条件。

四、结语

在中国历史发展中，儒与商的结合不仅体现了历史发展的必然性，也体现了人们对商人君子品格的期待与要求。春秋时期，儒商概念尚没有出现，随着经济的发展、人口的增长、职业的丰富，儒商概念到了明清之际被提出来，这与朱子、王阳明等对儒家思想的创新不无关系，从对"理一分殊"的强调到对"万物一体"的重拾，他们为儒商概念的明确提出打下了思想基础。孟子思想是朱子、王阳明哲学思想形成的重要思想来源，是接续儒家道统不可或缺的桥梁。那么，回到《孟子》文本，结合当今时代，聚焦"孟"与"商"的结缘，构建新时代儒商，激活孟子思想的时代价值，不仅能为国家市场经济发展提供动力，还能为孟子思想乃至儒家文化振兴助力。有一点不容忽视，孟子思想虽然对儒商环境的营造与商人自身修养具有一定的价值与意义，但孟子多是以王道政治为标的，对经济发展规律关注不足，这与当时的经济发展水平有关。因此，新时期必须立足当代经济发展的新形式，结合孟子的精神理念，在二者的交流互动中构建当代新儒商文化，为世界商业文明贡献中国智慧。

■ 企业儒学与管理哲学

中国管理学派：履践、责任与未来

吴照云　巫周林　姜浩天[①]

一、引言

党的二十大报告指出："要坚守中华文化立场，提炼展示中华文明的精神标识和文化精髓，加快构建中国话语和中国叙事体系，讲好中国故事、传播好中国声音，展现可信、可爱、可敬的中国形象。"自中国特色社会主义步入新时代，"华为基本法"、海尔"人单合一"、方太"两要五法"[②]等管理新理念、新模式与日俱增，极大地丰富了中国管理理论，诸多学术期刊与高校顺势而为，或就中国特色的管理理论实践设置专栏提供思想交流的平台，或以杰出企业与企业家为案例挖掘中国管理智慧，极大地推动了中国管理学派建设。

身处百年未有之大变局，站在新的历史起点，管理学作为提供生产力增量的交叉学科，有着推动中国式现代化的使命与责任。将潜藏在实践前沿与史书典籍中日用不觉、失之难存的管理智慧予以阐发和理论化，而更好地展现出中国理论及其背后的精神力量成为中国管理学者的使命。因此，中国管理学派应在充分肯定总结当前工作的基础上，对标中国基本国情与历史文化传统明确责任归属，作出未来展望。

二、中国管理学派的履践

一个学派的发展与建设是一群人攻坚克难的过程，中国管理学派的形

[①]　吴照云，江西财经大学工商管理学院教授、博士生导师。巫周林，江西财经大学工商管理学院研究生。姜浩天，江西财经大学工商管理学院博士研究生。

[②]　苏勇：《传统文化对中国企业家的影响及文化基础观构想》，载《中国文化与管理》2021年第1期，第2-9页。

成,得益于企业、期刊、高校、学者等多元主体的共同努力与彼此成就:企业是检验管理理论的场域,更是生产理论的实践之源;期刊作为传播媒介,为学界业界的管理模式与管理故事推广搭建平台;高校设立科研机构,一方面为研究中国问题、提供中国方案组建学术团队、共同群策群力,另一方面通过学科建设与教材编写,让中国特色付诸实践;学者则专注自身研究方向,从多个维度推动理论深描,展现出中国管理理论的原创性与科学性。

(一) 企业总结实战经验

管理学是一门与实践紧密结合的致用性学科,企业界一直是其理论孕育的温床。一大批负责任的中国企业家与从业者将自己的实践经验与心得体会或总结成册公开出版,或面向公众发表讲话,为中国管理学派构建贡献了海量实战经验与理论素材,如表1所示。以数智技术刷新时空为例,马化腾发现移动互联的智慧生活造就了网购大国,消费升级、连接鸿沟成为经济增长助推器与农村创业新路径;① 雷军进一步将互联网行业秘诀总结为"专注、极致、口碑、快",指出好产品要洞察未来体验,并利用重组技术与供应链直达用户;② 任正非则指出面对快速变化的环境与相互冲突的关系,要通过适度的宽容、妥协与让步使组织达到和谐状态以随机应变,"互联网+"③"时间领导力"④"灰度理论"⑤ 等概念应运而生。

表1 中国管理学派企业界代表成果举例

(以作者姓氏拼音排序)

序号	作者	主要职务	书籍/文章名称
1	曹德旺	福耀玻璃集团创始人	《心若菩提》

---

① 马化腾:《指尖上的中国:移动互联与发展中大国的社会变迁》,外文出版社2018年版,第19-32页。

② 雷军、徐洁云:《小米创业思考》,中信出版集团2022年版,第48-98页。

③ 马化腾:《关于以"互联网+"为驱动推进我国经济社会创新发展的建议》,载《中国科技产业》2016年第3期,第38-39页。

④ 高子茵、宋继文、欧阳林依等:《因时乘势,与时偕行——小米模式背后的时间领导力》,载《管理学报》2019年第11期,第1581-1592页。

⑤ 任正非:《管理的灰度》,载《企业文化》2010年第6期,第68-70页。

续上表

序号	作者	主要职务	书籍/文章名称
2	董明珠	珠海格力电器股份有限公司董事长	《棋行天下》
3	冯 仑	未来论坛创始理事	《野蛮生长》《理想丰满》《岁月凶猛》
4	雷 军	小米科技创始人	《小米创业思考》
5	马化腾	腾讯公司创始人兼CEO	《指尖上的中国》
6	茅忠群	方太集团董事长	《方太之道——从产品创新、管理创新到文化创新》
7	任正非	华为技术有限公司CEO	《管理的灰度》
8	宋志平	曾任中国建材集团董事长与国药集团董事长	《经营方略》《问道管理》《企业迷思》
9	王明夫	和君咨询集团董事长	《企业核心能力论》
10	张瑞敏	海尔集团创始人	《基于海尔"人单合一"模式的用户乘数与价值管理研究》
11	张云亭	中信财务有限公司董事长	《青年管理者》

资料来源：笔者整理绘制。

（二）期刊设立研究专栏

苏勇、于保平经海量检索，发现以东方管理和中国管理为主题发表的论文逐年增加。① 这种向好趋势在一定程度上得益于《中国社会科学》《经济管理》《管理学报》《外国经济与管理》等期刊开设的"中国式现代化与中国知识体系""中华优秀传统文化与管理哲学""管理学在中国""东方管理"等研究专栏，为思辨类、启发类等主流范式外的论文发表开辟了新赛道。此外，如《管理世界》就"学者的初心与使命""加快构建中国特色管理学体系""如何把论文写在祖国大地上""复杂系统管理是

---

① 苏勇、于保平：《东方管理研究：理论回顾与发展方向》，载《管理学报》2009年第12期，第1578-1587页。

中国特色管理学体系的重要组成部分"等主题进行专题研讨,《管理学报》《管理学季刊》以"争鸣与反思——煮茶问道:本土管理研究论坛""名家专栏"等形式刊载多位学者对中国管理研究的前瞻性思考与批判性反思,"世界管理论坛暨东方管理论坛""管理学在中国""中国企业家管理思想解读工作坊""中国管理思想与商业伦理高端论坛""管理哲学、研究方法与中国管理实践"等学术会议渐成系列与品牌……这些都极大地推动着中国管理学派为人所识、为人所知。如今更有南京大学的一批有识之士为在管理学中铸就中华文化新辉煌,合力创办《中国文化与管理》这一具有代表性和典型性的期刊,为中国管理学派齐心聚力、合力发声做出重要贡献。

(三) 高校创设研究机构

随着物质生产力不足的社会矛盾转变为差异化体验创造,西方管理历经科学管理、行为科学与后科学管理,在人本管理上实现了管理思想的东方回归。① 现代管理旨趣与传统文化精神的不约而同,激发了中国管理学派从中华传统文化中求解中国管理问题的热情。自复旦大学1999年设立东方管理研究中心以来,上海交通大学东方管理研究中心、江西财经大学中国管理思想研究院、上海外国语大学东方管理研究中心、西安交通大学中国管理问题研究中心、西交利物浦大学和谐管理研究中心等高校研究机构相继成立。一方面,研究机构将个体的、零散的碎片化研究发展为集体的、聚合的多维度研究,并以老中青、传帮带的培养方式打造了一批向心团队;另一方面,依托科研机构的学术影响力,"东方管理""中国管理思想"等专题课程走入课堂,甚至成为二级学科方向,如上海交通大学"管理思想"课程一览中国管理学派名家,上海工程技术大学开设东方管理概论、华商管理概论等特色课程,江西财经大学MBA教育学院搭建起以中国文化与当代管理、中国管理哲学、中国管理实践前沿、兵家管理思想等十余门课程为核心的"中国管理思想课程群",并将"东方管理与企业战略"设置为硕士研究生招生的二级方向,让尘封在青灯黄卷中的管理智慧与案例焕发生机。

---

① 吴照云、余焕新:《管理的本质与管理思想的东方回归》,载《当代财经》2008年第8期,第75–79页。

(四) 学者贡献研究成果

素材、平台与团队等外部条件业已成熟，学者深耕研究领域、产出研究成果便是"万事俱备，只欠东风"。随着中国经济的飞速增长与外部环境的日新月异，"西学为师，全盘吸收"的方式在一定程度上阻碍了中国管理理论的发展，也使现有理论无法解释的"管理异象"与日俱增。1983年，在北京召开的借鉴外国企业管理经验座谈会上，国家经济贸易委员会原副主任袁宝华提出"以我为主、博采众长、融合提炼、自成一家"的学术方针，力求洋为中用与古为今用融会贯通。① 在"用中国理论阐述中国实践，用中国实践升华中国理论"的思想引领下，对中国管理研究倍感兴趣的"本土领袖"与"域外精英"② 因生存驱动、现象驱动与理论驱动取得了诸多代表性成果，部分成果如表2所示。

表2　中国管理学派学术界代表性成果举例

（以学者姓氏拼音排序）

序号	概念与成果名称	代表学者举例	所属单位
1	水样组织	陈春花	北京大学
2	C理论·中国管理哲学	成中英	美国夏威夷大学
3	中国特色的管理学理论体系	杜运周	东南大学
4	"物理—事理—人理"系统方法论	顾基发	中国科学院
5	东方管理学	胡祖光	浙江工商大学
6	"万物一体"视域下的管理范式	黄金枝	哈尔滨工程大学
7	东方营销学	贾利军	华东师范大学
8	基于扎根精神的中国管理研究	贾旭东	兰州大学
9	中庸管理理论	雷　原	西安交通大学
10	企业儒学	黎红雷	中山大学

---

① 王利平：《制度逻辑与"中魂西制"管理模式：国有企业管理模式的制度分析》，载《管理学报》2017年第11期，第1579–1586页。

② 沈伟：《谁影响中国管理研究的发展方向?》，载《管理学季刊》2018年第2期，第32–35页。

续上表

序号	概念与成果名称	代表学者举例	所属单位
11	谋略管理	林子铭	台湾中央大学
12	创造儒学与元管理学	吕 力	扬州大学
13	东方管理学	苏东水	复旦大学
14	中国企业家管理思想	苏 勇	复旦大学
15	管理科学中国学派	孙东川	暨南大学
16	辩证领导行为	王 辉	北京大学
17	中国管理思想精粹	吴照云	江西财经大学
18	中国的管理理论	徐淑英	美国圣母大学
19	东方管理学	颜世富	上海交通大学
20	中国情境下的领导理论	杨百寅	清华大学
21	兵法经营	杨先举	中国人民大学
22	中国式管理	曾仕强	台湾师范大学
23	家长式领导	郑伯埙	台湾大学

资料来源：在文献①基础上整理补充。

生存驱动侧重对"中国管理"的合法性讨论。学者在中国管理学派合法性上达成的共识是："管理"作为提升效率的实践活动是中西方都存在的，包含着对情境的普适性理解，"中国"则是一个地域与文化上的双重概念，包含着对情境的特殊性理解。② 因此，"中国管理"与管理知识来源和心理发生机制有关，这分别决定了"中国管理"的普遍科学性与人文艺术性。③ 如和君咨询集团董事长、和君小镇创始人王明夫在第二十五届世界管理论坛暨东方管理论坛上指出：多数管理理论的理论产生、影响形

---

① 吴照云、姜浩天：《中国管理学派：源起、发展与建设》，载《中国文化与管理》2022 年第 1 期，第 2 - 16 页。

② 江西财经大学中国管理思想研究院：《中华优秀传统文化"双创"的管理学履践与展望》，载《企业管理》2022 年第 7 期，第 115 - 119 页。

③ 吕力：《元管理学：研究对象、内容与意义》，载《当代财经》2010 年第 9 期，第 52 - 58 页。

成和地位确立,都存在企业实践(practice)、杰出研究者(researcher)、理论创立(theory)、教育与传播(education)与应用效果(effect)五个关键节点,"中国管理"无疑是兼备的,而以利益众生为目标、道法自然为原理、内圣外王为路径、圆融会通为境界的底层逻辑又决定了中国大公司与中小企业发展必然具备异质性内容。

现象驱动侧重中国企业日益涌现的新技术、新模式与新业态。以突发危机应急管理为例,在"非典"疫情时期,因居家隔离要求与生活购物需要的冲突,网上购物成为新的生活习惯,即便在"非典"结束后仍被保存下来,无形中助推着阿里巴巴、京东、天猫、当当等电商平台与企业的发展,面对电子商务中即时满足与延迟满足的复杂需求,全渠道供应链与新零售体验研究蔚然成风。① 相似地,面对新冠疫情肆虐,企业停工停产下出现"用工荒"这一问题,为破解企业停工停产期间劳动力资源不均衡局面,满足抗疫与生活物资配送"最后一公里"的需要,"共享员工"这一新就业形态诞生,在盘活"存量"、提高效率、优化供求的同时也打破了传统用工模式下合同、社保等对人力资源自由流动的限制。② 两次突发事件推动企业思考如何在动荡环境中防范化解重大风险与提升可持续发展能力,恢复平衡状态、适应环境变化和实现发展成长的"组织韧性"成为突现研究热点。③ 在以用户体验创造价值的信息时代,依托移动互联技术与众多短视频平台,流量的快速变现成为可能,网络红人以其庞大的粉丝群与巨大的社交量成为具有黏性式信任潜力、靶向式投递潜力与病毒式传播潜力的"影响者",企业通过网红为其产品和服务"背书",将"网红自我营销"与"产品影响者营销"链接发展出"网红经济"④,以前所未有的新业态冲击着"厂家—代理商—零售商—客户"的传统商业模式。

理论驱动侧重传统智慧古为今用的新释义、新构念与新范式。新释义致力于赋予古典文献时代解释与当代启示,如儒家"仁爱观"能提高成员

---

① 沈鹏熠、万德敏:《全渠道零售体验价值共创行为:影响因素与驱动机制》,载《中国流通经济》2019年第7期,第10-21页。

② 何江、闫淑敏、关娇:《共享员工到底是什么?——源起、内涵、框架与趋势》,载《商业研究》2020年第6期,第1-13页。

③ 张公一、张畅、刘晚晴:《化危为安:组织韧性研究述评与展望》,载《经济管理》2020年第10期,第192-208页。

④ 贾微微、别永越:《网红经济视域下的影响者营销:研究述评与展望》,载《外国经济与管理》2021年第1期,第23-43页。

认同感与归属感从而提高企业凝聚力，打造"人人为我，我为人人"的企业"家"文化，将员工个人发展与企业整体发展合而为一。① 法家以制度理性、社会公约与乡约家训等教化之"法"形成稳定的管理秩序与管理层公信力。② 道家"无为而治"是管理者以引导员工心理自律替代制度约束，顺势而为、自然而为达到"无为无不为"境界的治理思想。③ 新构念是用学界业界耳熟能详的传统文化概念整合相关现象，如合度用中、整体和融、至诚化人、权变通达和包容接纳的"中庸思维"④，遵从权威、接受权威、宽忍利他和面子原则的"儒家价值观"⑤，和睦共处、和气生财、合作联合的"和合理念"⑥ 等。新范式则是按传统文化中的逻辑线与方法论将碎片化素材整合为理论体系，如以"三为四治"（以人为本、以德为先、人为为人，治身、治家、治生、治国）为核心的"东方管理学"⑦，仁为安人、义为经权、礼为絜矩的"中道管理"⑧，用和则动态调和组织管理目标、用谐则分解设计消减不确定性的"和谐管理"⑨，将"国学五维"（治身、治家、治生、治国、治军）与"实践五维"（管理主体、管理客体、管理环境、管理目标、管理内容与方法）纵横结合的"五域五元体系"⑩，还有以太阴、少阳、太阳、少阴的易学四象推演出功能营销、质量营销、心理营销、伦理营销的"东方营销学"⑪ 等。

---

① 徐雷、邓彦斐：《儒家思想与当代中国企业伦理价值观的构建》，载《山东社会科学》2019 年第 8 期，第 172 – 176 页。

② 于树贵：《法家伦理思想的独特内涵》，载《哲学研究》2009 年第 11 期，第 36 – 42 页。

③ 齐善鸿、邢宝学：《解析"道本管理"的价值逻辑——管理技术与文化融合的视角》，载《管理学报》2010 年第 11 期，第 1584 – 1590 页。

④ 辛杰、屠云峰：《中国文化背景下的中庸型领导：概念、维度与测量》，载《西南大学学报》（社会科学版）2020 年第 4 期，第 58 – 66 页。

⑤ 王庆娟、张金成：《工作场所的儒家传统价值观：理论、测量与效度检验》，载《南开管理评论》2012 年第 4 期，第 66 – 79 页。

⑥ 韩巍：《从批判性和建设性的视角看"管理学在中国"》，载《管理学报》2008 年第 2 期，第 161 – 168 页。

⑦ 苏东水：《东方管理学》，复旦大学出版社 2005 年版，第 123 – 250 页。

⑧ 曾仕强：《中道》，北京联合出版公司 2018 年版，第 99 – 106 页。

⑨ 席酉民、熊畅、刘鹏：《和谐管理理论及其应用述评》，载《管理世界》2020 年第 2 期，第 195 – 209 页。

⑩ 吴照云：《从中国传统文化出发构筑中国管理之基》，载《经济管理》2021 年第 9 期，第 5 – 15 页。

⑪ 贾利军：《东方营销学》，格致出版社 2022 年版，第 70 – 91 页。

因多元主体不遗余力的努力，中国管理学派业已完成从无到有的历史跨越，而在新征程与新起点上，要实现从有到强的强势发展，还需要以时空视角对照中国特色、中国风格、中国气派的哲学社会科学从何来、到哪去、做什么以及如何做来明确责任使命与未来方向。

三、中国管理学派的责任

韩巍、席酉民在对"中国管理学界的社会责任与历史使命"进行行动导向解读时指出，重塑中国管理学界的使命要在政策和制度安排上旗帜鲜明、持之有故，不遗余力地"解释中国现象，解决中国问题"。[①] 管理理论的特殊性与普适性并非零和博弈，而是一种比较美学，用非对抗性的方式让原本不了解的人逐步接纳与认可，自然而然、水到渠成地实现本具足与外溢化，正如《论语》所言："是故远人不服，则修文德以来之，既来之，则安之。"因此，对照古今、中外与知行，中国管理学派有如下四项基本责任。[②]

1. 基于历史史实、研读古典文献，夯实学理研究基础

纵观中华上下五千年历史，管理思想始终贯穿其中，从夏、商、西周中国古代管理思想的萌芽，到春秋战国时期诸子百家的中国古代管理思想的形成，再到秦、汉、隋、唐中国古代管理思想的发展，乃至宋、元、明、清的中国古代管理思想的承接[③]，在民间产生了道、法、兵、墨、儒等著名管理学派与老子、韩非子、孙子、墨子、孔子等不同思想学派的代表人物，在庙堂则有文景之治、贞观之治、咸平之治、弘治中兴、康乾盛世等君臣盛世治理案例，在以"辨章学术，考镜源流"为责任的传统经学研究下，海量史书典籍得以留存至今，成为中华文明延续的证明。因此，不仅要用管理学视角重新审视中国传统文化，将传统文化中从属于管理学的内容梳理出来，还要用中国传统文化视角重新审视管理学，用传统文化

---

① 韩巍、席酉民：《"中国管理学界的社会责任与历史使命"——一个行动导向的解读》，载《管理学家》（学术版）2010年第6期，第3-19页。

② 中国管理思想研究院：《中华优秀传统文化"双创"的管理学内涵与任务》，载《上海管理科学》2022年第3期，第12-15页。

③ 吴照云、李晶：《中国古代管理思想的形成轨迹和发展路径》，载《经济管理》2012年第7期，第184-192页。

中的独特创造为管理研究赋能。

2. 立足中国实际、把握时代需求，创新驱动理论发展

不论是现象驱动还是理论驱动，管理实践与管理理论脱节、管理理论落后于管理实践这个现实问题依旧显著。① 在中国哲学智慧引领的"整合管理"第四代管理学范式的大形势下，管理学界对具有人本主义价值理性、主体性与原创性的中国管理思想的研究是当务之急。② 而传统文化中的思维方式、理念信仰、组织制度与器物科技中有着大量亟待转化的极具时代价值的理论，如思维方式层面引领着中国走向共建"人类命运共同体"的治理创新、理念信仰层面突破西方领导力理论的人性论和人格境界、组织制度层面塑造中国企业"养育、指挥、教化"三位一体组织发展定位的"差序格局"、器物科技层面推动文化创意产业乃至科技产业发展的"工匠精神"等。③

3. 多元路径介入、坚持躬耕践行，推动学术工作"亲民"

如前文所说，企业从一线管理实践经验中提炼管理思想，又将系统化的思想从宏观理念层、中观设计层与微观执行层反作用于管理实践；期刊坚持用思想性与规范性"两条腿走路"，为学界、业界高质量成果发表与传播搭建平台；高校谨记立德树人根本任务，输出科研生力军与实践后备军；学者深耕学术专长，筑牢科研根基与底气。但从行业俚语到科学理论，从日常现象到研究样本，会因为语言表达、信息中转与看待视角的差异产生理解偏差，因此，一方面，学术研究的任务是"解密"而不是"加密"，要避免将学术范式变成众所不解的"密码文字"；另一方面，应通过产学研的立体化合作让企业专家与教授、学者亲临工作一线，做到功能教育与价值教育双管齐下，让理论开发看得见、过程摸得着、结论用得上。

4. 重视学科交流、加强理论对话，形成互学互鉴风气

中国管理学派与历史、政治、社会、语言等学科间关系紧密，若不能以多学科平衡的知识与视角客观地看待传统文化与当代理论、管理移植与

---

① 张兵红、吴照云：《中国管理理论概念研究：演变、重构及延伸》，载《商业经济与管理》2021年第11期，第47－61页。

② 罗珉：《论管理学范式革命》，载《当代经济管理》2005年第5期，第37－42页。

③ 陈劲、吴庆前：《中华传统文化中的创新因素与第四代管理学》，载《科研管理》2019年第8期，第12－19页。

管理创新，必然会陷入"历史虚无主义"或"文化本位主义"。因此，宜于"虚极""静笃"之下行"并作""观复"①；在研究内容上，中华传统文化中"万物一体""大我境界"等标识性概念能够消弭西方人性假设在逻辑起点上存在的"小我"缺陷，西方管理科学分工与制度契约也能够消解传统管理中的随意性与模糊性；② 在研究方法上，传统私塾教育为管理研究提供了主客对立统一的本体论、阴阳动态平衡的认识论与直觉想象、比喻类推的方法论，③ 因而，要根据不同的研究对象与阶段做出合理选择并学会融会贯通。④

四、中国管理学派的未来

学界关于中国管理学派的未来的讨论一直如火如荼。如王方华教授指出中国管理学派要扎企业之"根"、融文化之"魂"、牢管理之"基"、立模式之"形"、传中国之"体"；⑤ 刘人怀教授认为应"秉持辩证的认识论与本体论、逐步完成对独特文化基因的现代化解读、审慎地选用多元的研究方法、择取独特的研究视角"⑥；罗文豪教授则提出"建构理论原型、聚焦现实问题、洞察管理事实、转变科学哲学、创新研究方法、兼容文化差异"⑦ 的演化路径……一言以蔽之，就是要平衡好传统与现代、本来与外来、理性与感性、理论与实践四组关系。为达成这一目的，中国管理学派还需做到以下"六个坚持"。

---

① 谢佩洪：《基于中国传统文化与智慧的本土管理研究探析》，载《管理学报》2016 年第 8 期，第 1115 – 1124 页。

② 周书俊：《先秦管理思想中的人性假设》，经济管理出版社 2011 年版，第253 – 258 页。

③ 李平：《中国本土管理研究与中国传统哲学》，载《管理学报》2013 年第 9 期，第 1249 – 1261 页。

④ 苏勇、段雅婧：《当西方遇见东方：东方管理理论研究综述》，载《外国经济与管理》2019 年第12 期，第 3 – 18 页；吕力：《"中国管理学"发展中的范式问题》，载《管理学报》2009 年第 8 期，第 1008 – 1012 页。

⑤ 王方华：《中国管理模式研究的五项原则》，载《上海管理科学》2022 年第 3 期，第 1 – 2 页。

⑥ 刘人怀、姚作为：《传统文化基因与中国本土管理研究的对接：现有研究策略与未来探索思路》，载《管理学报》2013 年第 2 期，第 157 – 167 页。

⑦ 罗文豪、章凯：《源头创新与中国管理研究的未来发展取向》，载《学术研究》2018 年第 4 期，第 88 – 97 页。

1. 坚持"传统文化"创造性转化，这是中国管理学派的理论基础

管理是一种带有文化印记的组织行为，在五千年文明史从未间断的中国，历朝历代、各家各派修身治国、经世致用的管理烙印颇为明显。① 远观古代，黄老"无为而治、与民休息"的"清静观"，唐太宗"道无常名，圣无常体。随方设教，密济众生"的"包容观"等思想造就了超大规模国家稳定治理的历史奇迹。着眼现代，四书五经等国学典籍中的管理智慧仍具实用价值，从金蝶集团根据王阳明心学设立"致良知，走正道，行王道"② 的企业价值观，到方太集团以《论语》"导之以德、齐之以礼；导之以政，齐之以刑"为指导思想，兼顾德治、法治，激发人性善、匡正人性恶，用创新立美、品质立信、成本立惠与品牌立义令顾客得安心，用关爱感化、教育熏化、制度固化与才能强化令员工得成长，用人文管理、战略管理、运营管理与风险管理令经营可持续，用法律责任、发展责任、伦理责任与慈善责任令社会得正气③，再到德胜洋楼"君子文化"下以"德"治企的战略定位、以"仁"爱人的人本管理、以"义"制"利"的管理思维、以"诚"立本的价值导向和以"礼"为保的制度体系④，都取自传统文化。

2. 坚持"三位一体"管理观察，这是中国管理学派的实践基础

中国作为具有五千年文明的古国，不但有古代悠久的历史传统，还有近代冲突下的争鸣探索，更有现代的5G引跑。因此，未来管理学不能仅将目光集中在企业数字化转型、高科技互联网企业运营等现代实践，还应关注古代类企业组织的管理模式与经验，如晋商乔家字号将情感、信任等社会因素嵌入经济组织中，建立异于报酬本位的身股激励模式⑤，而其"勤俭持家"的传统美德更在日常经营中为其节约了开支，并有效提高了

---

① 胡海波、余钒、王怡琴：《老字号企业动态能力的构建过程——烙印视角的案例研究》，载《经济与管理研究》2022年第2期，第130－144页。

② 李敏、黄晓菡、许宝妮等：《良知化蝶：徐少春管理思想探究》，企业管理出版社2020年版，第111页。

③ 茅忠群：《中华优秀传统文化在促进企业创新发展中的实践与应用》，载《中国科技产业》2019年第4期，第30－31页。

④ 胡海波、吴照云：《基于君子文化的中国式管理模式：德胜洋楼的案例研究》，载《当代财经》2015年第4期，第66－75页。

⑤ 胡国栋、王天娇：《"义利并重"：中国古典企业的共同体式身股激励——基于晋商乔家字号的案例研究》，载《管理世界》2022年第2期，第188－207页。

店面伙计的技术学习能力与社会组织能力。① 而在近代中国血与火的洗礼中，上至国家政府，下至民族资本家均投身于实业救国，官督商办的轮船招商局、劳工自治的申新三厂、公私分明的久大公司等近代企业莫不展现出管理移植的排异与吸收过程，是中国管理思想史与企业史中不可或缺的一环。②

3. 坚持"中文文法"概念阐述，这是中国管理学派的概念构建

一方面，高水平本土研究能够使用本土语言与构念对本土现象进行解释与预测。③ 许多概念在中西互译的过程中已发生偏转与失真：如将"philosophy"翻译成"哲学"时，突出了"哲思"这一"智慧"（sophia）却忽略了"爱"（philo）的内涵，反而是"在明明德，在亲民，在止于至善"的"大学"与"philosophy"意思更为相近；而将"分科之学"翻译成"science"时，则又赋予了"science"本没有的"分科"含义，将其与英文中代表"分科之学"的"discipline"（学科）一词画上等号。④ 另一方面，以致用为导向的管理学在面向公众时应避免用众所不知的语言去讲述众所周知的道理，过度追求管理现象的学术概念化，因为这在无形之中提高了学术成果的阅读门槛，造成了理论与实践的割裂，如日常生活中随口一说的"看着办"中就有"权变管理"的雏形，因个人利益极大化造成集体利益最小化的"囚徒困境"就是"三个和尚没水喝"的体现，组织行为中的"领地行为"在大学图书馆和食堂占座中随处可见，大材小用的"资质过剩感"则是时下常说的"内卷"，因此理论研究在概念构建上应做好中西文法规则下恰当的互诠互释，让公众读来不以为雅，学者读来不以为俗。

4. 坚持"科技向善"价值准则，这是中国管理学派的价值选择

与量化管理下的价值中立哲学不同，中国古代的学术、学说与信仰三合一⑤，先天带有价值关联的选择倾向，如老子"水利万物而不争，处众

---

① 潘安成、王莹、常玉凡：《"勤俭持家"之下的中国传统企业成长模式研究》，载《管理学报》2020 年第 6 期，第 824 – 832 页。

② 余焕新：《近代管理思想史》，经济管理出版社 2014 年版，第 9 – 13 页。

③ 徐淑英、张志学：《管理问题与理论建立：开展中国本土管理研究的策略》，载《重庆大学学报》（社会科学版）2011 年第 4 期，第 1 – 7 页。

④ 吴国盛：《什么是科学》，广东人民出版社 2016 年版，第 8 – 12 页。

⑤ 刘笑敢：《天人合一：学术、学说和信仰——再论中国哲学之身份及研究取向的不同》，载《南京大学学报》（哲学·人文科学·社会科学版）2011 年第 6 期，第 67 – 85 页。

人之所恶""我无为,而民自化;我好静,而民自正;我无事,而民自富;我无欲,而民自朴",孔子"克己复礼为仁,一日克己复礼,天下归仁焉""惟贤惟德,能服于人"等思想中处处体现着"善治"理念,这些思想渗入政治、经济、社会等各领域全历史发展阶段中,成为深深刻在国人骨子里的"中国魂"。同时,也使得快慢、进退、义利等成对概念均在相互之间谋求尺度与妥协,其根本目的是"以道驭术",让工具理性为价值选择服务、让科学技术为人的全面发展与幸福延续助力,"开物为义,成务而利"。①

5. 坚持"经学考据"研究方法,这是中国管理学派的研究方法

王世贞认为认识事物须溯其根源、依其本原、顺其本性,方可成理。② 传统教育中考据、训诂等研究方法风靡一时,留下校、注、集、解、疏等多种二次解读文体,这些内容为研究提供了丰富的资料。尽管如此,若便于获取和可复制的历史遗迹能够保证其完整性,其编年顺序与内涵外溢便能够自然呈现因果关系。③ 因此,要立足历代史书与国学典籍进行跨学科的管理学研究,首先需要通过训诂、校勘和整理来考量史料的真实性与可靠性,一如王国维提出的"二重证据法",在出土文献与传世文献相互印证的基础上开展学术研究;其次,斟酌古籍文献的权威性与代表性;最后,根据不同研究主题选定好初始语句,并按朝代、学派等维度提取二次解读语句,形成历史编纂,还可以同管理质性研究的扎根理论融通提供编码素材。

6. 坚持"学思悟践"立体传导,这是中国管理学派的传播路径

除智库性成果(学术期刊、专项著作)外,应将中国管理学派的成果融入高校培养方案(如学科建设、教材编写、课程教学)与企业实践(制度规范、文化仪式)中,身体力行地发现中西管理理论、实践间的底层同质性与功能互补性。以高校教学为例,一方面,理论教学中现代管理学教育体系与评价标准源于西方,这使得传统私塾教育体系与现代教育体系发生错位乃至产生冲突,学生在本体论、认识论与方法论养成上深受影

---

① 吕力:《中国管理哲学:中国传统文化视域中企业的"道"与"治"》,东方出版中心2022年版,第11-13页。

② 许在元、许建平:《由古学、博学、考据学走向经世致用实学——王世贞与明清之际学术思潮的转向》,载《福建师范大学学报》(哲学社会科学版)2022年第4期,第136-147页。

③ 曾荣光:《管理研究哲学》,北京大学出版社2020年版,第214页。

响,在一定程度上对传统经学史学教育造成挤兑,继而导致国学素养的缺失;另一方面,在方法教学中,多数教授研究方法的课程被视作功能教育,这类课程重点关注研究过程中的软件实训与流程重现,诚然重现了"如何做研究",却少有回答"为何这样做研究",故除此类课程外,还需要设置"管理研究哲学"这一前置课程,重点讲解扎根理论、案例研究、问卷调查、现场实验等定性、定量研究方法背后的哲学逻辑与范式溯源,让学生明白管理研究方法的"然"与"所以然"。

五、结语

"文化是一个国家、一个民族的灵魂,文化自信是更基础、更广泛、更深厚的自信,是更基本、更深沉、更持久的力量。"[①] 管理学的中国特色就在于中国管理实践与中华传统文化,将其中跨越时空的普适价值抽象出来构建话语体系是一个全方位、多层次、宽领域、立体化的工程,企业、期刊、高校、学者等中国管理学派主体理应为中国特色管理理论体系、学科体系与话语体系的形成勠力同心、群策群力。而要让中国管理学由"照着讲"向"接着讲"转变,中国管理学派需承担起夯实学理基础、驱动理论发展、推进学以致用、加强互学互鉴的历史责任。在未来,为产出更多具有原创性、科学性的理论,中国管理学派更应坚持"传统文化"创造转化、"三位一体"管理观察、"中文文法"概念阐述、"科技向善"价值准则、"经学考据"研究方法与"学思悟践"立体传导,以实现解释现象、发现规律、指导实践、躬行不息的研究目标。

正如习近平总书记所言:"全面建设社会主义现代化国家,必须坚持中国特色社会主义文化发展道路,增强文化自信,围绕举旗帜、聚民心、育新人、兴文化、展形象建设社会主义文化强国,发展面向现代化、面向世界、面向未来的,民族的科学的大众的社会主义文化。"[②] 中国管理学派在提供生产力发展与现代化建设增量的同时,也要"以中国为关照,以时代为关照",坚守从"君舟民水"思想到"江山就是人民,人民就是江

[①] 中共中央宣传部:《习近平新时代中国特色社会主义学习思想纲要》,学习出版社、人民出版社2019年版,第138页。

[②] 赵艾主编:《党的十八大以来全面深化改革的实践与进展》,人民出版社2024年版,第40页。

山"的初心,贯彻从"天人合一、道法自然"思想到生态文明的环保理念,推动从"和而不同、谐和万邦"思想到"美美与共"的人类命运共同体建设。① 以人民群众喜闻乐见的形式讲好中国管理故事,为中华民族伟大复兴与世界文明繁荣昌盛贡献力量。

---

① 郑必坚:《中华文明与中国共产党》,外文出版社2021年版,第170-182页。

儒家的自我反馈管理思想
——以王阳明心学管理思想为考察重点

周可真[1]

拙著《管理哲学元论》（中国社会科学出版社，2023）将管理的本质归结为人对自己活动的反馈，在很大程度上是由于受到了王阳明心学的启发。本文拟就以王阳明心学为归结的儒家自我反馈管理思想作一申论。

一、孔子"克己复礼"的"省身"思想

《孟子·离娄上》有"天下之本在国，国之本在家，家之本在身"[2]之说，杨伯峻（1909—1992）将这段话解释为"天下的基础是国，国的基础是家，家的基础则是个人"[3]。杨先生这样解释，显然是从构成论角度来理解这段话，以为这段话的意思是说，天下是由若干国家组成，国家是由若干家庭组成，家庭是由若干个人组成。照此理解，这段话的核心思想是认为，天下是由许多个人所组成的社会，个人是社会的基本元素。然而，这里的"身"能否解释为"个人"呢？

杜维明先生曾在《从身、心、灵、神四层次看儒家的人学》一文指出："'身体'或'身''体'，在儒家传统中是极丰富而庄严的符号，非body可以代替……修身和修己是同义语，因此'身'和'己'有时可以互用，'身'等于是'自身'的简称。"[4] 这么说来，将"家之本在身"解释为"家的基础是个人"，是有问题的。这里的"身"当作"自身"解。然而，上述孟子之言，是就管理或治理活动而言的，"身"是指管理

---

[1] 周可真，苏州大学政治与公共管理学院教授、博士生导师。
[2] 杨伯峻：《孟子译注》，中华书局1960年版，第167页。
[3] 杨伯峻：《孟子译注》，中华书局1960年版，第167页。
[4] 郭齐勇、郑文龙编：《杜维明文集》第五卷，武汉出版社2002年版，第331页。

者或治理者自身。孟子这段话的核心思想并不是认为个人是社会的基本元素，而是认为治天下者的自我管理是平治天下的起点和基础。孟子这个思想是有来历的，《论语·颜渊》载："颜渊问仁，子曰：'克己复礼为仁。一日克己复礼，天下归仁焉。为仁由己，而由人乎哉？'"① 孔子在这里所表达的意思是：要实现天下归仁的管理目标，只需要管理者自身"为仁"而"克己复礼"；倘若管理者自身践行仁道（"为仁"），则天下人的行为都将归于仁道。这正是把治天下者的自我管理视为平治天下的起点和基础。孔子这个思想所遵循的逻辑是：治天下者的德行犹如风，天下百姓的德行犹如草，风向哪边吹，草就向哪边倒。所以，只要治天下者自己行善，天下百姓就会跟着行善。② 正是依据这个管理逻辑，孔子才说："为仁由己，而由人乎哉？"意思是：践行仁道，要靠管理者自己，而不是靠别人（被管理者）。

孔子将"为仁"的本质内容归结为"克己复礼"，认为治天下者的这种自我管理是达到"天下归仁"的管理目标和善治状态的必由之道和根基所在。所谓"克己复礼"，就是按照"礼"的要求来开展省身活动，省身可使自己的视、听、言、动达到"礼"的要求。这种省身活动（管理活动）是管理主体对自己以往生活（管理客体）的反馈过程，在这个过程（管理过程）中，管理主体借助于回忆，将反映自己以往生活（管理客体）的信息返送到自己的头脑中，进而通过对这些信息与"礼"的相关规定进行对比性思考，对自认为导致自己以往生活中某些不符合"礼"的要求的行为（包括非礼行为和悖礼行为）的目的或方式、方法做出自我调整，从而按照新的合"礼"的行为目的或方式、方法来投入新生活。照曾参的说法，这个自我反馈过程便是"省身"。曾参所谓"吾日三省吾身"③，并不是说省身每天要进行三次，而是说省身要反复进行。之所以要反复省身，是因为管理主体生活在一个开放的环境中，其生活环境的开放性决定了管理主体要通过省身开启新生活，即使如此，仍不免会有某些行为是错误的，要使这些错误得到及时纠正，唯有反复省身才是可行的。

---

① 杨伯峻：《论语译注》，中华书局1980年版，第123页。
② 《论语·颜渊》："季康子问政于孔子，曰：'如杀无道，以就有道，何如？'孔子对曰：'子为政，焉用杀？子欲善而民善矣。君子之德风，小人之德草。草上之风，必偃。'"参见杨伯峻《论语译注》，中华书局1980年版，第129页。
③ 《论语·学而》，见杨伯峻《论语译注》，中华书局1980年版，第3页。

曾参"省身"的具体内容是:"为人谋而不忠乎？与朋友交而不信乎？传不习乎？"① 这是他作为一个学生的省身范围。孔子与颜回对话时所讲到的"克己复礼"的省身活动，其范围则包括现实生活中视、听、言、动各个方面②，这是欲使"天下归仁"的治天下者的省身内容。对孔子来说，省身的意义是在于及时发现自己生活中违礼的过失行为并加以纠正，使自己的生活不脱离礼乐文明的轨道，始终保持自己作为一个文明人的应有品质与生活方式。故省身是以自我纠错为主题的。

"克己复礼"的省身作为一种自我反馈活动，是治天下者的自我管理方式。因孔子主张以"礼"作为衡量视、听、言、动是否正确的社会标准，故他所提倡的自我管理是基于"学礼"。孔子说："不学礼，无以立。"③ 又说："不知礼，无以立也。"④ "立"意味着通过学礼，熟悉和掌握礼（包括经礼和曲礼）的种种规定，了解文明人的行为标准，懂得做一个文明人的应然作为，从而确立自己的道德智性。"不学礼，无以立""不知礼，无以立也"之说，意味着在孔子看来，道德智性只有通过"学礼"而达到"知礼"才能确立起来。也就是说，以孔子之见，道德智性并非一种天赋德性，而是后天习得的一种智能。只有具备这种智能，才能分辨自己的行为是否合乎"礼"的要求，从而知道自己做得对与不对——这种能力后来被孟子称为"是非之心"⑤。"克己复礼"的省身活动，便是这种道德能力的运用过程。

从其"天生德于予"⑥ 的说法来看，孔子承认人是有天赋德性的。孔子所谓"德"，按其本质内容来说，便是"仁"。所谓"天生德于予"，就是肯定人生来就有仁性。"樊迟问仁。子曰：'爱人。'问知。子曰：'知人。'"⑦ 这里孔子说明了"仁"是对人的生命的关爱之情，"知（智）"是对人的品行的鉴别能力。

---

① 《论语·学而》，见杨伯峻《论语译注》，中华书局1980年版，第3页。
② 《论语·颜渊》，见杨伯峻《论语译注》，中华书局1980年版，第138页。
③ 《论语·季氏》，见杨伯峻《论语译注》，中华书局1980年版，第178页。
④ 《论语·尧曰》，见杨伯峻《论语译注》，中华书局1980年版，第211页。
⑤ 《孟子·尽心上》："是非之心，智之端也。"参见杨伯峻《孟子译注》，中华书局1960年版，第259页。
⑥ 《论语·述而》，见杨伯峻《论语译注》，中华书局1980年版，第72页。
⑦ 《论语·颜渊》，见杨伯峻《论语译注》，中华书局1980年版，第131页。

孔子说："人而不仁，如礼何？人而不仁，如乐何？"① 参考《孟子·离娄上》"孔子曰：'道二，仁与不仁而已矣'"的记述，孔子关于仁与礼乐关系的见解可归纳为两个要点：其一，天赋仁性是礼乐制度的人性依据，礼乐制度是合乎人性和反映人性要求的制度，倘若人类没有仁性，礼乐制度就无从建立。其二，践履仁道是礼乐制度的道德依据，倘若为人而不行仁道，礼乐制度将会崩塌。这意味着"克己复礼"的省身活动，一方面依托于人的仁性，有赖于仁性的发挥；另一方面，依托于人的智性，有赖于智性的发挥。这样，"克己复礼"的省身活动便可理解为仁性与智性的自我发挥的过程。由于"仁"是关爱人的生命的情感能力及其活动，"智"是依据"礼"来分辨人事之是非的鉴别能力及其活动，因此仁性与智性的自我发挥，其实也就是运用自己"知人"（以其"知礼"之故）的智慧来反省自己"爱人"的情感在视、听、言、动诸方面的表现是否符合"礼"的要求，若发现有违"礼"之处，就应该及时进行自我纠正。用王阳明的话来说，"克己复礼"的省身过程中这种改过迁善的自我纠错便是所谓"为善去恶"的"格物"。

二、孟子"反身而诚"的"思诚"思想

孟子曾称："如欲平治天下，当今之世，舍我其谁也。"② 然而怎样才能平治天下呢？在与弟子公孙丑的一次对话中，孟子曾表示，就当时民心所向来说，齐国要实现统一天下的王业，事半功倍的做法，应该是实行仁政——"孔子曰：'德之流行，速于置邮而传命。'当今之时，万乘之国行仁政，民之悦之，犹解倒悬也。故事半古之人，功必倍之，惟此时为然。"③ 为何说"行仁政，民之悦之"？孟子曰："民之归仁也，犹水之就下、兽之走圹也。"④ 将这句话同"人性之善也，犹水之就下也。人无有不善，水无有不下"⑤ 联系起来，可以看出，其与孔子关于（治天下者）"一日克己复礼，天下归仁焉"的思想理路有所不同，孟子并不认为"民

---

① 《论语·八佾》，见杨伯峻《论语译注》，中华书局1980年版，第181页。
② 《孟子·公孙丑下》，见杨伯峻《孟子译注》，中华书局1960年版，第109页。
③ 《孟子·公孙丑上》，见杨伯峻《孟子译注》，中华书局1960年版，第57页。
④ 《孟子·离娄上》，见杨伯峻《孟子译注》，中华书局1960年版，第171页。
⑤ 《孟子·告子上》，见杨伯峻《孟子译注》，中华书局1960年版，第254页。

之归仁"是由治天下者的引导所致，而是认为对于善的追求（"归仁"）是由人性所决定的，人生来就具有求善的本性。故治天下者的施行仁政，不论是对治理者自身（管理主体）还是对受其治理的人民（管理客体）来说，都是顺应人性的当然举措——既是顺应自我本性行事，也是顺应民性行事。

对治天下者来说，其顺应自我本性而推行仁政，便是"以不忍人之心，行不忍人之政"①。所谓"不忍人之心"，又叫"怵惕恻隐之心"②，常被孟子略称为"恻隐之心"。依孟子之见，包括"恻隐之心""羞恶之心""辞让之心""是非之心"在内的"四端"——"恻隐之心，仁之端也；羞恶之心，义之端也；辞让之心，礼之端也；是非之心，智之端也"，都是人生来就具有的。"人之有是四端也，犹其有四体也。"③ 这样，孟子就把"恻隐之心"等"四端"都纳入了"性"④ 的范畴。

孟子所谓"以不忍人之心，行不忍人之政"，是指善于治理天下的"先王"是顺应自己的天赋求善本性，将自己的"恻隐之心"发挥出来，用于治天下。他说："人皆有不忍人之心。先王有不忍人之心，斯有不忍人之政矣。以不忍人之心，行不忍人之政，治天下可运之掌上。"⑤ 孟子认为，天下的治乱取决于治天下者能否将自己先天具有的"恻隐之心"发挥出来，假使能把它充分发挥出来，治理天下根本不难，很容易就能达到天下大治。

在孟子看来，治天下的真正难处在于，虽然人生来就有"四端"，但一般人都不能将固有的"四端"发挥出来，其原因在于他们都"弗思"。

---

① 《孟子·公孙丑上》，见杨伯峻《孟子译注》，中华书局1960年版，第79页。
② 《孟子·公孙丑上》："所以谓人皆有不忍人之心者，今人乍见孺子将入于井，皆有怵惕恻隐之心——非所以内交于孺子之父母也，非所以要誉于乡党朋友也，非恶其声而然也。"参见杨伯峻《孟子译注》，中华书局1960年版，第79页。
③ 《孟子·公孙丑上》，见杨伯峻《孟子译注》，中华书局1960年版，第80页。
④ "性"字从"心"从"生"，其本义为"生"。告子所谓"生之谓性"（《孟子·告子上》，见杨伯峻《孟子译注》，中华书局1960年版，第254页），即对"性"字本义的解释。人的生命或性命是大自然所赋予的，《中庸》所谓"天命之谓性"（朱熹《四书章句集注》，中华书局1983年版，第1页），就是依据"性"之本义而对"性"概念所做的哲学界说。这一界说实际上也是中国传统哲学中的通释，中国古代哲学家凡论"性"者，都是在"性乃天赋"意义上来使用"性"概念的。
⑤ 《孟子·公孙丑上》，见杨伯峻《孟子译注》，中华书局1960年版，第79页。

> 恻隐之心，人皆有之；羞恶之心，人皆有之；恭敬之心，人皆有之；是非之心，人皆有之。恻隐之心，仁也；羞恶之心，义也；恭敬之心，礼也；是非之心，智也。仁、义、礼、智，非由外铄我也，我固有之也，弗思耳矣。故曰："求则得之，舍则失之。"①

这就是说，人所固有的"四端"能否被发挥出来而转化成"四德"（仁、义、礼、智四种德行），是取决于人之"思"与"弗思"。"思"则"四端"可转化成"四德"，"弗思"则"四端"无从转化成"四德"。由其上下文可见，"弗思"之"思"是思索、求索之意。但这个"思"作为"四端"转化为"四德"的中介条件，并非指探索外部世界的认知性思维过程，而是指思维主体在与外部世界打交道的过程（也就是人的实际生活）中对自己先天固有的"四端"所表现出来的意识活动进行自我反省的过程。孟子将这个自我反省的过程称为"反身而诚"②。他说："诚者，天之道也；思诚者，人之道也。"③ 所谓"思诚"即"反身而诚"的全过程，这个自我反省过程是自觉地同"天之道"保持一致的"人之道"。在孟子看来，"天之道"（自然界的运行）是实实在在，没有半点虚假的；人的天性活动也应该是实实在在，没有半点虚假的。"思诚"就是为了保证自己固有的"四端"在实际生活中所表现出来的良善心意（属于"良知良能"④ 范畴的天性活动）绝对真诚而无有半点虚假所开展的内省过程；"反身"就是从事这种内省活动的人反躬自问自己的善意是否足够真诚；"反身而诚"是通过这种内省活动，使自己的良善心意足够真诚。例如，"孩提之童，无不知爱其亲者"⑤，但是爱其亲的良善情意必须真诚，才能让父母高兴；并且只要这种情意是真诚的，就一定会让父母高兴，因为"至诚而不动者，未之有也；不诚，未有能动者也"⑥。所以，要感动父母，让父母高兴，就不是简单的"爱其亲"，还得"反身而诚"，使自

---

① 《孟子·告子上》，见杨伯峻《孟子译注》，中华书局1960年版，第259页。
② 《孟子·尽心上》，见杨伯峻《孟子译注》，中华书局1960年版，第302页。
③ 《孟子·离娄上》，见杨伯峻《孟子译注》，中华书局1960年版，第173页。
④ 《孟子·尽心上》："孟子曰：'人之所不学而能者，其良能也；所不虑而知者，其良知也。'"参见杨伯峻《孟子译注》，中华书局1960年版，第307页。
⑤ 《孟子·尽心上》，见杨伯峻《孟子译注》，中华书局1960年版，第307页。
⑥ 《孟子·离娄上》，见杨伯峻《孟子译注》，中华书局1960年版，第173页。

己的爱亲情感足够真诚，否则"反身不诚，不悦于亲矣"①。

如上所述，受孔子思想影响，孟子亦认为治天下者的自我管理是平治天下的起点和基础，其提出"反身而诚"，即意味着其要求治天下者听从内心召唤，顺应自己的求善本性，以赤诚之心来推行仁政，以实现天下大治。

作为治天下过程中的自我管理形式，"反身而诚"的内省活动与孔子所倡导的治天下者的自我管理形式——"克己复礼"的省身活动，都具有自我反馈的性质，都是在平治天下的总目的支配下，为了实现其治理活动的自我控制所采取的自我调整和自我改善的措施。但相较而言，"克己复礼"的省身活动是以自我纠错为主题，而"反身而诚"的内省活动则是以自诚其意为主题。

在孟子的自我管理思想中，"反身而诚"是与"诚身"相联系的。《孟子·离娄上》载孟子曰："诚身有道，不明乎善，不诚其身矣。"② 杨伯峻释为："要使自己诚心诚意也有方法（首先要明白什么是善），若是不明白什么是善，也就不能使自己诚心诚意了。"③ 这里杨先生将"诚身"理解为"使自己诚心诚意"，这是把"诚身"与"反身而诚"完全等同起来了，实属不妥；而且把"明善"理解为"明白什么是善"，即把"善"当作一个认知客体而置之于同认知主体的互相对待关系中，这就更是以"主客二分"的传统西方认识论思维模式来理解孟子的"明善"概念了，实属误解。

其实，在孟子伦理思想中，"明善"的意思并非"明白什么是善"，它是指道德主体让自己固有的向善求善的天性在现实生活中的具体事行上得到展示，即将"恻隐之心""羞恶之心""辞让之心""是非之心"由仁、义、礼、智之"四端"转化成仁、义、礼、智之"四德"，这是一个由"心"（天赋的德性）到"事"（人为的德行）的道德实践过程。

孟子说："天不言，以行与事示之而已矣。"④ 故"明善"之功不在于"言"，而在于"行与事"。"天"之"明善"以"行与事"，乃在于化育万物而使万物生生不息，由此体现出"诚者，天之道"。人之"明善"亦

---

① 《孟子·离娄上》，见杨伯峻《孟子译注》，中华书局1960年版，第173页。
② 《孟子·离娄上》，见杨伯峻《孟子译注》，中华书局1960年版，第173页。
③ 杨伯峻：《孟子译注》，中华书局1960年版，第173–174页。
④ 《孟子·万章上》，见杨伯峻《孟子译注》，中华书局1960年版，第219页。

当以"行与事",如此方能体现出"思诚者,人之道"。所谓"诚身有道,不明乎善,不诚其身矣",包含层层递进的两层意思:一是诚身之道在乎明善——诚身通过明善表现出来;二是不明乎善则不诚其身——不能明善则诚身无从体现。如果说"反身而诚"的"诚"是落实于"心"以至于真心实意的话,那么,"诚身"之"诚"则是落实于"身"以至于躬行实事。对与天道保持一致的治天下者来说,其"明善"之功全在于躬行仁政实事,此乃治国平天下者的诚身之道;当且仅当其躬行仁政实事时,其"反身而诚"的"思诚"之功才能最终取得和体现出实效。

三、王阳明心学"四句教"及其管理思想

先秦儒家与道家,以及后世儒、道兼综之玄学和儒、释、道融通之理学,其管理思想的共性特点在于"治心"。在孔孟的管理思想中,"克己复礼"的"省身"和"反身而诚"的"思诚"都是治天下者的自我管理形式,都被认为是治天下的基础。孔孟的自我管理思想,是基于治心之本在于自治吾心的观念,因其秉持这种观念,故有自治吾心的自觉意识;正是在这种意识支配下,才形成了"克己复礼"的"省身"思想和"反身而诚"的"思诚"思想。"省身"和"思诚"都是自治吾心的自我反馈管理形式。孟子之后,儒家学者在继承孔孟的自我反馈管理思想并做出重要发展的,首推王阳明。

(一)王阳明心学"四句教"

建立合乎"良知"的社会与生活,是王阳明心学所期望达到的人类生活的总体目的,也是王阳明心学管理学所期望实现的管理目标。[①] 但是,王阳明心学并不把达成这个管理目标寄望于某些特定的管理者或治天下者,而是寄希望于每一个属于"天地万物之心"的"人"。[②] 也就是说,在王阳明心学管理思想中,人人都是自己生活的管理者。人们应该怎样进

---

① 参见周可真《始于阳明心学的中国传统文化哲学的历史演变——兼论中西哲学同归于文化哲学的发展趋势》,载《武汉大学学报》(人文科学版)2015年第3期。

② 王守仁《答季明德》:"人者,天地万物之心也;心者,天地万物之主也。心即天,言心则天地万物皆举之矣。"参见吴光、钱明、董平等编校《王阳明全集》,上海古籍出版社1992年版,第214页。

行生活的自我管理呢？由王阳明心学"四句教"可窥其大要。

《传习录》载王阳明云："已后与朋友讲学，切不可失了我的宗旨：无善无恶是心之体，有善有恶是意之动，知善知恶是良知，为善去恶是格物，只依我这话头随人指点，自没病痛。"① 这里"无善无恶是心之体，有善有恶是意之动，知善知恶是良知，为善去恶是格物"四句，便是人们常说的王阳明心学"四句教"。因王阳明自称这四句为"我的宗旨"，所以对听其讲学的受众来说，它是对阳明心学主要思想的高度概括；王阳明又自称这四句为"我这话头"，这意味着对讲学者（王阳明）来说，它是被用来启发听其讲学的受众理解其思想、把握其精髓的导引之语。

（二）"心"："知觉"与"灵明"

何谓"无善无恶是心之体"？

首先，王阳明心学的"心"概念是一个普遍意义的"心"，即人皆有之的"心"，只因在王阳明看来，"天下之人心皆吾之心也"②，故其常以"吾之心""吾心"等称之，此等称谓实指人之心而言。

其次，王阳明心学的"心"是指天赋予人的心性："天所以命于我者，心也，性也。"③ 这种天赋的心性，既是人所固有的自我知觉其身体活动与精神活动的自觉能力——"心不是一块血肉，凡知觉处便是心，如耳目之知视听，手足之知痛痒，此知觉便是心也"④，也是人所有特有的赋予世界以意义的能力——王阳明称之为"灵明"⑤。在王阳明心学中，包括"天地鬼神万物"在内的整个世界，都是同人相关的，并且是对人有意义的世界，而非外在于人，跟人没有关系的纯客观、纯自然的世界。在王阳明看来，这个世界的意义并非其自身固有，而是人赋予的，是"我的灵明"赋予了这个世界以意义，使这个世界中的一切事物都获得了某种意义（例如，天获得了高的意义、地获得了深的意义、鬼神获得了吉凶灾祥的意义等）。这里，意义的赋予者与被赋予者是相互依赖的，所以王阳明才说"天地鬼神万物，离却我的灵明，便没有天地鬼神万物了。我的灵

---

① 吴光、钱明、董平等编校：《王阳明全集》，上海古籍出版社 1992 年版，第 117-118 页。
② 吴光、钱明、董平等编校：《王阳明全集》，上海古籍出版社 1992 年版，第 81 页。
③ 吴光、钱明、董平等编校：《王阳明全集》，上海古籍出版社 1992 年版，第 43-44 页。
④ 吴光、钱明、董平等编校：《王阳明全集》，上海古籍出版社 1992 年版，第 121 页。
⑤ 吴光、钱明、董平等编校：《王阳明全集》，上海古籍出版社 1992 年版，第 124 页。

明，离却天地鬼神万物，亦没有我的灵明"①。而王阳明所谓"天下无心外之物"②，也是在意义世界依赖于"灵明"的意义上说的，其意义有别于西方哲学家贝克莱（1685—1753）在认识论意义上所说"存在即是被感知"的那种意思。也正是在意义世界依赖于"灵明"的意义上，王阳明才说"我的灵明，便是天地鬼神的主宰"③——这就是说，"灵明"决定着这个世界有没有意义，倘若没有了"灵明"，这个世界便没有意义了，所谓天之高、地之深、鬼神之吉凶灾祥等，就一切都无从谈起了。因为人的"灵明"决定着意义世界，所以说"人是天地的心"。

总之，王阳明心学的"心"是"知觉"和"灵明"两种意义兼而有之的概念。其中，"知觉"的意义偏重"心"与"身"的意义关系；"灵明"偏重"心"与"物""理"的意义关系。

在"心"与"身"的意义关系中，"心者身之主也"④，"以其主宰一身，故谓之心"⑤。王阳明认为，这个"主宰一身"的"心"即每个人的本我——"真己"："这个真己是躯壳的主宰。若无真己，便无躯壳，真是有之即生，无之即死。汝若真为那个躯壳的己，必须用着这个真己，便须常常保守着这个真己的本体。"⑥ 这段话是针对人们常将"身"和"己"混为一谈而言。王阳明认为，人的身体固然也是他自己，但却不是他的"真己"，他的"真己"是主宰其身体的内在精神，即天所赋予人的"知觉"之心。人的身体是依赖于其知觉心而存在，倘使失去了知觉心，其身体是不能独立自存的。故涵养知觉心是保养身体的根本所在。

在"心"与"物""理"的意义关系中，"夫万事万物之理不外于吾心"⑦。为什么这么说呢？王阳明道："心之本体原自不动。心之本体即是性，性即是理，性元不动，理元不动。"⑧ 所谓"心之本体原自不动"，是指天赋予人的心性本处于无思、无虑、无情、无欲的寂然状态。王阳明认为，这种寂然不动的状态便是吾心（人心）之本来状态，是谓"心之本

---

① 吴光、钱明、董平等编校：《王阳明全集》，上海古籍出版社1992年版，第124页。
② 吴光、钱明、董平等编校：《王阳明全集》，上海古籍出版社1992年版，第107页。
③ 吴光、钱明、董平等编校：《王阳明全集》，上海古籍出版社1992年版，第124页。
④ 吴光、钱明、董平等编校：《王阳明全集》，上海古籍出版社1992年版，第47页。
⑤ 吴光、钱明、董平等编校：《王阳明全集》，上海古籍出版社1992年版，第36页。
⑥ 吴光、钱明、董平等编校：《王阳明全集》，上海古籍出版社1992年版，第36页。
⑦ 吴光、钱明、董平等编校：《王阳明全集》，上海古籍出版社1992年版，第46页。
⑧ 吴光、钱明、董平等编校：《王阳明全集》，上海古籍出版社1992年版，第24页。

体"。"光光只是心之本体,看有甚间思虑?此便是寂然不动,便是未发之中,便是廓然大公!"① "此心全体廓然,纯是天理,方可谓之喜怒哀乐未发之中,方是天下之大本。"② "圣人之所以为圣,只是其心纯乎天理,而无人欲之杂。……有到纯乎天理方圣,金到足色方是精。"③ 涵养知觉心的意义就在于返回到无思、无虑、无情、无欲的心之本然状态,在这种状态下,"心之虚灵明觉,即所谓本然之良知也"④。王阳明之所以说"万事万物之理不外于吾心",是因为"若鄙人所谓致知格物者,致吾心之良知于事事物物也。吾心之良知,即所谓天理也。致吾心良知之天理于事事物物,则事事物物皆得其理矣。致吾心之良知者,致知也。事事物物皆得其理者,格物也"⑤。涵养知觉心,使之返归于寂然不动的真己之本来状态,从而完全依顺"吾心良知之天理"行事,于是事事物物皆合乎"吾心良知之天理",这正是王阳明心学的管理目标,实现这个目标的管理过程便是"致良知"的过程,也就是依靠"吾心"来建构意义世界,使世界获得符合"良知"标准的至善意义的过程。

(三)"无善无恶":作为管理主体的良知本体

然则,为何说"无善无恶是心之体"呢?

>(王阳明)曰:"无善无恶者理之静,有善有恶者气之动。不动于气,即无善无恶,是谓至善。"(王阳明学生薛侃)曰:"佛氏亦无善无恶。何以异?"(王阳明)曰:"佛氏着在无善无恶上,便一切都不管,不可以治天下。圣人无善无恶,只是无有作好,无有作恶,不动于气。"⑥

在这段对话中,王明阳同时说明了"无善无恶是心之体"和"有善有恶是意之动"所包含的意义:"无善无恶"是指不动心气的"吾心"之

---

① 吴光、钱明、董平等编校:《王阳明全集》,上海古籍出版社1992年版,第22页。
② 吴光、钱明、董平等编校:《王阳明全集》,上海古籍出版社1992年版,第23页。
③ 吴光、钱明、董平等编校:《王阳明全集》,上海古籍出版社1992年版,第27页。
④ 吴光、钱明、董平等编校:《王阳明全集》,上海古籍出版社1992年版,第47页。
⑤ 吴光、钱明、董平等编校:《王阳明全集》,上海古籍出版社1992年版,第45页。
⑥ 吴光、钱明、董平等编校:《王阳明全集》,上海古籍出版社1992年版,第29页。

本来状态，在这种状态下，因无思、无虑、无情、无欲，故既无所谓做好事的善念，也无所谓干坏事的邪念，即所谓"无善无恶"；而"有善有恶"是指动了心气（即心之本体发用流行），产生了想做好事或欲干坏事的念头。

> 心之本体原无一物，一向着意去好善恶恶，便又多了这分意思，便不是廓然大公。书所谓"无有作好作恶"，方是本体。所以说有所忿懥好乐，则不得其正。①

这就是说，良知本体寂然不动，压根儿没有"好恶""恶恶"的思虑情感，也没有"作好""作恶"的念头，自然不存在被私欲遮蔽的情况。"此心无私欲之蔽，即是天理。"②"至善只是此心纯乎天理之极便是。"③

因此，从管理学角度说，"无善无恶"的"心之体"或"心之本体"，其作为"本然之良知"④，便是王阳明心学所设定的管理主体。因为良知所具有的"知善知恶"的道德智性和凭借、运用这种智性所开展的"为善去恶"的自我生活管理，无不是依托于"无善无恶"从而"纯乎天理之极"而"至善"的良知本体，由这个良知本体所派生；而且"为善去恶"的自我生活管理，也是以自我回归其良知本体为目的与归宿。

（四）"有善有恶"：自我生活管理从"一念发动处"入手

从王阳明的相关论述来看，所谓"有善有恶是意之动"，其意义可以从如下两个方面来理解。

其一，"性之本体原是无善无恶的，发用上也原是可以为善，可以为不善的，其流弊也原是一定善一定恶的"⑤。这是从吾心之本体发用流行方面，说明了意念的"有善有恶"是指它可能是善的，也可能是不善的；相应地，它所产生的后果也是某种善果或某种恶果。

---

① 吴光、钱明、董平等编校：《王阳明全集》，上海古籍出版社1992年版，第34页。
② 吴光、钱明、董平等编校：《王阳明全集》，上海古籍出版社1992年版，第2页。
③ 吴光、钱明、董平等编校：《王阳明全集》，上海古籍出版社1992年版，第3页。
④ 吴光、钱明、董平等编校：《王阳明全集》，上海古籍出版社1992年版，第47页。
⑤ 吴光、钱明、董平等编校：《王阳明全集》，上海古籍出版社1992年版，第115页。

其二,"今人学问,只因知行分作两件,故有一念发动,虽是不善,然却未曾行,便不去禁止。我今说个知行合一,正要人晓得一念发动处,便即是行了。发动处有不善,就将这不善的念克倒了。须要彻根彻底,不使那一念不善潜伏在胸中。此是我立言宗旨"①。这是从知行关系的角度说明了"有善有恶"的"意之动"就是"一念发动"之"行"。人们通常认为,一念发动只是意念之知,所以无论其意念是善或是恶,是想做好事还是欲干坏事,人们都不去管它,不去禁止恶念。王阳明则认为,只要是一念发动了,就不能不管它,因为意念之知是行动的先导,"某尝说知是行的主意,行是知的功夫;知是行之始,行是知之成。若会得时,只说一个知已自有行在,只说一个行已自有知在"②。所以,人的自我生活管理,不是要到"知之成"的"行"才开始,而是应该从"行之始"的"一念发动处"入手;当自觉有一不善念头冒出时,就要将这不善之念自我打消掉。王阳明在这里所表达的心学管理理念,就是以自治吾心为思想特质的治心理念。

(五)"知善知恶":良知作为管理主体的本质属性

在管理学意义上,王阳明倡"知行合一"说,是要求人们的自我生活管理从自己"一念发动处"入手,此时只要冒出一个不善念头,就该自我打消这不善之念。显然,要做到这一点,其必要前提是管理者要有分辨善念与邪念的鉴别能力。这种属于道德智性范畴的鉴别能力,在孔子"克己复礼"的"省身"思想中属于习性范畴,即由于"学礼"而达到"知礼"以至于能"知人"的后天习得之性,这种智性是与仁性分开的,且在"省身"过程中智性居于主导地位,仁性则处于被动从属地位,"省身"之实质在于通过智性活动来实现对仁性活动的自我管理。这意味着"克己复礼"的"省身"作为一种自我管理活动,其主体是后天形成的习性之智,而非先天固有的天性之仁;同时,也意味着仁智之间的关系是"以智制仁"。因智性活动中判别仁性活动正当与否是以"礼"为标准的,故"智"亦可被视为"礼"的内化形式。相应地,"以智制仁"本质上可被归结为"以礼制仁"。不管是"以智制仁"抑或"以礼制仁",都意味着

---

① 吴光、钱明、董平等编校:《王阳明全集》,上海古籍出版社1992年版,第96-97页。
② 吴光、钱明、董平等编校:《王阳明全集》,上海古籍出版社1992年版,第4页。

在"省身"过程中起主导和支配作用的是"智"或"礼",而非"仁"。这就带来了这样的问题:为何先天决定人之所以为人的仁性反倒成了一个消极被动因素呢?既然它是一个消极被动因素,它又怎能决定人之所以为人呢?孔子也许并没有意识到这一问题,无论有没有这样的问题意识,他事实上都没有明确解答这一问题。也就是说,作为管理主体的人,其本质属性到底是仁性还是智性,抑或仁性与智性之统一体,这在孔子管理思想中是一笔糊涂账。

在孟子"反身而诚"的"思诚"思想中,人(管理主体)的本质属性被设定为"四端":"无恻隐之心,非人也;无羞恶之心,非人也;无辞让之心,非人也;无是非之心,非人也。"① 这一设定使原本在孔子那里互相分开的仁性与智性被统一于"人之性",这样一来,似乎是解答了孔子未曾明确解答的上述理论问题。然而细究起来,孟子管理思想中仍有这样的问题:为了达到由"人之性"所表现出来的良善心意足够真诚所开展的"思诚",其"思"的主体——"反身而诚"的内省活动的承担者和支配者,到底是作为一个整体的"四端"之"心",还是"四端"中某一要素之"心",抑或外在于"四端"的"心"——"心之官则思"② 的"心"呢?按杨伯峻先生的理解,《孟子·告子上》中孟子接着"心之官则思"所言"思则得之,不思则不得"两句与同篇中孟子接着"仁义礼智,非由外铄我也,我固有之也,弗思耳矣"所言"求则得之,舍则失之"两句,是"立意相同",皆"指'仁义礼智'的'才'而言"③。杨先生这样理解,就等于说,"心之官则思"的"思"与"弗思"之"思"以及"思诚"之"思"都是相同的,其主体都是"心之官"之"心"。兹假定杨先生的理解不错,但显而易见,"心之官"之"心"与作为一个整体的"四端"之"心"和"四端"中某一要素之"心"并不是同一个"心"。"心"概念的不统一,使得孟子难以且事实上并未合乎逻辑地解答"思诚"主体究竟为何的问题。诚然,迄今为止,学术界公认其有"性善论",但是如果"思诚"主体是"心之官"之"心",而不是作为一个整体的"四端"之"心"或"四端"中某一要素之"心"的话,那么,在

---

① 《孟子·公孙丑上》,见杨伯峻《孟子译注》,中华书局1960年版,第80页。
② 《孟子·告子上》,见杨伯峻《孟子译注》,中华书局1960年版,第270页。
③ 杨伯峻:《孟子译注》,中华书局1960年版,第271页。

逻辑上，后者就成为由"心之官"之"心"所支配的消极被动因素了，如此消极被动的因素怎能作为决定人之所以为人的本质属性呢？由此可见，在孟子管理思想中，作为管理主体的人，其本质属性究竟为何，其实也是一笔糊涂账。

从管理学角度看，在孔孟之后的儒家学者中，唯有王阳明在理论上相对完满地（合乎逻辑地）解答了管理主体的本质属性究竟为何的问题。王阳明心学"四句教"中所谓"知善知恶是良知"，正是要告诉人们：良知是管理主体，而且良知不只是管理躯体行为的主体，更重要的是，它还是管理内在于躯体的意念活动的主体。而良知之所以能管理"有善有恶"的意念活动，是因为良知"知善知恶"，具有分辨善念与邪念的能力。这种鉴别善恶的智性能力，即良知作为管理主体的本质属性。

> 知是心之本体，心自然会知：见父自然知孝，见兄自然知弟，见孺子入井，自然知恻隐，此便是良知，不假外求。①

这段话中，所谓"知是心之本体"是指本然之良知而言，知善知恶是天赋良知的本质属性，因为这种道德智性是天赋之性，而非到其心外穷究事物之理所形成的习得之性，所以才说"心自然会知"，"良知不假外求"。这里，王阳明将良知（"心"）与良知的本质属性（"知"）视为一体而不加分别，都称之为"良知"（按：良知和良知的本质属性的确是不可分割的一体关系，故视之为一事也未尝不可）。王阳明断言："良知之外，别无知矣。"② 此处"良知"乃指良知（"心"）的本质属性（"知"）。王阳明认为，除了良知（"心"）能知善恶以外，不再有别的知善知恶者。这样，他就肯定了良知（"心"）是唯一的管理主体，知善知恶即其本质属性（"知"）的表现。

知善知恶涉及区分善恶的标准，而"尔那一点良知，是尔自家底准则"③。这就是说，良知之所以能分辨善恶，是因为良知本身就是区分善恶的准则。换言之，良知是以自己为价值标准来分辨善恶的。

---

① 吴光、钱明、董平等编校：《王阳明全集》，上海古籍出版社1992年版，第6页。"此便是良知，不假外求"句中逗号为笔者所加。
② 吴光、钱明、董平等编校：《王阳明全集》，上海古籍出版社1992年版，第71页。
③ 吴光、钱明、董平等编校：《王阳明全集》，上海古籍出版社1992年版，第92页。

（六）"为善去恶"：以良知为主体的自我生活管理

良知之所以能管理"有善有恶"的意念活动，其根据不仅在于良知具有天然的"知善知恶"的道德智性，凭借这种智性，它能分辨其意念的善之与否，还在于良知具有自我反省功能。王阳明说："其虚灵明觉之良知，感应而动者谓之意；有知而有意，无知则无意矣。"① 这是从良知发用角度，说明了"有善有恶"的意念活动是由良知发用所造成，没有良知的发用，便没有这种意念活动。王阳明又说："若良知之发，更无私意障碍，即所谓'充其恻隐之心，而仁不可胜用矣'。然在常人不能无私意障碍，所以须用致知格物之功胜私复理。"② 这就是说，良知发用所造成的意念活动有两种不同情况：一种是无私的意念活动，另一种是有私的意念活动。

> 心一也，未杂于人谓之道心，杂以人伪谓之人心。人心之得其正者即道心；道心之失其正者即人心：初非有二心也。程子谓人心即人欲，道心即天理。语若分析而意实得之。③

由此可见，无私的意念活动属于"道心""天理"；有私的意念活动属于"人心""人欲"。阳明所谓"在常人不能无私意障碍"，意指除圣人外，其他人都未免有私欲，其虚灵明觉的良知本体不免为其私欲所遮蔽。因此，尽管人人都有天赋良知，但普通人在其良知发用过程中所产生的私欲遮蔽了他们固有的良知，这就需要他们为自己的良知做去蔽的功夫。"四句教"末句"为善去恶是格物"的所谓"格物"，正是指在良知本体被私欲遮蔽情况下良知的自我去蔽；而良知的自我去蔽，便是所谓"为善去恶"。

> 思是良知之发用。若是良知发用之思，则所思莫非天理矣。良知发用之思自然明白简易，良知亦自能知得。若是私意安排之思，自是

---

① 吴光、钱明、董平等编校：《王阳明全集》，上海古籍出版社1992年版，第47页。
② 吴光、钱明、董平等编校：《王阳明全集》，上海古籍出版社1992年版，第6页。
③ 吴光、钱明、董平等编校：《王阳明全集》，上海古籍出版社1992年版，第7页。

纷纭劳扰，良知亦自会分别得。盖思之是非邪正，良知无有不自知者。①

这段话说明了"为善去恶"的"格物"功夫是基于良知在其发用过程中，不但有私欲，而且有思虑——包括"良知发用之思"与"私意安排之思"。这两种思虑形式有如此差异："良知发用之思"是以"天理"为对象，是良知的自我反思，具有向内求索、清晰明了、简易不繁的特点；"私意安排之思"则是以"天理"之外的事情为对象，具有向外求索、杂乱无章、劳苦烦扰的特点。以"良知"为标准来加以分辨，这两种思虑形式有"是非"之分和"邪正"之别："良知发用之思"为"是"为"正"；"私意安排之思"则为"非"为"邪"。这种区别是每个人凭其良知都清楚明白的，故理应肯定"良知发用之思"而选取之，否定"私意安排之思"而摒弃之。

然则，王阳明所谓"为善去恶"的"格物"所依托的是"良知发用之思"。这种思虑形式是良知"求复其本体"的"思诚"：

> 诚字有以工夫说者：诚是心之本体。求复其本体，便是思诚的工夫。明道说"以诚敬存之"，亦是此意。②
> 初学必须思省察克治，即是思诚，只思一个天理。到得天理纯全，便是何思何虑矣。③

以上说明，"思诚"是良知一心只思"天理"而不断自我逼近其本体，直至完全回归于自己的本体的过程。这个过程是良知凭借其知善知恶的道德智性，反省和检查随着自己的发用所起的心念是不是善的，并及时自我打消掉不善之念，此即所谓"省察克治"之意。所谓"善念发而知之，而充之；恶念发而知之，而遏之"④，其意与之相同。"既去恶念，便是善念，便复心之本体矣。譬如日光，被云来遮蔽，云去，光已复矣。"⑤

---

① 吴光、钱明、董平等编校：《王阳明全集》，上海古籍出版社1992年版，第72页。
② 吴光、钱明、董平等编校：《王阳明全集》，上海古籍出版社1992年版，第35页。
③ 吴光、钱明、董平等编校：《王阳明全集》，上海古籍出版社1992年版，第16页。
④ 吴光、钱明、董平等编校：《王阳明全集》，上海古籍出版社1992年版，第22页。
⑤ 吴光、钱明、董平等编校：《王阳明全集》，上海古籍出版社1992年版，第99页。

"思诚"所要达到的正是"复心之本体"。从"常人不能无私意障碍,所以须用致知格物之功胜私复理,即心之良知更无障碍,得以充塞流行,便是致其知。知致则意诚"① 来看,"思诚"的终点应是"意诚",而"意诚"是通过"去恶念"而达到"胜私复理",从而使"心之良知"得以"无障碍"的"充塞流行","致其知"才最终达成的。可见,"为善去恶"的"格物"最终是落实在"致其知"(即"致良知")的道德实践上的,通过"致吾心良知之天理于事事物物"的道德实践,达到"事事物物皆得其理"②,这才是"意诚"的现实体现。这一过程就是以良知为主体的自我管理过程。

综上所述,孔孟的管理思想是基于治心之本在于自治吾心的观念。在这种意识支配下,"克己复礼"的"省身"思想和"反身而诚"的"思诚"思想便形成了。"省身"和"思诚"都是自治吾心的自我反馈管理形式。孟子之后,儒家学者继承孔孟的自我反馈管理思想并做出重要发展的,首推王阳明。从王阳明心学"四句教"入手来进行分析,王阳明管理思想可归为四个要点:一是"无善无恶":作为管理主体的良知本体;二是"有善有恶":自我管理从"一念发动处"入手;三是"知善知恶":良知作为管理主体的本质属性;四是"为善去恶":以良知为主体的自我管理。"为善去恶"的"格物"最终是落实在"致良知"的道德实践上的,通过"致吾心良知之天理于事事物物"的道德实践,达到"事事物物皆得其理"。这一过程就是以良知为主体的自我管理过程。

---

① 吴光、钱明、董平等编校:《王阳明全集》,上海古籍出版社1992年版,第6页。
② 吴光、钱明、董平等编校:《王阳明全集》,上海古籍出版社1992年版,第45页。

企业儒学视阈中"君子自律"的特质及其意蕴
——基于"为仁由己"的解析

戴黍　许拥旺[①]

近几年,企业儒学的兴起引人瞩目。企业儒学强调"正己正人"的领导方式,将以身作则视为中国式领导风格的体现。这种体现可关联溯源或直接表述为传统儒家的"君子自律":"以身作则,不是劝导他人的重要途径,而是唯一途径。一个企业立下规矩是要求其全体成员遵守的,而全体成员遵守的关键是这一企业的领导者要带头遵守。领导者既是一个组织中发号施令的人,也是这个组织中的排头兵——所有的成员都向领导看齐。"[②]

就知识类型而言,管理学通常被定义为研究管理规律、探讨管理方法、建构管理模式、取得管理效益最大化的学科。相应地,管理者所扮演的角色则是通过执行计划、组织、领导、控制等职能,整合组织的各项资源,实现组织既定目标。由此,管理、管理学、管理者的着力点通常是"向外的",所关注的更多是对象化的"事项"或"他人",因而科学性、经济性和有效性理所当然地成为衡量管理"好"或"差"的主要标准,"向内的"管理者自身的因素则显得相对次要。换言之,现代管理更注重"他律",而常常忽略"自律"。毕竟,他律所重的事实及规则清晰明确、运用方便、易成共识,自律所重的自觉、自省则私人色彩浓重,理解各异、难有共识。同样值得注意的是,与古代相比,当今他律的途径和方法

[①] 戴黍,广东省团校(广东青年政治学院)教授,研究方向:中国管理哲学。许拥旺,华南师范大学工学部副教授,研究方向:心理学。
[②] 黎红雷:《企业儒学的探索》,载《光明日报》2017年8月5日第11版。

日益完善，但自律的理论或实践却进展微细。①

然而，无论从历史视角还是从现实经验来看，忽视管理者因素，尤其是管理者忽视对自身的要求与约束，常常是极危险的。缺乏自律导致管理者疲于奔命、身败名裂的个案层出不穷，由此所致"人去政息"的停滞与倒退更是经常令人扼腕——正因此，企业儒学的提出，以及其对"君子自律"的重述与重构，意义深远。②

那么，企业儒学视阈中的"君子自律"究竟缘何而起，有怎样的特质、属性及意蕴？本文依托《论语》等儒家原典，选择"为仁由己"等具有标志性的儒家命题作为切入点，并力图结合当代语境，尝试加以解析。

一、"为仁由己"：作为管理者的"君子"角色自觉

在《儒家商道智慧》中，黎红雷教授正式提出"企业儒学"，系统回应了"中国企业家究竟靠什么办企业"的"哈佛之问"，将企业家的儒商实践及其理论总结纳入当代儒学发展的范畴。③

黎红雷教授指出，改革开放以来，中国企业家的实践与探索不但解决了他们自身经商办企业的问题，而且逐步形成了当代儒学发展的新领域。在黎红雷教授看来，诞生于农业社会的儒家思想完全可以适应工业化和信息化社会的需求。正是在这个意义上，我们认为，企业儒学代表了推动中

---

① 值得深问的是，管理者自律何以可能？究竟是以法纪、制度等"他律"外铄，还是寄望于内心的道德法则？或是有赖于社群舆论及公序良俗？公允言之，"自律"应是在不同情境之下，由多重因素的内外合力促成，且难以为外人、外力、外物所知觉及监察。所以，"自律"在很大程度上无法主动着力作为。而儒家则在这一领域有着十分充沛的思想资源，企业儒学也可由此展开着眼长远的讨论。

② 德鲁克曾指出，管理者必须善于自我管理。成为一名优秀的领导者，最重要的不是有多好的管理能力，而是主动的自律。转引自德鲁克《新型组织的出现》，载《哈佛商业评论》1988年第1期；又见吴越舟《德鲁克：优秀管理的本质，不是管理好别人，而是管理好自己》（https://www.163.com/dy/article/HN9C73MK055350NS.html）。德鲁克的洞见源自对现代企业案例及组织理念的提炼，已广获赞同，尤其近年来更是受到国内学者的关注与呼应。德鲁克曾指出，管理者不可能依赖进口。只有中国人才能建设中国。有意思的是，"自我反思"的概念在过去20年左右的时间里才在美国和西方逐渐变得重要，但儒家在2000多年前就已着墨颇多了。

③ 黎红雷：《企业儒学的理论与实践》，见全球儒商大汇（https://baijiahao.baidu.com/s?id=1764556967186610489&wfr=spider&for）。

华优秀传统文化创造性转化和创新性发展的一个方向。在黎教授提炼出的"当代儒家八大商道"中，正己正人的企业领导之道被视为儒家领导观的新发展，也是企业儒学对古代儒家"为己"传统的继承与发扬。当前，企业儒学首先要面对的问题是：从价值源起看，身为管理者，为什么一定要以"自律"这种略带迂阔并且缺乏解困创新功能的方式自我设限呢？本文尝试以《论语》等儒家经典为例，对此加以阐释。

　　从《论语》的篇幅及内容可以看出，儒家奠基者孔子所论最多的，无疑是君子人格的养成。这里的"君子"，在社会角色上大致等同于今天所说的管理者。但孔子的重点并不在其组织层级的高低，他始终强调的是其内在德性与所负责任的正当、明确与自觉。① 孔子说："君子去仁，恶乎成名？"② 既然称之为君子，那么其必定是具有"仁"的属性之人，即仁德必内在地存在于君子之身。"君子而不仁者有矣乎，未有小人而仁者也。"③ 在此，君子和小人的区分标准是仁与不仁，而不是社会地位的高下之别。

　　因此，君子之所以为君子的关键就在于"仁"。《论语》中"志于道""依于仁""欲仁""求仁""处仁""为仁"和"友仁"等表述，所蕴含的正是对"君子之仁"的真诚意愿。君子必然有高度的主体性和强烈的角色自觉，这种自觉首先表现为对仁的德性向往，即选择和追求仁的意愿和决心。孔子说："苟志于仁，无恶矣。"④ 从语义上看，心之所至谓之志，志于仁便意味着身心向往于仁、专注为仁，意指其重于理性的认知和向往，可谓理性自觉。对于"欲仁"之"欲"，则可视为偏重感性自觉，而"为仁"和"求仁"则尤重于行动自觉，"处仁"和"友仁"则是对仁之环境的自觉营造和选择。

　　"为仁由己，而由人乎哉"⑤ 是儒家的标志性命题。这一命题并不执着于"仁"是何物，以及如何达致仁境的细节，而是直接让"君子"挺

---

　　① 需要指出的是，孔子对于君子的论述，并不仅限于"君子"一词，而是囊括了"士""仁者""贤者""大人""成人""圣人"等在内。虽涵义多有差异，但本文为方便计，多以"君子"称之。
　　② 《论语·里仁》。
　　③ 《论语·宪问》。
　　④ 《论语·里仁》。
　　⑤ 《论语·颜渊》。

身而出，用明确的角色自觉为人行事。本着人性趋善与人性相近的判断，儒家相信"仁"是君子作为主体出于本性、发乎本心的自觉、自为的爱，就"为仁由己"信念而言，仁是人格完善的内在需求，不应受到外在功利、他人劝导的动摇，甚至也与宗教、政治、法律的强迫无关。在儒家观念里，要想成为一个有仁德之人，靠的是自己的自觉和努力，而不是别人的指引或帮助。① 正如《论语·卫灵公》所说的："君子求诸己，小人求诸人。"②

有了这种内在一贯的角色自觉，"仁"就不可能只是空悬独立的"爱"或"关系"，而是就此获得了从内向外，由我及他的力量与惯性，这样的力量和惯性反过来又加强了"君子为仁"的自觉与坚定。君子在任何时候，哪怕是在没有任何外在监督约束的情况下，也应该按照"仁"的德性与能力要求来规范自己的所思、所言、所行。毋庸讳言，儒家既然将"仁"作为现实世界里评判君子或管理者的标准与要求，那么就不应该任其含混、模糊或产生歧义。但对仁的注解与诠释，从来都是历代儒家大费周章且难有定论的事情。这大概也是儒家有时被质疑为繁冗迂阔的原因之一。

当然，我们无法要求孔子按照现代人的习惯简洁、规范地对"仁"加以严格定义，历代注家的解释也未必对此有所助益。但是，大家能够基本达成以下三点共识。

其一，"仁"代表了一种理想状态，值得君子穷毕生之力加以追求。所谓"苟志于仁矣，无恶也"。立志于仁德，就不会为非作歹。"君子无终食之间违仁，造次必于是，颠沛必于是。"君子时刻以仁为行为准则，任何时间及场合都必须为此不懈努力。③

其二，孔子所提倡的"仁"，意味着君子个体人格的独立和道德的自觉意识。"不仁者不可以久处约，不可以长处乐。仁者安仁，知者利仁。"

---

① 语出《论语·里仁》："苟志于仁矣，无恶也"，"富与贵，是人之所欲也，不以其道得之，不处也；贫与贱，是人之所恶也，不以其道得之，不去也。君子去仁，恶乎成名？君子无终食之间违仁，造次必于是，颠沛必于是"。意在比较"富、贵、贫、贱"与"仁"的不同，前者是社会地位，是可以人为改变的；而后者则是君子立身之本，不是想得就得，想去就去的。因为君子心定意坚，不会因外在条件的变化而改变。

② 《论语·卫灵公》。

③ 《论语·里仁》。

不仁之人不可能长处困境，也不可能长处乐境。仁者本身具备仁而安于仁，知者因行仁有好处而行之，有智慧的人同样以仁为行为准则。① 杜维明指出，"'仁'基本上是与人的自我更生、自我精进和自我完成的过程联系着的"②。明确自己的目标和方向，然后去实现它，这是一种渴望"成为自己"的努力，是对真正意义上的个人自由的追求。唐君毅说："仁者之一切行为，皆在求仁与实现仁，其爱人救世，只是顺此人心，直行将去。其救世之功业，只是其仁心之表现于行为者。"③ 仁是仁者的人生目标，仁者的一切思想、行为和人生活动都以仁为核心而展开，仁者的一颗仁心比什么都更为重要，社会事功的形成不过是仁心由内而外自然生发和推广的结果。

其三，孔子着力于以"爱"释"仁"。他说："唯仁者能好人，能恶人。"④ 只有仁者才有正确的价值判断，包括表现出好恶的取向。而"爱人"应从自我出发，应付出努力，正所谓"为仁由己"，强调实现仁要靠自己而非依赖任何他人。由"爱"而生的"仁"，实应自觉而非被动，归为自律而非他律。

由此，作为儒家核心概念的"仁"以理想状态和道德意识的形式，存在于君子或管理者的主体自觉之中，实际上是将"君子"和"仁"加以等同，或者更准确地说，是使君子的自觉与儒家的"仁"形成了互嵌的契合：唯君子可为仁，非仁无以为君子。

在企业儒学视阈下或话语体系中，"君子"必须是自觉、主动的管理者，"仁"则至少体现出两重属性：一是"人之所以为人"的基本人性，二是"君子之所以为君子"的高尚境界。君子之"爱人"，除本身所具备的亲爱、善良等道德品性外，还获得了具有对象性、交互性的行为特质。换言之，"仁"兼具道德与能力双重属性："仁"不应只是伦理意愿或道德水准，更应当表现为君子所必备的对他人的"关心""在乎"的态度以及"感通""知觉"甚至"理解"的禀赋与能力等。

于是，"为仁由己"的自主选择所促成的君子自律，正是构建管理者角色自觉的基础，也是汲取和运用儒家德性与能力智慧的前提。

---

① 《论语·里仁》。
② 杜维明：《仁与修身：儒家思想论集》，生活·读书·新知三联书店2013年版，第89页。
③ 唐君毅：《中华人文与当今世界补编》（二），广西师范大学出版社2005年版，第211页。
④ 《论语·里仁》。

二、"三省吾身"：君子自律的切身性

企业儒学的一项重要使命是将儒家经典中的智慧更加自觉、高效地加以提炼并探索施行于管理活动的途径和方法。

《论语·述而》称："仁远乎哉？我欲仁，斯仁至矣。"仁之所以离人不远，就在于仁的念头（即仁心）取决于人自身，一念为仁。孔子反复申明，仁是君子内在的生命本性，并不是异己的外在之物，而是人人可为、人人能为的。"为仁"的关键在于君子或管理者自己，而非外界环境或他人。在孔子看来，"仁"虽然境界崇高、难以达致，但一直都是切身存在的，它作为道德，也作为能力，起始于主体之"我"的意愿或志趣，具有可培育、可提升的活性与趋势。既然"仁"的动力在"我"，那么成为君子、促进君子自律的第一步就是从自己身上找原因，真切诚恳地反躬自问：有没有目标？有没有行动？有没有效果？恰如曾子所说："吾日三省吾身，为人谋而不忠乎？与朋友交而不信乎？传不习乎？"① 这里的"省"是指"反身向内"地检视自己，从思想意识、言论行动等各方面去审验自己是否真正主宰自己，以理性的智慧和敏觉，通过反复自问，逐步完善修养自身的能力与德性。在最切近处着眼、用力，"苟日新，日日新，又日新"②，开明德性，以达至善。

如果说曾子给出了"三省吾身"的具体内容，并以此指引后人提升自律水准，那么孟子则为此提供了强有力的论证。《孟子·尽心上》云："万物皆备于我矣。反身而诚，乐莫大焉。强恕而行，求仁莫近焉。"在孟子的思想体系中，因为"我"被赋予了天然完备、周全俱足的性征，所以通过切身反问，就理应能够直接体验到"诚"的境界，以及通过努力达致"仁"的可能。

孟子并未止步于此。他还将君子自律推进得更为深切："爱人不亲，反其仁；治人不治，反其智；礼人不答，反其敬。行有不得者皆反求诸己，其身正而天下归之。"③ 意思是，如果我们关爱别人，可是别人却不

---

① 《论语·学而》。
② 《礼记·大学》。
③ 《孟子·离娄上》。

觉亲近，那要先反问自己，自己的仁爱之心是不是足够？如果劝谏勉励别人，可是没有取得成功，那就又要反问自己，自己的智慧是不是不够？如果以礼待人，可是得不到恰当的回应，那也要反问自己，自己的真诚敬意到不到位？凡是我们的行动没有达到预期效果时，都不要埋怨别人，而是要立即向自己提出问题，反身内求，从自己身上找答案、找解决方案。在孟子看来，只要自身诚正无妄，其余所有就都不足为虑了。由此可见，"仁"被赋予了比道德水准更直接的沟通、感通的意蕴，是以同情、反思的意识和能力为根本的。

不同于西方宗教理论中可以具体化的伦理规范，"仁"是一种来自内心、产生于情感的自觉要求，但历代儒家对是不是"仁"、什么样的行为符合"仁"，却未能形成统一的评判标准。这当然与其缄默的内在属性与独特的个体体验有着密切联系，也决定了达到"仁"的困难程度。即便像颜回这样的孔门贤人，对"仁"有较深的理解，且能将"仁"贯穿于自己的行动与言论当中，孔子也只是耐人寻味地赞扬他"三月不违仁"，而别的学生"则日月至焉而已"。[1] 这意味着，"仁"确实是一种很难企及的德行境界，连颜回要长时间遵守也不容易，最多只能保持三个月，其他人则更短，有的能保持一两个月，有的只能保持一两天。

孟子有见于此，将"仁"与"义"并称，认为仁义不是外在的对象或事物，而是内在、内省的，与自身紧密相系，始终保持着与作为"君子"之我的一致、相合的可能，仁义在此是道德行为的内在根源、动力，而不是外在目的。《孟子·离娄下》云："由仁义行，非行仁义。"

接续着君子对仁的自觉，强调对能力和道德水准的提升，儒家以"吾日三省吾身"的态度和方式，取最为切近的路径——"自身"加以体验，并反复检证自己的思想、言行。与此相应，企业儒学对领导者、管理者的切身"在场"极为重视，并在实践中尝试借此消弭或缩小君子与小人、道与事、隐与显之间的割裂及区隔，以自律、敬畏形式坚守儒家"一以贯之"的立场和风格。正如《中庸》所说："道也者，不可须臾离也，可离非道也。是故君子戒慎乎其所不睹，恐惧乎其所不闻。莫见乎隐，莫显乎微，故君子慎其独也。"[2]

---

[1] 《论语·雍也》。
[2] 《礼记·中庸》。

三、"克己复礼":君子自律的实践性

孔子本人对践行"仁"也有微妙的难以把握和难以言说的认识。他说:"我未见好仁者,恶不仁者。好仁者,无以尚之;恶不仁者,其为仁矣,不使不仁者加乎其身。有能一日用其力于仁矣乎?我未见力不足者。盖有之矣,我未之见也。"① 在此,孔子以仁为标准对两种人进行了区分:爱好仁的人与厌恶不仁的人。前者可直接称为仁,后者虽然对不仁厌恶,但至于他们是否能够达到仁,孔子并未明说,他甚至自称对于这两者,他本人都没有见过。在他看来,爱好仁的人再好不过了,厌恶不仁的人实行仁德时不会受不仁德的人影响。如果把自己的力量都用在实行仁德上,力量一定充足,而能否做到这一点,他对此持怀疑态度。也可以说,行仁德或反对不仁都是困难的事。因此他强调,作为行仁的主体,人自身必然要付出多重努力。②

孔子的主张是:"克己复礼为仁。一日克己复礼,天下归仁焉。"③ 他认为"礼"是有助于成全"仁"以及验证"仁"的外在性、他律性的道德规范。当弟子问"克,伐,怨,欲不行焉,可以为仁矣?"时,孔子的回答是:"可以为难矣,仁则吾不知也。"④ 这样的问答,再次反映了孔子对作为"仁"的实践路径的"克己复礼"的困难程度的判断。简而言之,克己复礼,就是节制个人的私欲,使社会恢复到合乎"周礼"的秩序状态。这里的"仁"已经不仅是以"亲近,关爱"为内涵的人际交往准则或道德要求,而是上升为一种族群、社会,甚至国家层面的行为规范——君子自律的涵义在实践领域得到进一步拓展。

颜回向孔子问仁,孔子却以"礼"答之:"非礼勿视,非礼勿听,非礼勿言,非礼勿动。"⑤ 这是说,在社会生活中,人的视、听、言、行都要符合礼的规范,把握礼的本质精神。这样,把握了内在的礼义而践礼,就是正确的行仁之方,仁德因践礼而呈现。换言之,成仁在于践礼。孔子

---

① 《论语·里仁》。
② 《论语·里仁》。
③ 《论语·颜渊》。
④ 《论语·宪问》。
⑤ 《论语·颜渊》。

说:"不学礼,无以立。"① 学礼对于成人的意义重大。随着时势变迁,儒家也不得不进行相应变革,譬如引仁入礼,为周礼注入"仁"的精神内涵和时代特色。因此,孔子所提倡的礼实际上是被赋予了时代合法性和历史进步性的"新礼"。如果说仁是内在的精神,那么礼就是仁的外在化和具体化,唯有内合于仁、外合于礼,才能成为一个仁者。从文化的角度来看,礼不仅仅是社会规范系统,它还有着传承和维系社会文化的重要使命。对于个体而言,它代表着社会,具有社会性意义。如果一个人没有经受礼的熏染、经过社会化的过程,就难以成为一个社会人,就不会被社会认同,不能在社会立足。《礼记·儒行》载:"礼节者,仁之貌也","歌乐者,仁之和也",明确将礼、乐视为仁的外在表现和效果。孔子指出:"知及之,仁能守之,庄以莅之,动之不以礼,未善也。"② 意思是,靠智慧得到了它,有仁德能够保持,又能以庄严的态度来加以对待,但行动不合乎礼仪,这还不能算完善。显然,仁心的发动只是前提和基础,人的行为还必须合乎礼仪,必须在实践中接受考验与监督。

在管理实践中,克己就是培养节制自己的能力,基本相当于自律,而自律必须付诸行动。自律形成于行动,也体现于行动。只停留在希望自律、打算自律、学习自律阶段,没有真正投入实践并不懈坚持的人,是无法体会自律的真谛的。在现实生活中,自律的人可能并不身处管理岗位,但目光所及,优秀的管理者基本上都是严格自律的。在这样的意义上,管理的本质就是先要管好自己,管别人至少在逻辑上是第二位的。在一个组织中,管理者往往是权利和权力的核心,责任也更大,如果不能以更高的要求和更审慎的眼光来看待权利和权力,就无法形成自我约束,那么不论对其自身、还是对整个组织,乃至对整个社会都是危险的。因此,如果一个人缺乏自律,那么职位提升、权力增加于其而言并非好事。也许其有管理方面的能力,但不能规范、约束自己,无法防微杜渐,难以抑制人性中的弱点、抵御外界的诱惑,极可能违"仁"悖"礼",甚至祸及自身与他人。

自律以自省、行动为基本,还要辅之以"勤"。曾国藩曾说,为官者当有"五勤":"一曰身勤:险远之路,身往验之;艰苦之境,身亲尝之。

---

① 《论语·季氏》。
② 《论语·卫灵公》。

二曰眼勤：遇一人，必详细察看；接一文，必反复审阅。三曰手勤：易弃之物，随手收拾；易忘之事，随笔记载。四曰口勤：待同僚，则互相规劝；待下属，则再三训导。五曰心勤：精诚所至，金石亦开；苦思所积，鬼神迹通。"① 这"五勤"虽然主要说的是为官之事，但同时也是为人处世的自律方法。曾国藩身体力行、说到做到，他不论在何种环境下，都一定"闻鸡起舞"，练兵督训，办理各项事务。曾国藩说："天下古今之庸人，皆以一'惰'字致败。"以勤治惰，以勤治庸，修身自律，一勤天下无难事。曾国藩所论虽是为政之事，但无疑也可作为企业儒学的宝贵资源，极具理念价值和实践意义。

四、"任重道远"：君子自律的超越性

在孔子的年代，工商尚未成为主流，但无论是在经济领域还是在政治领域，人从来都是核心要素。在儒家看来，治理国家的统治者或"君子"的首要任务，就是要树立"仁"，即以仁自律。如孔子所说："为政在人，取人以身，修身以道，修道以仁。"② 又说："君子之德风，小人之德草，草上之风必偃。"③ 萧公权指出："德位兼备，乃为君子之极则。"④ 儒家理想的政治模式是在位的君子行絜矩之道，以德风教化德草，上行下效，齐心协力。

这就是说，"仁"的最终目标绝不止于个体的"独善其身"，而是全力成就群体的仁。孔子认为，只有从政才能关爱更多的人。按照这样的逻辑，孔子坚信："如有王者，必世而后仁。"⑤ 仁政由此具有必然性：如果仁人在位，以仁爱之心治国，则仁政势在必行。而反过来，对儒家而言，君子出仕也是一种不可豁免的责任与义务。⑥ 面对旁人的责难，孔子指出，无论世事如何艰难凶险，哪怕一早就已明知"道"之难行，君子也必

---

① 《曾国藩全集·家书》，见 https://www.wenmi.com/article/pvg831032usx.html。
② 《礼记·中庸》。
③ 《论语·颜渊》。
④ 萧公权：《中国政治思想史》（上册），商务印书馆2011年版，第59页。
⑤ 《论语·子路》。
⑥ 语出《论语·微子》："不仕无义。长幼之节，不可废也。君臣之义，如之何其废之。欲洁其身，而乱大伦。君子之仕也，行其义也，道之不行，已知之矣。"

须勇往直前,因为"出仕"救世正是君子立身于世所担负的道义和使命,是仁者的责任所系。正如曾参在解读孔子的"道"时所说:"士不可以不弘毅,任重而道远。仁以为己任,不亦重乎?死而后已,不亦远乎?"① 企业儒学的兴起,也恰恰和这种"任重道远"的责任感与使命感相互激荡、相互呼应,企业儒学视阈下的君子自律也由此获得了超越暂时功利的价值支撑。

《论语》载,孔子曾数次向弟子阐述"吾道一以贯之"的理念,这个"一"即"仁",它作为核心范畴贯通了孔子的整体思想和生命追求。对孔子来说,"仁"是至高无上的"道",是最高的本体,也是最高的价值追求。② 然而,孔子之旨趣并不在于阐述或建构一套完整的思想学说和理论体系,他的着眼点是紧扣实践的超越:始终以关怀和指引现实人生为志向。也正因此,子贡感喟道:"夫子之言性与天道,不可得而闻也。"③ 简言之,孔子的"仁"落实于个体,便是仁人,也即理想的君子;推广于群体,便是仁政,也即理想的社会。

追根溯源,儒家立仁的本意是凭借"克己复礼"来拯救礼崩乐坏的现实社会,由此所倡的君子主旨就不仅仅在于塑造、维护个体的仁德,更在于维护整个社会秩序和人际关系的和谐,从而达到所谓"老者安之,朋友信之,少者怀之"④ 的状态。仁政是一条可行的现实途径。孔子说:"为政以德,譬如北辰,居其所,而众星共之。"⑤ "为政以德"是儒家仁学政治体系的核心,因为仁政是爱人的,是仁道在政治领域的具体化,既合乎人性的本质,又体现了仁的更高境界,即"博施济众""天下归仁"等。孔子极为重视为实践仁道而付出的努力与牺牲。他说:"水火,吾见蹈而死者矣,未见蹈仁而死者也。"⑥可见,他在内心深处是高度赞赏甚至期盼这种以生命的代价来探求仁道的无畏精神的。儒家很注重价值冲突时的两难选择,孔子认为,假如生命与仁道发生冲突,那么君子就不能为了苟全性命而损害仁道,在面临最艰难的情况时,甚至需要牺牲个体生命来维护

---

① 《论语·泰伯》。
② 《论语·里仁》表述为"好仁者,无以尚之"。
③ 《论语·公冶长》。
④ 《论语·公冶长》。
⑤ 《论语·为政》。
⑥ 《论语·卫灵公》。

仁道，这就是所谓的"杀身成仁"①。这当然是仁道这一儒学范畴的最大化，其中蕴含了极为深厚、继往开来的历史使命感和危机意识，同时也是后世儒者以修齐治平为责任担当的思想根基。

对于今天的管理者来说，要想在高速变迁、持续变化的风险社会中立足、发展，在与时俱进、终生学习的同时，还必须具有深刻的自省、自信与自律意识和能力。而这样的自省、自信与自律意识和能力，又应当具备深厚的思想根基和以智慧滋养的价值与理想。孔子及后世儒家对仁道、仁政的追求与构建，对现实社会的批判与深思，对社群公益的人道关怀是令人景仰和敬佩的，这是儒家学说为今天留下的最宝贵的财富，也是极富潜质、历久弥新的思想力量。越来越多的企业家和儒学研究者开始关注儒家智慧在纾解组织矛盾、经营困境或价值纠葛过程中的作用，产生了一系列可喜的成果，使得企业儒学的发展异彩纷呈，并逐渐展现出强大的内驱力和持续的感召力。

---

① 语出《论语·卫灵公》："志士仁人，无求生以害仁，有杀身以成仁。"杜维明指出："仁在中国历史上首次意指超越生死的终极价值。"参见杜维明《道·学·政：儒家公共知识分子的三个面向》，钱文忠、盛勤译，生活·读书·新知三联书店2013年版，第3-4页。

儒家身正令行领导观研究

黄建跃①

马克斯维尔指出，一切组织和个人的兴衰都源自领导力。② 所有追求基业长青的组织及其领导者，理当严肃回应如何形成并保持强大领导力的课题。本文以儒家的领导观为研究对象，阐释儒家思想中的一种领导形态——身正令行领导观的内涵要义、精神实质，分析儒家对于领导本质、领导行为、领导效能的深邃思考，辨明身正令行领导观意图激发领导者甚至整个组织道德领导力的理论运思及其现代价值。祈请方家指正。

一、儒家的领导观及其多元形态

司马谈《论六家要旨》有云："夫阴阳、儒、墨、名、法、道德，此务为治者也。"③ 作为一个具有高远治道理想的学派，如何实现良好的社会治理、国家治理、家族治理乃至个体身心安顿，是儒家念兹在兹、矢志追求的目标。因之，尽管领导学是一门现代学问，但是"如何实现良好的组织治理""领导者如何率领并引导组织朝一定方向前进"等与现代领导学相关的问题和理论探讨，早就出现在了儒家典籍之中。应当说，只要人类持续保持社会群体性的存在样态，"领导""领导力"就始终会被现实世界所需要，也必然引发哲人们的思考。我们把儒家对于需要什么样的领导、如何实现有效领导等问题的系统回答，称作儒家的领导观。

必须指出，儒家思想经过两千多年的发展演变，在回应需要什么样的领导、如何实现有效领导等问题时，历代儒者提供了各式各样的答案，故而身正令行并非儒家唯一的领导观。但是，基于"修齐治平"的理论规模

---

① 黄建跃，湖南财政经济学院马克思主义学院院长、教授。
② [美] 约翰·C. 马克斯维尔：《领导力21法则》，路本福译，文汇出版社2017年版，第294页。
③ 司马迁：《史记》第十册，中华书局1959年版，第3288–3289页。

和治道设计，历代儒者在论证领导的必要性、追求领导的实效性方面，大体都怀抱领导者首先要"正己""修己"的旨趣。孔子提出的"修己以敬""修己安人""修己以安百姓"①，不仅明确了个体成长为君子的进阶之梯，而且指明了实现有效领导的次第。孟子主张"天下之本在国，国之本在家，家之本在身"②，认为经由"举斯心加诸彼"的推己及人方式，便可以达至"天下可运于掌"的领导效果。而荀子"君者，民之源也。源清则流清，源浊则流浊"③的论断，则构成了其"闻修身，未尝闻为国也"这种"修身为本"领导观念的理论基础。由此可见，大多数儒者均认为，一个组织若要实现有效的领导，领导者"正己""修己"是必须遵循的第一原理。

若从实现有效领导的条件来分析，可以发现儒家领导观致思理路的丰富性。不少儒者认为，若要达成组织的"治平"效果，领导者除了要"正己""修己"外，仍需倚重其他领导要素。如荀子偏重外在的、客观的"礼"，而孟子则偏重内在的、主观的"仁"。徐复观先生因此指出，孟子和荀子虽然都重视礼义，但"孟子多就心上言，而荀子则多就法数上言"④。这当是儒家领导观丰富性的证据。再进一步看，形态迥异的领导观可能同时存在于某个儒者的思想世界中。如孔子思想中就至少有两种不同形态的领导观。在讨论舜的领导方式时，孔子明确指出舜遵循的是"恭己正南面"⑤的领导方式。尽管后世大多从"任官得人"的角度来注解舜的这种领导形态，但孔子认为"恭己正南面"便足以实现有效领导，表明在孔子看来，在某些特定情境中，领导者"正己""修己"构成了有效领导的充要条件。我们暂且将之称为"无为而治"的领导观。需要指出的是，"修己以安百姓，尧舜其犹病诸"⑥的表述，已经将孔子另一形态的领导观和盘托出。也就是说，特定领导主体在某些情况下可以无为而治，但无为而治并非适应所有领导情境。对于大多数领导者来说，"恭己正南

---

① 杨伯峻：《论语译注》，中华书局1980年版，第159页。
② 杨伯峻：《孟子译注》，中华书局1960年版，第167页。
③ 王先谦撰，沈啸寰、王星贤点校：《荀子集解》（上），中华书局1988年版，第234页。
④ 徐复观：《先秦儒家思想的综合》，见李维武《徐复观文集》（修订本）第三卷，湖北人民出版社2009年版，第157页。
⑤ 杨伯峻：《论语译注》，中华书局1980年版，第162页。
⑥ 杨伯峻：《论语译注》，中华书局1980年版，第159页。

面"并不足以保证有效的领导,而是必须借助其他工具。对此,孔子在回答如何帮助卫国君主治理国政时有系统的说明。

孔子道:"名不正,则言不顺;言不顺,则事不成;事不成,则礼乐不兴;礼乐不兴,则刑罚不中;刑罚不中,则民无所措手足。"[①] 由这段文字不难发现,孔子认为在治理国政的过程中,领导者首要的任务就是确保"礼制""名分"的正确性。除此之外,政事、礼乐、刑罚等领导要素也发挥着重要的作用。毋宁说,正名、政事、礼乐、刑罚等都是有效领导得以实现的前提条件。事实上,《论语》中有大量论述都表明,孔子认为在领导活动中,"正身"和"行令"二者须兼而有之。正是在这个意义上,孔子的领导观还有与"无为而治"相对照的第二种形态,即"身正令行"的领导观。

二、儒家"身正令行"领导观的基本内涵

儒家"身正令行"领导观的内涵要义包括三个方面:德法并重的领导主体、以上率下的领导行为和内圣外王的领导目标。

(一) 崇德重法的领导主体

顾名思义,"身正令行"是领导者"正身"和"行令"的结合,前者关涉领导主体,后者关涉领导过程。

在儒家看来,领导者的权势地位无法保证良好的领导效果。这种观点源于儒家的天命观。正是基于"汤武革命,顺乎天而应乎人"[②] 的理论预设,在齐景公问政时,孔子才对之以"君君、臣臣";应对齐宣王之际,孟子才将商纣定性为"一夫",把武王伐纣的历史事实定性为"诛一夫纣",并直斥梁惠王"望之不似人君",取消空有领导职位者的领导合法性。儒家认为,居于领导地位的主体只有严格约束自己,做到"以德配天"或"以德配位",才具备名副其实的领导资格。正是在这个意义上,崇德构成了"身正令行"领导观中领导主体的第一重要素。

"身正令行"中的"令"的含义非常丰富。《说文解字》释"令"为

[①] 杨伯峻:《论语译注》,中华书局1980年版,第133-134页。
[②] 周振甫:《周易译注》,中华书局1991年版,第170页。

"发号也"。可见"令"的原初本义,是指领导者发出号令这一领导行为。此后,"令"又衍生出了"命令""法令"的含义,如"政令""将令"等;同时,"令"又可以指代领导职位、领导身份。我们认为,在儒家身正令行领导观中,发号施令不仅是一项重要的领导行为,而且是不可或缺的领导要素。将"令"布于方策,就成为客体化的法令、制度。孟子指出,"徒善不足以为政,徒法不能以自行"①。这说明儒家对于领导活动中的法令和制度极为重视,因而法令和制度可以视为对领导主体提出的第二重要求。

当然,"法令"非居于领导地位的主体随意为之,而是包含两个前提。一是"法令"必须遵循一定的程序,此即"天下有道,则礼乐征伐自天子出;天下无道,则礼乐征伐自诸侯出"②。这说明领导主体有赖于领导地位的客观反映。二是"令"还可以是领导主体"正身"的外化。也就是说,"法令"表面上看是领导者制定的"修己""克己"的规矩,是全体组织成员必须遵循的准绳,但作为成文的"道德",法令、制度本质上是领导者道德的客体化。恰恰因为它是领导者道德的客体化,才保证了整个组织活动中"令"的有效执行。

综上所述,"身正令行"领导观认为,领导力的发挥仅仅诉诸领导者的职务、地位、权势是不够的,只有同时兼具崇德和尚法的双重素养,居于领导地位的主体才能成为合格的领导者。

(二) 以上率下的领导行为

儒家身正令行领导观把领导活动视作领导者教化、熏陶被领导者的过程。

季康子曾问政于孔子,孔子回答道:如果领导者带头端正自身,谁又敢不端正自身呢? 孔子要求领导者作出表率,以此来影响组织中的被领导者。若要进一步追究这种治理主张背后的机制,可自"风行草偃"一窥究竟。孔子说:"君子之德风,小人之德草,草上之风,必偃。"③ 这里的"君子"是有德之人,"小人"也是有德之人。孔子认为,在下位的小人

---

① 杨伯峻:《孟子译注》,中华书局1960年版,第162页。
② 杨伯峻:《论语译注》,中华书局1980年版,第74页。
③ 杨伯峻:《论语译注》,中华书局1980年版,第162页。

之德深受在上位的君子之德的影响。"风行草偃"揭示了"君子之德"与"小人之德"的互动关系，高度肯定了领导活动中君子（领导者）的示范引领作用。如果我们把被领导者主动遵从领导者制定和发布的法令定义为领导力的实现的话，那么领导者带头做到按照法令行动，就成为领导力实现的前提。

孟子把整个领导活动视作领导者与被领导者在精神、情感、责任、义务等方面交互作用的过程。邹穆公就百姓拒不听从地方官员的事件向孟子请教。孟子用"出乎尔者，反乎尔者也"① 解析了"失败领导"产生的缘由。在孟子看来，由于邹国官员在凶年饥岁对老百姓的生死不闻不问，百姓中之老、弱者不得不"转乎沟壑"，青壮年"散之四方"，因此在邹国和鲁国冲突之际，邹国百姓才会对地方官员漠然视之。也就是说，在整个组织体系中，如果领导者本身未能承担起自身的责任和义务，对被领导者的需要漠不关心，那么要求被领导者履行自身责任和义务的想法是不可能实现的。

荀子提出了"君仪臣影"的比喻，指出如果领导者爱好权谋，被领导者就会学着欺骗；上位者如果爱好偏私，下位者就会跟着偏私。在荀子看来，以上率下的领导行为既体现为上对下的正向的影响，也体现为上对下的负向的影响。领导活动的效果、被领导者的行为表现，必须视领导者而定。司马光以裴矩为例，把荀子的"君仪臣影"的比喻解析得更为简明直白。在《资治通鉴·唐纪八》中，司马光有这样一段议论：

> 古人有言：君明臣直。裴矩佞于隋而忠于唐，非其性之有变也；君恶闻其过，则忠化为佞；君乐闻直言，则佞化为忠。是知君者表也，臣者景也，表动则景随矣。②

同样是一个人，在不同领导面前竟然呈现两种截然相反的行为表现。这说明组织的领导绩效是可以塑造的，而领导者才是激活整个组织活力、释放领导绩效的基点。儒家认为，领导活动绝非领导者简单地要求广大被领导者服从自己的命令，而是基于自己的行为示范和道德引领，获得广大被领

---

① 杨伯峻：《孟子译注》，中华书局1960年版，第47页。
② 司马光：《资治通鉴》第三卷，岳麓书社1990年版，第505页。

导者的信任和追随。

（三）内圣外王的领导目标

与单纯追求组织绩效不同，"身正令行"领导观以内圣外王为目标追求，呈现多元化的目标导向。

从领导素养与领导地位的维度看，"身正令行"领导观主张选贤举能，追求让有德者居于领导地位的目标。儒家"大德必得其位"的允诺，阐明了依据道德素养确立领导地位的主张。孟子则进一步指出，"惟仁者宜在高位，不仁而在高位，是播其恶于众也"①。这显然是在倡导把领导者的道德素养作为领导资格的首要条件。因此，领导者必须高度重视组织的人才拔擢，力争让德才兼备的贤能人士担任领导职务。孔子主张"贤贤"，孟子主张"左右皆曰贤，未可也；诸大夫皆曰贤，未可也；国人皆曰贤，然后察之；见贤焉，然后用之"②，显然基于相同的目标追求。

从领导本体与领导制度的维度看，"身正令行"领导观主张领导者既注重自身道德的培护，又重视组织的制度优化，实现居仁由义的目标。孔子的"礼云礼云，玉帛云乎哉？乐云乐云，钟鼓云乎哉"③，体现了对"仁"和"礼"的高度关注。孟子的"以不忍人之心，行不忍人之政"，要求领导者将内在的德性（内圣），转化为具有道义合理性的制度（外王），以确保营构良好的领导生态。

从领导素质与领导效能的维度看，"身正令行"领导观主张领导者同时注重正己和正物，达成内平外成的领导效果。"内平"实际上是要求实现个体的心灵秩序和组织的治理秩序；而"外平"则锚定外在的、客观的领导成效。儒家主张，领导者必须同时做好内圣功夫和外王事业，既达成"物格""知致""心正""意诚"的内圣境界，又谋求"家齐""国治""天下平"的外王成效，实现"立德"和"立功"的统一。正如熊十力所言："君子尊其身，而内外交修，格致诚正，内修之目也。齐治平，外修之目也。家国天下，皆吾一身，故齐治平，皆修身之事。"④ 因而，认为儒家完全不顾物质层面的领导绩效的观点是片面的。当然也必须承认，

---

① 杨伯峻：《孟子译注》，中华书局1960年版，第162页。
② 杨伯峻：《孟子译注》，中华书局1960年版，第41页。
③ 杨伯峻：《论语译注》，中华书局1980年版，第185页。
④ 萧萐父主编：《熊十力全集》第三卷，湖北教育出版社2001年版，第672页。

"身正令行"领导观所看重的，确实是"维系人们共同生活之和谐与福祉的艺术"①。

三、儒家"身正令行"领导观的精神实质

"身正令行"领导观既不同于道家清静无为的领导思想，也不同于法家倚重"法""术""势"来进行统御的领导理念，甚至与儒家肯定的"恭己正南面"的无为而治领导观也有所区别。总的看来，它强调在领导活动中发挥道德的基础性作用，高度肯定领导者的示范引领作用；同时又重视具有道义合法性的公共规则的建构和落实，把组织成员遵从礼义作为评估领导效能的重要方面。在此基础之上，尝试通过道德领导与制度领导、自我领导与组织领导、领导过程与领导目标的良性互动达成理想的领导效果。基于上述特质，本文将"身正令行"领导观称为"共为领导观"。

（一）道德领导与制度领导的共为

"身正令行"领导观的一个显著特征在于，通过道德领导与制度领导的共同作用，最大限度地激活全体组织成员向上向善的精神动力，通过道德与制度的交互作用释放卓有成效的领导力。

孔子反对用无情的政令、冷峻的刑罚来进行组织治理。只有"道之以德，齐之以礼"②，即领导者在组织中既注重发挥领导者本身的道德领导力，又建构和维护合乎道义的组织架构，被领导者才会有羞耻之心，主动匡正自己的过失。降低了组织的领导成本，才能实现组织的最佳绩效。

孟子对于良好领导效果的期待，首先寄托在领导者具备"仁心"的基础上。不过，在孟子看来，领导者仅仅具备"仁心仁闻"还远远不够。孟子道："离娄之明、公输子之巧，不以规矩，不能成方圆。师旷之聪，不以六律，不能正五音。"③ 如果离娄之明、公输子之巧、师旷之聪是领导者的"仁心"，那么继之以"规矩""六律"这些治理架构才有可能最终

---

① ［美］顾立雅：《中国思想》，马腾译，三联书店（香港）有限公司2023年版，第3页。
② 杨伯峻：《论语译注》，中华书局1980年版，第12页。
③ 杨伯峻：《孟子译注》，中华书局1960年版，第162页。

实现"仁政"。孟子认为，领导活动只有实现"仁心"与"仁政"二者的结合，才称得上是真正继承先王之道。

综上所述，把儒家身正令行领导观简单判定为"德治"乃至"人治"，实乃一种错误的认识。准确地说，"身正令行"领导观固然高度重视领导者的道德，但还极为重视外在的法令、规则、制度。姚中秋据此认为，孟子的仁政"是一依照正当行为规则展开的治理"①，揭示的正是道德领导与制度领导的共为。必须注意，"身正令行"领导观中的法令和制度，有别于法家建立在人性自私基础上的工具性的法令和制度，儒家是立足于人皆可以为尧舜的人性预设基础，去设计具有公共性、合乎道义的法令和制度的。

（二）自我领导与组织领导的共为

在组织中，无论是领导者还是被领导者，都有着向善的相似人性。有的组织成员通过自我道德修炼成为领导者，同时他们还通过示范引领、制礼作乐带动整个组织良性运作。即便如此，儒家认为领导者并非是完美无缺的存在，他们主导的领导活动仍然需要其他组织成员的参与，并强调自我领导与组织领导的交互作用。

领导者端正自身，实现对自己的有效管理，即儒家的自我领导。总的来看，"克己"与"正己"是自我领导的两大支柱。"克己"指领导者严格按照"礼"的要求检点自身，不仅使自己的视、听、言、动符合礼的形式化要求，而且使自己的内心符合礼的实质性规定。正因如此，儒家提出了"慎独"的主张。其意思是说，君子（领导者）即便在无人监管的环境之下，仍然能自觉用"礼"来规范和约束自己。"正己"指领导者"明明德"，即不断弘扬自身的美好、光明的德性，趋近"亲民"和"至善"的境界。领导者通过"克己""正己"的功夫，在各个方面端正好自身，管理好自己、领导好自己，就能影响身边人，影响广大被领导者。因此，自我领导是"身正令行"领导观的第一要义，孔子因而明确提出了"苟正其身矣，于从政乎何有？不能正其身，如正人何"②的主张。

---

① 姚中秋：《仁本宪政主义——〈孟子·离娄上〉仁政篇义疏》，载《探索与争鸣》2012年第2期，第27页。

② 杨伯峻：《论语译注》，中华书局1980年版，第138页。

当然,"身正令行"领导观并没有止步于良好的自我领导,而是要求领导者以此为基点,实现由内而外拓展,通过组织领导来补济自我领导的不足。与自我领导的"克己"和"正己"相对应,组织领导重在"齐礼"和"正人"。不可否认,儒家的"礼"有一定的等级性,但它同时也是全体组织成员必须遵守的公共性行为标准和实践原则。即便居于上位的领导者违背了"礼",也应受到批评和制裁。针对"八佾舞于庭"的僭礼越制行为,孔子作出了"是可忍孰不可忍"的批评。回答子路的"事君"之问,孔子对以"勿欺也,而犯之"①。这些言论,都体现了"礼"的公共性与他律性。有学者指出,儒家的"礼",实际上就是依照人的社会角色,制定某些价值标准、规范、规则和信仰要求人们共同遵守,这种理念与现代组织理论是相应的。② 这足见"身正令行"领导观在新的时代条件下仍然有积极价值。

(三) 领导过程与领导目标的共为

现代领导学大多把特定组织为实现特定目标而采取的制定愿景、明确使命、赢得支持、作出决策、授予权力、沟通激励等行为都视为领导活动的过程。"身正令行"领导观对领导过程和领导结果同样重视,主张通过正当的手段达成合乎道义的目标,此即领导过程与领导目标的共为。

领导目标必须符合道义,是儒家"身正令行"领导观极为重视的方面。孔子曾道:"君子之于天下也,无适也,无莫也,义之与比。"③ 虽然不同的注家对孔子这段话有不同的理解,但总的来说,他们都认同"道义"构成了儒家立身处世、做人做事的首要原则。这一原则,不仅适用于组织目标的制定、领导地位的取得("不患无位,患所以立"),而且涉及了对物质财富的态度("不义而富且贵,于我如浮云")。

领导过程同样必须遵循道义。儒家认为,"言悖而出者,亦悖而入;货悖而入者,亦悖而出"④,即使用不正当的手段,不可能达成良好的领导目标。孔子高度重视领导活动过程中各个环节的道义合理性,提出在领

---

① 杨伯峻:《论语译注》,中华书局1980年版,第153页。
② [美]伯纳德·贾沃斯基、张曼姿:《当德鲁克遇见孔夫子》,珈瑜译,东方出版中心2022年版,第162页。
③ 杨伯峻:《论语译注》,中华书局1980年,第37页。
④ 朱熹:《四书章句集注》,中华书局1983年版,第11页。

导活动中四个方面的要求。他说："知及之，仁不能守之；虽得之，必失之。知及之，仁能守之。不庄以莅之，则民不敬。知及之，仁能守之，庄以莅之，动之不以礼，未善也。"① 将孔子的这段话转译成现代领导学的话语，即领导者无论是作出决策、授予权力，还是沟通激励，都需要注意四个方面，才能达成理想目标：一是精确的理性，二是高尚的德性，三是认真的治理，四是合乎情理的激励。如果只强调理性，即便实现了组织的目标最终也会失败，因此需要道德的加持；有了理性和德性，但如果不以严肃的态度来处理领导过程中的各个环节，那么也不能赢得被领导者的拥戴和追随；有了前面三个要素，如果缺乏合情合理的激励，那么领导效果终归还是不够理想。

在合乎道义的领导目标和领导过程基础上，儒家还界定了"权"的范畴，要求领导者知进退，以道义为指引作出正确的领导决策，采取妥当的领导行动。孔子提出的"譬如为山，未成一篑，止，吾止也。譬如平地，虽覆一篑，进，吾往也"②，对领导者处理领导目标和领导过程的互动关系极有启示意义。孔子用比喻的方式，揭示了道义在领导活动中的至上性。如果把"堆土山"比喻成组织目标，那么必须看到随着形势和环境的变化，一旦这个目标不再具有正当意义，即便只差一篑土便可完成的土山，也理当终止；但如果"堆土山"的原有目标是正当的，哪怕刚刚才堆第一篑土，也仍然需要坚持。也就是说，要始终从是否合乎道义的高度，系统而动态地思考领导目标和领导过程。借用西方领导学的一个观点能够进一步明晰儒家"身正令行"领导观的思想特质：有人指出，把梯子正确地靠在墙上是管理的事，领导的作用在于保证梯子靠在正确的墙上。很多学者借此区分管理和领导的相异之处，即"管理者是正确做事的人，领导者是做正确事的人"。而儒家"身正令行"领导观将二者综合起来审视，主张领导者不仅要做正确的事，而且要正确地做事。

四、儒家"身正令行"领导观的实践路径

新时代新征程上，无论是构建充分体现中国特色、中国风格、中国气

---

① 杨伯峻：《论语译注》，中华书局1980年版，第169页。
② 杨伯峻：《论语译注》，中华书局1980年版，第93页。

派的主体性的现代领导科学,还是力行提升领导力的实践工作,都必须传承中华优秀传统文化,"按照立足中国、借鉴国外,挖掘历史、把握当代,关怀人类、面向未来的思路"[①],挖掘利用中华优秀传统文化中的领导思想并予以创造性转化和创新性发展。儒家"身正令行"领导观蕴含丰富的实践智慧,根据领导主体、领导制度、领导环境的逻辑阐明其主要内容,对现代领导科学的理论建构和实践运用具有重要意义。

(一)领导主体的道德领导力修炼

"身正令行"领导观强调领导主体的道德,只有当领导者具备正直的道德品质、展现端正的道德品行、维系良好的道德形象,才有可能实现有效的领导。因此,领导者必须坚定恪守以德修身、以德立威、以德服众的原则,形成过硬的道德领导力。儒家的这种主张与西方现代道德领导力可谓不谋而合。美国管理学家彼特·德鲁克指出,如果领导者缺乏正直的道德,那么,无论他多么有知识、有才华、有成就,也会造成重大损失。因为他破坏了企业中最宝贵的资源——人,破坏组织的精神,破坏工作成就。

领导者应如何进行道德领导力的修炼呢?对此,儒家进行了长期的理论探讨,形成了一个培育道德领导力的理论丛林,提出了大量卓有成效的道德修炼方略。限于篇幅,本文仅从领导主体坚定道德信念、澄明道德理性、醇化道德情感、磨炼道德意志四个路向略作分析。其中,道德信念的坚定,离不开理想信念的建构,是领导者"履道"的层次;道德理性的澄明,离不开道德知识的掌握,是"为学"的层次;道德情感的醇化,离不开道德情感的端悫,是"体验"的层次;道德意志的磨炼,离不开道德生活的历练,是"实践"的层次。

根据领导主体道德领导力的修炼路径,可以发现"身正令行"领导观是"反求诸己"的内向型领导观。也就是说,针对领导活动中出现的"失败的领导"和"无效的领导"等诸多问题,儒家绝不会主张首先从被领导者身上去探寻原因,而是要求领导者检点自身、反省自身。对此,孟子曾反复进行申述。如"射者正己而后发;发而不中,不怨胜己者,反求

---

① 中共中央文献研究室编:《习近平关于社会主义文化建设论述摘编》,中央文献出版社 2017 年版,第 81 页。

诸己而已矣"①，"爱人不亲，反其仁；治人不治，反其智；礼人不答，反其敬——行有不得者皆反求诸己，其身正而天下归之"②。由此可见，只有通过领导者自觉完善自身的道德来提升领导力，领导活动中的存在的问题才有可能得到解决，领导力才能真正得到提升。

（二）领导制度的道义合理性确证

"身正令行"领导观始终锚定"天下有道"的治道理想。"天下有道"是儒家设计的领导权威得到保证、社会秩序得以维护、人民生活安定和美的状态。这种状态的达成，要求领导制度，即礼，具备道义的合理性。

儒家认为，"礼者，理也"。"理"本意是"治玉"，即顺从玉石内在纹理加以雕琢，制作成器。后来，"理"引申为条理、道理、义理等。基于字源学的分析可知，礼的功能在于对混乱无序的事物加以治理，使之条理化、有序化。要达到这样的目标，依"理"制"礼"极为关键。因此，儒家主张领导者循乎天理、本乎人情，依据事物的内在机理、人类社会的发展规律来制礼作乐，建构共同遵循的制度。

为了确保礼始终发挥积极领导效能，孔子明确主张，礼的价值关怀远远大于形式的意义，即"礼，与其奢也，宁俭；丧，与其易也，宁戚"③。在此基础上，儒家进一步讨论了礼的本质。《大戴礼记》云："礼上事天，下事地，宗事先祖，而宠君师，是礼之三本也。"④ 荀子则更进一步分析了"礼之三本"的根据，即"天地者，生之本也；先祖者，类之本也；君师者，治之本也"⑤。正因如此，在制定政策、作出决策、进行授权的各项领导活动中，领导者都要确保依据礼的规定、遵从礼的要求。

儒家的礼并非一成不变，相反必须遵循礼的价值根据、顺应形势的客观变化进行调适。孔子道："殷因于夏礼，所损益，可知也；周因于殷礼，所损益，可知也。"⑥ 这段话指出了礼的变迁之道，即遵循"因袭"和"损益"原则与时变化。其中"因袭"指向组织制度的传统性，"损益"

---

① 杨伯峻：《孟子译注》，中华书局1960年版，第81页。
② 杨伯峻：《孟子译注》，中华书局1960年版，第167页。
③ 杨伯峻：《论语译注》，中华书局1980年版，第24页。
④ 《钦定四库全书·经部·大戴礼记》卷一，第12-13页。
⑤ 王先谦撰，沈啸寰、王星贤点校：《荀子集解》（上），中华书局1988年版，第349页。
⑥ 杨伯峻：《论语译注》，中华书局1980年版，第21-22页。

指向领导环境的实践性。儒家认为,礼的制作和完善是价值逻辑、历史逻辑、实践逻辑的统一。三者交互作用,才能保证礼始终具有符合客观实际、顺应发展规律的客观合理性和道义合法性。

(三) 领导环境的中和协同态达成

儒家认为,"致中和,天地位焉,万物育焉"①。这种理论致思的领导学意蕴,在于主张营构良性的领导环境,达致上下协同的中和境界,使组织成员各安其位、各展其能、各尽其才,确保领导活动的实际成效和组织的可持续发展。

领导环境是否能达成"致中和"境界,事关组织的兴衰成败。"君子和而不同,小人同而不和。"② 组织中的成员历来就有"和"与"同"两种不同的处事方式,因而表现出不同的组织生态。所谓"和",是指组织成员实现"以他平他"的协同合作;"同"则是指组织成员盲从附和式的整齐划一。史伯认为"和实生物,同则不继"③。他用大自然的包容性、饮食的多元性、音乐的和谐性作喻,论证了组织"去和取同"的危害。晏子则通过君臣关系进一步揭示了组织可持续发展的机理。晏子指出,所谓"和",就是"君所谓可而有否焉,臣献其否以成其可;君所谓否而有可焉,臣献其可以去其否"④。用今天的话来说,即领导者和被领导者共同服务于组织目标,上下级互相协作而非强求同一,各自竭忠尽智确保领导决策的正确性,并力争把职责内的事情做到恰到好处,才能营构有利于组织目标达成的领导环境。

在营构"致中和"的领导环境过程中,领导者发挥着至关重要的作用。只有最高领导者"尊五美,屏四恶",良好的领导环境才具备坚实的基础。在此基础之上,各个层级的领导者、组织成员据礼而行,并坚定奉行"己欲立而立人,己欲达而达人"⑤ 和"己所不欲,勿施于人"⑥ 的忠恕之道,理想的组织生态才会形成,卓有成效的领导绩效方可实现。

---

① 朱熹:《四书章句集注》,中华书局1983年版,第18页。
② 杨伯峻:《论语译注》,中华书局1980年版,第141页。
③ 左丘明撰,鲍思陶点校:《国语》,齐鲁书社2005年版,第253页。
④ 杨伯峻:《春秋左氏传注》(修订本),中华书局2016年版,第1577页。
⑤ 杨伯峻:《论语译注》,中华书局1980年版,第65页。
⑥ 杨伯峻:《论语译注》,中华书局1980年版,第166页。

君子的自我管理

——论王阳明的"为己—克己—成己"修养论

王占彬①

对于身心关系，儒家历来主张身心合一，也就是躯壳和本心的合一。在《传习录》上卷中，萧惠提出"己私难克"的问题，认为躯壳和真己的对立冲突导致"为得个躯壳的己"便不能"为个真己"。但王阳明则以"真己何曾离着躯壳"②纠正了萧惠的观点，认为真己和躯壳互不相离，无真己则无躯壳，只有克去己私、成就真己才能让躯壳得以保养。虽然关于王阳明身心关系的讨论已有很多，但涉及"为己""克己""成己"修养的理论相对较少。③ 接下来，要深入解决的问题是："为己—克己—成己"的具体内涵和理论基础是什么？真己和躯壳统一的根据是什么？两者又是如何达到统一的？本文通过论述王阳明和萧惠的对话内容，从"为己""克己""成己"修养论的角度进一步分析王阳明的身心合一之学。

---

① 王占彬，山东大学哲学与社会发展学院博士研究生。
② 陈荣捷：《王阳明〈传习录〉详注集评》，重庆出版社2017年版，第115页。
③ 龚晓康认为，"王阳明关于身心问题的讨论，重点不在于'小我'层面生理与心理交互作用下的感受与认知，而在于回归源初'大我'以实现生命的究竟安顿，这关涉宇宙论、本体论、功夫论等更为宏大的视域"。（龚晓康《阳明心学视域下的身心合一论》，载《中州学刊》2023年第3期）回归源初大我即"成己"之学的旨趣。朱晓鹏认为，"王阳明的身心之学在融摄儒道等身体哲学的传统思想资源的基础上，着力于克服身心关系上的二元论，把精神自由和理性原则的追求与生命存在的切身感受统一起来，既充分注意到了个体生命中身心结构的一体性关系，又特别突出了内在的精神意志对身体的调节、控制、整合作用，强调了人的心灵自由的精神诉求等的价值导向意义"。（朱晓鹏《论王阳明的"身心之学"》，载《哲学研究》2013年第1期）身心的一体性即实现"克己"和"成己"的统一。也有学者认为，"王阳明的身心之学作为一种道德学习的范式，是个体通过身心的体履以达到对道德的认知的体悟之学。王阳明的身心之学强调道德学习的身体性，对于当下应对道德学习的离身性问题具有启发性"。（蔡光悦《道德学习的身体生成力——以王阳明身心之学为中心的教育学探究》，载《社会科学家》2023年第5期）身心之体履即"为己"之学的实质。

一、引言

王阳明与萧惠关于身心关系的对话,取自《传习录》上卷:

> 萧惠问:"己私难克,奈何?"
> 先生曰:"将汝己私来,替汝克。"又曰:"人须有为己之心,方能克己;能克己,方能成己。"
> 萧惠曰:"惠亦颇有为己之心,不知缘何不能克己?"
> 先生曰:"且说汝有为己之心是如何?"
> 惠良久曰:"惠亦一心要做好人,便自谓颇有为己之心。今思之,看来亦只是为得个躯壳的己,不曾为个真己。"
> 先生曰:"真己何曾离着躯壳?恐汝连那躯壳的己也不曾为。且道汝所谓躯壳的己,岂不是耳、目、口、鼻、四肢?"
> 惠曰:"正是为此;目便要色,耳便要声,口便要味,四肢便要逸乐,所以不能克。"

面对"为己"与"克己"的冲突,王阳明认为,执着于耳目之欲只会损害身体:

> 汝今终日向外驰求,为名、为利,这都是为着躯壳外面的物事。汝若为着耳、目、口、鼻、四肢,要非礼勿视、听、言、动时,岂是汝之耳、目、口、鼻、四肢自能勿视、听、言、动?须由汝心。这视、听、言、动皆是汝心,汝心之视,发窍于目,汝心之听,发窍于耳,汝心之言,发窍于口,汝心之动,发窍于四肢;若无汝心,便无耳、目、口、鼻。①

若真心为了躯壳之己,就要存养"汝心",不执着于外物。于是,王阳明将真己作为躯壳的主宰,建构了"真己即心,心即性,性即理"的思想体系:

---

① 陈荣捷:《王阳明〈传习录〉详注集评》,重庆出版社 2017 年版,第 116 页。

所谓汝心，却是那能视、听、言、动的，这个便是性，便是天理。有这个性，才能生。这性之生理，便谓之仁。这性之生理发在目，便会视，发在耳，便会听，发在口，便会言，发在四肢，便会动，都只是那天理发生。以其主宰一身，故谓之心。这心之本体，原只是个天理，原无非礼。这个便是汝之真己，这个真己是躯壳的主宰。若无真己，便无躯壳；真是有之即生，无之即死。汝若真为那个躯壳的己，必须用著这个真己，便须常常保守著这个真己的本体，戒慎不睹，恐惧不闻，惟恐亏损了他一些；才有一毫非礼萌动，便如刀割，如针刺，忍耐不过，必须去了刀，拔了针。这才是有为己之心，方能克己。汝今正是认贼作子，缘何却说有为己之心不能克己？①

基于此，王阳明建立了"为己—克己—成己"的架构：为己方能克己，克己方能成己。这里的"为己""克己""成己"与"古之学者为己"②"克己复礼""成己仁也"③ 的说法相关联。"古之学者为己"说的是为提升自己的人格，"克己复礼"是克除己之私欲，"成己仁也"是成就自己内在的仁之善性。这与王阳明"为己—克己—成己"的含义有共通性。根据上下文语境可知，在"有为己之心，方能克己；能克己，方能成己"这句话中，"为己"既指为躯壳，又指为真己；"克己"指克服己私；"成己"指成就真己和保养躯体。"为己"之"己"和"成己"之"己"是一样的，既是道德自我，又是躯体之我，但"克己"之"己"与两者不同，它是要被灭尽的己私。躯壳是人的身体，己私特指过度的私利、私欲，真己是本心、天理。王阳明认为，一旦有为躯壳和真己之志，就能克服己私，能克服己私便能成就真己，能成就道德的真己便能保全躯壳之己。由此可知，真己不是躯壳的对立面，而是躯壳的主宰和根基，保全躯壳的根本方法就在于成真己、致良知。

---

① 陈荣捷：《王阳明〈传习录〉详注集评》，重庆出版社2017年版，第116页。
② 《论语·宪问》。
③ 《论语·颜渊》。

二、"为己""克己""成己":为己之学的三阶段

王阳明提倡"君子学以为己"①,此处的"己"多指自己的人格,与之相反的是欺己,即"自欺其良知"②,不能做到知善知恶、知是知非。为己之学的关键在于功夫、过程,而非效验、结果,这强调道德的纯粹性,反对行为的功利性。也就是说,为己是"由仁义行"而非"行仁义"③,是以仁义本身为目的而非手段。王阳明的为己之学可以分为"为己""克己""成己"三个阶段。

(一) 为己方能克己私

王阳明认为,若过分贪求耳目之欲,就会反过来伤害耳目之官,故须克去己私以保躯壳。有为身心之志就要有克己之功,因为真己和躯壳本是统一的,克己之道既是存养真己,也是保养躯壳。克己的方法就是防微杜渐,净尽人欲,"扫除廓清","一毫不存",以阻止"众恶相引而来"④,此即拔本塞源。只要在克己时"真实切己用功不已"⑤,念念存天理,时时致良知,就能使心中"天理之精微""私欲之细微"⑥日渐清晰,进而认识到天理、人欲对自己的影响,便自然能诚意、正心。克己功夫是明辨理欲的关键,知理知欲要求切实的伦理道德实践,这就涉及知行合一的问题。如同走一段路方能认识一段路,有克己之行便有明理之知,克己之行就是存天理、克人欲,直至"克得自己无私可克"的私欲净尽、天理流行之境。既然克己是存理去欲的关键,那么该如何解决"己私难克"的问题?王阳明化用禅宗《景德传灯录》中"将心来,与汝安"的典故来说明克己完全依靠自己,即"为仁由己"⑦,强调自我的自主性、主体性、能动性。私欲本身无主体性,只有人有主动性,故束缚自己的不是己私而

---

① 陈荣捷:《王阳明〈传习录〉详注集评》,重庆出版社2017年版,第197页。
② 陈荣捷:《王阳明〈传习录〉详注集评》,重庆出版社2017年版,第197页。
③ 《孟子·离娄下》。
④ 王守仁:《王阳明全集》,上海古籍出版社2015年,第18页。
⑤ 王守仁:《王阳明全集》,上海古籍出版社2015年,第18页。
⑥ 王守仁:《王阳明全集》,上海古籍出版社2015年,第18页。
⑦ 《论语·颜渊》。

是自我。个人对己私皆是自知独知，克己之功不可替代，故要立志切实克己，有志方有行。

（二）克己方能成真己

为己之动机和克己之功夫的共同作用实现了"成己"，"成己"兼具"成真己"和"成躯壳"之意，其中的真己即本心、本性、天理。为己之学要求知仁行仁，忘却己私、克去人欲便能"全得仁体"，使得"天下皆归于吾仁"①，达到万物一体之境，此得仁体之己便是真己。己私将物我分离，导致内外对立，克去己私便能回归于天地万物之浑然一体，一体即真己。此真己不是经验的自我而是本然的自我，它既是"感官及肢体活动的主宰"，发出行动指令，又是"一种道德意义上的本觉"，"能够自然地合于道德法则"，自然而然地成就善行。② 心（或真己）既是思维主体，又是道德本性；既能主宰肢体活动，又能指导行为向善。"成己"是为己之志和克己之功共同作用的结果，"成己"之境实现了躯壳之己和真己的统一。王阳明说："君子之学，为己之学也。为己故必克己，克己则无己。无己者，无我也。"③ 真己就是"无己"，即无己私之己，这是克除了自私自利之心的君子境界。王阳明又说："夫吾之所谓真吾者，良知之谓也。"④ 真己为真吾为良知，它不仅具有理性反思的能力，还具有道德情感的一面，能好善恶恶，"父而慈焉，子而孝焉""言而忠信焉，行而笃敬焉"是"吾良知所好"，反之就是良知所恶，良知之好就是真吾之好，是"天下之所同好"。⑤ 陈来先生还将"己"的问题与弗洛伊德的人格结构理论相比较：

在阳明看来，弗洛伊德所谓"超我"或"自我"（家庭道德准则的内化及社会训练造就的人格），实际上并不是得自后天的经验，而是人的先验的本我的必然规定。情欲之私并不属于原始本我，反倒是

---

① 王守仁：《王阳明全集》，上海古籍出版社 2015 年，第 275 页。
② 陈来：《有无之境：王阳明哲学的精神》，生活·读书·新知三联书店 2009 年版，第 86 页。
③ 王守仁：《王阳明全集》，上海古籍出版社 2015 年，第 229 页。
④ 王守仁：《王阳明全集》，上海古籍出版社 2015 年，第 221 页。
⑤ 王守仁：《王阳明全集》，上海古籍出版社 2015 年，第 221 页。

得自后天的一种对本我的污染。因而良知作为真我表示本真、本然的自我，私吾则是没有内在根据的异体之物。①

弗洛伊德的"本我"是原始情欲之我，"超我"是后天训练和道德教化的结果，这类似于荀子"人之性恶""化性起伪"② 的思想。但在王阳明那里，私欲之我是后天产生的，是本真的丧失，而真己才是本我，它先天固有，不仅是道德的根源，而且是躯壳的根源，存养本我是保全一切的根本。

（三）成真己就是养躯壳

萧惠将与真己对立的己私视为躯壳之需求，认为躯壳和真己有对立冲突之处，为成就真己而克去己私就违背了躯壳的意愿。他错将己私和躯壳捆绑起来，认为克己私就是克躯壳。这就是说，克己私等于成真己，而为躯壳不等于为真己，所以真己和躯壳是矛盾的。但是王阳明认为，养身应泯除过度之私欲，因为己私有害于躯壳，只有克去己私而使真己显现才能保养躯壳，故养真己才是养身的根本。己私是滞留于外物而产生的私欲，它会让躯壳失去应有的功能，比如美色、美味等对人体的伤害。真己蕴含着道德法则，能让躯壳之行合乎规范。真己的蒙蔽意味着躯壳的沦落，真己与躯壳统一而不离，可谓"同气连枝"，此为"克己私＝成真己＝养躯壳"。王阳明说："身之主宰便是心。"③ 此"心"不是血肉之心，而是本心、真己，"身"也兼有躯壳之义，这也是说，真己是躯壳的主宰，成就真己就是保存躯壳，养身以养真己为本。同时，躯壳是真己的载体，是真己发挥作用之所。躯壳如马，真己就如骑马之人，真己因物欲被遮蔽如同马失去主宰便会"车毁马亡"，故人和马在主宰与被主宰的关系中合为一体。躯壳本身没有欲望，物欲的产生在于人心因外物牵引而失去本然之体，己私会将真己遮蔽，从而伤害原本没有欲望的躯壳。因为善会滋养身体，恶会让躯壳堕落，所以彰显真己之仁就能保存躯壳。如果真己与躯壳是截然对立的，那"成己"就意味着对躯壳的否定，躯壳的完全消逝才能

---

① 陈来：《有无之境：王阳明哲学的精神》，生活·读书·新知三联书店 2009 年版，第 315 页。
② 《荀子·性恶》。
③ 陈荣捷：《王阳明〈传习录〉详注集评》，重庆出版社 2017 年版，第 29 页。

彻底成就真己，这就陷入了佛家的寂灭，显然不符合儒家思想的现实指向。但这是否意味着真己与躯壳是一回事？答案是否定的。真己与躯壳是统一的，而非同一的，二者虽不相离，但各自扮演着支配与被支配的角色。

因此，"为己""克己""成己"三者的关系是："为己"是此岸，"克己"是桥梁，"成己"是彼岸。此岸与彼岸又是统一的，"成己"就达到了"为己"的目的，"成己"之"己"即是"为己"之"己"，"克己"所要达到的"为己"，不仅是为那道德自我，实际上也是真正为躯体之"我"①。"为己"就是有养心养身之志，"克己"是摆脱外物牵累，"成己"是彰显真我、保养生命，三者紧密联系，使得身和心重新在现实中完全合一。

三、身心合一论："为己—克己—成己"修养论的思想基础

王阳明的"为己—克己—成己"框架很好地解决了"克己"难题。有为身之志就能克服私欲，能人欲净尽便能成就真我，同时也保养躯体，此递进关系的根据在于真己和躯壳在本质上的统一性、一致性。但二者的统一是本有而非现成，现实中会因己私的阻隔而使真己和躯壳不能完全合一，这就需要一番克己功夫。因此，王阳明认为，若要使躯壳长生久视、保全自我（"为己"），就需要时时刻刻"戒慎不睹，恐惧不闻"（"克己"），不让真己本体有丝毫的亏损，从而复归于真己的完全主宰（"成己"）。此修养功夫就是要时时慎独，自我省察，让自己对待私欲像对待刀割、针刺一样，不能有丝毫的忍耐。将己私作为利身之物就是"认贼作子"，保守真己才是利身的根本。因此，心性修养是身体保养的基础和根本，躯壳和真己的统一使得"成己"具有生存需求的满足和精神境界的提升的双重含义。

王阳明说的"真己不离躯壳"体现了他的身心合一思想。身与心相互依存，可以合二为一，如王阳明所说："耳、目、口、鼻、四肢，身也，

---

① 陈来：《有无之境：王阳明哲学的精神》，生活·读书·新知三联书店2009年版，第315页。

非心安能视、听、言、动？心欲视、听、言、动，无耳、目、口、鼻、四肢亦不能。故无心则无身，无身则无心。但指其充塞处言之，谓之身；指其主宰处言之，谓之心。"① 身心统一是修身之基础，若身心分成两截，则会陷入"己私难克"、灵肉二分之困境，"路漫漫其修远兮"，修身将难以为继。心是真己、本心，身是五官四肢之身，因为身心的统一性，所以身不仅是"心的居所，具象的广延"，还是"心的官能"，是心发挥作用的依靠、依托。② 身心为一体，故知行也为一体，心之动念即身之行动，身体之视、听、言、动皆是心之知觉活动的表现。心之一念发动便是身体之行，日常行为皆是身心齐发，比如："夫人必有欲食之心，然后知食。欲食之心即是意，即是行之始矣。"③ 又如："无有不行而可以言学者。则学之始，固已即是行矣。"④ 因此，"身体的活动就是身心整体的活动，而身心的塑造养成也就是一体结合的成果，没有孤立的心灵行为也没有单纯的身体活动的现象"⑤，真己活动和躯壳活动的完整统一是知行合一的内在根据。心正则身正，诚于中则形于外，心广则体胖，存养真己能使身体安适，有助于强身健体，如射箭、作乐等行为，"身心之间以气贯通，心正则气顺，心平则气和"⑥，真己与躯壳的贯通不仅在于气之流行，根本上更在于生生之理，也就是德性，如王阳明所说："德也者，得之于其心也。君子之学，求以得之于其心，故君子之于射，以存其心也。"⑦ 君子的身体之行即是心之德性的存养过程，身心统一的根据就在于心既是身行之主，又是道德法则。真己是生命的根本，只求己私的满足就会失去根本，最终也无法保养身体，同样，如果只为明心见性而不知保养躯壳，就会流于虚寂。不毁伤身体发肤是孝之表现，更是存养真己之表现。躯壳与真己的对立会陷入两个极端："要么不知有'真己'即本心性体之一面，

---

① 陈荣捷：《王阳明〈传习录〉详注集评》，重庆出版社 2017 年版，第 229 页。
② 李洪卫：《良知与正义：正义的儒学道德基础初探》，生活·读书·新知三联书店 2014 年版，第 233 页。
③ 陈荣捷：《王阳明〈传习录〉详注集评》，重庆出版社 2017 年版，第 132 页。
④ 陈荣捷：《王阳明〈传习录〉详注集评》，重庆出版社 2017 年版，第 138 页。
⑤ 李洪卫：《良知与正义：正义的儒学道德基础初探》，生活·读书·新知三联书店 2014 年版，第 237 页。
⑥ 李洪卫：《良知与正义：正义的儒学道德基础初探》，生活·读书·新知三联书店 2014 年版，第 239 页。
⑦ 王守仁：《王阳明全集》，上海古籍出版社 2015 年版，第 207 页。

汲汲名利，迷失迷茫；要么为了修心性，以为躯壳不当重视，偏离于虚寂。"① 偏于躯壳是纵欲，偏于真己则是禁欲，只有身心统一之下的适欲才是可行的。真己是主宰，没有真己就没有躯壳；躯壳是真己的载体和感性之发用，无躯壳则真己沦为空寂。真己是身行之体，身行是真己之用，两者相即不离。

心使得感官有了视、听、言、动的能力，身体的行为皆受其主宰，无心则无身，可谓"有之即生，无之即死"。本心即真己，躯壳失去真己的主宰就会丧失原有的功能，同时真己又不能脱离躯壳，躯壳是真己之所。王阳明所说的躯壳是可以视、听、言、动的活的躯壳，既然心是"那能视、听、言、动的"，"这视、听、言、动皆是汝心"，那么躯壳自然是"心的躯壳"，所克的己私也仅仅是指"一切企图脱离真己主宰的感性欲望"②，使得"感性欲望遵从良知本我的统率"③。但是，心是否能脱离躯壳而独立存在呢？答案是否定的。本心或真己是即体即用、即存有即活动的，心之体必然要发用为身之视、听、言、动等功能，身体每时每刻都在行动，比如心跳、呼吸等，故心或真己一直都在发用流行，此心自然也是"躯壳的心"。因此，王阳明所说的"真己"即"躯壳的真己"，所说的"躯壳"即"真己的躯壳"，真己与躯壳在本质上融合无间、统一无碍。"为己"和"成己"的"己"就是身心合一之己，"成己"可以说是成就身心之合一，要达到身心合一就要扫除身心之间的障碍——己私。因此，在身心合一的综摄下，"为己—克己—成己"三位一体、相辅相成，而身心合一的终极依据就是生生之理。

四、真己即天理：真己和躯壳统一的本体论基础

王阳明说："这心之本体，原只是个天理，原无非礼。这个便是汝之真己，这个真己是躯壳的主宰。"本心即天理，天理即真己，真己又是躯壳的主宰。天理即生生之理，不是佛老之虚无空寂之理，它能赞天地之化

---

① 纪望书：《〈传习录〉通解》，武汉出版社2017年版，第101页。
② 陈来：《有无之境：王阳明哲学的精神》，生活·读书·新知三联书店2009年版，第315页。
③ 陈来：《有无之境：王阳明哲学的精神》，生活·读书·新知三联书店2009年版，第315页。

育，自然也肯认躯体存在的合理性。王阳明说："天理即是良知。"① 良知和见闻的关系也对应了真己和躯壳的关系，良知即真己，获得见闻之知必然要借助躯壳之感官，躯壳与真己的统一也证明了良知不离见闻，即"良知不由见闻而有，而见闻莫非良知之用，故良知不滞于见闻，而亦不离于见闻。"② 因为真己就是天理良知，故真己和躯壳相统一。在对话中，萧惠认为，"己私难克"的原因在于躯壳之己和真己是对立、不统一的，躯壳似乎是成就真己的障碍。因为"目便要色，耳便要声，口便要味，四肢便要逸乐"，己私若是身体之需，那为了保全躯壳就无法成就真己。这是把真己与躯壳的对立当成是根本性的，没有认识到两者冲突的暂时性和非本质性，而王阳明则以身和心的统一性来予以纠正：躯壳就是"耳、目、口、鼻、四肢"之身，它本身是无意识的，不会产生欲望，己私其实来源于人心之动。王阳明化用老子之语："美色令人目盲，美声令人耳聋，美味令人口爽，驰骋田猎令人发狂。"③ 真己、躯壳本为一体，蒙蔽真己必然损害躯壳之己，因此，真正的为己不是满足身体之私欲，而是提升内在的人格境界，即存天理。

真己与躯壳本质上是和谐统一的，其中真己更为根本，它是躯壳的主宰。我们可以用源与流来说明二者关系，真己是源头，躯壳是水流，无源头则无水流，源头清则水流清，故说"若无真己，便无躯壳"。不能克己并非因为躯壳，而是外物的阻碍，身体本身不会有欲望，欲望的产生是因为人心受到了外在名利的牵引。但是，既然"汝心"为性为理，那一定是纯善无恶的，又为什么会产生私欲呢？既然真己是天理，又是躯壳的主宰，那人欲又从何而来？这可以用"见闻之知"来解释。王阳明说："良知不滞于见闻。"良知即真己，滞于见闻就是私欲，私欲源于"见闻之知"，但"见闻之知"不全是私欲，有执着性、滞留性的见闻才是私欲。"见闻之知"是通过经验而得的知识，人心执着于这种知识就产生了恶。笔者认为，这也可以用"人心"和"道心"来解释。《尚书·大禹谟》说："人心惟危，道心惟微；惟精惟一，允执厥中。"王阳明对"道心""人心"也有言："心一也，未杂于人谓之'道心'，杂以人伪谓之'人

---

① 王守仁：《王阳明全集》，上海古籍出版社2015年版，第96页。
② 王守仁：《王阳明全集》，上海古籍出版社2015年版，第1069页。
③ 王守仁：《王阳明全集》，上海古籍出版社2015年版，第32页。

心'。'人心'之得其正者即'道心','道心'之失其正者即'人心',初非有二心也。"①"'率性之谓道'便是道心,但着些人的意思在,便是人心。道心本是无声无臭,故曰'微';依着人心行去,便有许多不安稳处,故曰'危'。"②人心和道心本为一体,但心因为接触外物而起心动念,使得两者分离,人心萌动而道心遮蔽。就比如一块铁,其本身坚硬光滑,但因为接触外面的水分、空气而生锈,铁锈遮蔽了本来光滑的铁块。本心或道心就如铁块,水分、空气是外物,私欲就是水分、空气与铁块进行化学反应而产生的铁锈,亦即有执着的"见闻之知"。当然,此比喻还不完全恰当,铁生锈会使铁块损耗,但道心不会因为私欲遮蔽而有一丝一毫的欠缺,"本是完完全全,增减不得,不假修饰的"③。

真己既是行为主体,又是道德主体,对身体的一切行为有指挥、控制、监督、调节的作用。任由外物牵引会导致口爽、耳聋、心狂、目盲等弊病,使感官不能正常发挥应有的功能,心使得视、听、言、动得以发动,又使得视、听、言、动皆合乎礼。在王阳明那里,视、听、言、动与视、听、言、动皆合礼是一体的,此视、听、言、动都是本心的视、听、言、动,则必然会合礼,若不合礼则不算是本心之视、听、言、动。身行不合礼的原因在于人心受到了五色、五音、五味等的诱惑,使真己被遮蔽,躯壳也会相应受到伤害。王阳明认为,行为非礼并不是躯壳的问题,而是失去了真己的主宰。但是,既然身之视、听、言、动皆有心主宰,心为性为天理,那视、听、言、动应该始终合礼,但现实中的"非礼"又是怎么来的?笔者认为,这是因为真己既是意识主体又是理性存在,它虽永远在躯壳之中,但真己不会永远完全主宰躯壳,因外物的牵引和己私的遮蔽,它有时只会发挥思维功能而不会发挥道德功能。不合礼的视、听、言、动也是人心的视、听、言、动,按照阳明"这视、听、言、动皆是汝心"的说法,视、听、言、动虽不合礼,但也以心主宰肢体活动,"非礼"是因为本心的道德功能被见闻遮蔽而产生了己私。

王阳明的为己之学包括为躯壳之己,但在根本上是为真己,因为彰显真己也自然使躯壳之己得以保全。由于私欲的阻隔,真己和躯壳会在现实

---

① 王守仁:《王阳明全集》,上海古籍出版社2015年版,第6页。
② 王守仁:《王阳明全集》,上海古籍出版社2015年版,第90页。
③ 王守仁:《王阳明全集》,上海古籍出版社2015年版,第33页。

中存在对立,但这不会改变真己内在于躯壳之中的事实。真己与躯壳大致相当于孟子的大体与小体的关系,"先立乎其大者,则其小者不能夺也"①,在真己得到彰显的同时,自然也能满足躯壳的正当需求。真正的为己之思就是"思量耳如何听,目如何视,口如何言,四肢如何动"②,让身体感官有个行动的准则——礼,以礼节欲利于躯壳的保养,纵欲只会让身体沉沦,"必须非礼勿视、听、言、动,方才成得个耳、目、口、鼻、四肢"③,克己复礼是保全身体的必要途径。名利是"躯壳外面的物事",故不是身体所需,"向外驰求"会让人忽视对真己的保守和对躯壳的保养。身体自身不能主宰行动,心才是主导者,此心执着于名利就产生了己私。感官的视、听、言、动是由心而非由身,"汝心之视,发窍于目;汝心之听,发窍于耳;汝心之言,发窍于口;汝心之动,发窍于四肢",五官的功能是心所赋予的,心之发动在身上就体现为五官四肢的不同功能。感官必须发挥视、听、言、动的功能才能称之为感官,而心又是视、听、言、动的主宰和根源,所以"若无汝心,便无耳、目、口、鼻"。心为性为理,是视、听、言、动之所由,心之主宰或性之扩充或理之作用外化为身体的视、听、言、动。心,即仁,是性之生理的主宰一面,五官四肢之视、听、言、动是生生之仁的发用流行,心之生理发于躯壳即成为躯壳的行动功能。心之主宰即天理的主宰,而礼是理在日常行为中的表现,故心既发用为行,又发用为礼。心是主宰躯壳的真己。常人和圣人在本质上没有差别,现实的区别就在于真己的显现程度,"完全的主宰正在于本体的完全彰显,即道德主体的真正确立"④,圣人之境消除了身心之间的紧张性和冲突性,复归于二者的一致性、统一性。同时,真己也是良知,即天理之昭明灵觉,它是身心统一的根据,良知贯通于身心一体,"以心为轴,以身体为用","心为其纲,身躯同体一行",⑤ 良知即体即用,主宰于心,发用于身体之视、听、言、动。

---

① 《孟子·告子上》。
② 王守仁:《王阳明全集》,上海古籍出版社 2015 年版,第 32 页。
③ 王守仁:《王阳明全集》,上海古籍出版社 2015 年版,第 32 页。
④ 李洪卫:《良知与正义:正义的儒学道德基础初探》,生活·读书·新知三联书店 2014 年版,第 236 页。
⑤ 李洪卫:《良知与正义:正义的儒学道德基础初探》,生活·读书·新知三联书店 2014 年版,第 236 页。

五、结语

　　王阳明的"为己方能克己,克己方能成己"成立的思想基础是身心合一论,身心合一的终极依据是,真己即本心、本性、天理,也就是生生之理。王阳明说:"性一而已,自其形体也,谓之天……赋于人也,谓之性;主于身也,谓之心。"① 天理在躯壳上即表现为真己。真己是人格境界和理性存在,躯壳之己是五官、四肢等感性形体,自我是理性存在和感性生命的共同表现,二者的和谐统一才构成真正的个体。杨国荣先生认为,躯壳是"以感性形体为表征的生命存在",真己不同于"感性层面的形体",但也不"游离于感性生命"②。真己对形体的制约、监督、规范是以二者的统一性为基础。因为真己不离躯壳,故应保养身体、珍惜生命,这正如王阳明所说的"毋绝尔生"③"毁不灭性"④。真己的修养不能以无视感性生命为代价,"尽道德义务不应导向否定个体的生命存在"⑤,这在一定程度上对泰州学派的"保身"思想产生了影响。王艮说:"若夫知爱人而不知爱身,必至于烹身割股,舍生杀身,则吾身不能保矣。吾身不能保,又何以保君父哉?此忘本逐末之徒,其本乱而末治者否矣。"⑥ 李贽也说:"穿衣吃饭,即是人伦物理,除却穿衣吃饭,无伦物矣。"⑦ 泰州学派肯定了人的情感欲望,提高了感性生命(躯壳)的地位,这不仅没有偏离王阳明的思想,而且在一定程度上继承和发展了王阳明的为己之学。

　　圣人境界是躯壳和真己的完美统一之境。如明末施邦曜所说:"形色天性也,惟圣人然后可以践形。形色岂轻视得,使一身之耳目视听,件件合于天理,方是践形。且圣人合天下以为身,即尽人尽物,参赞天地,总不过完得聪明睿智,践此耳目视听之已。舍躯壳而另求克己,便入空幻一

---

① 王守仁:《王阳明全集》,上海古籍出版社2015年版,第14页。
② 杨国荣:《走向良知——〈传习录〉与阳明心学》,上海外语教育出版社2018年版,第33页。
③ 王守仁:《王阳明全集》,上海古籍出版社2015年版,第228页。
④ 《礼记·丧服四制》。
⑤ 杨国荣:《走向良知——〈传习录〉与阳明心学》,上海外语教育出版社2018年版,第33页。
⑥ 王艮:《王心斋全集》,江苏教育出版社2001年版,第29页。
⑦ 李贽:《焚书》,河南大学出版社2016年版,第128页。

路,总是见道未明。"① 只有在为己(包括躯壳和真己)的基础上才能克己,否则要么克己失败而陷入纵欲,要么坠入佛家断灭种性之空寂。圣人不会回避耳目之欲,但其视、听、言、动都是天理之表现,都以良知为主宰。圣人教化天下、宰制万物也是通过身体的视、听、言、动,躬行实践达成的,这体现了儒家的现实关怀和入世精神。通过建立"为己—克己—成己"的架构,王阳明阐明了身心的统一性,既强调真己对躯壳的主宰和制约,又重视对躯壳的保养,并以保守内在真己作为养身的根本方法。因此,王阳明的身心合一思想不仅对泰州学派的"保身""安身"理论产生了一定的影响,而且其为己之学对当今流行的养生观具有启发意义,适欲节欲、存心养性、精神内守同样是当今之世最根本的养生之道。自我管理是群体管理的基础,王阳明的为己之学是对儒家"修己以安人"② 思想的继承和发展,对当今身心管理乃至企业管理均具有重要的现实价值。

---

① 王守仁撰,施邦曜辑评:《阳明先生集要》,中华书局2008年版,第90-91页。
② 《论语·宪问》。

重论先秦商家经营管理思想

温江斌①

中国管理思想源远流长、精深博大，先秦时期是中国思想文化蓬勃发展的黄金时期。商家是先秦时期存在过的一个独立的思想流派，有着丰富的经营管理理论，为后世留下了宝贵的商业经营思想财富。新中国成立后，尤其是改革开放以来，学者赵靖、石世奇、吴照云等对先秦商贾的相关思想进行了整理和研究。当然，关于先秦商家经营管理思想的研究还有诸多可深入之处，正如学者姚中利在提出"先秦商家经济思想体系"的命题时认为，从"家"的角度深入整理和研究先秦商人经济思想还不够，"不免给人一种盛名之下，其实难符的感觉"②。当前，在学习、借鉴西方管理理论和方法的同时，系统分析、总结先秦商家经营管理思想，并从现代管理文化的视角发掘先秦商家经营管理思想的内涵，促进中国优秀传统商业管理文化创造性转化和创新性发展，具有重要的历史价值和现实意义。

一、先秦商家与先秦商家学派

先秦时期是中国经济管理思想萌芽和发展的重要时期。春秋战国时期是一个因长期兼并战争引起社会急剧变动的时代，各诸侯国由于政治军事的需要大力倡导改革。改革促使社会经济的快速发展和新兴封建生产关系萌发：城市商业活动日趋繁荣，"工商食官"局面逐步打破，货币经济迅速兴起，自由私商纷纷出现。同时，随着经商规模的扩展，他们有些人遂成为富商大贾，不仅过着奢靡的生活，而且在政治上也有了一定的诉求，他们交通诸侯、与问政事。由此，先秦商贾势力的增长和地位提高，在当

---

① 温江斌，江西财经大学人文学院副研究员、管理学博士后、硕士生导师。
② 姚中利：《先秦商家经济思想体系浅析》，载《江淮论坛》1988年第3期。

时不期然间形成了一个社会阶层。

先秦商贾阶层并不是一个单纯的集体，其类别繁多。若以经营商业的主体划分，有官贾之商、贵族之商、平民之商；若以商人的资产划分，有富商大贾、中等商人和小商小贩等；若以行业类型来看，有屯积商、煮盐商、冶铁商、畜牧商、珠宝商以及高利贷商等。根据司马迁在《史记·货殖列传》中的记述，先秦及西汉时期的商贾包括如下几种：一是专门从事商品交换的商贾，如范蠡、子贡、白圭、刁间等；二是同时从事商品生产与交易的商贾，如曹邴氏、程郑、宛孔氏，以及其他冶铁、煮盐的商贾；三是从事服务行业的商贾，如洒削郅氏、胃脯浊氏、马医张里，他们均是以小技艺致富的人；四是经营借贷的商贾，著名的有富埒关中的长安无盐氏等。随着商业资本的发展和商人阶层的形成，在那些秉政商贾、雄商豪贾出现的同时，一个重要的商业名流即商业理论家群体形成了。这些理论家有的高居庙堂、富可敌国，有着较高的文化素养，如计然、范蠡、白圭、子贡等，他们进入商业领域从事经商活动后，依据自己治商实践和学习获得的行商知识整理、总结出相关的经商致富理论，直接催生了商家学派学说的形成。从此，社会变迁便多了一种新的因素，社会的历史进程也程度不同地受到了商贾、商业及商业理论的影响。具体看，"商家"也称"货殖家"或"治生家"，他们以"货殖""治生"等商业问题作为实践和研究对象，计然、范蠡、白圭、子贡等就是这个新兴商人阶层的重要代表人物，他们身体力行地进行商业实践，总结并提出了诸多商业经济管理理论，组成了先秦时期客观存在的一个独立的学术思想流派，主要体现在以下几方面。

其一，先秦商家有着一批具有相当学术造诣的代表人物。先秦商家学派的宗师有计然、范蠡、白圭、子贡等，成员包括猗顿、郭纵、吕不韦等。中国古代商店所贴的对联常有"陶朱事业，端木生涯"八字，陶朱是指范蠡，端木是指子贡。司马迁在《史记·货殖列传》也将范蠡、白圭等列为商家的代表人物，可见范蠡、白圭、子贡等在治生之学和商业经营中的地位和影响。他们拥有渊博的文化知识和深厚的社会阅历，如范蠡为越国大臣，有着丰富的军政知识和经历；白圭为魏相，具有治国、治水的知识。他们尤为重视并总结了当时的行商、治商经验。另外，商家学派不仅重视个人行商经验的积累和总结，还学有师承，如范蠡拜计然为师、猗顿师事范蠡等，白圭则严格要求学生做到"智""勇""仁""强"①，并由此形成自己的学术势力。

其二，先秦商家不仅以研究商业经营为对象，而且达到了较高的理论水平。先秦之际的治生之学主要是商业经营之学，它包含的范围比较广泛，如有农业、手工业、矿业经营以及生息资本、高利贷经营等。相关研究理论可见于《汉书·艺文志》《国语》《战国策》《越绝书》等文献，其中较为集中、完整的记载主要见于《史记·货殖列传》，如计然"积著之理"、范蠡"侯时转物"、白圭"治生之术"以及子贡"废举转货"等。从这些史料可以看出，先秦商家已经认识到市场变化和商品、货币运行的规律，在商业经营方面也有较为系统的认识，并在当时社会上已具有一定的影响力。

先秦商家经营管理理论包含范围广泛，其核心是研究和市场相联系的商品经营，研究如何增殖财富，因此也称"货殖"。所谓"货殖"就是通过一定的生产与经营使货生货、钱生钱，即在商业的交易、流转中获取商业利润。具体看，先秦商家学派的代表人物在论及商业经营管理思想时各有侧重。如，计然的商业经营管理思想包括"蓄积备生"的经营宗旨、"流通商品"的经营原理、"明时观货"的决策观等，这些商业经营思想是建立在对天道、五行的运行规律的认识和遵循之上的，揭示了商业经营管理中虚实对立、补充和运动以及动态平衡，从而使"治生之学"超出了狭隘经验的范围，具有重要的创造性。范蠡吸收并运用老师计然的学说，总结了多种商业经营思想，如"侯时转物"的经营宗旨、"贵贱极反"的市场预测思想、"以陶为中"的经营择地观，以及薄利多销、多元相济、择人任时等经营理念。白圭重视研究生产经营规律，提出了许多有效的经商之道，如"人弃我与"的经营原则、"乐观时变"的经营思想、"长钱下谷"的经营策略、"同苦乐"的情感管理观等。子贡"求善贾而沽诸"，善于捕捉市场信息，具有敏锐的市场预测能力。他熟练把握供求关系的变化，将其运用于贱买贵卖的"废举"之中；他还注重商业信息搜集和交流，推崇诚实守信的经商之道等；特别是他"富而无骄""施民济众"的商业伦理思想，具有鲜明的儒家思想的特点。

事实上，先秦商家治生之动机时非常具体、实用，计然即说"人之生

---

① 司马迁撰，李翰文整理：《史记》第六册，北京联合出版公司2016年版，第3048页。

无几，必先忧积蓄，以备妖祥。凡人生或老或孤，或强或怯，不早备生，不能相葬"①，意思是人若要免于老、孤、怯等苦难，应采用积聚财富的办法；经商行商、发家致富的核心动机就是应对短暂人生中可能遇到的种种灾难与不幸，使生命不受困苦拘围而能有所超越。

对此，司马迁在《史记·货殖列传》中说："农而食之，虞而出之，工而成之，商而通之"②，认为先秦商贾在社会发展中具有一定的作用。司马迁认为，追求物质享受与精神满足是人类的天性之一，"布衣匹夫之人，不害于政，不妨百姓，取与以时而息财富，智者有采焉"③，并通过传记实录方式对计然、白圭、范蠡、子贡、猗顿等人的经商活动及经验理论予以描述和总结。此后班固虽对商贾的价值持一种模糊意见，但在《汉书》中亦专门单设《货殖传》对计然、白圭、范蠡等先秦商家进行了描述，还将"商"与"士""工""农"等并列，认为"商相与语财利于市井""不免于饥寒之患"。④ 近代著名学者梁启超在《〈史记·货殖列传〉今义》一文中对《史记·货殖列传》的若干段落采用按语形式，分别对计然的农业丰歉循环论和"积著之理"、白圭的"乐观时变"以及李悝的"尽地力之教"等作了精彩评述，并第一次对"计然、白圭所云"冠以"学派"之称，开启了我国近现代学者对古典经济学和先秦商家学派的研究发端，具有重要的理论意义。

二、先秦商家经营管理思想的主要内容

整体而言，先秦商家经营管理思想是一个较为完整、系统的理论体系，为进行统一论述，这里将先秦商家经营管理思想归纳为市场预测论、经营策略论、经营者素质论、商业伦理论等四个方面，具体论述如下。

（一）市场预测论

1. 收集市场信息，掌握市场行情

经营管理者若想在商战中"百战不殆"，对竞争对手情况了解透彻，

---

① 张仲清译注：《越绝书》，中华书局2020年版，第80页。
② 司马迁撰，李翰文整理：《史记》第六册，北京联合出版公司2016年版，第3042页。
③ 司马迁撰，李翰文整理：《史记》第六册，北京联合出版公司2016年版，第3107页。
④ 班固：《汉书》第四册，中华书局2022年版，第3162-3163页。

"知彼"是必须认真做好的工作。计然明时观货，主动掌握商品变化行情，相时而动；范蠡选择"天下之中""诸侯四通"的陶地，开展商业经营，因能获得大量的商业信息，故能推动商品的转运买卖。市场行情瞬息万变，涉及经济、政治和自然等诸多因素，要做好"知彼"这项工作，就需要掌握市场各方面的信息，分析市场动态，准确把握市场的变化趋势等，并最终予以科学决策。

2. 依据市场形势变化，做好商情预测

先秦商家着力于运用当时的科学知识来开展商情预测，先秦商家所经营的商品主要是农产品或用农产品加工而成的手工业品，这些商品受自然气候条件的影响极大，因此，先秦商家们运用当时的古天文学知识与农业知识，去探寻气候变化和农业丰歉之间的联系及其规律。如计然"旱则资舟，水则资车"就是对气候、季节与商品信息千变万化的主动掌握、分析和判断。白圭意识到商品的价格波动与市场的供求关系的密切相联，提出了在商业经营管理活动中，需根据商品价格的"贵贱极反"规律，对价格趋势进行预测。

3. 在商情预测基础上，及时决策行动

在商业经营管理中，商情预测之后需快速、及时制定符合市场规律的战略或策略，使治商工作有的放矢。范蠡以"计然之策"为指导，结合自己对市场的分析研究，认为"时将有反，事将有间"[①]，不放弃所发现的任何商机，在"与时逐"的迅速决策中进行商业经营管理。白圭也意识到当市场上出现某种商品成为顾客抢购的对象时，其价格就会上涨，供过于求和价格下跌的情况就会出现，此时就要及时做出果断的决策，即"趋时若猛兽挚鸟之发"[②]，一旦时机成熟，就必须快速做出抉择。

（二）经营策略论

1. 虚实结合的原则

先秦商家学派认为，经商者不仅要善于抓住眼前的商业机遇，还要善于发现和捕捉未来潜在的、非偶然性的经营机会。范蠡主张在商品供过于求、价格跌落走向极点时，应大量购进低廉商品储存以备将来之用。白圭

---

① 陈桐生译注：《国语》，中华书局2013年版，第718页。
② 司马迁撰，李翰文整理：《史记》第六册，北京联合出版公司2016年版，第3048页。

在经营管理上取得出色成绩,离不开他对"取予之道"的正确理解和把握。他认为市场上需求不旺、供大于求、价格低廉的商品,应采取"人弃我取,人取我与"① 的经营策略,反其道而行之,予以大量购存。为此,范蠡、白圭等先秦商家常常在商业经营中以虚实结合、取予统一为指导,捕捉商机、及时决策,获取商业财富。

2. 迅速制胜的原则

先秦商家学派强调,经商者要敏于抢占先机,他们常以农民丰年谷物的多余与荒年歉收不足情况来判断谷物商品的贵贱,然后"以物相贸,易腐败而食之货勿留"②;计然和范蠡还注意到,市场上商品价格的自发涨落是不以人的主观意志为转移的。首先,"论其有余不足,则知贵贱"③,即当商品供过于求,其价格必然下跌;商品供不应求,其价格必然上涨。其次,"贵上极则反贱,贱下极则反贵",即商品供给的增长将引发供大于求而导致价格猛跌,而商品低廉亦会导致供不应求而引发价格猛涨,针对商品价格"贵贱极反"的波浪性、循环性特征,先秦商家们提出"贵出如粪土"的经商理念,即当商品价格不断上涨趋向顶点时,商品就要快速出售,从而增加商品销售额并提高商业利润率。

3. 薄利多销的原则

薄利多销是用低利低价卖出商品来增加总收益的销售策略,无论是在古代还是在现代的经营活动中都是一种常见的经营方法,在先秦时,商家已经提出、运用这一经营之术。范蠡认识到薄利可以加快生产经营周转,从而使资金得到快速的流通,所谓"侯时转物,逐什一之利"④,也就是经营中只取十分之一的利润。通过"薄利"达到"多销"的目标,积少成多达成大利的目标。同时,计然、范蠡等也提出和运用"无息币"经营策略,希望通过增加商品的流通次数,使同样的财物在一个周期内进行更多的交易,从而在扩大购销中增加利润的总额。⑤ 这样的薄利多销策略,既可以加速资金流通,也能取得"积著率岁倍"的大利。

---

① 司马迁撰,李翰文整理:《史记》第六册,北京联合出版公司2016年版,第3048页。
② 司马迁撰,李翰文整理:《史记》第六册,北京联合出版公司2016年版,第3046页。
③ 司马迁撰,李翰文整理:《史记》第六册,北京联合出版公司2016年版,第3046页。
④ 司马迁撰,李翰文整理:《史记》第六册,北京联合出版公司2016年版,第1511页。
⑤ 司马迁撰,李翰文整理:《史记》第六册,北京联合出版公司2016年版,第3045 - 3046页。

（三）经营者素质论

白圭非常注重商贾的素质，明确要求商人必须具备"智、勇、仁、强"四个方面的素质，"是故其智不足与权变，勇不足以决断，仁不能以取予，强不能有所守，虽欲学吾术，终不告之矣"[1]。这说明白圭不仅认识到经营管理的主体是人，还认识到人的素质高低决定了经营管理效益的高低。

1. 智

"智"是对商人谋略的要求，就是要通权达变、权衡时机、运筹帷幄，以至能出奇制胜。市场变化莫测、竞争激烈，价格的变动和商品的供需都是瞬息万变的，因此商业经营者需要用敏锐的眼光进行权衡和判断，去抓住市场行情变化带来的商机。如果经商者不具备这种正确判断市场形势变化的能力，或者不能及时采取相应的经营管理措施去解决问题，就不可能在竞争中取胜。

2. 勇

"勇"是对商人心理品质的要求。经营管理活动具有一定的风险性，经商者要勇于分析市场诸多变数并敢于做出决策。市场形态千变万化，不确定性的风险与商业机遇是同时并存的，因此要科学正视风险带来的机遇。倘若缺乏勇气，就会犹豫不决以致于错失机会；倘若不敢进行风险决策和风险经营，就难以生存和发展。因此，经商者要敢于采取一些大胆的经营措施，要善于决断、敢于作为，勇于决断。

3. 仁

"仁"就是要求商业经营者为达到商业目的舍得"为取而予"。一方面要给予员工较为丰厚的待遇和福利，使员工有较强的集体荣誉感，使他们更有工作干劲和向心力；另一方面，为顾客提供合理的价格、优质的商品和耐心的服务，不要在价格和商品质量方面欺诈顾客，牟取暴利。如果不能够正确取舍，光"取"不"予"，那么很快会无处可"取"了。因此，商人要懂得并善于处理"取"和"予"之间的关系，取予关系改善了，自身的利益才更容易得到保障。

---

[1] 司马迁撰，李翰文整理：《史记》第六册，北京联合出版公司2016年版，第3048页。

4. 强

"强"要求商人在经商过程中要有强大的意志力,对自己所从事的商业经营抱有执着的信念,无论顺境还是逆境,都要有持之以恒、坚韧不拔的毅力。众所周知,经商是一项艰辛的工作,必然会遇到各种各样的困难与风险,或需要跋山涉水将货物转贩,或需要广收物资将商品予以加工销售,这些都要求商人具备吃苦耐劳的精神,如果没有坚强的意志和毅力,就不可能胜任经商活动。因此,为了等待有利时机去克服各种困难,商人必须具备强大的忍耐力和意志力。

(四) 商业伦理论

1. "务完物""取上种",保证商品质量

范蠡强调在商品交易过程中应"务完物",保证提供给顾客以优质的商品;他还提出"以物相贸,易腐败而食之货勿留"[①],认为容易腐烂变质的食用物品应尽快销售处理,切忌使"完物"变成"残物"。白圭也主张在买卖农作物的商贸活动中,应"取上种",采购优质的谷种,保证所售谷种物美质高。商品质量高,才能促进商品流通,有利于商贾树立良好的形象,在市场竞争中处于有利地位。"务完物""取上种"的观点体现了先秦商家对保证商品质量和维护商业信誉必要性的高度关注。

2. 勇担"施民济众"的社会责任

计然在经商中注意"商道","循道顺天,富邦安民"[②]是他的商业主旨之一;白圭在谈及商人四种素质时,指出商人要有仁爱之心,要取之有道、不欺诈顾客;范蠡致富之后"尽散其财","富好行其德",仗义疏财、接济贫民;子贡则在儒家思想影响下,"富而无骄","博施于民而济众"。商人富裕之后,应该积极回报社会,负起社会的责任。先秦商家富国又利民,关心国富、关注民瘼是其经商重要目标之一。当代企业由于不同的战略目标,一般重视"管理的管理"而忽略"管理的伦理",先秦商家学派的"取上种""务完物""富而无骄""富行其德"等思想无疑对建设"管理的伦理"具有镜鉴的意义。

市场预测论、经营策略论、经营者素质论和商业伦理论等四大内容构

---

① 司马迁撰,李翰文整理:《史记》第六册,北京联合出版公司2016年版,第3046页。
② 张仲清译注:《越绝书》,中华书局2020年版,第276页。

成了先秦商家经营管理思想的核心内容，它以商业经营为核心形成了一个完整的体系。整体而言，先秦商家经营管理思想是"行动的"，而非纯粹"思辨的"，它一般缺乏严格的推理形式和抽象的理论探索，"更欣赏和满足于模糊的全局性的整体思维和直观把握"①；没有从容闲暇的抽象的思辨，而更多的是"执着人间世道的实用探求"，显示着鲜明的"实用理性"的特质和风格。作为一种理论，先秦商家经营管理思想对当时社会生产力和新兴封建生产方式的发展起到了积极的推动作用。

三、先秦商家经营管理思想的内涵

先秦商家经营管理思想有着自己的核心范畴和基本内容，显示出独特的文化内涵，这里从"商势""商策""商道"三方面的内涵进行论述。

（一）"商势"——商情预测与商机的把握

作为实践性很强的商业经营，先秦商家非常注重对"势"的把握。所谓"势"即是"时"，就是经济发展走向和市场发展态势。在先秦商家学说中，子贡的"与时转货赀"、范蠡的"候时转物"、白圭的"乐观时变"，无不重视一个"时"字。进一步看，这种对"时"的把握主要有以下三个方面。

（1）自然物候时机。自然物候时机包括季节变化的时机和旱涝凶灾变化的时机。季节变化是周而复始的，而旱涝凶灾变化则缺乏规律。白圭"乐观时变"就是根据天地四时、自然气候周期的往复变迁、农事的丰歉，做出科学的判断，从而采取不同的经营手段和方法；而计然、范蠡则根据天文知识对天时变化做出预测，"故岁在金，穰；水，毁；木，饥；火，旱"②。

（2）政治时机。政治上的变动也会带来经营的时机，抓住这个"时"就更容易取得商业经营成功。如子贡善于掌握政治变动，"结驷连骑束帛之币以聘享诸侯"，并深入预测市场行情的变化，终而"亿（臆）则屡

---

① 李泽厚：《中国古代思想史论》，人民文学出版社2021年版，第260页。
② 司马迁撰，李翰文整理：《史记》第六册，北京联合出版公司2016年版，第3045页。

中";范蠡善于用人,"与时逐而不责于人""能择人而任时"①,即能同时看准政治动向变迁和商情形势变化而经营商业,故而"十九年之中三致千金"。

(3) 市场供求变化时机。自然物候的变化、政治的变化都会影响市场上商品供求,进而影响价格,要抓住供求关系的变化,快速掌握市场商品价格规律,如计然明时观势,认为通晓货物的来源与流通去向可以推动商业发展并取得丰厚的利润,"利源流,明其法术","则家富而不衰矣"②。

(二)"商策"——商业竞争与谋略的融合

"策"指的是营商的策略和方法。商人致富依靠劳动或谋略,即采取何种方法经营产业,这是先秦商业经验论的直接反映。商业管理对象具有复杂性,把握这些对象的要素、结构和发展方向等问题是有效经营管理的前提条件。因此,商人要对商业市场和商品进行全方位的考察,主动结合具体情况运用各种有效管理方法进行解决。司马迁在总结计然、范蠡、白圭等先秦"货殖家"行商治生理念时说:"无财作力,少有斗智,既饶争时,此其大经也。"③ 这就是说在没有资产时应该通过辛苦劳作去积累财富,小有资产后就应该靠智慧增加财富,已经富裕了就要抓住商机扩大商业规模和财富总量。商业谋略得当与否,往往关乎经营的成败。凡是勤俭节约,并且肯花劳力,即是"治生之正道",但真正要发家致富,"富者必用奇胜",就要有超出常人的才能和本事。先秦商家管理思想中有着许多商业经营的方法、策略,其中如观时待乏、无敢居贵、贵贱极反、人弃我取等,它们"揭示对立项双方的补充、渗透和运动推移以取得事务或系统的动态平衡和相对稳定"④,这些方法遵循权变性、功利性、主动性等原则,是商业竞争与兵家谋略的融合,具有很强的实践性,鲜明地体现了中国传统文化中"实践理性"的特点。

(三)"商道"——商业运行与天道的统一

"道"含有规律、道理、道术等多重含义,中国古人通过长时间的实

---

① 班固:《汉书》第四册,中华书局 2012 年版,第 3164 页。
② 张仲清译注:《越绝书》,中华书局 2020 年版,第 84 页。
③ 司马迁撰,李翰文整理:《史记》第六册,北京联合出版公司 2016 年版,第 3059 页。
④ 李泽厚:《中国古代思想史论》,人民文学出版社 2021 年版,第 259 页。

践和探索，对"道"的实行和功用有了深刻的认识。上古时期，先民对"道"的理解各不相同，但普遍认同"道"的客观存在，相信"道"即影响事物发展的根本规律；在顺道过程中和追求结果方面，坚信只有循道而为，才能获得最大的成功。先秦商家的"商道"主要体现在以下三方面。一是商业运行符合天道。先秦商家认为商业运行与天道、四时等吻合，如计然的商业循环经济思想就与天道循环统一，认为太阴即岁星运行于不同的位置，会对农作物收成、商业运营造成不同的影响。又如白圭从五行循环论出发探索农业生产丰欠规律以及商业经营"取予"时机。二是先秦商家的商业经营策略模仿天道，计然的"货无留，无敢居贵""贵上极则反贱，贱下极则反贵"等经商策略即以天地运行的规律为法式，是对天道"物极则反"认识的运用发挥。白圭"长钱下谷"策略、范蠡"待乏"原则以及子贡"物稀为贵"思想，则是从阴阳五行转化、天道盈虚变迁中获得商业经营对立、渗透和运动的经验启发。三是先秦商家学派的商业伦理观呈现"天道"思想，这主要是围绕两个方面来展开的。一方面，从商者本身的道德问题。如范蠡认为在商品经营中，要讲究质量，以"完物"取信于顾客。白圭在谈及商人"智、勇、仁、强"四种素质时，指出商人要有仁爱之心，即不欺诈，取之有道。另一方面，商贾们应主动积极承担社会和国家的责任。范蠡在"三致千金"之后，把财富"分散与贫交疏昆弟"，因此被赞称为"富好行其德者也"。子贡经商致富后资助孔子周游列国，弘扬儒家思想和政治主张，对儒家文化做出积极贡献。造福社会、经世济民是先秦商家所追寻的重要社会责任和价值取向，商业经营目的固然有追求利润的重要方面，但是先秦商家学派没有盲目突出、强调商业经营管理的"权谋"与技巧，而是从"天道""仁""德"等长远的、系统的高度客观地观察经营管理的"商道"，这使得这一学说区别于一些实用主义的学说，给后世带来深远的影响。

从以上三方面可以看到，"商势"是对商业运行态势的把握，"商策"是商业基本的经验方法，"商道"是对商业经营的统摄。先秦商家将"商势""商策""商道"运用于行商治商的经营管理过程：首先通过把握天地之大势、商情货情之趋势以成商业之"时势"，搜集掌握商业信息并预测商业运行态势；继而运用"商策"协调、决策商业运行，推动商业发展；最后从"商道"的高度统摄和谋划商业发展。在一定意义上，"商势"是市场趋势的把握，主要解决"高效经营"的问题；"商策"是路径，主要解决"正确经营"的问题；而"商道"则是方向，解决"长远把事做正确"的问题。以道御术，以术显道，以势明术，三者兼备、互补、渗透，彼此成为一个完整的体系。先秦商家以"策""势""道"的管理特质，发现商业规律，运用商业规律，将认识论、实践论、伦理论和辩证论合而为一，对于商业繁荣和财富积累具有重要价值。

企业儒学与企业治理

论术道之辩语境下的儒家治理之道及时代价值[①]

张应杭　胡昕宁[②]

一、问题的提出

作为文化自信与自强的必然彰显，党的二十大明确提出了"以中国式现代化全面推进中华民族伟大复兴"[③]的重大论断。在"中国式现代化"的这一核心范式中，它固然要呈现现代化的一般特征，但它显然更强调的是基于国情的中国特色。正是基于这一现实语境，"中国式企业治理"的话题与论域一出场不仅引起了学界的热议，而且引发了业界的关注。作为对这一话题与论域的回应，本文拟以术道之辩为视阈对儒家治理之道的内容与时代价值作若干学理探究，以求教于学界、业界的方家。

二、儒家治理之"道"的仁本意蕴与人本学依据

儒家治理之道对当下探索中国式企业治理新模式的智慧启迪，无疑有诸多的思考向度。在学界、业界的前辈时贤那里，这方面的思考成果已然积累颇丰。其中，作为当代儒学新形态的"企业儒学"[④]这一总体范式从最初的提出、历经学理辩论与案例实证，到当下被确立为某种理念共识，从思想发展的进路而言，也许昭示我们可以进入自觉的理论总结阶段。这

[①] 本文系中央高校基本科研业务专项资金资助项目"中华优秀传统文化专项"——"古代人我合一之道对中国式现代化道路的当代启迪"阶段性成果。

[②] 张应杭，浙江大学中国特色社会主义研究中心研究员、浙江大学马克思主义学院马克思主义基本原理教研中心首席教授、浙江大学国学智慧与领导力提升研究所所长；胡昕宁，浙江大学马克思主义学院2022级硕士研究生。

[③] 党建读物出版社编委会编：《党的二十大文件汇编》，党建读物出版社2022年版，第7页。

[④] 黎红雷主编：《企业儒学的开创与传承》，中山大学出版社2022年版，第8页。

种自觉既可为企业儒学的守正创新提供守正层面的学理支撑与价值引领，也可在守正的基础上具体呈现为人类文明新形态构建中工商文明新形态的一种中国路径。

众所周知，理论总结的逻辑要件之一是化繁为简。如果借助中国哲学术道之辩的话语来表述，我们对儒家治理之道彰显的独特立场用以道为尊、立德为本予以概括应该不会有异议。因为这在儒家创始人孔子那里就已然被确立。以《论语》的经典语录表述就是："道之以政，齐之以刑，民免而无耻；道之以德，齐之以礼，有耻且格。"① 孔子这里论及的固然是治国理政之道，但"一本万殊"②，其对企业治理也同样适用。这一语录的关键在于，孔子明确否定了诸如政令、刑罚之类的"术"之思路，主张以道为尊、立德为本。也就是说，在儒家创始人看来，治理之道的最高智慧是把道德视为教化之本。

特别值得指出的是，儒家这一以道为尊、立德为本的治理之道是建立在"人何以成为人"的深刻洞察之上的，它具有坚实的人本学依据。在这个问题上，如果说孔子推崇的周公虽提出"以德配天"的理念但尚处于非自觉状态的话，那么到了孔孟这里则完全达到了自觉而清晰的状态。孔子之所以感慨"吾未见好德如好色者也"③，正是因为他洞察到诸如好色之类的天性需要靠德性来超越，人才可以说生成了人性而成为人。孟子更以如下两则著名的语录简洁、明快地论证了道德之于人的充分必要性："人之所以异于禽兽者几希，庶民去之，君子存之。"④ "人之有道也：饱食、暖衣、逸居而无教，则近于禽兽。"⑤ 孟子言及的人与动物相揖别的"几希"之处，正是德性。在他看来，如果德性不存在了，人就沦为了动物。也就是说，就与生具有的天性而论，人与动物没有区别，恰是后天培植的德性使人成为人。正是基于这个学理逻辑，冯契先生曾断言："人性就是

---

① 刘方元、刘松来、唐满先编：《十三经直解》第四卷，江西人民出版社1996年版，第7页。

② 黎靖德编，王星贤点校：《朱子语类》第二卷，中华书局1986年版，第669页。

③ 刘方元、刘松来、唐满先编：《十三经直解》第四卷，江西人民出版社1996年版，第63页。

④ 刘方元、刘松来、唐满先编：《十三经直解》第四卷，江西人民出版社1996年版，第548页。

⑤ 刘方元、刘松来、唐满先编：《十三经直解》第四卷，江西人民出版社1996年版，第497页。

一个由天性发展成为德性的过程。"① 也正是基于这一人本学依据,儒家坚信就团队治理而言,一旦德性被有效地培植,那么诸如忠诚度、执行力之类的提升问题便有了最根本的保障。同时,在必要的情境下,因德性外化而成的忠诚度、执行力,甚至可以达到不惜以死殉道的极致境界。

然而,与儒家给出的人恰因德性而超越了动物的结论迥然相异,西方文化更认同人本质上就是动物的结论。古希腊哲人关于人的最著名的一则定义就是:"人是直立行走的动物。"近代西方主张进化论的生物学家坚信人类只是某一物种的延续。这也正是达尔文学说为什么会引起那么惊世骇俗影响力的重要缘由。对此,理查德·霍夫斯塔特曾这样写道:"这个绝妙的真理被提出、辩论、确立,实属几个世纪都难得的机遇。"② 由于达尔文学说的加持,西方学者们更加确信人作为动物与其他物种一样,不可避免地遵循着弱肉强食、适者生存的丛林法则。如果霍布斯说"人对人像狼"还附加了定语"自然状态"的话,那么当代英国社会生物学家道金斯在《自私的基因》一书中则用实验观察与统计数据,证明了人从基因深处就注定了与动物一样自私。在他看来,基因的这种"为自己的目的"是普遍而永恒的。③ 正是基于这一人之本质的解读,西方管理学必然地要注重诸如薪酬设计、绩效考核(即俗称的"胡萝卜加大棒")之类的"术"之路径依赖,以此为手段或满足私欲或惩罚怠惰。被誉为管理学之父的泰勒,就是在这个"经济人"的设定下构建起一整套现代企业管理制度的。可问题在于,一旦涉及具体的管理实践,人们就会很自然地发现这种依赖制度设计对人的自私、贪婪、怠惰之类动物性施加的钳制,必然会因为制度本身可以被违背或再精细的制度也会有漏洞而无法达到理想效果,导致管理绩效并不如意。这便是长期以来一直困扰西方的"制度化管理窘境"。④

众所周知,中国的现代企业制度是在"西学东渐"中确立起来的,因而不可避免地带有西化色彩。在术道之辩中,我们曾经比较注重"术"的制度设计正是西化色彩的一种呈现。当下,我们关注、研究并激活儒家以

---

① 冯契:《智慧的探索》,华东师范大学出版社1994年版,第166页。
② [美]理查德·霍夫斯塔特:《社会达尔文主义:美国思想底色》,魏琦梦译,中国科学技术出版社2024年版,第2页。
③ [英]理查德·道金斯:《自私的基因》,卢允中译,吉林人民出版社1998年版,第11页。
④ 韩文庆:《四书悟义》,中国文史出版社2014年版,第6页。

道为尊、立德为本的治理之道，这对于摆脱西方管理学的窘境，尤其是对于探索中国式企业治理模式的最重要启迪在于，它有助于摆脱技术主义的路径依赖，走出过于依赖诸如制度决定成败、绩效不相信眼泪之类的偏颇，通过对组织成员做"道德人"设定，从而以德性培植的组织文化营造来打造企业核心竞争力。在全球化不可逆转的当下，它显然可为当代世界新商业文明的构建贡献儒家的德治方案。2018 年，第 24 届世界哲学大会在北京召开，其主题便是"学以成人"（Learning to be Human）。这一主题凸显的正是儒家的成人之道。它向世界表明成人不是一个自然而然的过程，它需要学习诸如善恶、人我、欲理（道）之辩中的义理，并在对这个义理的认同过程中既内化于心成为德性，又外化于行变成德行。正是由此，人才从动物（禽兽）世界里分离出来而成人。在"管理（商业）哲学"分会场上，各国学者对这一主题不仅满怀兴趣，而且其中还有颇为认同者。

在阐明了儒家德治的人本学依据之后，还有同样重要的学理阐释必须跟进。这就是我们在讨论儒家术道之辩的基本立场时，还应该把儒家以道为尊之"道"与以德为本之"德"进一步明确界定为仁道、仁德。我们必须清晰地解读出孔子"朝闻道，夕死可矣"[①] 言说的"道"即为仁道。这个仁道被内化于心，即为仁德。这样做可以有效避免如宋明理学那般把"道"与"德"形而上化的弊端，从而使儒家治理之道的核心概念道与德因摆脱了抽象性而具有了确定性的内涵与具体化的外延。

我们之所以进一步具体化地指明儒家敬畏的道即为仁道、儒家推崇的德即为仁德，是因为这一问题并非不言而喻。事实上，我们通常以"德治"来描述儒家治理之道，既用它区分其与法家、道家、墨家等治理思路的区别，也用它作为与西方的制度化管理路径之差异性的根本标识，这无疑是不错的。但问题是如果我们进一步追问这一"德治"之"德"究竟何所指时，往往出现见仁见智的分歧与争论。难怪孔子当年就曾对子路感慨道："由，知德者鲜矣。"[②] 如果梳理一下学界及业界对这一问题思考的现状，我们就可以发现的确存在诸多不同意见的争论。这一认知层面的歧

---

① 刘方元、刘松来、唐满先编：《十三经直解》第四卷，江西人民出版社 1996 年版，第 23 页。

② 刘方元、刘松来、唐满先编：《十三经直解》第四卷，江西人民出版社 1996 年版，第 117 页。

义，显然不利于企业儒学在实践领域中的具体践行。

我们认为，无论是从先秦儒家经典文本的释义，还是从汉以后奉儒家为道统的国家治理实践来审视，将仁道、仁德理解为儒家治理之道的核心范畴应该是恰当的。就《论语》而论，孔子及其弟子在术道之辩的层面上言及的"道"之概念颇多，比如后世儒者据此整理的就有忠道、恕道、和合之道、中庸之道等。但据杨伯峻先生考证，"仁"这个概念在其中是出现最多的，共计109次。① 重要的还不在于"仁"字出现的频率，而在于"仁"这个儒家理论的核心范式是孔子首创的。据杨念群教授的考证，注重德治的周公制周礼，礼的核心被理解为"孝"，但孔子与周公的不同之处在于指出了比"孝"更体现道德本质的范畴——"仁"。因为孔子发现"仁"字的文本释义更能精准地呈现其在诸德中的核心地位。② 的确，以汉字的象形与会意而论，仁乃会意字，其意思是仁者二人。这是以非常简单的四个笔画揭示了异常深刻的人性真理：仁道就是将他者视为与我一样的人，故仁道即人道；仁德就是将这种内心对他者的爱转化为爱他者的外在德行。正是基于这一语义，孔子说："夫仁者己欲立而立人，己欲达而达人；能近取譬，可谓仁之方也矣。"③ 依照冯契先生的理解，孔子在这里对"仁"的定义主要包含两层意蕴④：一是人道原则。即在人我关系方面认可自己的同时也要认可他者，主张人与人之间的平等、尊重与友爱，不仅"己欲立而立人，己欲达而达人"，而且"己所不欲，勿施于人"⑤。二是理性（德性）原则。即肯定每个人都能够生成爱他者之心，而且人同此心，心同此理，亦即"能近取譬"。仁道正是由此而内化为仁德的。

由于在人我关系中爱自己是天性（动物性），它无须后天教化，故孔子更多地直接把仁理解为爱他者的德性："樊迟问仁，子曰爱人。"⑥ 孔子

---

① 杨伯峻：《论语译注》，中华书局1980年版，第16页。
② 杨念群：《问道：一部全新的中国思想史》，重庆出版社2024年版，第128-129页。
③ 刘方元、刘松来、唐满先编：《十三经直解》第四卷，江西人民出版社1996年版，第119-120页。
④ 冯契：《中国古代哲学的逻辑发展》上册，上海人民出版社1983年版，第92页。
⑤ 刘方元、刘松来、唐满先编：《十三经直解》第四卷，江西人民出版社1996年版，第121页。
⑥ 刘方元、刘松来、唐满先编：《十三经直解》第四卷，江西人民出版社1996年版，第91页。

的这一思想直接为后世儒家所继承。比如孟子称，"仁者爱人，有礼者敬人"①，为此他主张君子必须"居仁由义"②；荀子也说："仁者爱人，义者循理。"③尔后的董仲舒、朱熹、王阳明等人均直接承袭了这一传统，从而形成了一以贯之的人我合一之道。儒家这一施加于他者的伦理境遇，显然是推崇原子式个人的西方文化所匮乏的。

值得一提的是，在儒家看来，无论是治国理政还是坐贾行商，我与他者的关系均构成必须直面的最基本关系，故董仲舒说："春秋之所治，人与我也；所以治人与我者，仁与义也。"④为此，他曾以爱他者能力的大小来评价治理绩效的高低："王者爱及四夷，霸者爱及诸侯，安者爱及封内，危者爱及旁侧，亡者爱及独身。"⑤事实上，董仲舒总结的这一有关儒家治理之道的经验之谈，的确颇为精当。《韩诗外传》卷六记载：子路受君命治理民风剽悍的蒲县，走马上任前拜见老师请教为政之道。孔子勉励他只要施仁德、行仁政，就没有治理不好的地方。子路果然大获成功。治国理政是这个道理，坐贾行商也是同理。子贡曾常年游走列国，生意做得风生水起。孔子对其评价颇高。从相关史籍记载看，其商道正是一个"恕"字。"子贡问曰：有一言而可以终身行之者乎？子曰：其恕乎！己所不欲，勿施于人。"⑥这里的恕道，从字形便可知其义，它讲的正是推己及人、将心比心的道理。正是由此，杨伯峻先生认为恕道就是仁道的另一种表达。⑦

这样，我们就从相互递进的两个层面总结了儒家治理之"道"的基本立场：第一个层面是儒家在外在制度钳制与内在德性培植之间主张"道之

---

① 刘方元、刘松来、唐满先编：《十三经直解》第四卷，江西人民出版社1996年版，第553页。

② 刘方元、刘松来、唐满先编：《十三经直解》第四卷，江西人民出版社1996年版，第646页。

③《荀子全书》（唐元和十三年影印版）卷十六，香港海风出版社2002年版，第29页。

④ 董仲舒：《春秋繁露》（南宋嘉定四年本影印版）卷九，香港海风出版社2002年版，第52页。

⑤ 董仲舒：《春秋繁露》（南宋嘉定四年本影印版）卷九，香港海风出版社2002年版，第67页。

⑥ 刘方元、刘松来、唐满先编：《十三经直解》第四卷，江西人民出版社1996年版，第121页。

⑦ 杨伯峻：《论语译注》，中华书局1980年版，第16页。

以德，齐之以礼"① 的德治。这与同样诞生于先秦的法家以及后世传入中国的西方经典管理思路迥然相异。这一差异的本质是儒家在价值排序上主张"明道"高于"优术"。第二个层面是对儒家主张的明道之"道"进一步归结为仁道。也就是说，在德治所必须培植的诸多具体德性中儒家主张以仁德为基德。这个仁德是由仁道内化而成的德性。以朱熹的话来说，就是"道者人之所共由，德者己之所独得"②。之所以做这一化繁为简的归结，是因为仁德乃是儒家德治所需诸德中的基础之德。比如依据仁者二人的语义，当仁德指向"我"时，便有了克己之德的衍生，以及由此而生的温良恭俭让诸德；当它指向"他者"时，便有了爱人之德的衍生，以及因他者关系的亲密程度而由近至远生成的孝悌忠信诸德。由此，我们可将"仁"德理解为儒家文化的"基德"③。

王阳明曾有"一引其纲，万目皆张"④ 之说。在儒家德治之道中，仁道、仁德正是这个"一"。正是由它衍生出众多的具体德目，从而构筑起一道以德性主义为核心价值观与基本方法论的治理文化体系。与西方管理追求利润最大化之"术"不同，它更推崇君子爱财取之有道之"道"。儒家的这一德治之道，显然可以为有效地改善因唯利是图或因见利忘义而导致商业丑闻此起彼伏的当今世界提供清晰的价值观指引。

三、儒家治理之道的三向度展开及内蕴的实践智慧

在总体上阐明了儒家治理之道在术道之辩中所持的以道为尊、以德为本的立场后，我们更想指出的是，儒家所推崇的道并不像道家、阴阳家以及汉以后传入的佛家之道那般玄乎、那般远离世俗社会。众所周知，儒学在汉代上升为道统之学的过程中，史籍里颇多见到"罢黜百家，独尊儒

---

① 刘方元、刘松来、唐满先编：《十三经直解》第四卷，江西人民出版社1996年版，第7页。
② 黎靖德编，王星贤点校：《朱子语类》第一卷，中华书局1986年版，第99页。
③ 就《论语》文本而论，孔子并无"基德"之说。后世儒家也只是提出过仁、智、勇"三达德"（《中庸》）一说。西方伦理学中则有智慧、公正、勇敢和节制的"四主德"之说。但在古汉语中"主德"一词通常是指君主之德，如"主德不通，民欲不达，此国之郁也"（《吕氏春秋》）。故本文尝试性地提出以"基德"一词来表达仁德在儒家众多德目中的核心地位。
④ 王守仁：《王文成公全书》（明隆庆六年本影印版）卷二，香港海风出版社2001年版，第61页。

术"之说。对这里的"儒术"一说我们当然不会将其解读为术道之辩层面的"术",因为儒学从孔孟开始就具有浓郁的重道轻术传统。正如有学者论及的那样,汉儒言说"儒术"其本意是想借此凸显其对治国理政的实用性。① 事实上,儒家以仁道为核心的治理之道,其实用性在孔子被鲁定公任命为中都宰时,便因其非凡的政绩而得到印证。后来孔子的好几位弟子主政地方也都做出了不凡的业绩,这同样是佐证。也许正是这个缘故,李泽厚在用英文给西方人写作《论语今读》时,称儒家所言之"道在伦常日用中体现为一种'实用理性'"②。陈来教授显然也持类似的观点。在他看来,"儒家哲学的特点是:突出人的实践智慧,而不突出思辨的理论智慧"③。

显然,对儒家治理之道内蕴的"实践智慧"的梳理与总结,不仅对企业儒学的当下发展,尤其是对中国式企业治理新模式的探索是非常有意义的,而且就全球性价值而言也彰显出其特有的"实践智慧",这一智慧可为当代世界新工商文明的构建实践提供可贵的中国方案。

如果认真审视 21 世纪全球化语境下的现代化进程,我们便可发现就商业文明形态这一具体论域而论,原有的商业文明形态显然正遭遇到诸多的"时代之问"。我们通过对儒家以仁道为核心范式的治理之道的批判性继承、创造性转化和创新性发展,从而回应并解决"时代之问"的过程,既是其时代价值在实践中得以彰显的过程,更是全球化语境下所谓现代性困境在工商文明维度上得以破解的积极尝试。

就天人之辩而论,近代西方自工业革命之后形成的自然观,在诸如"人是自然的立法者"④ 等理念的引领下,固然取得了极为丰富的物质文明成就,但付出的代价是大气、土壤、江河、海洋等被严重污染,资源枯竭、物种锐减、土地荒漠、气候变暖、垃圾成灾等原有的问题尚未得到解决,核污染、光污染之类的新问题又层出不穷。这无疑是当下最困扰社会的棘手问题之一,也是当今世界在人与自然关系方面最令人关切的"时代之问"。

---

① 黄寅:《传统文化与民族精神——源流、特质与现代意义》,当代中国出版社 2005 年版,第 218 页。
② 李泽厚:《论语今读》,生活·读书·新知三联书店 2004 年版,第 186 页。
③ 陈来:《中国哲学的现代视野》,中华书局 2023 年版,第 305 页。
④ [德]康德:《实践理性批判》,韩水法译,商务印书馆 2003 年版,第 95 页。

正是基于这一严峻的现实语境，从儒家天人之辩传统中提炼天人合一这一体现中国话语风格与标识性概念，显然为问题的解决提供了清晰的学理支撑与价值指引。钱穆先生在其《中国文化对人类未来可有的贡献》一文中曾经断言："'天人合一'论，是中国文化对人类的最大贡献。……因于中国传统文化这一精神，自古以来即能注意到不违背天，不违背自然，且又能与天命自然融合一体。"① 当今中国在对天人合一之道继承创新基础上提出的"人与自然的生命共同体"理念与行动，堪称回应生态问题这一"时代之问"的中国答案。党的二十大报告更加明确了这一治国理政的基础性理念："坚持山水林田湖草沙一体化保护和系统治理，全方位、全地域、全过程加强生态环境保护。"② 这是中国共产党和中国人民为回应生态环境这一"时代之问"所提出的中国理念和展现的中国行动。人与自然的生命共同体理念的有效构筑并积极践行，不仅极大推动了人与自然和谐共生的中国式现代化发展新格局的形成，而且给世界呈现了一个负责任大国在全球生态治理方面的卓越担当。

重要的还在于，天人合一这一彰显中国风格的标识性概念，不仅使儒家敬畏天地自然的理念与当代社会生态治理相融合，还在于作为这一标识性概念的外延衍生，诸如顺天、慎取、节用等古老的行动范式也已然被重新激活，成为有效遏制利润主义、消费主义、生态利己主义行径蔓延的价值指引。

就人我之辩而论，当今世界也是矛盾丛生，且地区冲突不断。一方面全球化已是必然性趋势，但另一方面主导和推动全球化的少数西方国家在对"谁的全球化"进行解读时充满着国家利己主义的盘算。面对这一日益膨胀的国家利己主义行径，世界各国为之忧心忡忡。正如有学者论及的那样："由西方资本主义主导的现代性进程及其衍生的矛盾困境在全球化时代被无限放大，对人类社会的发展前途和人的生存境遇带来不可回避的负面影响。"③ 毋庸置疑的是，资本创造并助推了全球性。但置身在全球性

---

① 钱穆：《中国文化对人类未来可有的贡献》，载《联合报》1990年9月26日第4版。
② 党建读物出版社编委会编：《党的二十大文件汇编》，党建读物出版社2022年版，第9页。
③ 刘同舫：《全球现代性问题与人类命运共同体智慧》，载《福建论坛》（人文社会科学版）2019年第9期，第78页。

时代的人们却无奈地发现,"我"无时无刻都处在一个由"陌生人""陌生国家""陌生民族"构成的异己化的、虚幻的共同体中。在信奉丛林法则的这个当下共同体内,弱肉强食、巧取豪夺等已然司空见惯。这也许正是哈贝马斯断言"现代性——一项未完成的设计"[1]的重要缘由。于是,置身这一困境中的现代人不得不发出"时代之问":全球化语境下的现代化道路究竟应该怎么走?

在这一严峻的现实境遇下,儒家"人我合一"这一彰显中国风格的标识性概念能够从学理和践行层面很好地回应这一"时代之问"。事实上,当今中国无论是积极倡导并着力推进人类命运共同体的构建,还是提出"和平、发展、合作、共赢"全球新价值观的倡议,都无疑让全世界听到了"中国声音"。[2] 尤其令人欣慰的是,这些源自儒家传统仁道又深刻折射时代精神的理念,正在全球范围内赢得越来越多国家的理念认同和实践追随。

尤其值得一提的是,这一体现"人我合一"之道的儒家理念,正在不断转化为中国方案、中国行动、中国力量。因为我们深知"一语不能践,万卷徒空虚"的道理。事实上,正是基于这一知行合一的立场,当今中国正以实际行动彰显胸怀天下的大国担当,在诸如推动更包容更普惠更有韧性的全球发展合作平台,推进多方合作以应对全球气候变化,打造"一带一路"国际合作平台,加大对不发达国家的援助,积极参与联合国维和行动以及人道主义灾难的国际援助与救援等方面的行动,从而切实推动人类命运共同体的构建与"和平、发展、合作、共赢"这一全球新发展观的落实。这堪称儒家"人我合一"原则具有现代性和世界性的证明。就工商文明的新形态构建而论,我们有理由坚信,只要中国企业家群体能够久久为功地向世界传递与资本主义注重资本的逐利不同的仁本主义[3]"声音",就有望纠正或超越包括国家利己主义在内的形形色色的利己主义偏颇,从而构建起人我关系更加和谐的新文明形态。

---

[1] [德]于尔根·哈贝马斯:《现代性的哲学话语》,曹卫东译,译林出版社2006年版,第1页。

[2] 党建读物出版社编委会编:《党的二十大文件汇编》,党建读物出版社2022年版,第45页。

[3] 黄寅:《传统文化与民族精神——源流、特质与现代意义》,当代中国出版社2005年版,第237页。

就身心之辩而论，近代以来，工业文明的蓬勃发展与飞速进步为消费主义、享乐主义的兴起打下了坚实的物质基础。但也正如马尔库塞批判的那样，生命个体在身体方面的欲望过度勃发，其结果必然会导致物欲对人精神的压迫、摧残与统治，自我无时无刻必须面对与其内在需要相对立的异己世界，"它给绝大多数人带来了艰辛、不安和焦虑"①。这构成了当今世界身心关系上颇为严重的非理性困顿。事实上，对诸如豪车大宅、灯红酒绿生活的过度追逐导致的身心疲惫等问题已然深度困扰当今的西方社会。这一切无不昭示着在身心关系问题上，西方文化过度张扬身体欲望这一传统正面临着空前严峻的困境。这堪称当今世界在身心关系问题上最严峻的"时代之问"。

正是基于这一严峻的现实语境，我们认为儒家的"身心合一"之道必然凸显其价值观层面的指引意义和以文化人的实践智慧。也就是说，我们有理由认为，作为中国风格的标识性概念——"身心合一"之道对现代人妥善解决人身与心、欲与理的矛盾困顿，提供了明确的认知辨识与价值引领，它可以让我们自觉地意识到现代社会以"我消费我存在""我享乐我存在"等方式所表露出来的那种对自我身体的肆意放纵，其本质恰源自身心关系中"心"的迷失。因这一迷失便认不清生活的本真状态而必然成为马尔库塞所谓的"单向度的人"，即忘却了人的思想、道德、审美、社会批判等多向度追求，而沦为单向度的物欲满足者或商品的占有者、消费者。②就这一点而论，儒家身心合一语境下主张的克己之道以及由此衍生的慎独、知耻、尚俭等行为范式，显然有着特别清明且清晰的指点迷津之效。正是基于这一缘由，倡导"破心中贼"的王阳明心学不仅被海外新儒家所推崇，而且得到工商界诸多从业者认同与践行。这无疑是儒家推崇的"自天子以至于庶人，壹是皆以修身为本"③ 这一治理智慧之时代价值的又一印证。

---

① ［美］赫伯特·马尔库塞：《单向度的人》，刘继译，上海译文出版社2008年版，第4页。
② ［美］赫伯特·马尔库塞：《单向度的人》，刘继译，上海译文出版社2008年版，第7页。
③ 刘方元、刘松来、唐满先编：《十三经直解》第二卷下，江西人民出版社1996年版，第767页。

四、结语

冯友兰先生晚年曾断言："中国哲学将来要大放异彩！"① 作为现代新儒家的著名学者，其所言及的"中国哲学"首先指谓的应该就是儒家哲学。的确，就治理之道而论，儒家治理哲学的复兴已然是一道亮丽的文化风景线。因为在术道之辩中，无论是中国还是世界，都感受到技术主义的路径依赖导致的问题越来越严峻，而在人与自然、与他者、与自身这三重关系的认知与行动中，不知道、不厚道的情况却颇为普遍。这就为儒家以仁道为核心范式的治理之道提供了充分的出场语境。

重要的还在于，当今世界正处于全球化时代。在文化交流层面必然地要呈现为西方文化走向东方，东方文化也走向西方。我们坚信在这个中西文化的交流与互鉴中，儒家治理文化在天人、人我与身心之辩中呈现的关于"道"的智慧，其现代性价值将不断得以呈现与印证。事实上，就术道之辩而论，中国共产党在开辟马克思主义中国化时代化新境界的伟大实践中，对儒家的优秀治理文化也给予了批判性的继承与创新性的发展。如果说党的十九大报告援引儒家经典名句"大道之行，天下为公"②，旨在激励全党在治国理政过程中始终不忘初心为实现中国人民对美好生活的向往而踔厉奋发、勇毅前行的话，那么党的二十大报告号召"各国行天下之大道，和睦相处、合作共赢"③，显然是为了回应世界人民的关切，为谋世界之大同与全人类的福祉而彰显出的全球治理智慧。就全球工商文明新形态构建这一具体论域而言，我们有理由期待，企业儒学的理论探究与实践探寻，可为变乱交织且充满着不确定性的全球企业提供确定性的发展方向，从而为建设一个持久发展、普遍安全、互利共赢、清洁美丽的世界做出应有的贡献。

---

① 宗璞：《旧事与新说：我的父亲冯友兰》，新星出版社2010年版，第25页。
② 党建读物出版社编委会编：《党的十九大文件汇编》，党建读物出版社2017年版，第48页。
③ 党建读物出版社编委会编：《党的二十大文件汇编》，党建读物出版社2022年版，第47页。

儒家文化视域下德性领导与家庭式组织的机理研究

胡国栋　李文昊①

一、问题提出

新兴技术的发展推动着对组织韧性的需求，以识别并应对环境不确定性带来的机遇与挑战，借机成势，促进企业可持续发展。② 有学者认为，提高组织韧性需要重视组织成员的赋权和激励，释放组织成员的心理资本。③ 突破组织制度、规则体系的刚性壁垒，实现对知识型员工的赋权和激励，成为提高组织韧性的关键。作为最原始的组织形式，家庭成功地将经济价值与情感价值融合为一体④，有助于生成刚柔并济的韧性基因⑤，在满足知识型员工精神需求的同时，打破传统层级制度的控制壁垒，增强组织面对新兴技术所带来的不确定性环境时的应变能力。

权力结构设计是组织设计和构建的核心，领导者如何重构权力结构是家庭式组织演化的关键。随着大数据、物联网等新兴技术的发展，依靠层

---

① 胡国栋，东北财经大学工商管理学院教授、博士生导师，东北财经大学创新创业学院院长、中国管理思想研究院院长；李文昊，东北财经大学工商管理学院，博士研究生。
② ORTIZ-DE-MANDOJANA N, BANSAL P. "The Long-Term Benefits of Organizational Resilience Through Sustainable Business Practices". *Strategic Management Journal*, 2016, 37 (8), pp. 1615 – 1631.
③ 单宇、许晖、周连喜等：《数智赋能：危机情境下组织韧性如何形成？——基于林清轩转危为机的探索性案例研究》，载《管理世界》2021 年第 3 期，第 7、84 – 104 页。
④ 胡国栋：《中国本土组织的家庭隐喻及网络治理机制——基于泛家族主义的视角》，载《中国工业经济》2014 年第 10 期，第 97 – 109 页。
⑤ 张公一、张畅、刘晚晴：《化危为安：组织韧性研究述评与展望》，载《经济管理》2020 第 10 期，第 192 – 208 页。

级、控制和监视的传统权力体系已难以满足知识型员工对道德、情感的需求，以及组织对高度不确定性环境及时响应的需求。德鲁克认为，面对新形势，组织必须借由人才能获得权力。① 基于良好的个人声誉、品质②的权力应受到重视。作为组织创造价值、提供自适应驱动力的主体，知识型员工倾向于在工作过程中构建良好的氛围和关系，同时，本土组织因其根植于深处的儒家伦理、和合精神等显现出更强的情感性和伦理性，存在更多基于伦理规范的私人关系，由此而生的相关权力对领导效果的影响更为关键。作为通过多元主体互动促进权力体系运行的德性领导，主张领导者将自身德性观通过与员工的互动扩散到组织层面，并通过"内圣外王"的方式实现整个组织层面权力体系的重构。基于德性领导的道德性、情境性和多元性，本文将探讨德性领导在家庭式组织演化中的作用机理，以期为本土组织转型与领导力研究做出贡献。

二、互系性：基于关系性思维的组织权力重新解读

Weber 认为，权力是社会关系中的行为人不顾阻力仍能实现其意愿的可能性。③ 同时，商业组织重协调、求效率等特点巩固了组织权力研究的控制性和高层依赖性，基于控制和依赖的狭义定义是最常见的④。对此，Clegg 指出，组织研究过于依赖一种定义为主权权力的权力概念，即由单一的、主权的政治力量拥有的权力。⑤ 这种权力概念最终意味着否认、阻止和压制的东西，妨碍了对有关主体积极参与的任何适当理解和表达。⑥ 组织权力涉及主体双方之间的互动，在儒家文化视域下，这一互动过程不

---

① [美] 彼得·F. 德鲁克：《已经发生的未来》，许志强译，东方出版社 2009 年版，第 63 页。

② [美] 约翰·P. 科特：《权力与影响》，孙琳、朱天昌译，华夏出版社 1997 年版，第 38 - 39 页。

③ WEBER M. *Economy and Society*: *An Outline of Interpretive Sociology*. University of California Press, 1978, p. 53.

④ MAGGE J C, GALINSKY A D. "Social Hierarchy: The Self-reinforcing Nature of Power and Status". *Academy of Management Annals*, 2008, 2 (1), pp. 351 - 398.

⑤ CLEGG S R. *Frameworks of Power*. SAGE Publications, 1989, p. 159.

⑥ CLEGG S R. *Frameworks of Power*. SAGE Publications, 1989, p. 156.

存在单个独立而高高在上的权力个体，存在的是万物之间的互系性。① 组织需要指出权力作为依赖关系的建立和维持②所具有的关系性，它存在于组织内复杂的关系网络中且具有流动性，而不是植根于制度规定的强制性和预设性中的权力。

互系性具有"变"和"通"两种性质，"变"是差异意义上的连续，"通"是任何形式的互系。③ 从"通"的角度看组织权力，组织内普遍存在相互联系的关系，基于关系性质，权力可以分为"技术－经济"范式下的权力和"情感－价值"范式下的权力，如表 1 所示。"技术－经济"范式下的权力存在于工作关系中，源于法律或组织条例预设的职位差异，更多体现在上下级之间的工作关系中，在强调工作小组的后现代组织内也渗透到小组领导者与成员之间。这种权力体系的强制性使得组织难以应对高度不确定性的环境，也使得组织缺乏在逆境事件挑战打击中存活下来并逆势成长的能力，从而难以具备组织韧性。④ "情感－价值"范式下的权力存在于私人关系中，源于个人的品质和声誉等，更多地体现在个体与个体之间的私人关系中，带有自然性、情感性和动态性，更能够灵活应对外部不确定性，但也容易使组织缺乏规范性和合理性。从"变"的角度看组织权力，"技术－经济"范式下的权力会随着员工职位和能力的变化而变化，"情感－价值"范式下的权力会随着员工品质和声誉的变化而变化，"情感－价值"范式下的权力比"技术－经济"范式下的权力的"变"性更为普遍，私人关系中的任何互动行为都可以产生权力的"变"，同时它渗透到关系双方的心理认同中而具有更深远的影响。对于两种权力体系的设计是组织内领导者执行职能的基础，也构成了领导者与组织之间的桥梁。

---

① 田辰山：《中西文化差异与儒学的与时俱进》，载《深圳大学学报》（人文社会科学版）2007 年第 5 期，第 15–20 页。
② FLEMING P, SPICER A. "Power in Management and Organization Science". *Academy of Management Annals*, 2014, 8 (1), pp. 237–298.
③ 田辰山：《中国的互系性思维：通变》，载《文史哲》2002 年第 4 期，第 10–18 页。
④ 李平：《VUCA 条件下的组织韧性：分析框架与实践启示》，载《清华管理评论》2020 年第 6 期，第 72–83 页。

表1 "技术-经济"范式下的权力与"情感-价值"范式下的权力比较

比较维度	"技术-经济"范式下的权力	"情感-价值"范式下的权力
管理逻辑	计算逻辑	情感逻辑
权力特点	刚性、规范性	柔性、可协调性
规则系统	正式规则	非正式规则
作用中介	显性知识	隐性知识
运作网络	工作关系	私人关系
契约形式	书面契约	伦理规范
组织系统	正式组织	非正式组织
管理过程	他组织	自组织
权力来源	职位、能力	品质、声誉

两种权力体系的不同来源会产生不同的效应，"情感-价值"范式下的权力加强了组织内行动者之间的情感交融，这些积极的情感联系往往形成人际信任的情感基础，有助于提升团队工作绩效。[1]"技术-经济"范式下的权力由组织正式制度确定和分配，可以有效提升领导者对组织的积极影响，有利于其发挥战略领导的作用[2]，并与企业绩效显著相关[3]。两种权力体系对组织绩效均有显著的积极影响。同时，虽然权力来源的差异造成了两种权力体系的效应不同，但二者并非不可通融。"情感-价值"范式下的权力关乎个体认同感，可以有效缓和由"技术-经济"范式下的权力基于强制性所带来的领导与成员之间的紧张关系，同时"技术-经济"范式下的权力可以为"情感-价值"范式下的权力提供规范性和合理性，防止其滥用导致组织的无秩序。两种权力体系的自然耦合是领导者

---

[1] BALKUNDI P, HARRISON D A. "Ties, Leaders, and Time in Teams: Strong Inference about Network Structure's Effects on Team Viability and Performance". *Academy of Management journal*, 2006, 49 (1), pp. 49–68.

[2] HANNAN M T, JOHN F. "The Population Ecology of Organizations". *American Journal of Sociology*, 1977, 82 (5), pp. 929–964.

[3] MACKEY A. "The Effect of CEOs on Firm Performance". *Strategic Management Journal*, 2008, 29 (12), pp. 1357–1367.

在"通""变"的权力关系网络中有效行使职能、设计和构建组织的关键。

三、家庭式组织：权力体系耦合的组织形态

儒家文化背景下的家文化为组织隐喻贡献了一个全新的视角。如同在一个家庭里父亲比孩子拥有更为丰富的阅历及其"一家之主"的地位所产生的权力关系，组织在具有经济属性的同时，也受到浓厚的家族伦理观念的影响而具有情感属性。经济属性体现为基于信息、资源控制以及由理性主义所预设的职位权力所构建的层级控制网络；情感属性体现为基于个人品质、尊重、责任和友谊的情感价值网络。在层级控制网络与情感价值网络的交融下，组织中"技术－经济"范式下的权力与"情感－价值"范式下的权力相互耦合，并在运行过程中呈现为局部秩序中的混合性规则。混合性规则的存在使得组织整体在面对高度不确定性的环境时有足够的灵活博弈空间，进而提高组织韧性。在混合性规则下，以儒家的"成人"为目标追求组织成员进行自我管理，知识型员工的自我管理过程则能提高组织对环境的适应性，并进一步促进混合性规则的完善。在此基础上，组织目标被整合为对经济与情感双重目标的追求，其中经济目标泛指组织绩效和利润等，情感目标则包括员工的幸福感、满意度和自我成长等，从而形成刚柔并济的组织韧性基因。总之，家庭式组织隐喻建立在中国儒家组织理论之上，以权力体系动态耦合的方式将组织规则、组织过程和组织目标整合为完整而有价值的规范性整体。

两种权力体系作用于员工的过程是在组织内的经验领域中实现的。费埃德伯格认为，组织研究的重点应放在经验领域中的员工行动上。[①] 他将这一经验领域总结为一种局部秩序，居于其中的行动者依据不同的资源和能力经过场域结构及规则调整后发挥作用。因此，对家庭式组织中权力体系的分析，重点也在于将其放入局部秩序中。这些局部秩序可能位于一个工作小组中，也可能位于不同工作小组组成的更大的群体中。

从经验领域看，家庭式组织是若干个局部秩序构成的网络式结构，员

---

① [法]埃哈尔·费埃德伯格：《权力与规则——组织行动的动力》，张月等译，上海人民出版社2005年版，第11页。

工基于互动过程形成局部秩序，若干个局部秩序经由家长式领导组合成网络状整体，无数个局部秩序中时刻实现着两种权力体系的动态耦合。居于局部秩序内的员工掌握计算逻辑和情感逻辑，这两种逻辑相互混合并与局部秩序内的权力体系相对应。在局部秩序内，"技术－经济"范式下的权力外在表现为组织的正式规则，正式规则具有相对模糊性，在制定正式规则的过程中，考虑到组织内员工对个人品质、声誉和私人关系的看重，为"情感－价值"范式下的权力留有缓冲的余地，两种范式下的权力在相互冲突中寻求暂时的协调和耦合。局部秩序中的成员行为实质上是员工在正式规则所反映的"技术－经济"范式下的权力与非正式规则所反映的"情感－价值"范式下的权力之间相互博弈，并基于此进行自我管理的过程。员工在自我管理的过程中与组织产生情感性联系，建立起员工与组织之间"家"一般的联系，内在地改变了员工的个人目标。通过作为员工与组织间"中介"的领导者，组织目标与个人目标最终趋于一致。

四、"为政以德"：德性领导下组织权力体系的耦合

中国本土传统的人治文化要求领导者具备德性，以自身道德为基准行事，做到"为政以德，譬如北辰，居其所而众星共之"①。"为政以德"强调领导者以德性为行事起点，并关注双方互动以共同实现组织秩序。中国本土领导理论的构建可以从儒家"为政以德"的观念出发，以领导者与员工之间的良性互动为机理，形成德性领导过程。德性领导强调通过领导者的德性对"理性设计所构建的组织架构、工作流程、制度和由'人'的因素所带来的不确定性"② 施加一种影响力，而影响力的关键在于教谕式调解。教谕式调解要求领导者根据组织具体情境中显性知识与隐性知识的互动对管理问题进行恰当的调节以达到教化的目的，而教化则进一步促进组织局部秩序中耦合逻辑的生成，为德性领导提供更为深化的价值导向和明确的经验支持。③

---

① 《论语·为政》。
② 席酉民、熊畅、刘鹏：《和谐管理理论及其应用述评》，载《管理世界》2020 年第 2 期，第 195 - 209、227 页。
③ 胡国栋、原理：《后现代主义视域中德性领导理论的本土建构及运行机制》，载《管理学报》2017 年第 8 期，第 1114 - 1122、1133 页。

（一）德性领导的发生情境——本土组织内的互动网络

对于本土组织而言，在以领导者为"北辰"的背景下，受儒家"爱有差等"思想的影响，最终形成具有亲疏远近的领导与成员关系。因此本文首先从"譬如北辰"的领导理念出发，基于领导者认知视角划分员工的类型，探究德性领导发生的真实情境，即本土组织内普遍存在的差序式互动网络。

从对员工类型的划分视角出发，华人组织中领导者会将对员工的视角分为关系、忠诚和才能三类。① 就华人社会所具有的差序格局传统而言，关系有亲疏远近之分，包括血缘关系和拟血缘关系，忠诚反映的是一种私忠的本质，是上下级之间个人恩义的结合，能力反映的是组织成员之间工作能力的差异。领导者具有德性后，其对员工的认知便不仅仅局限于是否忠心，还需考虑其他品质，如声誉和处事原则等。工作关系指领导者与员工之间的领导与被领导关系，所有员工与领导者都存在工作关系，因而并不影响原划分视角。按照高低之分自由组合成八种员工类型，不同员工类型形成不同局部秩序，如图1所示。

从图1可以看出，居于最中心的是德性领导者，基于领导者视角可以将员工分为八种类型，依次是"A：高关系、高品质、高才能""B：高关系、高品质、低才能""C：低关系、高品质、高能力""D：高关系、低品质、高能力""E：高关系、低品质、低能力""F：低关系、高品质、低能力""G：低关系、低品质、高能力""H：低关系、低品质、低能力"。H领域员工与领导者之间只存在单纯的工作关系，而当此类员工的能力或品质被认可后，其便会进入更近的圈子类型，如G和F。四条双向箭头表示领导者与员工的互动（教谕式调解），箭头由领导者经过各员工类型延伸至组织边缘，代表领导者与员工之间的交流。

在互动网络中，对领导者与员工互动而言，领导者基于私人关系、个人品质和工作能力对员工的类型进行划分，表现出不同圈子内差异性的局部秩序。对于员工间的互动而言，除组织制度所预设的工作关系外，员工

---

① 郑伯埙：《差序格局与华人组织行为》，载《中国社会心理学评论》2006年第2期，第1-52页。

之间进行圈内互动或者跨圈子互动并形成不同员工之间的私人关系、个人品质和工作能力认同。员工互动网络的生成以领导者对员工类型的划分为依据，并且这种互动倾向于发生在相关类型的员工之间，忠诚度高的员工可能更倾向于与同样忠诚度高的员工形成工作或私人团体。处于 F 领域的员工倾向于与该领域内部以及 A、B、C 领域的员工互动形成交织性领域，在工作过程中自发博弈以获得所需资源，从而更高效地完成工作任务和形成组织认同。领导者通过对不同局部秩序内成员之间的互动方式进行情境化调节，实现局部秩序内权力体系的情境化耦合。

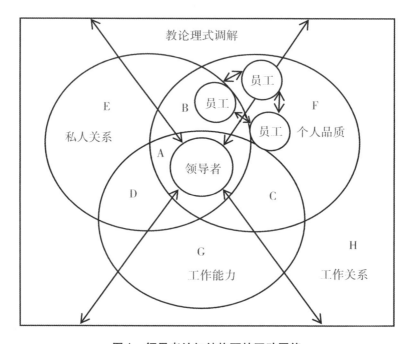

图 1　领导者认知结构下的互动网络

（二）德性领导与权力耦合过程

在互动网络中进行的德性领导是基于领导者认知运行权力的领导过程，"为政以德"要求领导者将重点放在德性上。德性则要求领导者在显性的制度规则之外，根据具体事件和特定人员采取不同的行事手段，并在此过程中实现两种权力体系的耦合。

在组织的真实场域中，员工行动是综合考虑两种权力体系的博弈行为，并将其融入自身认知中。这种认知属于员工个体对行为方式的真实理解，是同时考虑两种权力体系，并通过自身对信息的过滤、博弈而得以形成。在儒家思想所构建的社会道德体系中，本土组织内的员工可以采取灵活的方式来应对不同的环境、条件、场合、关系和人物，由此产生的行为也是多方位、情境化的，正式制度与伦理规范倘若自相矛盾也并不会使其认知产生失调，因为他们的价值评判是根据社会情境来变化的。[1] 在真实行动过程中，员工既考虑正式规范，同时也考虑真实组织生活中儒家思想所强调的伦理规范，并通过具体情境将二者相结合。比如，团队中的组长虽然按照职位差异对年长者施加命令，但同时也会表现出尊敬的意向并给予其一定的话语权。但两种权力体系由于来源和影响方式的差异，难以自动达到平衡，只依靠员工自身难以处理好二者的关系，因此领导者的职责在于协调两种权力体系，以自身德性"为政"，在双方互动中实现理想的权力体系耦合方式。

德性领导耦合互动网络中的权力体系的核心是教谕式调解。教谕式调解不偏向单一理性或感性，儒家伦理在管理中的特殊意义在于化解了西方理性与情感二元对立、非此即彼的传统认识论弊端，将理性与感情因素融通在一起，立足地方性知识进行情境化调控。[2] 教谕式调解的具体机理为：通过领导者表现出的品质认同和私人关系缓冲"技术－经济"范式下权力体系的硬约束性，在正式制度的规定范围内进行微观调节，达到"技术－经济"范式下权力的"合情"，以儒家传统的伦理属性激发员工对组织的亲切感和责任感，在冰冷的强制约束下注入"家"的温暖。通过领导者表现出的能力认同和工作关系对"情感－价值"范式下的权力进行约束，在伦理观念的规范范围内进行微观调节，达到"情感－价值"范式下权力的"合法"，以理性强调的约束性预防和限制组织成员的无组织行为。

上述缓冲、约束机制具有以下特征：首先，情境化的调和过程以"合理"为根本旨归，符合儒家思想下普遍价值判断的正当性，保证不至于因缓冲过度而失去组织的正式性或者因约束过度而表现出完全的层级控制体

---

[1] 翟学伟：《中国人社会行动的结构——个人主义和集体主义的终结》，载《南京大学学报》（哲学·人文科学·社会科学版）1998 年第 1 期，第 123－130 页。
[2] 胡国栋、原理：《后现代主义视域中德性领导理论的本土建构及运行机制》，载《管理学报》2017 年第 8 期，第 1114－1122、1133 页。

系。其次，两种机制同时进行，并最终趋向和谐耦合状态。最后，两种机制因员工类型的不同而有所差异，员工越趋于中心，对"技术－经济"范式下权力缓冲的权变性越大，对"情感－价值"范式下权力约束的权变性越小。最终两种权力体系不会达到完全平衡的状态，而是与儒家思想所持的"执经而达权"观点相通，具有情境性、和谐性和动态性，这是由局部秩序内情境的不断变化所决定的，领导者和员工在权力运行过程中也在通过教谕式调解不断更正、改善权力体系。

五、"内圣外王"：基于德性领导的家庭式组织生成机理

以儒家思想考究领导者与组织的关系，便落在了"内圣外王"之道上。"内圣外王"最早出自"是故内圣外王之道，暗而不明，郁而不发"①，但以儒家哲学中的"修己安人"来考察更适合当下组织领域，领导者将心性修养作为根本，做到推己及人、成己成物，将德性推及组织层面而做到"外王"。在孔子看来，"内圣"在于养成理想人格，在儒家伦理所倡导的"合情""合理""合法"文化背景下，领导者以德性约束自我，在具体情境中做到德性领导，内心重视员工个人价值和组织经济价值，进而在整个组织层面促进权力体系的耦合及再运行，做到"修己，济众"，形成"情理交融"的家庭式组织，最终实现"外王"。

（一）权力体系的耦合形态

权力体系耦合是"内圣"到"外王"的关键，以权力体系的耦合促进"内圣"的领导者在整个组织层面得到员工拥护，上下一心共同完善组织秩序和双方关系。在此过程中，两种权力体系的耦合形态与局部秩序内的计算逻辑和情感逻辑相关联，在局部秩序内受到两种逻辑牵引。其中，计算逻辑与组织效率相关，基于正式契约形成"技术－经济"范式下的权力关系，体现出更多的理性色彩，制度规定的过分膨胀会导致局部秩序偏向工作关系网络，具有严密的等级控制以及预设性的法定权力，带有明显的强制性和命令性。情感逻辑与组织价值相关，基于品质、声誉等形成

---

① 《庄子·天下》。

"情感-价值"范式下的权力关系，体现出更多的情感性色彩，伦理规范的过分膨胀导致员工与领导者之间无明显界限，局部秩序偏向私人关系网络，带有更多的品质认同和私人亲密关系。

其一，耦合性权力体系具有情境化的特点。居于外圈的员工在局部秩序中感知到更多来自领导者所制定的正式规则，员工更愿意遵循正式制度来完成自己的工作，局部秩序内的权力耦合更偏向"技术-经济"范式下的权力，最后教谕式调解会限制这种硬约束性的过分膨胀而走向制度规定主导的权力体系。居于内圈的员工则相反，并表现出更偏向"情感-价值"范式下的权力。局部秩序内权力体系耦合的情境化与在德性领导影响下的行动逻辑有关，并呈现各个局部秩序中耦合形态的异质性，同时，基于德性领导对计算逻辑和情感逻辑的把握，以及教谕式调解对权力耦合过度的限制，各个局部秩序组成的整体呈现为两种权力体系的相对平衡。

其二，耦合性权力体系具有和谐化的特点。由合同规定关乎职位、效率的计算逻辑与内化到领导者和员工内心的情感逻辑并非彼此分离，而是员工在控制成本的同时，认识到员工之间互动沟通过程中的尊重和信任，这种双方之间的尊重和信任对成本控制、效率提高等具有明显的正向作用。计算逻辑在本质上与情感逻辑相互关联，有关成本控制的计算逻辑携带着如何促进员工之间有效沟通的情感逻辑，耦合逻辑在共生性的同时体现出更为自然的和谐状态。这种逻辑认知上的和谐促进了权力体系的和谐化，关乎职位规定的权力关系在涉及员工时，由于人的复杂性便自然带有一种情感性色彩，认知在无形中影响了领导者和员工的行为方式和思维模式，使其在制定规则和自我管理的过程中不仅受到"技术-经济"范式下权力的约束，还要考虑"情感-价值"范式下权力的规范。

其三，耦合性权力体系具有动态化的特点。差序式互动网络导致员工感受到领导者的差别式对待，从而引发主动性行为，使得员工在不同类型之间具有一定的流动性。员工向内圈的自发移动导致多个局部秩序的变化，自我管理的员工朝向领导者更为认可的方向努力，内圈人数不断增加，当内圈员工数量增加到领导者认知限度时，领导者会识别出局部秩序中"情感-价值"范式下权力体系的膨胀，脱离两种权力体系适当互补的空间，阻碍组织效率提升。领导者为了维持两种权力体系的相对平衡而设置更为严苛的分类标准，反思和重构行为规范，不断调整自身与内圈员工的互动方式。总体上表现为，当多个局部秩序内出现"情感-价值"范式下的权力压制"技术－经济"范式下的权力时，领导者会调整教谕式调解方式，减少自身认同的内圈员工数量，通过此类局部秩序的调整使得多个局部秩序组成的整体性耦合体系重新平衡，反之亦然，进而呈现两种权力体系之间动态调整的状态。

（二）权力体系的再运行与家庭式组织的生成

从"内圣"到"外王"，关键在于引起整个组织内员工的认知和行为变化，上下一心共同构建理想的组织秩序。权力体系的运作会使员工对领导者和组织产生认知和期望变化，形成互动行为方面的信念和承诺。Robinson 和 Rousseau 认为，基于感知到的互惠交换承诺产生双方的心理契约，影响他们对领导者、组织的心理认知，产生责任感和回报意识等。① Herriot 等人也认为，隐性的心理契约属于双方在雇佣关系中对彼此应当带有责任、付出行动的感知，这种感知来自双方对正式关系的感知或者隐藏在对双方行为的各种期望中。② 对双方行为的期望产生心理契约，同时又受局部秩序内权力关系状态的影响而进一步改变双方行为，并促进权力体系的再运行。即权力与心理契约之间有着微妙的关系，构建围绕心理契约的概念可以引发对权力分配研究的关注。③

领导者通过教谕式调解耦合权力体系，根据伦理规范和组织制度进行恰当调节，以达到与共认可的价值观相一致的教化目的，而教化则进一步促进局部秩序中耦合逻辑的生成，为德性领导提供更为深化的价值导向和明确的经验支持。④ 因此，基于权力体系耦合产生的深化的价值导向、明确的经验支持以及领导者在缓冲、约束机制中贯彻的德性观推动了心理契约的生成，并在权力再运行中进一步产生影响。在个体层面，促进员工进行自我管理，领导者对组织内部微观场域的混合性规则进行干涉；在组织层面，心理契约对组织目标进行价值介入。这一过程促进了组织规则、

---

① ROBINSON S L, ROUSSEAU D M. "Violating the Psychological Contract: Not the Exception but the Norm". *Journal of Organizational Behavior*, 1994, 15 (3), pp. 245 – 259.

② HERRIOT P, MANNING W E G, KIDD J M. "The Content of the Psychological Contract". *British Journal of Management*, 1997, 8 (2), pp. 151 – 162.

③ GUEST D E. "Is the Psychological Contract Worth Taking Seriously?". *Journal of Organizational Behavior*, 1998 (19), pp. 649 – 664.

④ 胡国栋、原理：《后现代主义视域中德性领导理论的本土建构及运行机制》，载《管理学报》2017 年第 8 期，第 1114 – 1122、1133 页。

组织目标和组织过程共同向家庭式组织方向演化，如图2所示。

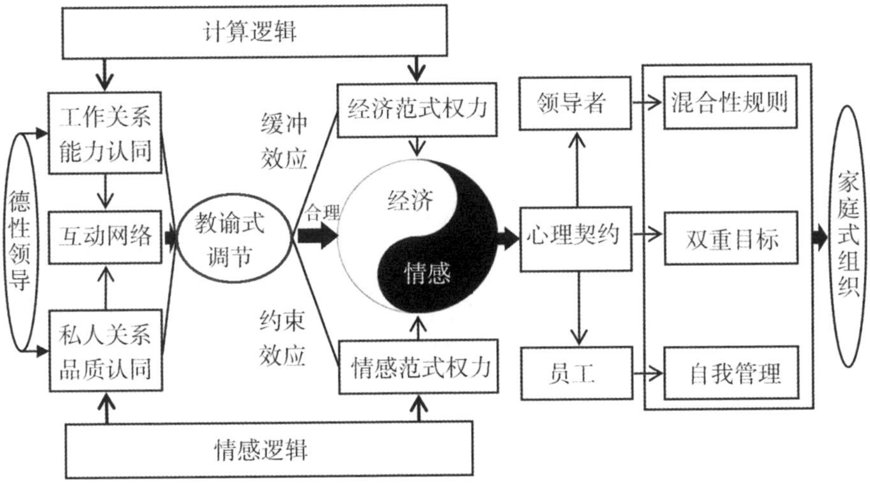

图2 基于德性领导的家庭式组织生成机理

混合性规则指家庭式组织兼顾的正式规则和非正式规则。在组织内制定通用的正式规则，领导者根据不同局部秩序情境进行非正式规则的调和，以教谕式调解形成的领导者和员工的心理契约中的共同期望为标准，以"合理"为根本旨归。在混合性规则形成的过程中，首先，通过微观干预在局部形成共享的伦理价值观。当领导者构建出共享的儒家伦理价值观时，这种价值观会渗透到双方之间的心理契约中并产生影响。其次，在共享的儒家伦理价值观下，以局部秩序内的非正式规则调和正式规则，并在伦理价值观下对正式规则和非正式规则的调和进行限制。即在具体工作任务中，通过正式规则的约束，员工行为在合乎组织制度的正当范围内，但员工的具体思维方式和工作手段受到非正式规则的权变调节，同时，这种调节是在教谕式调解过程中所形成的心理契约及伦理价值观的合理性规制下进行的。再次，德性领导者将普遍接受的儒家伦理具体化为实际行动，发挥榜样的力量深化领导和员工双方的心理契约，引导和规范组织成员的情感和行为，形成组织局部秩序内的非正式规则，诊断出当前正式规则和非正式规则构成的情境要素对员工具体行为的影响。最后，适当授权以确保非正式规则在员工具体行为中的调和空间，从而保证员工自我管理的实现。

基于以往学者对动机和行为的关注，结合本土情境下的家文化，本文将家庭式组织成员的自我管理定义为，源于员工在耦合性权力体系运行过程中感知到品质和声誉的重要性，肯定自身品质和声誉等所产生的权力关系，意识到自身与如"家"般组织间的亲密关系，进而主动调动个体的各项资源（人际关系和物质资源等），以在完成工作任务的同时满足自身需求和实现个体成长。在员工自我管理的过程中，伴随着品质和能力等的提高，权力结构随之发生变化。在员工的心理状态方面，在互动过程中不同局部秩序内的两种权力体系具有情境化特点，不同类型的员工在局部秩序内平衡情感关系与经济关系的思想状态不同，因而所形成的心理契约存在差异。在认知实现情境化和动态化平衡的基础上，心理契约对员工具有行为层面上的指导意义，组织中的成员对权力关系的认知和对客观现实的判断构成了人们采取行动的依据，使得员工自我平衡局部秩序内的心理契约，重构思维习惯和工作方式，形成自觉性的自我管理行为。陈春花认为，心理契约会在组织和成员之间产生默契，这种默契是员工与组织间的双向期望。[①] 基于这种期望可以规范员工行为，员工以组织对自己所负的责任来衡量自己对待组织的行为，这种责任既包括"技术－经济"范式下的效率，也包括"情感－价值"范式下的人性，并以其作为调节自己行为的内在要求，使不同类型的员工做出不同方式的自我管理行为。

价值创造是混合性规则下员工自我管理的最终结果，既包括有关组织效率和员工绩效的经济价值，也包括关乎员工心理状态、满足感和归属感的情感价值。双重价值目标在本质上是组织绩效目标与员工情感目标的耦合，在领导者与员工重构权力关系的过程中，双方形成心理契约，这种契约关系可以有效促进双方目标的耦合。[②] 在个体层面上，首先，心理契约可以使员工对发生在组织中的事件产生情感性的反应，进而强化员工对组织的感知程度，激发员工的主动性行为。其次，在双方互动过程中，领导者将对员工的呵护放在工作活动中，在教谕式调解过程中了解员工真实的内在需求并肯定员工的价值，经过德性领导对两种权力体系的不断耦合，局部秩序内相互冲突的双重目标在领导者认为"合理"的范围内寻求短暂

---

① 陈春花：《激活个体：互联网时代的组织管理新范式》，机械工业出版社 2015 年版，第 133 页。

② 章凯、李朋波、罗文豪等：《组织—员工目标融合的策略——基于海尔自主经营体管理的案例研究》，载《管理世界》2014 年第 4 期，第 124 – 145 页。

的平衡，当组织成员在目标的碰撞中发生冲突时，德性领导者通过教谕式调解的方式缓和这种冲突。德性领导可以持续维持权力体系的动态平衡，在权力平衡的基础上，基于德性情理交融的道德标准，不断巩固和强化已形成的心理契约。在组织层面上，基于道德标准不断完善的心理契约的建立，将员工个体与组织整体相关联，员工在实现个体成长的同时，会基于道德标准判断自身对组织发展的责任；组织在提高效率的同时，会基于道德标准判断自身对员工成长的责任；双方在这种关联中将对方考虑在内，员工的情感目标与组织的经济目标逐渐趋向情境化、和谐化和动态化。最终由局部秩序组成的组织整体不再是只与领导者法定权力相关的管理者的组织，而是混合了多重权力关系、与员工个人特质密切相关的大家的组织，这种共同愿景的生成改变了员工与组织的关系，进而融合了员工个体的情感性目标与组织的绩效目标。

六、结语

本文从互系性出发，将组织权力划分为"技术－经济"范式下的权力和"情感－价值"范式下的权力，探讨了德性领导与家庭式组织的关系机理。研究表明，德性领导通过教谕式调解耦合组织内"技术－经济"范式下的权力与"情感－价值"范式下的权力，从而促进心理契约的缔结，并在此基础上实现组织规则、组织过程和组织目标三个方面的演化。通过组织规则提供外在的约束和引导以及为员工行为提供内在的动力，组织目标实现了员工与组织之间的连接与平衡，并将员工自我管理行为与组织相关联，最终促进了家庭式组织的生成。

面对大数据、云计算、物联网等新兴技术快速变革的后现代社会，家庭式组织具有以下优势：组织规则的混合性可以实现制度约束的情理耦合，有助于维持、引导组织协调性与价值性共存，员工自我管理可以实现组织的去中心化和自驱动化，双重价值目标可以塑造组织与员工的和谐状态；通过组织规则、组织过程和组织目标的再设计，家庭式组织在打破控制性权力体系的同时，实现了对员工的赋权和激励，可以对环境中的不确定性和危机进行快速响应并促使员工逆势成长，是后现代社会中组织设计的有效选择。

"心"之能量：中国式管理的道德生产效能

郑济洲　崔　翼①

在瞬息万变的当代商业环境中，管理理念的优化和管理实践的创新已然成为推动企业可持续发展的重要动力。凭借深厚的文化底蕴和独特的哲学理念，中国式管理在世界管理实践的舞台上独树一帜。以往我国学界的研究主要侧重于中国式管理的传统思想探源分析②、中国式管理的本质特征③以及比较视域下中国式管理的路径和特征④等方面，较少从中国管理哲学所秉持的"利他之心"来剖析中国式管理的道德生产效能的特质与优势。在生生不息的中华优秀传统文化中，"心"是驱动个体行为、塑造社会关系的动力，将其融入管理实践，意味着重视管理者的道德修养、员工的情感需求和企业的文化导向，通过培养正面的道德观念来激发员工的内生动力。中国式管理旨在构建基于信任、尊重和合作等正向价值观的伦理工作环境，以期发挥出不同于单纯经济生产效能的道德生产效能。

一、利己之心与利他之心：中、西方管理哲学"心"之结构的剖析

中、西方管理哲学在其各自悠久而深厚的哲学底蕴和文化系统之中孕育、发展和成熟，展现出不同的风格和特色。从"心"之结构来剖析经营

---

① 郑济洲，中共福建省委党校副教授、福建师范大学博士后、硕士生导师，研究方向：政治文化与管理哲学。崔翼，福建师范大学硕士研究生，研究方向：政治文化。
② 程霖、谢瑶：《传统管理思想与中国式管理构建》，载《江西社会科学》2023年第2期，第127–139页。
③ 周可真：《文化哲学视域中的中国式管理》，载《学术界》2018年第3期，第96–107页。
④ 沈阳：《中国式管理的路径和特征：C管理模式——兼论Z理论的缺陷》，载《社会科学家》2021年第5期，第79–85页。

管理模式，是近代以来学界为之努力的一个重要问题域。① 概而言之，西方管理哲学所秉持之"心"是以自身发展利益为首要考量因素的"利己之心"，而中国管理哲学推崇企业管理者在生产经营中涵养以"利他"为内容规范的运思之"心"。从福耀玻璃工业集团股份有限公司（以下简称"福耀集团"）的生产运行模式来看，在曹德旺先生主张的"菩提心"式的企业经营理念主导下，其所展现的道德生产逻辑有效赓续并发扬了中国古代文明的商业伦理精神。《大学》曰："仁者以财发身，不仁者以身发财"，中国古代的经济史"并不是按照法家反对交易、反对商业蓝图构建出来的事实"②，相反，其蕴含着理想商业伦理秩序的基本图景。在解剖福耀集团内蕴的"利他之心"的发展动能之前，亟须首先辨析中、西方管理哲学的不同文明底蕴和实践向度。

西方管理哲学的出场语境建立在从世界秩序中脱颖出来的现代独立个体的基础之上，其所内蕴的性恶论的文明底色塑造了西方现代企业利己式的经营理念、科学化的管理制度和扩张型的发展模式。西方微观经济学探讨的问题是市场主体如何在特定约束条件下实现资源的最优配置，管理哲学则进一步剖析专业分工条件下企业如何实现人力、物力的组合式调配和有效性协同。西方管理哲学是对西方管理理论蕴含的世界观和方法论的升华，其思想发展必将随着社会经济形态的演进而拓展开新。古希腊时期柏拉图的理念论、中世纪基督教伦理都对前现代西方管理哲学产生过深远的影响。西方古典哲学往往将世俗的人性视为有缺陷的、罪恶的，这是由于"人类之心"分有了"理念之心"，出走伊甸园的人"心"是不完善的、不完美的，急需外部约束予以规范和引导。这在前现代西方管理哲学中表现为对人的"利己之心"的承认，并通过制度设计来抑制其负面影响。现代西方管理哲学诞生在资本主义大工业方兴未艾的时期，资本家服膺的管理理论以商品化的自由劳动力为现实前提。个体为了满足衣食住行等物质生活的需要，必须在经济市场中谋求自身的物质利益。现代西方管理哲学正是循着这一需要，在管理实践中倾向通过绩效考核、股权激励等外在机制激发员工的"利己之心"，同时设置严格的监督制衡机制来防止员工滥

---

① 张育新：《经营者心学：经营者成败的根本原因在于"心"》，企业管理出版社 2021 年版。

② ［英］邓钢：《中国传统经济：结构均衡和资本主义停滞》，苘玉骢、徐雪英译，浙江大学出版社 2020 年版，第 134 页。

用职权或损害企业利益,以达到企业发展和员工进步的双赢目标。

现代西方管理哲学以管理科学为理论基础,其思想特质具有明显的机械主义倾向,在实践中表现为管理之"心"的僵化、"心"和"物"的二元对立和渡人之"心"的弱化。于中国式管理而言,"管理就是心的互动"①,即员工用"心"做事、企业家用"心"管理,在双方将心比心、以心换心的实践中共同实现"心"的成长。而对于标榜发展效率的西方企业来说,管理外化于"心"的"行"比"心"本身更重要。其一,在方法论层面,现代西方管理哲学强调运用"统计技术与技术工具,博弈论、决策论、运筹法"② 等科学方法管理企业,但过分依赖调研数据和数理模型,会忽视人的主观能动性和情感化需求,使管理过程变得冷冰冰,缺少人文关怀。管理本应随势而动、因时而变,但当员工之"心"为企业所设定的"关键结果"所束缚的时候,"心"之活力和动能就相应地削弱,管理者和被管理者的"心"都会变得僵化和保守。其二,在认识论层面,受管理科学影响的现代西方管理哲学沉浸在主客二分的思维方式之中,以其为指导思想的西方企业管理者过分关注"物"的层面,追求"成本最小化—效益最大化"的经济目标遮蔽了"心"的层面,即员工的心灵状态、团队的工作氛围、企业的文化信念等。其三,在价值本体论层面,虽然基于乔治·梅奥的"社会人"假设、亚伯拉罕·马斯洛的"自我实现人"假设和威廉·大内的"文化人"假设等多种管理理论已然表明在管理中激励人"心"、发展人"心"和引领人"心"的重要性③,但在实际工作中,西方管理者仍然更多关注激发员工的为己之"心"和竞争之"心",而相对缺少激发员工内心深处的帮扶之"心"和助人之"心"的体制机制。

中国管理哲学在管理实践中发展出"时中"的思维方式,在其影响下的中国式管理表现出沉潜蓄势、顺势而为的经营理念。与西方管理哲学侧重管理技术、理性结构、组织形态等方面不同,中国管理哲学始终是指向"人"的经营哲学,这里的"人"不是西方理性的"经济人",而是可以

---

① 曾仕强:《中道》,北京联合出版公司2018年版,第21页。
② 胡国栋:《管理范式的后现代审视与本土化研究》,中国人民大学出版社2017年版,第29页。
③ 王拓:《管理哲学视域下的中西方人性观比较》,载《学习与探索》2017年第6期,第33-38页。

经验到的、有血有肉的、通情达理的"实践的人"。对人性的不同解释影响了中、西方管理的性质,以制度建设为中轴的西方管理在本质上是一种工具理性管理,而中国式管理是以"情—理—德"三元结构为基础架构的人道价值管理。这三种结构分别映射着中国管理哲学的三种"心",即生发自然之情的"慈悲心"、觉解天道之理的"仁爱心"和保持战略定力的"止水心"。归根到底,这三种"心"均以利他的"本心"为价值导向。

实践证明,无论是中国传统管理哲学,还是现代西方管理哲学,都有其各自的发展优势,也都有其相应程度的不足。因此,构建当代中国管理新哲学既不能摒弃中国传统管理哲学基于人性善的思想底色所涵养的"三位一体"的"本心",也不能忽视深潜在现代西方管理哲学主导的管理实践中的"私心",而应该在充分认识到人"心"结构的复杂性基础上以海纳百川、无问西东的胸怀博采各种管理哲学的精粹。当代中国管理新哲学是一种总体性的管理观,要旨在于使员工彰明自身内在固有的智慧与美德,通过个人的自我完善,推广至整个企业组织乃至市民社会,促使每个人都能在和谐的环境中实现自我价值。在当代中国管理新哲学指导下,公司职员不再是现代意义上的纯粹"为己之我",而是成为"人人为我,我为人人"的企业创客,员工在中国式管理的实践中锻造出自身的二象性,既是"独立自我",又是"为他自我"。在涵养员工"利他之心"的过程中,中国式管理所遵循的并不是以法理约束为基本特征的西方经济契约的逻辑,而是运用具有中国特色的心灵契约的形式,发展出一种内聚着中华优秀传统伦理文化的道德生产效能。

二、心灵契约:中国式管理的道德生产效能的特质与优势

在当今全球化和逆全球化相互角力的商业环境中,中国管理新哲学作为一种融通中国传统治道智慧和现代管理科学的独特理念,日益散发出独树一帜的价值与魅力。中国式管理向来强调和谐、中庸与互惠,这与心灵契约的内在特质不谋而合,其所蕴含的动态性、责任性和交互性的价值属性同中国的社会主义核心价值取向高度契合。心灵契约不仅是联通员工和企业之间的无形规范,而且是一种推动双方良性互动、达成合作共识、实现共赢发展的隐性纽带。作为员工和企业之间隐含的、基于期望和承诺的

深层心理状态，心灵契约在中国式管理中的重要性日益凸显。中国人的心灵契约超越了传统书面契约的局限，它深入人内心的生活世界，通过情感、信任和价值观的共鸣，构建起一种更为稳固和持久的管理关系。

在"心"与"心"的普遍联结中，中国式管理发挥出的道德生产效能，有别于西方管理理念所产生的单纯经济生产效益。在西方组织心理学领域存在着和"心灵契约"相似的概念，即20世纪60年代由克瑞斯·阿吉里斯提出的"心理契约"，旨在描述员工对组织的期望与组织对员工的承诺之间的无形约定。这种心理契约虽然没有法律效力，但对员工的行为、满意度以及组织认同感产生了深远的影响。但在中国式管理的语境下，此"心灵契约"非彼"心理契约"，其内蕴着中华优秀传统文化的底蕴，核心在于建设一座互信的"心灵之桥"。"心"的交互性承认不仅基于物质层面的期望，还包含了社会情感层面的希冀。只有员工和企业之间相互负责，通过满足彼此的期待，才能形成和维护好动态平衡的心灵契约式管理。

在中国式管理背景下，心灵契约的形成是一个复杂而动态的过程，它根植于中国传统文化和现代管理理念的交汇中。心灵契约的构建，不仅体现了员工与企业之间的信任与承诺，更深刻反映了中国文化中的人际关系、情感投入与价值认同等核心要素。不同于西方管理理论侧重明确的法律合同和经济交换，心灵契约强调的是一种内在的、基于道德信念和情感认同的"非正式协议"，它构成了管理者与员工之间深层次的信任与合作关系。心灵契约虽然在本质上有别于有形的经济契约，但两者都对签约的双方具有一定的约束效力。心灵契约不仅是一种合情的管理手段，而且是构建和谐工作环境、提升企业绩效的基石。中国的企业管理者不仅是目标任务的分配者，而且是道德的引导者，通过塑造自身的道德品格，激发员工的道德情操和内在动力。员工通过认同企业的价值观，形成对企业的深度情感联结，这种联结超越了物质利益，建立在共同的道德信念和情感认同之上。

基于中国式管理的风格、特色所形成的心灵契约具有独特的道德生产效能，在现代企业管理的实践中展现出具有标识性的中华文明伦理特质。其一，中国式管理哲学汲取忠恕之道的精髓，在实践中引导员工将心比心、设身处地站在对方的角度来考虑问题，有助于化解团队内部的矛盾纠纷，营造出团结和谐的企业发展氛围。传统儒家思想所倡导的"己所不欲，勿施于人"和"推己及人，能近取譬"的伦理准则，为心灵契约的建立提供了坚实的道德基础。这种基于传统智慧的管理理念，不仅有助于提升员工的道德素养，而且能够增强团队的凝聚力和向心力。其二，中国式管理所面临的组织形态不同于西方理想的科层制行政体系，其组织起来的方式具有高度"拟家庭化"导向，在现实的管理实践中的"拟家庭化"场域有利于员工之间以心换心、彼此信任，增强对企业大家庭的归属感。中国哲学洞察出"人心"和"道心"的内在张力，并提出"惟精惟一，允执厥中"的纾解之道。这启示管理者要正确对待企业经济利益和员工情感需要之间的关系，既要追求企业发展的经济效益，又要关注员工的内心世界。其三，在中国式管理的实践中，企业领导者通过诚意正心的方式以上率下进行管理，要求员工在工作中保持真诚、不虚假，以实事求是之心来处理各项工作。无形的心灵契约的建立需要企业管理者和员工时刻保持心有灵犀的状态，只有形成双方同向发力、相向而行的生产实践，企业才能在激烈的市场竞争中实现可持续的成功。正所谓"皇天无亲，惟德是辅"，企业管理者必须在日常活动中展现出深厚的道德修养，通过自身的真诚和正直来赢得员工的信任和尊敬，推动企业朝高质量发展目标迈进。

联结员工之"心"和企业之"心"的心灵契约构成了中国式管理的活力源泉，中国式管理所发挥出来的生产能量蕴含着强大的伦理动因，体现在企业对员工的关怀、对社会责任的承担以及对传统文化的尊重等方面。无论是在基础设施、能源供应、交通运输等关键领域发挥着不可替代作用的国有企业，还是在产业转型升级和经济结构调整中扮演着重要角色的民营企业，员工与企业之间不仅具有基于劳动合同的经济法律关系，而且存在着一种基于共同愿景、价值认同和情感依赖的心灵契约关系。后者虽然无形却能量强大，可以增强员工的忠诚度、责任感和归属感，从而提高其工作效率和创新能力。建立在共同的价值观念和道德准则基础之上的心灵契约是员工自我约束、自律自省的内在动力。当员工发自内心地认同企业的使命和愿景时，他们对内就会自觉遵守规章制度，对外极力维护企业的正面形象，将企业的声誉与个人的发展紧密联系在一起，坚守道德底线，推动企业实现道德化发展。

中国式管理充分调动了员工的"利他之心"，激活了员工的内在动力和创新能力，使企业对于员工来说不仅是经济共同体，而且是拟家庭共同体、伦理共同体和成长共同体。与西方经济理性相比，中国式管理在道德生产效能方面展现出了极大的优势和潜力，这种管理形态打破了传统西方传统管理理念的局限，为全球企业管理提供了可资借鉴的思路，为全球企业的发展提供了新的可能性。

三、义以生利：中国式管理的价值理性对西方经济理性的超越

经济的发展是否应该关切、涵摄伦理道德和价值判断是贯穿西方经济学思想史的重要论辩命题，关于这一问题的回答，在西方经济学界经历了"正题—反题—合题"的辩证认识过程。早期西方对"经济"的理解反映出若隐若现的"去道德化"倾向。经由古希腊文"oikonomia"翻译而来的"经济"，本意是指城邦奴隶制的"家庭经济"，围绕其所探讨的问题是奴隶主如何操持、管理家庭财富，较少涉及改善奴隶生活境遇的伦理思考。经济理性的计算和筹谋在前现代西方经济的发展中起支配作用，伦理道德被抽离出粗糙的物质生产生活，悬置、独立为一种关于人的美德的形而上学说。直到近代，经济理性和价值理性才出现合流之势。在被誉为"现代经济学之父"的亚当·斯密的理论视域中，经济的持续增长往往离不开社会分工体系中每个人基于"自利之心"的物质生产实践，而这些经济活动者对欲望和贪婪的追求归根到底是为了博得他人的爱与认同。晚年的亚当·斯密秉持科学求实的精神先后修订了《国富论》和《道德情操论》两部著作，在他看来，"个人的幸福只有在不违反或有助于全体的幸福时才能去追求"①。经济和伦理两者不可分割，这一观念有力驳斥了19世纪中叶德国历史学派提出的所谓"亚当·斯密问题"——《国富论》中利己的"理性经济人"和《道德情操论》中利他的"仁慈道德人"的对立。

伴随着资本主义的发展，经济理性和伦理道德在话语体系中呈现不平衡的发展趋向。资本一方面创造了无与伦比的生产力，另一方面却生产出反文明的社会贫困。世界市场的交往和开拓是以牺牲"未开化和半开化的国家""农民的民族""东方"的利益为前提，资产阶级所谓的商业人道主义精神是建立在无产阶级的异化劳动基础上。正是如此，恩格斯批判性

---

① ［英］亚当·斯密：《道德情操论》，蒋自强译，商务印书馆2014年版，第399页。

地指出,"滥用道德以实现不道德的意图"是亚当·斯密构建的自由贸易体系所不愿告知于人的"秘密"。①"资本来到世间,从头到脚,每个毛孔都滴着血和肮脏的东西"②,资本无限增殖的"贪婪攫取性"让国民经济学家对经济的伦理性讳莫如深。"撇开宏大的总的联系去进行考察"③ 经济运行规律的形而上学思维方式使古典政治经济学庸俗化为替资产阶级辩争的经济学,后者扎根于资产阶级"进行生产和交换的经济关系中"④,其致思方式具有明显的实证主义倾向,主要揭示资本生产、积聚、流通的客观运动规律,但对"一个被戴上彻底的锁链的阶级"⑤ 并在普遍领域遭受着普遍不公正待遇的阶级视若无睹。

马克思、恩格斯怀揣着解放全人类的崇高理想,批判了单向度的资本主义经济理性,揭示了资本过度发展的内爆必然性,重新将对全人类的道德关怀赋予经济学,使经济学在科学性、阶级性和伦理性三个维度实现了高度统一。但这并不意味着"道德冲动力"之于"经济冲动力"的和谐、中庸,因为资本主义社会经济形态所蕴含的全部生产力尚未完全发挥出来,"经济理性"统摄"价值理性"的现状也尚未发生根本改变。因应资本主义社会的新变化,马克斯·韦伯提出了工具理性压倒、淹没价值理性的现代性问题,认为以效率、结果为导向的经济发展模式编织出的"现代的铁笼"片面加强了经济理性。无论是领恩于神圣天命的"职业观念",还是加尔文教的"入世禁欲精神",本质上都是"现代资本主义精神"的基本要素,是理性化的经济伦理的表现形式。然而,随着现代化的发展,经济伦理再度变得岌岌可危,与新教伦理具有"选择性的亲缘关系"的现代资本主义"已经不再需要这种精神的支持了,因为资本主义有了机器这个基础"⑥。而20世纪五六十年代的韩国、中国台湾、中国香港和新加坡在经济方面强势崛起的事实批驳了"经济发展不需要内在的伦理精神支撑"的这种观点,并以此为契机重新开启了"伦理在何种程度上影响经

---

① 《马克思恩格斯选集》第1卷,人民出版社2012年版,第23页。
② 《马克思恩格斯选集》第2卷,人民出版社2012年版,第297页。
③ 《马克思恩格斯选集》第3卷,人民出版社2012年版,第396页。
④ 《马克思恩格斯选集》第3卷,人民出版社2012年版,第470页。
⑤ 《马克思恩格斯选集》第1卷,人民出版社2009年版,第16–17页。
⑥ [德] 马克斯·韦伯:《新教伦理与资本主义精神》,阎克文译,上海人民出版社2017年版,第326页。

济"的相关讨论。面对经济学理论场域中的大乱局,阿马蒂亚·森、彼得·科斯洛夫斯基等著名经济学家致力于构建"经济学与伦理学相结合"的新范式,尝试"将伦理生活世界的行为观点和经济学的所谓严格的经济行为模式一体化"①,为市场的"最强动力"和伦理的"最好动力"探寻合适的经济管理制度。

西方经济学家试图通过建设规范经济学或伦理经济学等新的学科门类,来实现对实证经济学理论缺陷——对价值理性的"遗忘"——的超越。但在资本主义私有制的话语叙事中,人的完全异化、物质主义的畸形发展等问题均未能得到根本解决,资产阶级的伦理道德仍是服务于现代资本主义经济理性的观念上层建筑。因此,所谓的"超越"只是"思辨的超越",规范经济学也只是"黑板上的经济学"。要找到走出"现代性迷思"的实践路径,为中国式企业提供管理哲学的智慧,必须解蔽现代西方经济理性运行中的问题,正确辨析和厘清"义"与"利"的关系,找到中华优秀传统文化的"医治药方"并赋予现代的活力和能量。经济理性的发展突破了传统的感性身份、政治权力等依附关系,与此同时,围绕"物的世界"又建立起了新的依赖关系。实现人的自由而全面发展亟须在"真正的共同体"里创造经济理性与价值理性相统一的条件、土壤和载体。在信息化、智能化浪潮相互叠加的"百年未有之大变局",批判经济理性之弊不仅是清理"西方经管学神话"的题中之义,而且是发展传统伦理与现代治理辩证统一的"中国式管理学"的必由之路。

与传统的自给自足的农耕经济形态相比,经济理性在现代社会的运用更为明显、广泛,潜隐在自然物质中的经济属性被掌握先进科学技术的现代企业不断发掘。在西方企业的经营管理中,运用经济理性在激烈的市场竞争中表现得尤为重要。但经济理性在西方企业中的单向度发展也会招致相应的问题,主要表现在以下三个方面:其一,经济理性在企业生产过程中的单向度发展不仅会造成人与自然环境关系的失衡,而且会导致漠视企业员工在情感支持、价值归属等方面的现实需要。企业经理人运用经济理性为内部员工规定好月度、季度、年度的关键绩效指标,为了生存必要和生活需要,企业员工必须围绕预期的数目字展开一切工作。而在这个过程

---

① [德]彼得·科斯洛夫斯基:《后现代文化:技术发展的社会文化后果》,毛怡红译,中央编译出版社2011年版,第105页。

中，自在自然的生态承载力、人化自然的生态阈值点、消费者的实际消费力并未成为他们考虑的主要对象。现代西方企业在利用、改造自然的过程中确证了对自然的统治权，但这种基于经济理性的企业文化信念从根本上讲是不可持续的，不仅外化出人与自然的异化关系，而且使员工对企业仅拥有经济方面的依赖，而缺少情感上的寄托。其二，企业在营销层面运用经济理性虽然有助于实现商品"惊险的跳跃"，但过度的理性营销会使企业偏离为消费者服务的初心。面对着波动的市场环境，要在供求竞争机制中顺利实现从商品到货币的"跳跃"，营销是现代企业经营管理的关键一环。但如果企业打着"营销包办一切"的旗号，使商品的符号、包装、品牌价值远超过其使用价值，过多地将目光聚焦在打造爆款商品、制造短缺经济上，将不利于推动商品质量的提高，最终将影响企业的增长后劲。其三，部分资本主义上市企业为了在财务年报中反映出所谓滚雪球式的利润增长率，不惜违背企业管理的财务伦理规范，背负沉重的道德风险，在膨胀的经济理性的牵引下走入歧途。有些企业管理者指示财务人员违规对公司年报进行"技术处理"，企图通过财报的"数字泡沫"来掩盖企业发展中遭遇的"增长难题"，这是对经济理性盲目崇拜、无批判反思的体现，忽视了诚信才是任何企业做大做强的立身之本。

中华优秀传统文化中关于"义"与"利"关系的认知并没有局限在二元对立的思维框架中，而是跳出了"义利之争"的理论窠臼，在对历史的赓续和扬弃中逐渐把握两者的对立统一关系。于中国人而言，经济学在本质上是管理财富之"术"和践行正义之"道"的辩证统一。[1] 在生生不息的传统文化之流中，儒家的义利观展现出历久弥新的独特魅力，构成了中国人理解正义和利益关系的深层文化底蕴。先秦时期，以孔孟为代表的古典儒家强调"义"对"利"的价值优先性，认为人们追求符合"义"的"利"是合宜的。汉代的董仲舒对仁者和平民的"利"进行区分，认为平民的"利"只是为了满足"身体"的基本物质需要，而真正的仁者应该"正其道不谋其利，修其理不急其功"[2]，不谋"私利"，追求内圣外王的"大义"。宋代以朱熹为代表的理学家要求士大夫遵循纯一不杂的

---

[1] 陈焕章：《孔门理财学：孔子及其学派的经济思想》，翟玉忠译，中央编译局出版社2009年版，第31页。

[2] 张世亮、钟肇鹏、周桂钿译注：《春秋繁露》，中华书局2012年版，第338页。

"天理之公",逐渐革除"人欲之私"产生的弊病,在"义"与"利"的抉择中坚定地站在"义"的一边。随着明清之际商品经济的发展,以王夫之、颜元为代表的儒家学者提出了"义之必利""义利共生"等思想。在王夫之看来,"获利"是"行义"不自觉的必然结果,正所谓"义非以为利计也,而利原义之所必得"①;颜元则翻转了董仲舒的思考,提出了"正其谊以谋其利,明其道而计其功"② 的新命题,实现了"义"与"利"关系的统一。当代新儒家代表人物之一贺麟结合传统儒学对"义利关系"的分析,重新界定了经济的内涵,提出"经济=人类的理智+道德的努力"的新论断,并强调"实业经济既是道德的产物,则中国一般人所谓精神文明、物质文明之争,亦得一调解的途径"③。综上所述,贯穿在中古农业文明、近世工业文明的"义利之争"将会随着物质文明和精神文明相协调的中国式现代化的深入推进而得以化解。

具有中国特色的"义以生利"的价值理性对古今儒商均具有指导意义,深刻影响着他们的企业经营理念、管理方法和发展策略。儒商是经济活动中兼有"商道智慧"和"儒家伦理"的重要主体。子贡是儒商的鼻祖,他的经商理念深受孔子"礼以行义,义以生利,利以平民"④ 理念的熏陶。在经商过程中,子贡并没有将货殖看作事业发展的最终归宿,而是认识到财富"取之于民,用之于民"的道理,在战火纷飞的动乱时代以"达则兼善天下"的广博胸怀抚恤"无立锥之地"的贫困者。

"义以生利"的价值理性肇始于传统儒商的经济交易活动的道德规范,生长于生动的中国特色社会主义实践中,定型为建设高水平社会主义市场经济体制的发展原则。推进中国式管理,既不能完全套用中国传统的人治管理模式,也不能全部移植现代西方经济理性衍生的法治治理经验,亟须以"两个结合"为理念指引,正确处理好物质利益和道德规范的关系,充分发挥出观念上层建筑对经济基础能动的反作用。第一,中国式管理要以"责任之心"助推"拟家庭化"⑤ 的企业组织形态在发展中实现和合正义与共赢共生相统一。现代企业的发展决不能在社会化分工的链条中孤芳自

---

① 王夫之:《船山全书》第 8 册,岳麓书社 2011 年版,第 27 页。
② 颜元著,王星贤、张芥尘、郭征点校:《颜元集》上册,中华书局 1987 年版,第 163 页。
③ 贺麟:《文化与人生》,上海人民出版社 2018 年版,第 36 页。
④ 十三经注疏整理委员会整理:《春秋左传正义》,北京大学出版社 1999 年版,第 691 页。
⑤ 黎红雷:《儒家商道智慧》,人民出版社 2017 年版,第 29 - 30 页。

赏、以邻为壑，而应该充分关照客户和上游供应商、下游经销商的利益。企业只有对内将员工当作家人照顾好，对外满足客户的利益诉求，于危难之际向供应商伸出援手，及时向经销商供应所需产品，才能在商业生态大系统中发挥出整体大于部分的效能。第二，中国式管理要以"关怀之心"推动企业利益分配格局走向平等的自由和差异的保障相统一。近代以来，正义的实践"从以对等的'报'为重心，向以平等的'分'为重心"①转变，这要求现代企业重视对企业员工合乎正义的利益分配。只有充分保证企业员工的物质利益不受到损害，才能激励员工为企业创造更大的效益。一方面，无论是乡镇企业，还是城市中的国有企业、私营企业、外资企业等，都要在发展中逐步改善对非正规就业人员的不公正待遇，为他们提供与正规员工相对平等的就业条件和有尊严的收入报酬②；另一方面，针对企业内部因病致贫、因事返贫等处境相对特殊的企业员工，给予其生活物质、假期待遇等方面差异化的补贴。第三，中国式管理要以"仁爱之心"推动企业发展实现经济效益和生态正义相统一。西方经济理性占支配地位的资本主义企业将价值增殖视为商品生产的目的，"主要生产销量好的东西，根本不关心它是否有利于社会再生产"③，这种无休止地扩大再生产最终会破坏未来世代的生存环境，导致人和自然物质代谢的紊乱。面临着种种生态危机，以道义和责任闻名于世的中国企业应秉持着"保护生态环境就是保护生产力、改善生态环境就是发展生产力"④的理念，加快转变企业生产方式和业务结构，以发展新质生产力为突破口，布局绿色低碳循环产业新形态，提高产品的绿色使用价值，推动企业发展实现经济效益与生态正义相统一。

---

① 何怀宏：《文明的两端》，广西师范大学出版社 2022 年版，第 397 页。
② 黄宗智：《实践与理论：中国社会经济史与法律史研究》，广西师范大学出版社 2024 年版，第 486 页。
③ [日]斋藤幸平：《人类世的"资本论"》，王盈译，上海译文出版社 2023 年版，第 212 页。
④ 习近平：《推动我国生态文明建设迈上新台阶》，载《求是》2019 年第 3 期，第 11 页。

试论儒商"敬天爱人"的信仰

赵 武①

"敬天爱人"是中华文化固有的思想内容。这四个字作为一个整体、一个固定表述为今人特别是企业界人士所知,与有"日本经营之圣"美誉的稻盛和夫有关。源自乡贤西乡隆盛的"敬天爱人"被稻盛和夫用为京瓷公司的社训,他以"敬天爱人"的理念创建了2家世界500强企业。在我国,"玻璃大王"曹德旺说:"福耀一直秉承一个信念:'敬天爱人,止于至善'。这是福耀创业的根本,也是福耀从小做到大最根本的原因。"② 近似而又有不同,贵州习酒集团以"崇道、务本、敬商、爱人"为企业核心价值观。长期从事儒商与企业儒学研究的黎红雷教授概括了包括"四训""六规""八道""十观"在内的当代新儒商精神体系,"敬天爱人"的信仰观是"十观"之一。鉴于商界和学界都对"敬天爱人"倾注心血和热情,有必要对之开展专门研究。本文尝试探究"敬天爱人"的思想来源与文化意蕴,复以晋商为例豹窥儒商"敬天爱人"的实践,最后提出开展进一步研究与实践的建议。

一、"敬天爱人"的思想来源与文化意蕴

(一)从敬神到敬德

考诸中华文化史,"敬"的实践由来已久。《汉书》记载,董仲舒用"忠""敬""文"描摹夏、商、周三代的文化基调和精神气质,所谓"夏上忠,殷上敬,周上文"。③《礼记》说"夏道尊命""殷人尊神""周人

---

① 赵武,中共厦门市委党校副教授。
② 苏勇:《曹德旺:敬天爱人,止于至善》,载《企业家》2021年第5期,第36-40页。
③ 班固:《汉书》,中华书局1962年版,第2518页。

尊礼"①，可见，殷人所敬的对象是鬼神、上帝，或者说殷人所实践的"敬"是对鬼神、上帝的"敬"。商周易代，"敬神"一转而为"敬德"，或曰周人更强调"敬德"，以"敬德"的方式去敬天（帝），文化精神在此有因（承继）、有革（变革）、有损（宗教气息）、有益（道德属性）。为何要"敬德"呢？因为在周人看来，夏、商两代"惟不敬厥德，乃早坠厥命"②。为什么不"敬德"，天命就会转移呢？因为"皇天无亲，惟德是辅"③。"敬德"就要求统治者：一要加强自身品德修养；二要对人民施行德政，"怀保小民"④。于是就形成了与我们要讨论的"敬天爱人"非常近似的观念——"敬德保民"。"敬德"与"保民"关联起来，既是德性、德行（在圣王这里就是德政）须内外一致的要求使然，同时也是由"天""德""民"三者形成的概念逻辑"三角形"的"另一条边"亦即"天"与"民"的关系决定的，"天视自我民视，天听自我民听"⑤，"民之所欲，天必从之"⑥，既然要修德以敬天，就必须爱民、"保民"。爱民、"保民"是"敬德"、敬天的具体表现与落实。

（二）"敬的观念之出现"

周人"敬德"以敬天，因此周人之"敬"与殷人敬神之"敬"是不同的。周人的"敬"是"直承忧患意识的警惕性而来的精神敛抑、集中，及对事的谨慎、认真的心理状态。这是人在时时反省自己的行为，规整自己的行为的心理状态。……是人的精神，由散漫而集中，并消解自己的官能欲望于自己所负的责任之前，凸显出自己主体的积极性与理性作用。……是主动的、反省的，因而是内发的心理状态。这正是自觉的心理状态"⑦。周人的"敬"是一种自修的状态，"敬德"首先就意味着修德。因为周人"敬德"之"敬"与先前殷人敬神之"敬"如此不同，徐复观索性称之为"敬的观念之出现"⑧。诚然，对自然、上天、鬼神的敬畏是

---

① 王文锦：《礼记译解》，中华书局2001年版，第813页。
② 李民、王健：《尚书译注》，上海古籍出版社2012年版，第224页。
③ 李民、王健：《尚书译注》，上海古籍出版社2012年版，第260页。
④ 李民、王健：《尚书译注》，上海古籍出版社2012年版，第246页。
⑤ 李民、王健：《尚书译注》，上海古籍出版社2012年版，第155页。
⑥ 李民、王健：《尚书译注》，上海古籍出版社2012年版，第151页。
⑦ 徐复观：《中国人性论史·先秦篇》，九州出版社2014年版，第22页。
⑧ 徐复观：《中国人性论史·先秦篇》，九州出版社2014年版，第21页。

人类共通的情感，唯独道德属性的、描写心理状态的、意谓人之自修的"敬"是中华文化特有的概念。

（三）天的内在化或"性天相通"与"敬天""爱人"二者关系的再解析

我们说周人"敬德"以敬天，似乎在人德之外仍有一外在的天，实则人德之外更无有天，所谓天人合一（此处的"人"实为人之德，只有人之德可与天合一）。清代佚名《集俗语竹枝词》有云："公门里面好修行，半夜敲门心不惊。善恶到头终有报，举头三尺有神明。"① 虽是俗语，却把因"敬"而不"畏"（因为做足了"敬"的功夫，所以无所"畏"惧）的心理逻辑、深刻道理讲得很明白、晓畅。"畏"是对象性的，"敬"则是非对象性的。"举头三尺有神明"，意谓德性之"天"是无所不在的，实则并非有一个"天"每时每刻在鉴临、照察，而是我们的德性之"我"（也就是良知）无时无刻不在放光普照。人德之外更无有天。因此，孟子说："尽其心者，知其性也。知其性，则知天矣。"② 王阳明说："良知即天也。"③ 也就是说，良心即天。朱子说："人只是要求放心。何者为心？只是个敬。人才敬时，这心便在身上了。"④ 敬可识心知性从而知天，这就是"敬"字包含的功夫、人德（人之心、性）、天道三者之间的关系。

良知即天，知性则知天，并不意味着知天从此变得容易。知天（命）很重要，"不知命无以为君子"⑤，孔子却自述"五十而知天命"⑥，可见要知天命需要付出艰苦的努力。说良知即天，知性则知天，不是要把天道降低层次，而是要把人德提撕起来。知天（天命、天道）者即君子、大人。《周易·乾·文言》说："夫'大人'者，与天地合其德，与日月合其明，与四时合其序，与鬼神合其吉凶，先天而天弗违，后天而奉天时。天且弗违，而况于人乎？况于鬼神乎？"⑦ 这段话说的是"大人"的境界，

---

① 闫凯编著：《中国诗词名句鉴赏辞典》，内蒙古人民出版社1994年版，第227页。
② 朱熹校注，王华宝整理：《四书集注》，凤凰出版社2016年版，第331页。
③ 王阳明著，叶圣陶点校：《传习录》，中国友谊出版公司2021年版，第214页。
④ 朱熹著，黎靖德编：《朱子语类》（第1册），崇文书局2018年版，第157页。
⑤ 朱熹校注，王华宝整理：《四书集注》，凤凰出版社2016年版，第190页。
⑥ 朱熹校注，王华宝整理：《四书集注》，凤凰出版社2016年版，第51页。
⑦ 周振甫译注：《周易译注》，中华书局2013年版，第1页。

也可以说是揭示了人心、人德的可能性，这个可能性就是汇入同时感知天道的洪流（"与天地合其德"），囊括宇（空间性，由"日月"揭示）宙（时间性，由"四时"揭示），同时具备最大的包容性（由"人""鬼神"揭示）。具备同天之德的"大人"的境界也就是"天下皆归吾仁"的境界，"爱人"就是自然的结论，此其一。"天何言哉？四时行焉，百物生焉，天何言哉？"① 天虽不言，但百物皆生，可见"天地之大德曰生"②。既然天人合德，此德曰生，爱人也就是必然的结论，此其二。既然如孟子所说性与天相通，而"天地之大德曰生"③，结论必然是人性善（人性善有一个外在表现就是人皆有"四端"，但是人性善不是由这个外在表现推论出来的），既然人性善，爱人（就所有人而言）、施仁政、行王道（就统治者而言）是人性自然的同时也是必然的要求。而"敬天"的重要性体现在"知天命"使"爱人"从自发变为自觉（这也就是"不知命无以为君子"的理据）。这是"敬天"与"爱人"关系的第三层意涵。

（四）根源意识："敬天"的文化意蕴

"敬德保民"的主语是与民相对的君或统治者，"敬天爱人"的主语则可以包括所有人。"敬天"关联着"法祖"，朱子说："万物本乎天，人本乎祖，故以所出之祖配天地"④。"敬天""法祖"首先体现的是一种根源意识。以"敬畏自然、保护生态环境"阐发"敬天"的意蕴是容易被现代人接受的，而"敬天"所蕴含的深沉的根源意识又是不能被忽略的。同时，正因为现代人更倾向于从"自然之天"的角度去理解"天"，根源性的"天"更应该被强调。首先，探究"敬畏自然、保护生态环境"背后的深层意识是什么，根源性的"天"就不能不被触及；其次，"敬畏自然、保护生态环境"的具体实践何以可能、怎么能够得到保障，根源性意识的加持不可或缺；再次，有了根源性意识的彰显才使得对"敬畏自然"的理解变得丰富而不贫乏。黎红雷教授曾撰文指出："天地自然是人类道德的基点"，"'敬畏自然'，我们就可以找到人类伦理道德的最终根源"，

---

① 朱熹校注，王华宝整理：《四书集注》，凤凰出版社 2016 年版，第 171 页。
② 周振甫译注：《周易译注》，中华书局 2013 年版，第 243 页。
③ 周振甫译注：《周易译注》，中华书局 2013 年版，第 243 页。
④ 黄士毅编，徐时仪、杨立军整理：《朱子语类》，上海古籍出版社 2023 年版，第 2011 页。

"'敬畏自然'是人类信仰的共通点"。① 之所以能够不局限于"自然之天"的角度理解"敬畏自然",而把道德与信仰一并考虑在内,都是因为"敬天"所蕴含的根源意识。因为天地是我们人类共同的父母,所以"敬天"(敬畏自然)堪当人类共同的信仰。同时,因为我们有着共同的根源,"爱人"就是"敬天"的自然结论,并且又不止步于"爱人",而必然导出"爱物","保护生态环境"于此找到支撑。

(五)敬奉天理、敬顺天道、敬达天德:"敬天"三义

王阳明说"良知即天""天即良知"②,因此"敬天"也就是敬奉天理、良知。王阳明又说"良知只是个是非之心"③,于是我们看到稻盛和夫"在经营和人生中,每当碰壁时、痛苦烦恼时……都会回到'作为人,何谓正确'这个原点认真思考,依据这个原则采取行动"④。贯通起来说,"把'作为人,何谓正确'作为判断基准,就是按照天指示的方向去做,就是敬奉天理……就是西乡隆盛所教导的'敬天'"⑤。

我们说"敬天"蕴含着一种根源意识,"根""源"二字分别对应植物、水流,它们都是有趋势性的活物,因此根源性关联着趋势性,"敬天"于是有其另一层意涵就是敬顺宇宙的意志(也就是潮流、趋势)。稻盛和夫说:"一切事物都在不停顿地生长发展,宇宙间存在着这种潮流。我认为这就是宇宙的意志,或可称为宇宙的机理。……是否与这种宇宙的潮流合拍,决定了人生与工作的成败。"⑥

趋势(天道)背后是动能(天德),合乎天道必须有同天之德,天德又可以分析为乾坤二德。《易经》乾坤二卦的《象传》说:"天行健,君

---

① 黎红雷:《"天地君亲师":儒家精神信仰思想的现代转化》,载《现代哲学》2015年第5期,第97-106页。
② 王阳明著,叶圣陶点校:《传习录》,中国友谊出版公司2021年版,第214页。
③ 王阳明著,叶圣陶点校:《传习录》,中国友谊出版公司2021年版,第214页。
④ [日]稻盛和夫著,郑晓蕾审校:《敬天爱人》,曹岫云译,万卷出版公司2011年版,第5页。
⑤ [日]稻盛和夫著,郑晓蕾审校:《敬天爱人》,曹岫云译,万卷出版公司2011年版,第13页。
⑥ [日]稻盛和夫著,郑晓蕾审校:《敬天爱人》,曹岫云译,万卷出版公司2011年版,第113页。

子以自强不息"①,"地势坤,君子以厚德载物"②。自强不息、厚德载物就是乾坤二德的基本特征。稻盛和夫说:"与宇宙的潮流相协调,采取不断进取的思维方式和生活态度,人生和事业就能获得丰硕的成果。……那与宇宙的意志相协调的思维方式是什么呢?容纳一切事物并促其发展,也就是基督教所说的'爱',佛教教导的'慈悲',换句话说就是,满怀温暖的关爱之心。"③ 不断进取、容纳关爱,其实就是乾坤二德。

总而言之,"敬天"就要有同天之德,就要敬奉天理、良知(是是非非),就要敬顺宇宙潮流。

二、"敬天爱人"的儒商实践——以晋商为例

山西(晋)以及山西人的商业活动源远流长。《史记》记载范蠡"卒老死于陶,故世传曰陶朱公"④。"陶"一说即今山西省运城市盐湖区陶村。曾向范蠡请教生意经的"猗顿用盬盐起"⑤。"盬盐"就是山西运城的池盐。及至明清时期,山西商人"纵横欧亚九千里、称雄商界五百年",晋商更是位列三大商帮(晋帮、徽帮、潮帮)之首。2017年6月,习近平总书记在山西考察调研时指出,"山西自古就有重商文化传统,形成了诚实守信、开拓进取、和衷共济、务实经营、经世济民的晋商精神"⑥。

(一)晋商敬奉天理之义

明清时期,随着晋商的脚步越走越远,晋商会馆也遍及海内,而且很多会馆同时也是关帝庙,所谓"馆庙合一"⑦。可以说,晋商是以会馆为精神家园,以关公信仰为精神纽带。晋商之所以崇拜关公,因为据说关羽

---

① 周振甫译注:《周易译注》,中华书局2013年版,第1页。
② 周振甫译注:《周易译注》,中华书局2013年版,第14页。
③ [日]稻盛和夫著,郑晓蕾审校:《敬天爱人》,曹岫云译,万卷出版公司2011年版,第13页。
④ 司马迁著,张大可注评:《史记》,长江文艺出版社2020年版,第70页。
⑤ 司马迁著,张大可注评:《史记》,长江文艺出版社2020年版,第144页。
⑥ 陶宏伟:《回归晋商精神 打造新型政商关系》,载《山西日报》2017年7月20日第9版。
⑦ 巩家楠、黄柏权:《碑刻资料所见明清时期晋商的关公信仰》,载《宗教学研究》2023年第5期,第216-221页。

这位乡党不但喜读《春秋》，还擅长算学，是"会计账簿的发明者"①——在挂印封金、辞曹归刘时，关羽将曹操所赐金银财宝按照"原、收、出、存"登记造册，一并归还给了曹操。当然，晋商之崇拜关公更重要的是取其义薄云天。孟子说："是非之心，人皆有之。"② 著名的晋商王文显说过这样的话："夫商与士异术而同心"，"利以义制"，"故虽利而不污"。③ 晋商正是坚定地以何谓正确、何为应当（义）作为行为的范导，而不计利害得失。

榆次常家天亨玉号的掌柜王盛林（山西汾阳人）在东家破产需抽回天亨玉资本还债时，向其"相与"大盛魁借银三四万两，让东家将资本利润全部抽走。天亨玉更名为天亨永，继续经营。1929年大盛魁遭遇危机，王盛林派人送去2万银元，伙计们坚决反对，认为此款有去无还，王盛林正色道："假如20年前没有大盛魁的维持，天亨玉早完了，哪里还有天亨永呢？"

还有一件事发生在乔家的大德通票号。1930年前后，阎锡山在山西发行晋币，与中央银行发行的新币等值。阎锡山在中原大战中失败后，晋币贬值，市场上25元晋币才能兑换1元新币。如果大德通将晋币支付给储户，可以借晋币贬值发一笔财；如果将新币支付给储户，则要吃大亏。当时乔家的当家人乔映霞坚持用新币支付。他说，我们是大户，即使破产了也衣食无忧，但那些小储户要是破产了就会家破人亡。这次晋币贬值使大德通大伤元气，两年之后，有着80多年历史的大德通关门歇业。这件事把晋商的敬奉天理、做正确的事而不计其他呈现得淋漓尽致。

晋商的敬奉天理、遵循良知也体现在家训、号规、大院文化中。渠氏家训有言："做事须循天理，出言要顺人心。"乔家的商训是"首重信，次讲义，第三才是求利"。渠家号规首句就说"为商贾把天理常存心上，不瞒老不欺幼义取四方"。义聚商号要求"出入经营循天理，往来交易合人心"。有着龟龄集、定坤丹两大产品的广誉远的堂训是"修合虽无人见；存心自有天知"。渠家大院有联："俯仰无愧天地，褒贬有待春秋。"乔家大院有联："行事莫将天理错，立身宜与古人争。"乔家百福图照壁楹联为

---

① 杨洁主编：《会计学原理》，厦门大学出版社2014年版，第160页。
② 朱熹校注，王华宝整理：《四书集注》，凤凰出版社2016年版，第308页。
③ 转引自余英时《士与中国文化》，上海人民出版社2003年版，第458页。

"损人欲以复天理，蓄道德而能文章"（左宗棠所题）。

（二）晋商厚德载物之仁

明人谢肇淛在《五杂俎》中有言："新安奢而山右俭。"① 明人沈思孝在《晋录》中也说："晋中古俗俭朴，有唐虞之风。"② 似乎晋商的"小气"古已有名。其实，晋商只是对自己"抠门"，"他们对员工、对客户、对同行、对国家与社会，都显示出了慷慨大度的大气"③。

稻盛和夫将京瓷的经营理念确定为："在追求全体员工物质和精神两方面幸福的同时，为人类社会的进步发展做出贡献。"④ 这一经营理念涵摄"敬天"（敬顺潮流、推动进步）与"爱人"，并且其"爱人"的理念是完整的，即同时考虑物质、精神两方面。晋商恰恰就是这样做的。物质方面，掌柜、伙计的衣食住行都由东家保障、关照，而且晋商创设了"身股制"以保证员工的长远福利；同时，晋商又很重视员工的文化娱乐、精神生活。苏州全晋会馆由旅苏晋商于乾隆三十年（1765）集资创建，昔日是晋商办公场所和戏园，如今是国家重点文物保护单位，是苏州戏曲博物馆、中国昆曲博物馆所在地。

晋商常家的祠堂中有一座历时三载、耗银三万两修建而成的相当精美的戏楼。这座戏楼动工的年份是光绪三年（1877），在中国灾害史上是极不平凡的一年。这一年，山西、陕西、河南、河北等省遭受了几百年一遇的旱灾，饿殍遍野。常家果断捐出赈灾银三万两，同时为了乡亲百姓能够有尊严地接受帮助，又拿出了三万两银子动工盖这座戏楼。常家规定，只要能搬一块砖就可以管一天的饭。大灾持续了三年，常家的戏楼也修了三年。今天在常家庄园戏楼前驻足的四海宾朋，在欣赏雕梁画栋、古建之美的同时，无不感动于晋商的那份大爱。

体现晋商厚德载物之仁爱价值观的楹联、匾额、家训、家规俯拾皆是。乔家"六不准"家规其中一条就是"不准虐仆"。乔家大院有"为善最乐"匾额，大院楹联有：传家有道唯存厚；处世无奇但率真。忠厚培心

---

① 谢肇淛：《五杂俎》，中国书店 2019 年版，第 263 页。
② 沈思孝：《晋录》，中华书局 1985 年版，3 页。
③ 梁小民：《山西人不"抠门"——晋商的大气》，载《共产党人》2007 年第 15 期，第 54-56 页。
④ ［日］稻盛和夫：《活法贰：成功激情》，曹岫云译，东方出版社 2015 年版，第 69 页。

和平养性;诗书启后勤俭传家。读书即未成名究竟人品高雅;修德不期获报自然梦稳心安。

在山西众多晋商大院中,山西万荣李家大院推崇"善文化"①。包括光绪三年赈济灾民在内,在长达一个多世纪的时间里,李家三代十位当家人一直坚持广行善举。李家大门叫"广善门",李家灯笼上写着"善"字,李家照壁上也写满了"善"字。院内楹联、格言有:善本商家气象仁风习习还播雨;信为历代荣光德业煌煌总励人。仁为福地一生乐;善作良田百代耕。仁德永炳三生路高山仰止;慈善常开两扇门大道景行。有限人生应以良心挑日月;无穷世界当留至善写春秋。善无大小、善无多少、善无止境、善不等待、善不图报……

(三)晋商之自强不息与敬顺趋势

晋商大都白手起家,创业之路充满了艰辛坎坷,但多能坚持下来。山西有影响力的商号,几乎每家都有一部艰苦的创业史。大盛魁商号创始人之一王相卿,幼时家贫,四处奔走求生存,后与张杰、史大学结成兄弟,他们不惧风险、不怕艰苦,终于踏出了一条以山西、河北为枢纽,北至西伯利亚、东达日本、南抵东南亚的国际商路。从雍正年间建立著名的商业帝国开始,大盛魁一直兴盛到20世纪30年代。晋商顶礼膜拜关公的时候,一定想到了他当年"千里走单骑"的传奇故事,这对长年在外经商、有时候还是只身一人的晋商来说无疑是一种"平安"的寓意,同时关公那种勇毅前行的精神肯定也起着潜移默化的作用。当然,晋商之奋斗拼搏、吃苦耐劳最根本的还是受到君子自强不息的传统主流文化的熏陶与影响。

纵观中国历史,统一是主流、大趋势,分裂永远不得人心。清朝康熙年间,准噶尔部屡屡叛乱,康熙帝数次率军亲征,因道远路艰,后勤补给成为问题。山西介休晋商范家主动提出以每石米低于官价三分之二的价格自费采办军粮,范氏几兄弟"力任挽输,辗转沙漠万里,不劳官吏,不扰间阎,克期必至,且省国费亿万计"②。与此同时,因运价太低,运输损耗严重,范家一直负债经营。范家可以说是以自家财力、人力在帮助朝廷平叛、维护国家统一。

---

① 世人有"乔家看名,王家看院,李家看善"的说法。
② 刘建生、刘鹏生、梁四宝等:《晋商研究》,山西人民出版社2005年版,第83页。

近代以来，向西方学习，政治上变法革新、经济上殖产兴邦是时代趋势。"戊戌变法"失败，山西临汾晋商刘笃敬甘冒风险为"六君子"之一、同为晋南人的杨深秀收尸，将其运回山西老家安葬。之后，刘笃敬赴西方考察数载；归国后，从1905年到1916年一直担任山西商务局总办和山西商会会长。1905年，刘笃敬与冯济川等人投资236万大洋，创办阳泉铁沟煤矿，这是由中国人投资在山西建立的最早的大型煤矿。1908年，刘笃敬创办太原电灯公司，这是山西第一座独立的公用发电厂。刘笃敬写的一些联语充分展现了他的家国情怀、世界眼光、志向怀抱：世界崇利权经商宜寓拯民意；倡言昭信用济物须存爱国心。世际芳春利权应拟收三晋；昌逢泰运商战何难驾五洲。……

乔家的家训如是解读"功名富贵"："有补于天地者曰功，有益于世教者曰名，有学问曰富，有廉耻曰贵。"稻盛和夫创办的京瓷也有志于"为人类社会的进步发展做出贡献"。而只有敬顺宇宙的意志、时代的潮流，才能有补于天地、为人类的进步事业做出贡献。《中庸》把这个道理说得很明白，"诚者，天之道也；诚之者，人之道也"，"唯天下至诚"、尽性之人"可以赞天地之化育"。① 晋商正是凭着对国家、民族的至诚之心，为祖国的统一、社会的进步、民族的复兴做出了商界的贡献。

三、开展进一步研究与实践的建议

2023年12月3日，在第十四届深圳孔子文化节暨第十五届祭孔大典上，黎红雷教授发表"中国人的儒家文化信仰"主题演讲，他说："'敬天爱人，孝亲法祖'已经内化为中国人的文化基因；在可以预见的未来，这一文化基因不但不会消失，而且会与时俱进，实现'创造性转化与创新性发展'。"②

"敬天"体现的是一种根源意识、本根意识。早在战国时期，荀子就指出："天地者，生之本也；先祖者，类之本也；君师者，治之本也。……故礼，上事天，下事地，尊先祖而隆君师，是礼之三本也。"③

---

① 朱熹校注，王华宝整理：《四书集注》，凤凰出版社2016年版，第17页。
② 黎红雷：《中国人的儒家文化信仰》，见"百度百家号·全球儒商大汇"（https://baijiahao.baidu.com/s?id=1784309478076144581&wfr=spider&for=pc）。
③ 王先谦撰，沈啸寰、王星贤整理：《荀子集解》，中华书局2012年版，第337页。

是故，"敬天"势必与"孝亲、法祖"关联起来，因为其来有自，有源有流；"爱人"也必然从"亲亲"做起，因为有本有末，有厚有薄。"敬天"因有"孝亲"而可感可及，"爱人"因有"孝亲"（"亲亲"）而可能、可行。

儒商之"爱人"的前沿实践与理论探讨、山西天元集团的做法以及黎红雷教授对传统儒学"亲亲、仁民、爱物"思想的创造性转化、现代企业语境中的解读，都值得我们注意。北宋大儒张载在《西铭》中展现了父天母地、民胞物与、天下一家的儒家理想与儒者胸怀。山西天元集团正是通过在公司中立家规、树家风、传家训来形塑"家"文化，然后以"家"文化落实其"成人达己"的理念。山西天元集团提出"三个第一"和"四代（袋）"：实现员工幸福为第一目标，员工心灵品质建设为第一战略，员工修身正心、家庭和谐为第一责任。既要员工富口袋，又要员工富脑袋；既要负责员工的上一代，又要负责员工的下一代。山西天元集团视员工为家人、亲人，不难看出，天元集团对"爱人""成人""亲亲"的理解与实践是比较全面的：既要"助人成功"，又要"助人成长"，实现物质与精神两方面的双丰收、双幸福。

2024年5月1日，在"第三届国际劳动节儒商文化专题活动——《论语》强企与新儒商高质量发展论坛"上，黎红雷教授发表题为"《论语》与新儒商的企业治理智慧"的演讲。他指出，在儒家"仁学"指导下，企业应该也能够成为幸福大家庭。从更宏大的视角来看，《论语》的"仁学"可以指引命运共同体的构建：新儒商以"亲亲"，即像对待亲人一样亲爱企业的员工，从而构建企业命运共同体；以"仁民"，即像对待兄弟姐妹一样仁爱社会大众，从而构建社会命运共同体；以"爱物"，即像对待亲密伙伴一样关爱自然万物，从而构建自然命运共同体。

黎红雷教授与当代新儒商之间的同气相求、嘤鸣相应使我们想到，下一步，学术界、思想者与企业界、实干家应协同联手、加强互动：前者给予后者以指导，这是最基本的；前者从后者收获情感触动的同时，要挖掘实践做法的深层文化意蕴使之显明昭著，使后者的实践获得意义上的升华；前者从后者获得思想素材、管理实践的鲜活感的同时，要帮助做好经验总结宣传、复制推广；后者应不断进行自我提升，在行道中不断加深对"道"的体悟，不断总结自身实践的经验，最终既能起而行道，又能坐而论道，还能推广弘道。

2017年1月21日的《光明日报》曾用一个整版组织讨论"祭祖",黎红雷教授撰文《企业与社区如何祭祖》参加此次讨论。由此我们想到关注点的问题,以往企业儒学、儒商的研究更重视儒学、儒家思想对企业经营管理活动的指导意义,接下来也应该对儒家思想,特别是儒家人文信仰指导下的企业信仰活动给予一定的关注。"敬天"体现了一种根源意识,同时"敬天"也能够起到根源性作用,"爱人"以"敬天"为保障,"敬天"是"爱人"的深层动能。黎红雷教授在文章中介绍了广东东莞一些企业立足国人信仰传统设立"祖宗堂",以及一些城市社区探索建设"社区百姓堂"的做法。同时参加讨论的赵法生先生也指出:社区儒学讲堂可以替代传统私塾的教化作用,是在基层传播传统文化的良好载体,只要持之以恒,儒学讲堂会收到良好的教化效果,成为具有现代性的乡村和社区教化中心,从而完成社会基层道德教化体系的重构。① 我们的想法和建议是,实践中可以进一步探索"祖宗堂""百姓堂""儒学讲堂"多"堂"合一的做法,使企业员工、社区群众不仅行其"礼",而且知其"义",同时可以预防"礼"退化为"仪"②。"礼"以"敬"为精神内核,要达到上述目标,就需要企业界、学术界的儒学同好常做"敬"的功夫,抱着"敬"的态度去推进接下来的企业儒学事业。

---

① 赵法生:《城乡社区需要祭祖公共场所》,载《光明日报》2017年1月21日第11版。
② 《左传·昭公二十五年》记载子大叔之言"是仪也,非礼也"。赵法生"三堂合一"构想意在给民间信仰、地方性的神灵祭祀以空间,我们心目中的"多堂合一"实为"礼堂"与"学堂"的合一,背后的深层关切在于"礼仪"与"礼义"的合一。

新儒商如何构建中国式现代化企业治理新模式

唐诗武[①]

《周易·系辞》曰:"古者包牺氏之王天下也,仰则观象于天,俯则观法于地,观鸟兽之文,与地之宜,近取诸身,远取诸物,于是始作八卦,以通神明之德,以类万物之情。"中国传统文化,特别是"经"书部分所研究的是顶层架构与底层逻辑,是宇宙万物资生与运行的基本法则。企业作为宇宙中的产物,自然也应遵循这些法则,了解、遵循和应用这些法则,是治理好企业的基本前提。三立企业管理顾问公司团队(以下简称"三立顾问")基于这样的看法,通过两代人20余年的努力,创建了基于中国传统文化精神的企业治理思想理论、方法工具和案例体系,即"三立企业运作玄机理论体系"。

从2002年起,三立顾问应用"三立企业运作玄机理论体系"已成就了数十家企业。三立顾问为一些企业提供从0到1的创业辅导,有的是促进企业从"野蛮"生长向现代化治理转型的辅导,当然,也有的是助力成熟企业从优秀走向卓越的辅导。在三立顾问的创业辅导实践中,有用两年半时间(2013年4月—2015年10月)辅导客户从几个人的团队发展成估值40亿、团队人数超860人的典型案例;也有辅导客户从找股东开始用三年半时间(2015年6月—2019年1月)成为国家高新技术企业的案例。在转型辅导实践中,有辅导客户从1.8亿产值(2005年)实现产值5年产值达10亿元、10年产值达20亿元、18年产值达36亿元的发展案例;也有辅导客户从8700万元产值(2011年)发展到9.8亿元产值(2022年)的成功案例。诸如这样的案例还有很多,足以证明中国传统文化在现代企业治理中具有强大的生命力。

三立顾问对传统文化在企业治理中的应用是全维度、全流程的,三立

---

① 唐诗武:嘉兴市新儒商企业创新与发展研究院执行院长,嘉兴三立企业管理顾问有限公司董事长,嘉兴市贵州商会执行会长。

顾问将企业核心价值体系内化于企业治理各维度的全流程治理模型见图1。

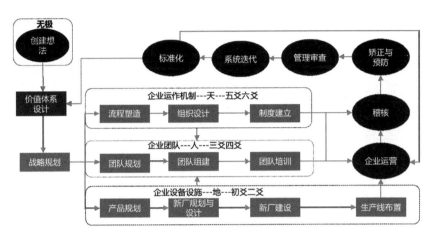

图1　三立顾问企业治理模型

就"新儒商如何构建中国式现代化企业治理新模式"而言，将优秀传统文化的精神通过运用企业的语言和符号将其内化到各个领域和层面，通常情况下分为企业价值体系设计、战略规划、运作机制建设（流程盘点与优化、组织设计、制度标准建立）、团队建设、企业文化建设、工厂规划与布置六个维度，具体做法如下。

一、价值体系设计

（1）向企业领导者及其核心团队讲授"三立企业运作玄机理论""企业从无形而具象的嬗变""企业价值体系的规划与设计"并进行优秀案例研习，组织大家学习《毛泽东选集》《习近平谈治国理政》等著作，使其明白中华优秀传统文化、红色文化的重大价值及其与现代企业经营之间的血脉关系。

（2）使企业家及其核心团队认识到企业价值体系的战略性价值（富含企业经营哲学、赋予企业文化灵魂、贯彻企业领导人理想与意志等）与力量。

（3）通过设计企业核心价值体系，将中华优秀传统文化（如自强不息、厚德载物、义以生利、德以治企等）与企业家思想相融合，内化到企业核心价值体系中，使其成为企业的最高经营哲学。

（4）企业核心价值体系是企业文化的灵魂，透过企业文化的建设将传统文化精神植入企业品格与员工血脉中。

三立顾问A公司设计的核心价值体系见图2。

图2　A公司核心价值体系

二、战略规划

《易经》《道德经》《论语》《六韬》《孙子兵法》等经典所研究的均为天、地、人三才的顶层架构与底层逻辑，事实上这些著作就是一部部战略巨著。三立顾问团队在帮助各个企业制定发展战略的过程中，在内外环境分析、洞察大势、选择赛道、制定策略、铺排资源等方面无一不是在上述经典要义的指导下进行的。三立顾问在服务企业战略规划时，对中华优秀传统文化的转化应用主要从以下四个方面进行。

（1）先对企业战略管理者开展与上述经典与战略思维有关知识的专题培训并组织研讨。

（2）将我们对中华优秀传统文化有关战略规划的原则、思维、方法直接转化为战略规划程序和模型交企业应用于战略规划制定的工作中。

（3）制定战略规划之前先梳理其价值体系，并在该公司价值体系的指导下制定其发展战略

（4）通过与企业战略规划团队共同作业，将中华优秀传统文化中的战略思维和原则融入企业战略中。

三立顾问为A公司制定的发展战略见图3。

一、经营战略
1）扎根高效能、高适配性清洁元器件的快速开发、稳定制造。
2）企业在与客户、供应商的交往与合作中，坚持以义相交、以信为本、以和为贵，以清廉自守，不以行贿谋求客户合作，不以受贿为供应商提供合作，而是团结一心，坚持市场引领与推进的竞争战略，为客户创造独特价值，从而赢得竞争，壮大自我。

二、管理战略
4）坚持抓关键少数，通过引进、选拔、培训等方式将真正有梦想、有正气、有担当、有能力的人才放到各系统中心的领导位置上。

三、人才战略
1）坚持人才立企战略，将引进、选拔、培训、用好人才作为企业立身之本。
2）坚持以德为本，以才为用，清正廉洁为前提的用人机制。

四、文化战略
1）高度重视企业文化的建设与传播，将企业文化作为最高核心竞争力来建设。
2）秉持"修己安人，正心育品"的企业文化理念，建设风清气上、廉和乐利、以奉献为荣的"家"文化。
3）通过"修己安人，正心育品"的文化修练，养成员工独特、正直、利他的为人处世哲学，以明明德而亲民的方式影响身边同事、家人，进而影响供应商、客户、社会大众，直至于至善的康和乐利圆融状态。
4）通过企业文化的建设与推广，以企业为圆点，与顾客、供应商、以及其他相关方形成共生共赢、共同发展的命运共同体，共同为清洁行业的发展、为人类的健康做贡献。
5）从核心价值体系出发，以MI、VI、BI、英雄人物、典型案例、活动等多维度建设，完善企业文化的载体。
6）建立以董事长等高层领导者自领导，以经办人、人资部，或设专职机构负责企业文化的建设和推广工作。
7）以文化人，以德育人。企业文化的建设始终围绕"正"的主线，才能培养出"正"的队伍，做出"正"的产品，即以清白不染为正，以廉明不阿为正，以贯彻建党精神为正。始终坚持此三"正"不动摇。

图3　A公司发展战略

三、运作机制建设

将中华优秀传统文化内化于企业运作机制中是中华优秀传统文化在企业治理中的最为简单且有效的应用、实施方式。这种做法可以行"不言之教"，让员工"日用而不知"，可以在不同地域、信仰、素质、性质的企业中无障碍应用。

三立顾问的具体做法就是将所要转化应用的中华优秀传统文化精神通过企业流程的盘点与优化、组织架构的设计、组织职能与岗位职责的定位、管理制度与作业标准制定内化于其中，用企业语言和符号来进行承载与表达，企业和员工只要按照流程和标准进行作业，中华优秀传统文化自然体现在其中，总体涵盖以下四个部分。

（1）通过流程的盘点与优化过程将中华优秀传统文化融入其中。
（2）通过组织设计过程将中华优秀传统文化融入其中。
（3）通过管理制度与作业标准制定将中华优秀传统文化融入其中。
（4）将中华优秀传统文化融入企业运作机制的特色中。

2021年，新儒商研究院和三立顾问为嘉兴市起草的《民营企业清廉建设管理标准体系》即按照以上思路进行。黎红雷教授提出的新儒商精神之"六规"（德以治企、义以生利、信以立世、智以创业、仁以爱人、勇以担当）完全融入并成为该标准体系重要组成部分。

三立顾问通过流程的盘点与优化过程将中华优秀传统文化融入企业运作机制之中的案例见图4。

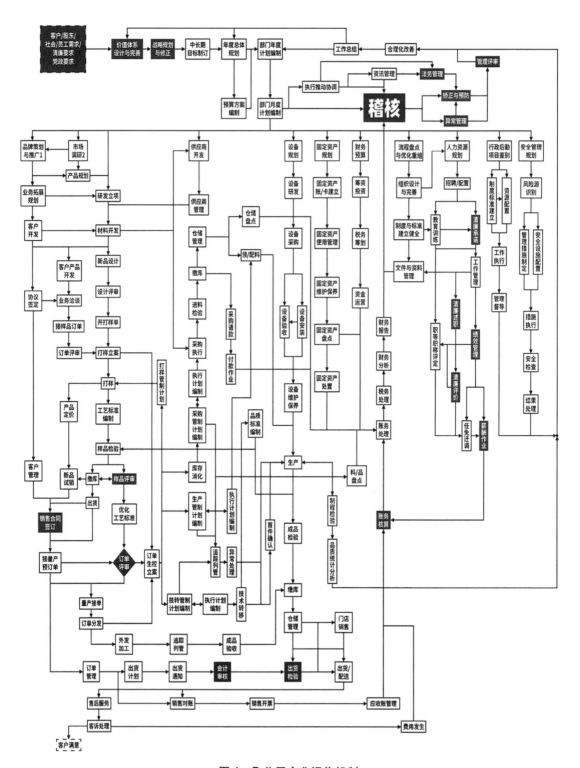

图4 B公司企业运作机制

四、团队建设

中华优秀传统文化在企业团队建设上的转化应用办法主要在于将中华优秀传统文化精神应用于规、选、育、用、留、汰等六个维度,主要做法如下。

(1) 将中华优秀传统文化中关于识人、用人、育人的基本原则用作企业团队规划的主要指导思想。

(2) 直接将自强不息、厚德载物、仁义礼智信等经典要义转化成为员工的任职资格,作为选择和评价胜任度的标准。

(3) 将优秀经典转化为企业团队修习的核心课程,为企业培养有为有守的核心团队,解决企业的用人安全问题。

(4) 从传统经典中发掘企业治理智慧,编撰系列标准化教材,以降低推广、普及的难度,如《企业运作玄机图解》《易经与管理之道》《大学与立企之道》《论语与企业治理》《易学识人》《易学销售》。

(5) 对五伦、孝悌、民本思想等进行转化,用以指导企业伦理构建。

三立顾问团队建设模型见图5。

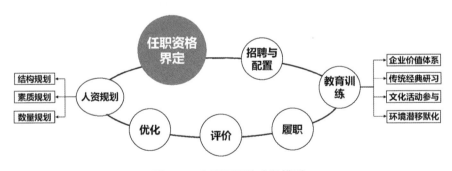

图5 三立顾问团队建设模型

五、企业文化建设

三立顾问对中华优秀传统文化在企业文化建设上的转化应用主要做法如下。

（1）结合企业实际（企业家/团队素质、业务特点、发展阶段与需求等）将中华优秀传统文化与红色文化吸收、转化和融入企业的价值体系。

（2）将中华优秀传统文化内化于企业文化载体中。①企业硬件建设：选型、布置、陈设、装饰等。②规章制度：章程、经营手册、程序书、作业标准、行为规范等。③企业活动：业务活动、培训活动、公益活动、拓展活动等。④氛围营造：厂区布局、车间布置与标语、办公室陈设、文化墙等。

（3）通过对上述载体的运行或应用过程将传统文化植入企业文化中。

三立顾问企业文化建设与迭代过程模型见图6。

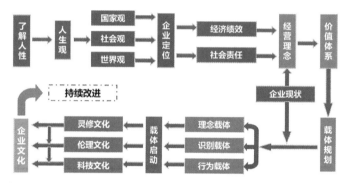

图6 三立顾问企业文化建设与迭代过程模型

三立顾问将中华优秀中华优秀传统文化应用于企业文化建设的案例见图7。

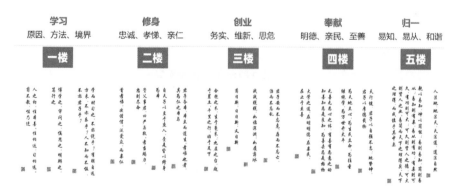

图7 B公司企业文化建设

六、工厂规划与布置

中华优秀传统文化在工厂规划与布置上的应用主要贯彻天、地、人、事合一，和谐共生的"居住哲学"，主要运用易学、堪舆的基本原理原则，结合企业家自身特点、经营项目选择、工厂选址、格局规划与布置装饰等维度实现天、地、人、事的和谐发展。从 2002 年起，三立顾问服务的案例中，全案性质的有五家企业的工厂规划与布置皆是运用前述原理原则，助力客户在成本降低、效率提升的同时，确保人与自然的和谐发展，其中部分案例见图 8、图 9。

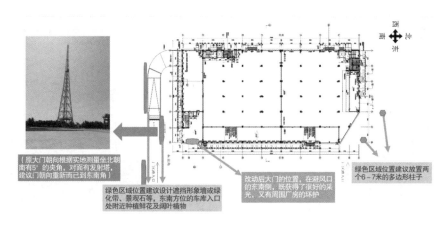

图 8　C 企业新厂建筑图布局方案

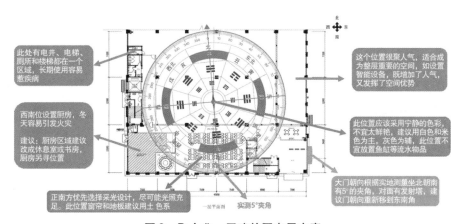

图 9　D 企业一层建筑图布局方案

以上即三立顾问"如何构建中国式现代化企业治理新模式"的具体做法。为了更好地继承和发扬中华传统优秀文化，做好在现代商业活动中的创造性转化和应用，三立顾问于2022年成立了嘉兴市新儒商企业创新与发展研究院，并邀请中国企业儒学创始人、中山大学黎红雷教授担任研究院荣誉理事长、院长和学术委员会主任委员。在黎红雷院长的带领下，研究院成立仅一年时间，便汇聚了全国众多著名专家、学者、企业家，并设立了道学文化研究中心、易学应用研究中心、传统文化应用研究中心、清廉民企研究中心等专业研究机构。

同时，嘉兴市新儒商企业创新与发展研究院诚邀各位专家、企业家和所有志愿相同的朋友们前往嘉兴交流和指导工作，共同推进中华优秀传统文化的创造性转化，从中华民族五千年源远流长、博大精深的优秀传统文化中汲取力量，服务于社会主义现代化建设，推动中华民族的伟大复兴。

管理"三界"互动与企业儒学的理论、实践及方法创新

贾旭东①

自黎红雷教授提出"企业儒学"的概念及理论体系以来,企业儒学实践成果不断涌现,企业儒学理论研究成果斐然,也有越来越多的咨询培训机构开发出与企业儒学相关的咨询培训产品和服务,企业儒学的发展已经呈现较为清晰的"三界"结构。因此,本文比照和运用管理"三界"互动模型②,对企业儒学"三界"的发展现状与面临的挑战进行分析,为企业儒学的理论、实践及方法创新提出对策建议。

一、管理"三界"与企业儒学"三界"

管理"三界"互动模型是笔者在《基于"扎根精神"的管理创新与国际化路径研究》一文中提出的(见图1)。

该模型表达了管理学术界、企业界和咨询培训界的分工与合作关系。企业界从事管理实践创新,管理学术界从事管理理论创新,咨询培训界从事管理方法与工具创新。管理学术界的理论创新基于企业界的实践创新,对实践创新的成功经验和失败教训进行归纳和总结,发现其中蕴含的规律并将其上升为理论。咨询培训界的方法与工具创新基于管理学术界的理论创新,当学术界提出新的管理理论后,咨询培训界将其开发为培训课程、管理方法工具及管理咨询产品,通过管理培训和咨询指导更多企业进行实践。当企业在咨询培训界的指导下进行了新的管理实践并取得经验或教训

---

① 贾旭东,兰州大学管理学院教授、博士生导师。
② 贾旭东、何光远、陈佳莉等:《基于"扎根精神"的管理创新与国际化路径研究》,载《管理学报》2018年第1期,第11-19页。

后，企业界再将这些成功的经验或失败的教训同时反馈给管理学术界和咨询培训界，学术界据此进行理论的改进和提升，咨询培训界据此进行方法和工具的改进与创新。经过这样的"三界"互动过程，企业的成功经验和失败教训经由学术界的提升而上升为理论，理论经由咨询培训界转化为培训课程、咨询产品、管理方法与工具，帮助更多企业获得成功，使学术界构建的理论能够助力更多企业的实践，从而培育更多的优秀企业和成功企业，进入"三界"互动的良性循环。

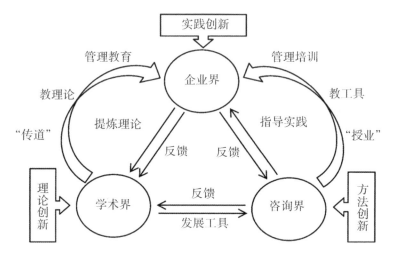

图1　管理"三界"互动模型

自黎红雷教授提出"企业儒学"以来，企业界、学术界和咨询培训界都发生了重大变革：已有相当数量的企业开始运用企业儒学理论进行企业经营管理的实践；在管理学界、哲学界、儒学界等人文社会科学领域已有一些学者开始从事企业儒学的研究；也有相当一些咨询培训机构根据企业儒学理论开发了培训课程或咨询产品，对某些企业进行培训或提供咨询服务。比照和运用管理"三界"互动模型来观察企业儒学可以发现，企业儒学也已形成了"三界"，本文将其称为"企业儒学'三界'"，即运用儒学进行经营管理的企业界、开展企业儒学理论研究的学术界、使用企业儒学进行管理咨询或培训的咨询培训界。

二、企业儒学"三界"的现状与挑战

观察当前的企业儒学"三界"现状可以发现,这"三界"都面临着各自不同又相互联系的挑战,以下试做分析。

(一) 企业界的现状与挑战

在目前的中国企业界,已经有一批企业开始将儒学理论引入企业管理,或运用儒学理论指导企业文化建设。但总体而言,这类企业在全国庞大的企业群体中还是极少数,虽然也涌现出了诸如宁波方太、苏州固锝、中兴精密、山西天元、东莞泰威等典型企业,但此类具有较大规模、较高品牌知名度的企业仍然较少。这些"传统文化践履型企业"[①]虽然对所在地域、所在行业具有一定影响,但对全社会的影响力仍然不够,还没有发展到对政府、学界和社会公众的认知产生重大影响的水平,这也决定了企业儒学在企业的推广运用需要一个较长期的过程。如何提高现有儒商企业的影响力是推广企业儒学实践面临的重大挑战。

(二) 学术界的现状与挑战

目前,我国的哲学、儒学、历史学、经济学、管理学等研究领域均有学者开始研究企业儒学,并已取得一些初步的研究成果。但整体而言,这些研究基本停留在学者个人兴趣层面,有组织的科研团队不多,得到学校或学院层面支持的研究团队不多。应该说,企业儒学的理论研究在我国学术界尚处于起步阶段。

影响或制约企业儒学理论研究的另一个重要因素是运用企业儒学的思想、理论和方法并已取得成功经验的企业数量还不多,有实力、有规模、有影响力的企业更少,这使得学术界进行企业儒学研究缺乏源头活水,毕竟企业儒学的研究对象是在"企业中的儒学"而非儒学本身。这些现状都决定了企业儒学的理论研究从起步到繁荣可能要经过一个比较长期的过程。如何吸引更多学者加入企业儒学的研究队伍、系统产出企业儒学研究

---

① 晁罡、钱晨、陈宏辉等:《传统文化践履型企业的多边交换行为研究》,载《中国工业经济》2019 年第 6 期,第 173 – 192 页。

理论成果是企业儒学学术界面临的重大挑战。

（三）咨询培训界的现状与挑战

从两次企业儒学国际论坛的参会者可以发现，已经有一些从事管理咨询与培训的机构开始引入企业儒学思想和理论对企业进行培训或运用企业儒学理论提供咨询服务。但从整体而言，这些咨询培训机构的规模均较小，缺乏品牌影响力和社会影响力，在我国众多的咨询培训机构群体中，它们仍然属于极少数。加之运用儒学进行经营管理的企业数量还不多，这些咨询培训机构推广业务时就缺乏有说服力的成功案例以吸引更多企业接受企业儒学方面的培训或咨询服务。同时，由于企业儒学的理论创新还非常不足，难以为咨询培训机构提供更多理论成果，从而制约了企业儒学的方法与工具创新。因此，对咨询培训界而言，如何更好地进行企业儒学的咨询培训产品开发、方法与工具创新是当前面临的重大挑战。

三、推动企业儒学"三界"良性互动与协同发展的对策建议

与管理"三界"的关系类似，企业儒学"三界"也存在一荣俱荣、一损俱损的互动关系。如果运用企业儒学进行经营管理的企业发展良好，涌现出更多像方太、固锝一样优秀的儒商企业，学术界的理论研究就有了源头活水，就能够从这些优秀企业的管理创新中得到更多能够指导企业实践的理论创新并提升企业儒学的学术地位。在此基础上，以企业儒学为主要产品的咨询培训机构就能够更好地进行方法与工具上的创新，如研发出更多的优秀培训课程、咨询产品和管理工具，以更好地向更多企业推广和普及，扩大企业儒学在企业中的影响力，吸引更多企业家学习企业儒学，将自己的企业建设成儒商企业，形成良性循环。以下对企业儒学"三界"分别提出一些良性互动与协同发展的对策建议，供"三界"同人参考。

（一）给企业界的对策建议

在企业儒学"三界"中，企业界是基础和根本。如果儒商企业不能获得健康成长和良性发展，企业儒学就失去了根基和应用场景，企业儒学"三界"的良性互动就不复存在。因此，儒商企业责任重大，应注意做好

以下工作。

第一,全面深刻理解企业儒学的理论精髓,对其进行创造性转化、创新性发展。企业要将儒学思想、理论与自身实际情况相结合,与自己所在行业、地域的特点相结合,创新性地将企业儒学理论和方法运用到自身的经营管理活动中去。尤其在企业文化建设中应尊重员工,以人为本,潜移默化,久久为功,切忌教条主义、形式主义、威逼强迫等。

第二,要积极与学术界、咨询培训界进行对话、互动和协同合作。在理论研究方面,学术界具有天然的优势,无论企业是取得了良好的经营业绩,还是遇到了挫折,对其进行经验或教训总结的工作都应交给学术界来做,而不应由企业自身来完成。企业如试图对自己的成功经验或失败教训进行理论总结,既容易陷入"只缘身在此山中"的认知盲区,也会由于缺乏科学研究方法论的训练而难以得出具有一定普适性的理论,难以获得普遍的认可。同时,企业界也要和咨询培训界进行深入的沟通与交流,将自己践行企业儒学理论与方法的经验教训反馈给咨询培训机构,帮助其改进管理方法、工具和课程,将企业的成功经验和失败教训更好地推广出去,助力其更好地服务其他企业,推动企业儒学在更多企业落地并发挥作用。

(二) 给学术界的对策建议

学术界是企业儒学理论研究和发展的关键。要想更好地对儒商企业的成功经验和失败教训进行理论总结和归纳,将其提升为具有一定普适性的管理理论,进而指导更多企业的实践,关键在于学术界的理论研究和创新。

第一,践行"扎根精神",扎根儒商企业实践情境开展理论创新。"扎根精神"由笔者于 2010 年提出,指理论联系实践的学术精神。[①] 2020 年,笔者再次发文,升华了这一概念的内涵,将其提升为科学精神在社会各界工作中的体现。[②] 学术界应主动践行"扎根精神",深入儒商企业的生产经营现场开展调查研究,掌握丰富的一手数据,为企业儒学的理论创新打下坚实的基础。

[①] 贾旭东、谭新辉:《经典扎根理论及其精神对中国管理研究的现实价值》,载《管理学报》2010 年第 5 期,第 656-666 页。

[②] 贾旭东:《新时代呼唤"扎根精神"》,载《中国改革报》2020 年 6 月 22 日第 7 版。

第二，采用规范的科学研究方法论开展研究。① 要得出具有一定普适性并为主流学术界接受的理论成果，遵循规范的科学研究方法论是关键，如果仅仅采用思辨研究范式，在当前实证主义范式仍大行其道的主流学术界面前甚至很难获得平等的对话权。因此，研究企业儒学的学者更应重视采用规范的科学研究方法论和研究方法，尤其是质性研究方法，如扎根理论、案例研究等，才能将儒商企业的成功经验上升为有说服力、有普适性、能够为国内主流学术界乃至国际学术界所接受的理论，推动企业儒学的发展。

第三，在学术界大力推广企业儒学，并与当前主流学术界积极对话。在当前的学术环境下，企业儒学仍需大力推广和宣介。从事企业儒学研究的学者应利用各种学术交流会、研讨会、工作坊等机会和场合，向学术界推广、介绍企业儒学的研究进展和相关成果，积极主动与当前主流学术界对话交流，吸引和邀请更多有识之士加入企业儒学研究，壮大企业儒学研究队伍，从根本上推动企业儒学的发展。

第四，重视守正创新。企业儒学是儒学在企业情境中的应用，企业儒学的理论研究离不开对儒学的基础研究，更离不开研究者对儒学思想精髓的深刻把握和儒学实践功夫的切身笃行。如果离开这一基本点，所有的理论创新都将成为无本之木、无源之水。这样的理论创新不仅不能将以儒学为代表的中华优秀传统文化发扬光大，还有可能背离甚至扭曲传统文化及儒学的基本精神。因此，企业儒学研究者应在正确学习继承儒学精髓的基础上开展理论创新，始终把握好传承和创新之间的平衡关系。

（三）给咨询培训界的对策建议

咨询培训界承担着将儒商企业的成功经验和企业儒学的理论创新转化为管理工具和方法的重要角色，是沟通企业界和学术界的桥梁，是培育更多儒商企业、将企业儒学理论发扬光大的关键。

第一，要积极向学术界学习，掌握科学研究方法论。整体而言，我国咨询培训界从业者的理论水平不高，很多咨询顾问和培训师都缺乏长期系统的理论学习经历。加之长期以来管理"三界"互动不良，咨询培训界从

---

① 贾旭东、何光远、陈佳莉等：《基于"扎根精神"的管理创新与国际化路径研究》，载《管理学报》2018年第1期，第11-19页。

业者普遍缺乏向学术界学习科学研究方法的意识，甚至因学术界理论与实践的脱节而对其持贬低态度，导致咨询培训界从业者自创"理论"、自封某理论"创始人"的现象非常普遍。咨询培训界人士应当认识到，虽然当前学术界的确存在理论脱离实际的问题，但在运用科学、规范的研究方法论进行科学的理论研究方面，学术界人士确有专长，因为他们经过了长期的学术训练。咨询培训界人士应择善而从，向学术界学习科学研究方法，并保持与学术界的良好沟通与对话，这是有利于咨询培训界长期发展的固本培元之举。

第二，秉持科学态度，守正创新管理方法与工具。咨询培训界人士向学术界学习科学研究方法论和研究方法，是尊重科学的表现，因为只有掌握了科学的研究方法论和研究方法，咨询培训界才能正确理解学术界的理论创新成果、准确辨识其学术水平和应用价值，也才能在尊重科学规律的前提下进行管理方法与工具创新，使咨询培训机构的发展获得长期支撑。咨询培训界可以开展的方法与工具创新包括：开发出推广企业儒学的培训课程、开发出企业儒学在更多企业落地应用的解决方案、开发出企业儒学落地应用的方法和工具、开发出具有普适性或个性化的企业儒学咨询产品与服务。但开发这些创新性的方法与工具、产品与服务的前提是，要和学术界一样秉持科学精神、扎根精神，只有这样，才能正确反映企业儒学的应用规律，也才能更好地帮助和辅导更多企业将儒学落到实处，为企业儒学的发展提供不竭动力。

第三，秉持长期主义价值观，做儒商企业的"陪跑教练"。企业儒学咨询培训机构和从业人员应秉持包括儒学在内的中华优秀传统文化长期主义价值观，谋利当谋万世利，求名当求千秋名，切忌急功近利、不择手段，这种短视的做法本身就是与企业儒学的精神背道而驰的。改革开放以来，中国的企业管理经历了向日本学习、向西方学习等多个阶段，至今我国各大商学院、管理学院的主要课程都仍然以西方管理学理论为基础，因而企业儒学在我国的推广绝非一日之功。就咨询培训业本身的发展而言，市场也越来越不欢迎那种"做咨询套模板，交本子就走人"的咨询方式和传统的培训方式，教练式咨询、咨询式培训正成为咨询培训业的主流服务模式。因此，企业儒学的咨询培训机构要秉持长期主义精神，以做"陪跑教练"的心态，真心实意地帮助企业学习、落地企业儒学的理论和方法，帮助更多企业在学习和实践儒学的过程中实实在在地提高经营业绩。只有更多企业通过儒学的实践获得了成长，儒学在企业界的推广才可持续，企业儒学才能获得可持续发展，"企业儒学'三界'"也才能一荣俱荣。

四、企业儒学"三界"均应高度重视儒家"内圣"之学的实践、研究和普及

儒学是"内圣外王"之学，所谓"内圣"即儒学中的心性修养工夫，旨在让"小人"通过心性工夫的修炼而成为"君子""大人""贤人"直至"圣人"。所谓"外王"，即这种心性工夫的外用。如果企业家都成为"君子"，企业就自然会成为童叟无欺、诚信经营的儒商。也就是说，个人心性的"内圣"自然会产生齐家、治企、治国的"外王"。"内圣"为因，"外王"为果；"内圣"为体，"外王"为用。

企业儒学属于儒学中的"外王"部分，是儒学延伸出的应用学科，儒学为"体"，企业儒学为"用"。但与此同时，体用不二，体以用而显，用因体而彰，既不可离体说用，亦不可脱用谈体。所以，企业儒学既是儒家"内圣"之学的应用，在企业儒学中也处处体现了"内圣"之学——儒家心性修养工夫。企业儒学"三界"都应深刻把握这一特征，在"体"上精研实证，掌握儒学精髓；在"用"上与时俱进，因地制宜创新。

企业家的心性水平决定了企业的生产经营行为，进而决定了企业的发展方向。如果企业家的心性水平仍停留在充满私欲的"小人"层面，其经营企业的目的就只会是"利益最大化"，企业的经营行为就一定是唯利是图，为眼前利益不择手段。如果企业家的心性水平提高到"君子"的高度，其经营企业就一定不会以经济利益为唯一和最高目的，而是要兼顾义利，为客户提供更好的产品和服务，为员工提供更好的工作发展环境，为股东提供长期收益。这样的企业和企业家绝不会去发不义之财，而是会"以财发身"，将企业创造的财富投入更有意义的文化教育事业、社会公益事业，积极主动地承担社会责任。可以说，当前正在践行企业儒学的企业家们都是这样的"君子"。如果他们的心性水平能够达到"大人"甚至更高的高度，他们所经营的企业就一定能够为社会做出更大的贡献。

学术界在这一点上负有更大的责任，即更好地研究、挖掘儒学乃至中华优秀传统文化中的心性修养工夫，并将其科学化、现代化、生活化，对其进行创造性转化、创新性发展，使其古为今用，造福当代。尤其重要的

是，应揭掉近代以来错误地贴在儒家"内圣"之学身上的唯心主义标签。

对咨询培训界而言，除身体力行地学习实践外，应更好地推广、普及包括儒家文化在内的中华优秀传统文化中的心性修养工夫，广泛宣介成功践行传统文化心性工夫修炼的企业案例（如方太），帮助更多企业家及管理人员掌握心性工夫修炼的正确方法，提升其心性修养水平，减轻其在现实生活与工作中的焦虑、困扰与烦恼，使其对学习践行企业儒学乃至中华优秀传统文化产生信心，这将有助于企业儒学咨询培训产品与服务的推广和普及，为企业儒学"三界"的良性发展提供不竭动力。

总而言之，企业儒学的推广有赖于"三界"君子的共同努力，而"三界"君子的共同特质一定是高度重视心性工夫的实修，时时刻刻从心地下手，不断提升自己的心性，这才能为管理"三界"树立榜样，带动更多的企业家成为儒商，吸引更多的学者开展企业儒学研究，感召更多的咨询培训从业者从事企业儒学的咨询培训，为企业儒学"三界"的繁荣提供源源不断的动力。如果丢掉心性工夫这个大本大源，无论是学者、企业家还是咨询培训从业者，都很难摆脱私欲的缠缚。自度不及，何谈度人？

因此，不论是儒商企业家、研究企业儒学的学者，还是从事企业儒学工具、方法创新的咨询师、培训师，都应立下君子之志，把提高自身的心性修养水平作为从事企业儒学事业的基本条件和终身行持的功课，实修践履中华优秀传统文化心性修养工夫，自立立人，自觉觉他，"三界"协同，共同努力，将企业儒学事业不断推向前进！

中国式现代化视阈下建构以儒商精神为基因的当代中国企业家精神

徐德忠[①]

党的二十大报告指出，中国式现代化的五大特征：是人口规模巨大的现代化，是全体人民共同富裕的现代化，是物质文明和精神文明相协调的现代化，是人与自然和谐共生的现代化，是走和平发展道路的现代化。这既是对我国国情的深刻揭示，也是我们今后要走有别于西方现代化道路的经济发展伦理观、价值观的明确宣示。因此，在中国式现代化视阈下，建构以儒商精神为基因的当代中国企业家精神就有了更明确的方向和路径。

一、当代中国企业家精神发展的历史与逻辑[②]

党的十一届三中全会以后，伴随改革开放成长起来的中国当代企业家们为中国经济的发展做出了巨大贡献。在中华人民共和国建国40周年之际，中央统战部、全国工商联共同推荐宣传100位中国"改革开放40年百名杰出民营企业家"。这既是对民营企业家在中国特色社会主义事业建设中所做出的贡献的肯定，也是对他们集体展现的当代中国优秀企业家精神的弘扬。他们的成长历程大致可以分为三个阶段，对其各个阶段展开分析研究，可以发现当代中国企业家精神发展历史与逻辑研究的重要线索。

---

① 徐德忠，上海财经大学国际儒商高等研究院院长助理，特聘研究员。
② 本节参阅了朱璐主编《当代中国企业家精神的儒商基因》，上海财经大学出版社2025年版。

（一）市场精神的萌动与当代中国企业家精神的孕育

第一阶段，即1978—1992年。在这一阶段中，党中央把工作重心转移到经济建设上来，开启了经济改革之路，我国开始从计划经济体制转向社会主义市场经济体制。1992年党的十四大正式确立"社会主义市场经济体制"。从最早的个体户到后来的承包经营、国企放权，以及私营公司的合法建立，改革开放后的中国开始有了真正意义上的企业经营者，他们开始独立面对市场，承担经营后果，诞生了一批当代中国企业家。以冒险精神、追求自由、勇于创新等为特征的市场精神萌动，先后催生了"傻子瓜子"年广久、"海盐衬衫"步鑫生等在争议中前行的风云人物，也孕育了当代中国企业家精神。

1. 冒险精神

爱尔兰经济学家理查德·坎蒂隆（Richard Cantillon，1680—1734）最早提出了企业家是冒险者的定义，他认为：企业家的职能是冒着风险从事市场交换，即在某一既定价格下买进商品，在另一不确定的价格下卖出商品，企业家所获得的是不确定利润。①

之所以说冒险精神是这个时期企业家最重要的精神特征，是因为企业家面对逐步开放的市场，第一，要冒政策风险。改革开放在经济领域刚刚开始，国家经济政策的不确定性使得他们做出行为后要承担一定的政策风险。第二，要冒市场风险。市场经济还在探索中，无论从理论上还是实践上，都没有成熟的市场环境，企业家必须承担一系列的市场经营非理性风险。此外，市场经济是一个全新的领域，当时中国社会关涉市场经济的相应法律法规还尚未完善，这也给企业家带来了一定的挑战。

2. 追求自由

这里所指的自由是指商品可以自由生产、自由交换，完全受价值规律自发调节的市场自由；企业家追求更多经营管理自由以及在利益分配、资源配置等方面符合市场经济规律的自由。当时的企业家主要面临三个困境。第一，资本困境。资本是市场经济中的重要生产要素，在生产资料公

---

① ［爱尔兰］理查德·坎蒂隆：《商业性质概论》，余永定、徐寿冠译，商务印书馆1986年版，第24—25页。

有制条件下，资本为国家、全民所有，第一代民营企业家很难自由运用资本并获得资本收益。第二，雇佣劳动困境。长期以来的传统思想认为，雇佣劳动是产生资本主义的温床。这就导致当时的民营企业受到歧视，民营企业很难自由获得劳动力和人才资源。第三，分配制度困境。由于当时受所谓"平均主义""大锅饭"的影响，企业家很难拥有自由分配劳动所得的自由。

由于长期在计划经济体制下生存，没有一个现成的模式去模仿，只能摸着石头过河，于是在那个时代产生了诸如"遇到红灯绕道走"等一系列体现在改革开放征途上闯关夺隘和追求更多经营自由的口号，其实质反映了在社会主义市场经济体制下企业家追求自由的精神。

3. 勇于创新

美籍奥地利经济学家约瑟夫·熊彼特认为，"实施新组合是企业家最突出的职能，也是能将企业家活动和其他活动区分开来的唯一特征"[①]。20世纪末，在我国经济改革进程中，无论是经济制度、政策环境还是市场的变化，都堪称波澜壮阔、跌宕起伏。在此期间，第一代中国企业家面临的创新压力主要来自三个方面。一是产品创新。改革开放初期，我国面临着严重的商品短缺，甚至连洗衣机、电视机、电冰箱等生活用品的制造都十分困难。二是制度创新。与传统发达资本主义国家早期通过对工人的残酷剥削和压榨实现资本的原始积累不同，中国特色社会主义市场经济制度不允许这种情况发生。三是发展道路创新。我国的社会主义性质决定了我们的发展是走和平崛起的道路，不可能像帝国主义国家那样掠夺、侵略和殖民。

对于中国企业来说，只能依靠企业家自身的辛勤劳作和不断挖掘企业潜力，提高生产技术、产品质量和竞争能力等手段来获得市场空间。

（二）经济理性的回归与当代中国企业家精神的成长

第二阶段，即1992—2012年。1992年，在邓小平南方谈话精神鼓舞下，中国特色社会主义市场经济进入发展的快车道，各种保证市场经济发

---

① [美]约瑟夫·熊彼特：《经济发展理论》，郭武军译，中国华侨出版社2020年版，第81页。

展的法律法规相继建立和完善，市场经济向经济理性回归。1993年12月29日《中华人民共和国公司法》出台，随后劳动法、合同法等法律法规的颁布，使企业跨越野蛮生长时代，代之以在法治前提下追求企业利益最大化的经济理性的回归。以工匠精神、契约精神、法治精神为主导的企业家精神，构成这一时期企业家精神的鲜明特征。

1. 工匠精神

工匠精神并非西方独有，古代中国即有对木匠、铜匠、石匠、篾匠等从事专业手工技术人员的尊敬，它所体现的是耐心、专注、坚持的精益求精精神，是不断吸收最前沿的技术，创造出新成果的理念和追求。随着产品不断丰富，同质化竞争越来越激烈，企业为了追求利益最大化，产品的创新、质量的提升都成为企业家必须思考的问题。许多企业在经历了多元化的失败之后，更加意识到精耕细作、工匠精神的重要性。具有全球影响力的华为创始人任正非，30多年来，心无旁骛，始终专一经营、深耕电信技术产业，带领公司研发出5G等多项先进技术。

2. 契约精神

存在于商品经济社会中的契约精神，是一种自由、平等、守信、救济的精神，是西方市场经济社会中的主流精神，也是市场经济健康发展的基石，其与中国"诚信经商"的儒商精神是一致的。随着中国法制的建设和完善，"重合同、守信用"成为对企业契约精神的要求和约束，中国企业家越来越重视自觉遵守契约精神，契约精神成为当代中国企业家精神的重要方面。海尔集团的张瑞敏，砸毁76台有缺陷的冰箱以获得消费者的认可，体现了该企业为消费者提供高质量产品的契约精神。

3. 法治精神

马克斯·韦伯在《中国的宗教：儒教和道教》一书中指出，现代资本主义之所以没有在中国发生，其中一个重要原因是当时的中国缺乏法治精神，在当时的中国，"真正受到保证的个人的'自由权'（Freiheitsrecht）是根本不存在的"[①]。而要发展社会主义市场经济，对关涉私有财产等方面的法治基础建设是必不可少的。在这一阶段，国家出台了包括公司法、劳动法、合同法、物权法等一系列关乎市场经济的基础法律制度，不断完

---

① ［德］马克斯·韦伯：《中国的宗教：儒教与道教》，康乐、简惠美译，上海三联书店2020年版，第156页。

善和健全社会主义市场经济制度，法制精神构成当代中国企业家精神的重要内容。

随着商标法、专利法、技术合同法、著作权法、计算机软件保护条例等法律法规的出台，知识产权法律保护体系也开始形成。

工匠精神、契约精神和法治精神的形成，既是时代的要求，也是企业家在企业发展中的内生需求，因为在企业的良性发展中，最初野蛮生长环境已经不适合优良企业的成长，必须回归经济理性，企业才能实现利益最大化的目标。

（三）人类命运共同体与当代中国企业家精神的发展

第三阶段，即2012年至今。2012年召开的党的十八届三中全会提出，要使"市场在资源配置中起决定性作用"，开启了当代中国企业家创新创业新的热潮。与此同时，在习近平总书记提出的人类命运共同体理念号召下，华为、比亚迪、福耀玻璃、阿里巴巴等中国企业，走出国门，布局全球，成为世界级企业，任正非、王传福、曹德旺等成为全球知名的当代中国企业家。

1. 自觉把握世界历史进程规律

这一代企业家中，很多是知识精英，有着较高的文化素养，掌握现代科学技术，熟谙全球市场，紧跟世界经济发展趋势，把企业做大做强，做成了全球知名的企业。自觉把握世界历史进程规律主要表现在三个方面。第一，自觉把握世界科学技术发展方向。科学技术是第一生产力，是劳动生产率增长和社会生产效率提高的主要驱动力。面对产业革命的进程不断加快，企业家必须时刻关注和紧跟世界科学技术发展前沿，使企业抓住机遇，获得最大效益。第二，自觉把握经济全球化进程。美国经济学家T.莱维于1985年提出的"经济全球化"概念，受到学者和企业家的广泛关注和传播，产业链和资源的全球整合与配置成为企业家经营的重要课题。这决定了在当今世界，企业家往往要同时关注国内和国外两个市场才能立于不败之地。第三，自觉把握世界历史进步规律。随着人类文明的发展，人类正走向追求利益共同体、命运共同体的未来，企业在竞争中胜出，必须要靠过硬的实力。

2. 东方不死鸟精神

东方不死鸟精神即"凤凰涅槃"精神。习近平总书记曾指出：企业家要"在困境中实现凤凰涅槃、浴火重生"①。在残酷的市场竞争中，企业受到来自各方面不确定因素的打击，生死存亡的紧迫感考验着每一个企业家，这种考验不仅是在艰苦创业期，而且贯穿企业发展全过程。一方面，企业家必须承担来自市场的打击。企业经营天生与不确定性相伴相随，正如经济学家奈特所认为的，企业家在渴望获得丰厚利润的同时，必须承担市场经营的风险，对市场不确定性做出判断和决策。② 另一方面，企业家还要承担来自市场以外的打击。企业不仅是一个经济组织，还是一个社会组织，会受到来自包括地缘、政治等方面的影响。华为经过几十年的努力，成为全球通信领域的著名公司，没想到却招来美国政府的打压。但是，他们没有屈服，凤凰涅槃，浴火重生，不断创新，如今仍然走在全球通信技术发展的前沿。

3. 爱国主义情怀和社会责任担当精神

"天下之本在国，国之本在家"③"穷则独善其身，达则兼善天下"④等中华优秀传统文化中的"修身齐家治国平天下"思想同样影响着当代中国企业家。习近平总书记在与企业家的座谈中，把具备爱国情怀作为对企业家的殷切希望之一。⑤ 改革开放后成长起来的中国企业家，在1998年长江特大洪水、2002年"非典"、2008年汶川地震、2020年新冠疫情等重大事件中，表现出了优秀的爱国主义情怀和社会责任担当精神。

纵观当代中国企业家精神发展历史，它是顺应中国改革开放后政治经济发展的历史逻辑的，并形成了三个鲜明特点：一是符合中国式现代化发展路径的成长；二是走社会主义市场经济发展道路；三是中国特色社会主义制度保障下的市场精神显现。

---

① 习近平：《习近平在企业家座谈会上的讲话》，载《人民日报》2020年7月21日。
② 参见［美］奈特《风险、不确定性和利润》，商务印书馆2010年版。
③ 《孟子·离娄上》。
④ 《孟子·尽心上》。
⑤ 习近平：《习近平在企业家座谈会上的讲话》，载《人民日报》2020年7月21日。

二、当代中国企业家精神的儒商基因

著名社会学家、哲学家马克斯·韦伯在《新教伦理与资本主义精神》一书中指出，新教伦理催生了现代资本主义，其"天职观"和"禁欲主义"等为资本主义企业家、资本家提供了精神动力依据。① 随后他用同样的方法在《中国的宗教：儒教与道教》一书中研究了古代中国社会的结构和宗教，并得出结论：因为"儒教有利于大众的驯服与君子的尊严身份，然而因此而塑成的生活态度及其呈现的样式，却必然保持着本质上消极的特质"②，而且"作为一切商业关系之基础的'信赖'（vertrauen），在中国总是奠基于纯粹（家族或拟家族的）个人关系上"③，所以现代资本主义没有首先在中国发生。这里暗示着，在中国儒家文化影响下，不可能孕育出现代资本主义。这个结论引起了诸多争议，著名汉学家余英时认为在新教伦理与儒家"天理"间，"我们只要把'上帝'换成'天理'，便可发现新儒家的社会伦理有很多都和清教若合符节"④。他指出，韦伯的结论是建立在"西方现代式的资本主义是每一个社会所必经的历史阶段"⑤之上的。儒家文化虽然没有能够在中国原始促发现代资本主义，但并非意味着不能接纳市场经济，儒家文化对日本、韩国、新加坡等东南亚国家成功引入现代市场经济制度便产生了重要影响。实际上，正如韦伯所认识到的，与清教支配世界不同，儒家所表现出的是更能适应世界的特质，"儒教的理性主义意指理性地适应（anpassung）世界"⑥。实际上我们要回答的问题是：儒家文化作为中华优秀传统文化的代表能否促进中国特色社会主义市场经济的发展？其对当代中国企业家精神的建构有着什么样的

---

① 参见[德]马克斯·韦伯《新教伦理与资本主义精神》，阎克文译，上海人民出版社2018年版。
② [德]马克斯·韦伯：《中国的宗教：儒教与道教》，康乐、简惠美译，上海三联书店2020年版，第320页。
③ [德]马克斯·韦伯：《中国的宗教：儒教与道教》，康乐、简惠美译，上海三联书店2020年版，第322页。
④ 余英时：《中国近世宗教伦理与商人精神》，联经出版事业公司1987年版，第71页。
⑤ 余英时：《中国近世宗教伦理与商人精神》，联经出版事业公司1987年版，第170页。
⑥ [德]马克斯·韦伯：《中国的宗教：儒教与道教》，康乐、简惠美译，上海三联书店2020年版，第335页。

影响？

当代中国企业家成长于改革开放以后，综观他们的成长经历，主要受到以下三个方面文化基因的影响。

首先，是以马克思主义中国化理论和改革开放实践为指导的红色文化。受此影响，他们至少在三个方面与资本主义制度下的企业家有着本质的不同。第一，在人生追求和企业经营目的等价值观上不同。他们更多地体现了在个人实现财富自由的过程中，为振兴中华做贡献的爱国情怀。第二，进行市场资源配置和企业经营管理的手段和方法不同。他们更多地秉持遵纪守法、诚信经营等原则，在追求效率的同时，承担维护市场公平公正的社会责任。第三，在劳资关系的处理上，与资本主义社会资产阶级与工人阶级的对抗关系不同，他们所代表的企业管理者和劳动者都是国家的主人，具有平等的关系，有共同的利益。

其次，是西方先进科学技术和管理理论。改革开放后，西方科学管理思想开始进入中国大学的课堂，管理科学和科学管理的方法、知识成为企业家的必修课，成为当代中国企业家重要的知识储备。泰勒工作制、彼得·德鲁克管理思想、理性经济人假设等西方管理科学，为中国企业家融入和赢得国际竞争提供了理性工具，约瑟夫·熊彼特的"创造性破坏"[1]等创新理念，催生了当代中国企业家创新创业的激情。但是，他们很快发现当今世界西方现代管理理论所显现出的种种局限性和弊端，开始审视"资本主义精神""理性利己""零和游戏""丛林法则"等被西方奉为经典教条的理念的合理性，开始探索和形成具有中国特色的企业家精神。

最后，是中华优秀传统文化。中华优秀传统文化对当代中国企业家的影响是潜移默化、根深蒂固的。一方面，他们成长的社会环境，是受中华优秀传统文化所浸润的，无论是家族传承、社会舆论，还是民间习俗，都是受传统道德标准所约束的；另一方面，从小所接受的教育使他们能够自觉以中国优秀传统文化价值观为行为标准，"义以生利""诚信经商""做事先做人"等中华优秀传统商业文化精髓自然地流淌在他们的血脉中，其影响是一种基因传承式的。"仁、义、礼、智、信"等儒家伦理思想与商品经济融合，构成了独有的中华商道，形成了儒商精神，深深地影响着当代中国企业家精神的建构。以子贡、范蠡、白圭等为代表的古代优秀儒

---

[1] 参见［美］约瑟夫·熊彼特《经济发展理论》，郭武军译，中国华侨出版社2020年版。

商，成为当代中国从商者心中的楷模，他们身上所体现出的儒商精神，是儒家入世"治生"的重要成果。

儒商精神源自中华优秀传统文化的代表——儒家文化，意指主动以儒学思想指导经商实践或受儒学思想影响而从事经商实践的人所形成的商业精神特质。从当代中国企业家精神发展的历史与逻辑中，我们发现，以家国情怀、经济利他、诚信经商、义以生利等为内涵的儒商精神是当代中国企业家精神建构的重要文化基因。相较于西方商业伦理，它至少存在以下三个范畴的优势。

（一）零和与和合①

"零和"思维来自博弈理论，由匈牙利数学家冯·诺伊曼于20世纪20年代创立，被西方世界奉为市场竞争的不二法则，它的直接后果是赢家通吃，成王败寇。"和合"思想，最初来自《国语·周语》，贯彻于以儒学为代表的中华优秀传统文化之中，它强调和生、和处、和立、和达、和爱，反映在市场竞争中则表现为：不求丛林生态，但求和谐共处的生态圈；不求财富两极分化的悲喜体验，但求人类命运共同体的境界实现。正如日本企业家稻盛和夫所指出的，"在让自己企业活下去的同时，也要给予对方生存空间，这样才能达到'双赢'"②。中国人口规模巨大，走的是共同富裕的道路，"和合"思想显然更符合国情。然而我们也要注重"和合"思想的现代转换，这就要求当代中国企业家首先必须是现代企业家。与传统商贾或生意人不同，现代企业家必须是掌握现代企业创业、管理知识和技能的专家，能够在更加复杂和激烈的市场博弈中胜出，只有在"零和"博弈中胜出，才有资格讲"和合"。华为如果在美国政府打压下未能实现"凤凰涅槃"，可能连生存的机会都没有。其次，当代中国企业家必须是具有创新精神的企业家。熊彼特说："企业家所从事的工作就是'创造性破坏'。"③ 企业家只有不断创新，才能在市场竞争中立足。方太企业

---

① 参见张雄、朱璐、徐德忠《历史的积极性质："中国方案"出场的文化基因探析》，载《中国社会科学》2019年第1期。

② [日] 稻盛和夫：《京瓷哲学：人生与经营的原点》，周征文译，东方出版社2019年版，第152页。

③ 转引自 [美] 彼得·德鲁克《创新与企业家精神》，蔡文燕译，机械工业出版社2023年版，第31页。

之所以能够树起儒商精神的大旗，底气来自他们在产品研发方面的不断创新，这份底气促使方太成为行业翘楚。最后，当代中国企业家必须具有自觉把握世界历史进程的意识。现代化不是一个静止的标准，而是一个动态的进程，企业家必须时刻紧盯全球经济发展潮流，否则稍有不慎，不仅是企业，甚至整个行业都会被淘汰。

提倡"和合"思想并不否定"零和"法则，而是注重现代市场经济伦理的一种新的世界观、价值观，乃至战略思维方法。当代中国企业家只有掌握向死而生的博弈技能，才能把企业做强做大，从而惠及大众，实现共商、共赢、共享、共荣、共生的"和合"思想。如亚当·斯密所言，"卓越的品德和才干并不会产生同卓越的业绩一样的效果"①，如果不能学会和使用"零和"的竞争手段，并取得优胜，就无从证实"和合"的优势。

（二）同情与良知②

市场经济关涉人性哲学的预设。西方经济学鼻祖亚当·斯密在《道德情操论》中试图用"关心别人的命运，并以他人之幸福为自己生活所必需"③的同情心，来阻止和减少资本的剥削和贪婪本性。但事实上，正如马克斯·韦伯所指出的，在资本主义社会，得救和恩宠是富人们施舍行为的动力，慈善事业不过是"给有钱人提供了通过施舍而行善举的机会"④。用同情来对抗自由竞争的市场经济里资本的贪婪必然是徒劳的。

儒学的"良知"说始于孟子的"人之所不学而能者，其良能也；所不虑而知者，其良知也"⑤，成于王阳明的"吾心之良知，即所谓天理也"⑥"体即良知之体，用即良知之用，宁复有超然于体用之外者乎？"⑦。王阳明倡导良知是本体，"致良知"需知行合一。这种思想在市场经济中

---

① ［英］亚当·斯密：《道德情操论》，余涌译，中国社会科学出版社2003年版，第124页。
② 参见张雄、朱璐、徐德忠《历史的积极性质："中国方案"出场的文化基因探析》，载《中国社会科学》2019年第1期。
③ ［英］亚当·斯密：《道德情操论》，余涌译，中国社会科学出版社2003年版，第3页。
④ ［德］马克斯·韦伯：《新教伦理与资本主义精神》，阎克文译，上海人民出版社2018年版，第322－323页。
⑤ 《孟子·尽心上》。
⑥ 王阳明：《王阳明全集》第一册，上海古籍出版社2014年版，第51页。
⑦ 王阳明：《王阳明全集》第一册，上海古籍出版社2014年版，第71页。

可以体现为，良知是每个市场行为者所应当具有的德性，应以人的善的本性，对自我行为进行约束和检讨。

中国式现代化是精神文明和物质文明相协调的现代化，当代中国企业家在追求物质生产成功的同时，也要注重德性的提升，要成为知行合一的践行者。首先，与同情和怜悯不同，企业家要把社会责任的担当作为发自内心的良知、爱心事业的起点。毋庸讳言，资本是逐利的，是追求利润最大化的，但当代中国企业家应该自觉地遵守社会主义价值观，而不能成为资本的奴隶。其次，"达则兼善天下"既是传统儒商精神的重要特征，也是当代中国企业家应该追求的精神境界。爱心事业不完全等同于西方的慈善，不能仅限于捐款、捐物，而应该体现在企业与社会责任互动的方方面面，应该是不求回报、不计利益的。最后，企业家的良知，不仅体现在对社会责任的担当、外部形象的塑造，还应该体现在关注、体恤企业内部员工，以良知教化员工，让儒商精神渗透到每个员工的思想中。

（三）理性利己与义以生利[①]

理性利己是西方主流经济学所遵循的经济人理性行为的人性假设，客观地说，它从人的欲望、利益和需要等方面出发，对市场经济的发生、发展等运动规律做出了很好的阐释，在经济学从抽象到具体的实证分析中，有着重要的方法论意义和理论价值。这一发现也是亚当·斯密对西方经济学的重要贡献。但是这种教条在解释当代人经济行为问题上出现了难以解脱的困境：当整个社会的经济行为都从利己的角度出发，还能达到整个社会公平公正发展的目标吗？在信息非对称的经济世界里，个人追求私利最大化的目标能否如愿以偿？

"义利之辩"反映了儒家经济伦理思想中的核心价值观，把义和利作为一对辩证关系来对待。从先秦儒学到近代，虽然存在不同流派，但各流派基本价值观导向是一致的，即义和利不可割裂，"不义而富且贵，于我如浮云"[②]。其中最具有现实意义的哲理思想，当属"义以生利"，其最早见于《国语·晋语一》的"义以生利，利以丰民"[③]，有三层寓意：一是

[①] 参见张雄、朱璐、徐德忠《历史的积极性质："中国方案"出场的文化基因探析》，载《中国社会科学》2019年第1期。

[②] 《论语·述而》。

[③] 徐元诰撰，王树民、沈长云校：《国语集解》，中华书局2002年版，第256页。

义利两者不可偏废；二是义利发生冲突时，应当以义导利，义在利先；三是义利可以相互转换。其昭示的是经济利他主义精神。在不否定利己的私向性条件下，其更推崇利他的社会性。

中国式现代化倡导的是人与自然的和谐以及和平发展的道路，资本的生长是有红绿灯的。当代中国企业家应该是将天命与己命相联系的经济利他主义者。马克斯·韦伯西方式的天职观与中国传统儒商精神的天命观既有共同点，也有不同点。二者的共同之处在于都赋予了商人赚钱的责任感与使命感，而不同之处则在于天命观具有伦理价值取向，所谓"富与贵，是人之所欲也，不以其道得之，不处也"①。这种经济利他主义精神，是传统儒商精神的实质，有着丰富的经济学含义，也符合当代经济社会发展的规律。比如，在现代企业产品的开发、营销战略的设计、商业模式的创新中，首先要揣摩作为他人的消费者的需求，否则消费者就不会购买，那种在产品稀缺年代的"酒香不怕巷子深"的时代已一去不复返了。其次，企业的所有经营行为不能建立在欺骗消费者的基础上。例如前几年很火的P2P模式，打着金融创新的旗号，干的是吞噬投资者本金的勾当，最终必定在法律的制裁下灰飞烟灭。最后，网络技术的发展使经济意义上的"人人为我，我为人人"成为可能，滴滴打车、共享单车等共享经济的发展就是很好的例子。

三、结语

改革开放后成长起来的当代中国企业家，受到红色文化、西方文化和中国传统文化的多重影响，在改革开放实践中和中国式现代化进程中，形成了自己独具特色的企业家精神体系，儒商精神作为中华优秀传统文化之传承，其"德性做人，诚信经商"理念以及所关涉的家国情怀、以仁为本、诚信经营、义以生利等，有着丰富的内涵，是建构当代中国企业家精神的重要文化基因。在中国式现代化视域下以儒商精神为基因，建构当代中国企业家精神是一个全新的课题，它既是学者们的研究热点，也是当代中国企业家的历史使命。

---

① 《论语·里仁》。

企业儒学与企业伦理

天下格局：一种解释中国优秀企业家精神的新框架[①]

晁罡　钱晨　王磊[②]

一、引言

改革开放40余年，中国取得了举世瞩目的经济和社会发展成就，中国企业家队伍在这个过程中亦不断发展壮大，不仅展现了突出的创新、创业精神，而且彰显出深厚的家国情怀和天下精神，他们已然成为推动中国经济发展、社会进步和共同富裕的重要力量。然而，对于这种中国式企业家精神及其背后的文化根源，学术界开展的研究远未充分。在此背景下，学术界亟须站在中国历史文化传统的视角对中国企业家精神乃至民族精神予以更加深入的分析和解读，亦须从当今世界百年未有之大变局的视角出发，正面诠释中国民族文化精神和当代中国企业家精神的时代意义。

更重要的是，这种以"家国情怀""天下为公"等为重要文化特征的中国式企业家精神，是在中国主流社会传统士大夫精神基础上不断延续和生发出来的，深入挖掘、创新和升华这一精神传统，不仅能更好地诠释中华民族长期发展的历史文化基因，为当代中国企业家提供独特的文化资源、价值导向和成长路径，还能为讲好企业家精神的中国故事、中国话语和理论做出具有中国文化特色的全球贡献。然而，这样一个极富企业文化

[①] 本文系国家自然科学基金面上项目"当代中国企业家的天下格局：概念提出、量表开发和效能验证"（72072061）和广东省哲学社会科学规划项目"推进中华民族现代文明的广东实践研究"（GD24WH15）阶段性成果；曾荣获2021年度"第三届管理哲学、研究方法与中国管理实践学术研讨会"最佳论文奖。

[②] 晁罡，博士，华南理工大学工商管理学院教授，博士生导师。钱晨，博士，清华大学经济管理学院在读博士后，本文通讯作者。王磊，博士，华南师范大学政治与公共管理学院副教授。

创新精神和家国情怀的企业家群体及其展现的精神风貌,却与至今还是解释中国人行为交往模式的主流理论框架"差序格局"明显存在矛盾。

费孝通先生于20世纪40年代基于中国乡土社会和"爱有差等""私己"等论断而提出的"差序格局"理论①,至今在社会学研究中仍然被认为是"对中国社会结构最为基本的描述性概念",也是管理学界进行"中国式管理"研究的重要概念。在"差序格局"理论基础上,又衍生出诸多管理学理论,如"人情与面子模式"②、家族企业和"泛家族主义"③,结合中国社会关系网的圈子理论④,以及差序式领导⑤、差序氛围⑥等研究。"差序格局"对传统家族企业中的"亲疏有别""任人唯亲"等现象具有一定的解释力。基于血缘、业缘、地缘的信任关系为初创企业做出了不容忽视的贡献⑦,但是企业在用人方式上亲疏有别,在带来"圈内人"凝聚力的同时,也可能导致"圈外人"的不公平感,从而带来家族企业信任困境,阻碍企业的可持续发展⑧。费孝通先生虽然针对乡下人之"私"提出"差序格局",然而,乡土人情绝非中国文化的全貌,"私"也很难代表中国文化的主流价值取向。在中国文化大传统里,"天下为公""自强不息,厚德载物"乃至"舍生取义"一直是中国文化的主流精神,也是当代崛起之中国所倡导的核心精神。但遗憾的是,当前学界对"为公"之精神的关注与发掘远未充分,除了赵汀阳的"天下体系"⑨ 这一偏重哲

---

① 费孝通:《乡土中国 生育制度 乡土重建》,商务印书馆2011年版。
② 参见黄光国《人情与面子:中国人的权利游戏》,中国人民大学出版社2010年版。
③ 储小平:《家族企业研究:一个具有现代意义的话题》,载《中国社会科学》2000年第5期,第51-58页。
④ 罗家德:《关系与圈子——中国人工作场域中的圈子现象》,载《管理学报》2012年第2期,第165-171、178页。
⑤ 高良谋、王磊:《偏私的领导风格是否有效?——基于差序式领导的文化适应性分析与理论延展》,载《经济管理》2013年第4期,第183-194页。
⑥ 刘军、章凯、仲理峰:《工作团队差序氛围的形成与影响:基于追踪数据的实证分析》,载《管理世界》2009年第8期,第92-101、188页。
⑦ 陈宏辉:《家族制企业管理模式的演进——基于泛家族主义文化视角的思考》,载《社会科学》2003年第7期,第124-128页。
⑧ 李新春:《信任、忠诚与家族主义困境》,载《管理世界》2002年第6期,第87-93、133-155页。
⑨ 赵汀阳:《天下体系》,中国人民大学出版社2011年版;赵汀阳:《天下的当代性》,中信出版社2015年版。

学和政治学的理论具有一定影响力。总的来说，对于"家国情怀"和"天下为公"这一文化"大传统"的研究，远逊于对"差序格局"这一文化"小传统"的研究，对"公"的研究远不如对"私"的研究那样接近生活和现实。

如果将"差序格局"当作解读中国人行为模式的主导理论，或者将"差序格局"看作中国文化的主流精神，那么，以如此"自私"的处世品格和民族精神，中国有可能成为文化底蕴极为深厚且综合国力长期居于世界前列的大一统国家吗？梁漱溟先生曾指出："自古相传的是'天下一家''四海兄弟'。试问何处宗法社会有此超旷意识？如只是家族本位、宗法制度，怎配把中国民族在空间上恢拓这样大，在时间上绵延这样久？要知家族宗法之依稀犹存，正为其有远超过这些者，而非就是这些。"[①] 因此，如果不宜将"差序格局"当作解读中国人行为模式的主流精神和主导精神，那么影响中国人行为模式的主流精神又是什么呢？当代中国优秀企业家精神是否更好地延续、彰显和发扬了这一主流精神呢？

为了更好地回应这些理论和现实问题，本研究经过长达10年的实地调研和文献分析，选择了11位具有强烈家国情怀和社会使命的企业家，运用经典扎根理论方法进行数据分析与理论建构，进而解释当代中国优秀企业家天下格局的内涵、关键特征和演化机制，并在此基础上讨论其与"差序格局"的根本区别。从文化根源上挖掘当代中国优秀企业家的精神格局，这对建构、弘扬中国式企业家精神，探寻中国企业基业长青的文化基因，解读中国经济迅猛发展与社会可持续的文化基础，理解中国社会能够不断革故鼎新的文化渊源，均有重要意义。

二、文献回顾与理论基础

经济学、管理学领域的企业家精神研究取得了丰富的成果，这些研究将企业家视为一种经济要素，突出了其以创新为核心特征的企业家精

---

① 梁漱溟：《中国文化要义》，上海人民出版社2005年版，第70－73页。

神。①② 然而，制度逻辑理论等社会学领域的研究更加强调文化、制度对经济活动、经济行为的影响。③ Swedberg 在其著作《企业家精神：社会科学视角》中指出，管理学家和经济学家未把精力放在企业家精神、经济行为与政策和文化之间更广泛的联系上。④ Morris 进一步指出，中国企业家与西方企业家在精神上的差异可以回溯到本土文化价值上。⑤

就文化视角而言，西方企业家精神的崛起与基督教新教的兴起密不可分。马克斯·韦伯在其《新教伦理与资本主义精神》一书中探讨了清教徒的信仰与资本主义精神之间的关系，发现了制度变迁决定企业家的成长，文化背景决定企业家精神特质的规律。⑥ Coleman 建立了加尔文教义对资本主义精神影响的解释框架⑦，如图 1 所示。

图 1　探讨宏观现象的微观基础

资料来源：Coleman（1994）。

杜维明认为儒家伦理在公益心、责任感、诚信精神方面对新时期企业家精神塑造具有重要意义。⑧ 余英时认为宋代新儒学的兴起以及明代儒家

---

① SCHUMPETE J A. "The Creative Response in Economic history". *The Journal of Economic History*，1947，7（2），pp. 149 – 159.

② [美] 彼得·德鲁克：《创新与企业家精神》，蔡文燕译，机械工业出版社 2007 年版，第 27 – 32 页。

③ THORNTON P H，OCASIO W，LOUNSBURY M. *The Institutional Logics Perspective*：*A New Approach to Culture*，*Structure and Process*. OUP Oxford，2012.

④ SWEDBERG R. *Entrepreneurship*：*The Social Science View*. Oxford University Press，2000.

⑤ MORRIS M，SCHINDEHUTTE M. "Entrepreneurial Values and the Ethnic Enterprise：An Examination of Six Subcultures". *Journal of Small Business Management*，2005，43（4），pp. 453 – 479.

⑥ [德] 马克斯·韦伯：《新教伦理与资本主义精神》，阎克文译，上海人民出版社 2018 年版。

⑦ COLEMAN J S. *Foundations of Social Theory*. Harvard University Press，1994.

⑧ 杜维明：《新加坡的挑战新儒家伦理与企业精神》，生活·读书·新知三联书店 2013 年版。

学者创建书院、全民讲学,将新儒学理想向社会大众推广,深刻塑造了明清商人"心怀天下"的精神境界。到了晚明时期,随着商人社会地位的上升,商人的自我价值意识也逐渐觉醒,"以义取利、以利济世、义利合一"的价值取向成为新的社会思潮。① 日本近代产业先驱、工商业的精神领袖涩泽荣一在《论语与算盘》中也根据儒家"义利观"提出了"士魂商才"的概念,极大地激发了日本的企业家精神。② 单翔指出"家国情怀"是中国企业家精神的信仰基因。③

总之,既不同于早期西方企业家精神研究较为重视宗教价值,亦不同于当代西方企业家精神研究较为强调创新、创业精神,中国企业家精神研究在重视创新、创业精神的同时,更强调"家国情怀"和"天下为公"等社会价值要素。然而,这些研究大多仍停留在单纯的理论探讨层面,还存在重要的理论空缺。

三、研究设计

1. 方法选择

本研究探讨中国本土情境下企业家的天下格局,这是一种根植于中华优秀传统文化的当代中国企业家精神。本研究属于"现象驱动型",而非"理论驱动型"④,故采用经典扎根理论研究方法。

2. 样本选择

经典扎根理论主张研究问题基于研究情境自然产生,着重强调问题的自然涌现,而非完全从现有文献中提炼得出。遵循理论性抽样原则⑤,本研究选择具有以下特征的企业家样本:①对自身生命意义和存在价值进行了反思,突破了以自我利益为中心的价值取向;②认为企业经营包含了追

---

① 余英时:《儒家伦理与商人精神》,广西师范大学出版社2004年版;余英时:《中国近世宗教伦理与商人精神》,九州出版社2014年版。
② [日]涩泽荣一:《论语与算盘》,余贝译,九州出版社2012年版。
③ 单翔:《家国情怀:中国企业家精神的信仰基因》,载《南京社会科学》2021年第10期,第171–180页。
④ EISENHARDT K M, GRAEBNER M E. "Theory Building from Cases: Opportunities and Shallenges". *Academy of Management Journal*, 2007, 50 (1), pp. 25–32.
⑤ 贾旭东,谭新辉:《经典扎根理论及其精神对中国管理研究的现实价值》,载《管理学报》2010年第5期,第656–665页。

求商业价值（利）和创造社会价值（义）的双重目的，但以追求社会价值最大化为核心目标；③以商业化的模式推动社会公益，社会价值能优先体现在企业主业与企业运营的各个方面，而不仅仅体现在企业家个人善行或者企业的公益活动中；④通过有益于社会的方式实现企业的可持续发展和基业长青，而不是追求短期的商业利润，也不提倡本末倒置式的牺牲企业发展去造福社会。

本研究先对企业家 E、F、G、H 进行了半结构性访谈，为进一步提高理论饱和度，之后又选取企业家 I、J、K 进行理论检验，发现这 3 位企业家的材料对于"天下格局"的维度及演变机制无法产生新的维度和概念，故判断为理论饱和。样本概况如表 1 所示。

3. 数据收集

本研究团队于 2010 年 4 月之后陆续进入 TW、ZX 和 GD 等公司，并于 2016 年 3 月—2016 年 9 月对 A、B、C、D 这 4 位企业家及其企业进行开放性访谈和实地调研，在确立"企业家精神"的研究主题后，又选取了 E、F、G、H 4 位企业家及其企业进行实地调研，并于 2019 年末至 2021 年 7 月间再次进入上述 8 家案例企业，针对"企业家精神"研究主题进行补充访谈。本研究主要采取以下方式形成数据间的三角检验，保证研究的信度：①对企业的利益相关者进行访谈；②一手资料和二手资料并举；③到企业进行蹲点调研、参访观察，并撰写调研日志。具体数据情况如表 2 所示。

4. 数据编码与数据分析

（1）开放性编码。研究者建立了企业家精神资料库，并对 8 个样本的文字材料进行逐字逐句的检视，用关键词把每一个事态都标记出来，这一过程共获得编码 1469 条，一阶概念 134 个，二阶概念 34 个，三阶概念 12 个。

（2）选择性编码。研究者首先对前一阶段的范畴进行回溯，发现 3 个主范畴之间存在着递进关系。为了细化研究并丰富"潜模式"，研究者对访谈提纲进行细化并做相应的调整，然后再次进入现场收集数据，挖掘其行为背后的动机。两个阶段的数据呈现了类似于传统士大夫"修身—齐家—治国—平天下"的推己及人"潜模式"。这条线索将主范畴的叙事逻辑整理得更为清晰，选择性编码共获得编码 2972 条，一阶概念 94 个，二阶概念 18 个，三阶概念 8 个，主范畴 4 个。

表 1　样本企业家及其企业基本情况

企业家编号	A	B	C	D	E	F	G	H	I	J	K
企业简写	TW	GD	ZX	FT	TY	LT	QD	JB	XYL	PDL	FY
企业性质	民营	民营（上市）	民营	民营	民营	民营	国企	民营	民营	民营	民营（上市）
企业家出生年份	1967	1956	1966	1969	1956	1972	—	1962	1946	1966	1946
学历背景	博士	博士	硕士	硕士	大专	本科	—	硕士	小学	初中	小学
创业年份及现任职务	1991年到深圳创业，1997年创办了TW，现任董事长兼CEO	1990年参与筹建苏州GD，任董事长兼总经理，2020年任终身名誉董事长	1990年创建了ZX电子厂，现任董事长兼CEO	1996年创建了TF集团，现任董事长兼总裁	2002年带领TY改制，现任董事长，阳泉市政协委员	1996年创办LT环保采科技有限公司，2012年创办LT幸福文化公益基金会，现任职务	2003年云南能投曲靖发电有限公司；2014年任董事长兼CEO	1991年JB集团的前身校办企业成立，1995年调任厂长，2000年改制	1984年创建了小商场，逐渐发展至今，现任集团有限公司监事会主席	1995年创立PDL，现任董事长	1987年成立FY玻璃集团，现任董事长兼CEO
子公司数量	3	8	9	100+分支机构	9	无	无	100+子公司	会员1000+	30+连锁店	27
员工人数	500+	2800+	4000+	16000+	1400+	100+	450+	1200+	30000+	7000+	27000+
创办社会组织或书院	斯美书院	家文化传习院	幸福企业联盟	FT文化研究院	TY书院	LT幸福文化公益基金会道德讲堂平台		乐安慈孝基金会	XYL夜校	—	河仁慈善基金会

续上表

企业家编号	A	B	C	D	E	F	G	H	I	J	K
企业经营使命、企业愿景、核心价值观	使命：为社会培养德才兼备的栋梁人才，恰然正气的谦谦君子。愿景：成为践行儒学思想的学校型企业。价值观：深信因果，践行《弟子规》	使命：追求全体员工物质和精神两方面幸福的同时，为人类和社会进步与发展做出贡献。愿景：用心聚圣贤文化，将全世界、带给全人类、造福全人类。价值观：企业的价值在于员工的幸福和客户的感动	使命：追求全体员工物质和精神两方面幸福的同时，为人类和社会进步与发展做出贡献。愿景：用心聚圣贤文化，将全世界、带给全人类、造福全人类。价值观：企业的价值在于员工的幸福和客户的感动	使命：为了亿万家庭的幸福。愿景：成为传大企业，承担社会责任，不断向善，促进人类社会的真善美。价值观：企业、品格、产品三品合一	使命：建TY，强和谐，筑百年长青基业。愿景：（积极承担社会责任）打造国内一流，国际知名的建筑企业。价值观：帮助他人成功	使命：LT环保愿景。愿景：好水利心；LT公益最憨善莫大焉于拯救心灵。LT公益仁爱、真诚、分享、学习、人人为师，行为世范。价值观：行有不得，反求诸己	使命：安全文化为本，文化治企第一。愿景：员工幸福，企业发展，社会和谐。价值观：仁爱、真诚、分享、学习、人人为师，行为世范	使命：为客户生产满意商品，为社会培养有益人才。愿景：做对社会有益的企业，有责任、有益于子孙后代、留下有盈利能力的事业平台。价值观：诚信、责善、改善、利他	使命：让员工体现自身价值，享有成功人生。愿景：健康快乐、长寿。追求最大的价值健康，而个性的生命，在维护自己根本利益的同时，切实为所有利益相关者着想	使命：传播先进的文化理念。愿景：培养健全的人格，昂扬个性的生命价值。价值观：扬善戒恶	使命：为中国人做一片汽车玻璃，以及"FY全球"。愿景：发展自我，兼善天下。价值观："产品、品质、品位"的"四品一体"，合一，全方位推动企业高质量发展
典型事例	提出512524公司治理框架；对劳改、问题青少年进行教育并吸纳就业；积极参与乡村建设	通过幸福企业人大模块建设幸福企业	通过八大模块建设幸福企业；学习稻盛哲学，制定《ZX精密哲学手册》，"提高心性，拓展经营"		开创了现代儒家管理模式，把企业本质定位为"家"	在传统文化中寻找到解决企业经营问题的智慧后，成立以弘扬传统文化为己任的LT幸福文化公益基金		国有企业出于对民生同题的关注，NIN项目与百余所高校构建"校企命运共同体"建设典范	中国超市30强，视客为公司友是XYL都是核心服务理念，通过《XYL人》刊物教化员工，并促进员工成就自身价值	通过DL讲堂对员工进行道德教化，对外界弘扬先进文化理论，促进社会文明	从1983年第一次捐款至2020年，K企业家累计个人捐款已达110亿元，认为财施不过是"小善"

表 2 数据收集情况

企业家编号	A	B	C	D	E	F	G	H	I	J	K
"天下格局"访谈日期	2016.9.10	2016.4.3	2016.3.22—3.23	2016.7.13	2020.3.20	2019.1.16—1.17	2019.9.28—9.29	2019.7.12	2019.11.30—12.1	—	—
补充访谈日期	2019.1.2; 2020.2.16; 2021.3.19	2020.12.27	2020.10.13; 2021.1.11	2020.10.10; 10.12	2021.7.27—7.28	2019.10.13—10.14; 2021.4.10; 2021.7.3	2021.1.13; 1.19（蹲点调研）	2019.12.2—12.3; 2021.4.7—4.19（蹲点调研）	2020.12.30（电话访谈）	—	—
企业家访谈（次）	9	2	2	2	2	4	2	1	1	—	—
高管/员工/利益相关者访谈者（人数）	高管（2）；幸福促进中心负责人（1）；员工512524联盟（1）；企业家参访者（1）	高管（2）；子公司高管（3）；集团员工（8）；企业文化主管（1）；基层员工（18）	总部高管（2）；子公司高管（3）；集团员工（8）；企业文化主管（1）；基层员工（18）	FT大学校长（1）；员工（1）；经销商（6）；参企业家访（4）	董事局主席（1）；文化宣导部部长（1）；党支部书记（1）	副总经理（1）；LT科技副总经理（2）；基层主管（2）；员工（4）；LT公益义工（2）	副经理（1）；文化秘书（1）；党委书记（2）；人事主管（1）；部门经理（1）；基层员工（4）；承包商（1）	子公司高管（8）；JB职业培训学院中校长（1）；子公司基层员工（8）；吕艺HR、人才发展经理（1）；镇养老公寓老人（2）；乐安慈孝基金会（2）	—	—	—
一手资料访谈时间（分钟）	661	860	823	692	893	961	1021	1357	880	—	—

续上表

企业家编号	A	B	C	D	E	F	G	H	I	J	K
一手资料（字）	79320	121260	135795	110922	14992	154086	160884	218538	124382	—	—
二手资料主要来源	企业公众号、内部刊物《践行者》、A企业家演讲资料等	企业公众号、《2016—2020企业社会责任报告》、公司宣传片等	企业公众号、《ZX哲学手册》、内部刊物《ZX家园》等	企业公众号、《FT儒道》《FT文化》书籍等	企业公众号、内部会议资料等	企业公众号、企业长青班课程资料等	企业公众号、企业文化建设方案、五级联动等内部资料	企业公众号、企业社会责任报告、JB内部书籍《心道》等	企业公众号、员工刊物《XYL人》《XYL书籍〈XYL 30年〉》等	企业官网、DL哥会议记录分享栏目、《PDL文化理念手册》等	《2016—2020社会责任报告》、《心若菩提》（K企业家自传）等
二手资料（字）	23896	67655	13469	125000	22533	37894	14177	184285	268724	145470	314736
现场观察	2019.1.2—1.19企业腾点观察	GD厂区、员工宿舍等（2次）	东莞子公司（2次）；宁波兴瑞总部（3次）	集团总部参访；2021.7.28FT文化体验营	TY集团绿环科技公司参访	2021.4.24—4.25参与LT第四届企业家长青基业长青班	2021.1.13—1.19曲靖电厂区参访	2021.4.7—4.19参访JB集团核心子公司8家	参访XYL黄骅店	—	—
编码条数（条）	334	217	284	344	220	338	214	333	255	208	225

（3）理论性编码。明确4个核心维度的内涵，并进行最后一级的抽象，确定多个核心范畴之间及其子范畴之间的关系。最终4个主范畴"修身立德""成就员工""多方共生""天下为公"体现了企业家精神的拓展与演变逻辑，该过程围绕着"天下格局"这一核心范畴展开。由此，"天下格局"这一极具本土文化特色的中国式企业家精神新概念及其核心特征得到进一步分析和提炼。

四、案例分析与研究发现

1. 企业家与自我的关系（修身）：修身立德

"修身立德"是企业家对自我的反思，进而影响到其对企业经营目的、领导者身份的反思。它是企业家从"差序格局"向"天下格局"转变的起点，也是最重要的精神内核。"修身立德"包括"利他使命"和"君子风范"两个核心维度，代表性编码例举如表3所示。

表3 "修身立德"代表性编码例举

副范畴	概念	代表性编码例举
B1 利他使命	AA1 双重使命	A2 社会价值最大化 A4 双重目的 A7 基业长青
	AA2 诚意正心	A10 去除私心 A14 善有善报 A15 但行好事
B2 君子风范	AA3 自强不息	A16 勤奋好学 A17 闻过则喜 A20 勇于创新
	AA4 德行垂范	A21 内求自省 A22 知行合一 A23 德位相配 A24 言传身教

作为道德个人的"利他使命"（B1）与作为道德领导的"君子风范"

（B2），共同构成了企业家与自我的关系特征，即"修身立德"（BB1）。"修身立德"体现出企业家不断完善自我并树立模范，将社会使命、利他动机融入自身生命意义与企业经营目的中，突破了纯粹的市场和经济取向，进而追求"利"与"义"在更高层次上的价值统一。

2. 企业家与员工的关系（齐企）：成就员工

"成就员工"是企业家对自身与员工关系的思考和行为表现，是企业家"天下格局"的进一步扩展与演化。"成就员工"包含企业家通过对员工的"仁爱德育"促进其"幸福成长"两个核心维度，代表性编码例举如表4所示。

表4 "成就员工"代表性编码例举

副范畴	概念	代表性编码例举
B3 仁爱德育	AA5 仁爱员工	A27 利益分享 A28 父母之心 A29 爱之教之
	AA6 员工德育	A30 孝道培养 A33 恩威并施
	AA7 尊重员工主体性	A34 恢复员工主体性 A35 使命传递 A36 工作重塑 A37 组织工具化
B4 幸福成长	AA8 员工五福	A38 物质幸福 A39 健康管理 A40 良知激活 A41 家庭和谐 A42 精神幸福
	AA9 德才兼备	A43 实现价值 A44 员工德育
	AA10 为国育才	A45 爱国教育 A46 育未必留 A47 培养社会栋梁 A48 老吾老以及人之老

孔子提出"己欲立而立人,己欲达而达人""君子成人之美"。本研究将企业家通过"仁爱德育"促进员工的"幸福成长"这一过程,进一步归纳为"成就员工"(BB2)。"成就员工"意味着企业家将员工视为主体,而不仅仅是实现企业目标的"人力资源"。同时,企业家对员工的培育不是为了满足企业自身狭隘的利益诉求,而是为国家、社会培育德才兼备的栋梁,体现出企业家"家国一体"的广阔胸襟与格局。

3. 企业家与合作伙伴的关系(企业生态治理):多方共生

"多方共生"是企业家对自己(或企业)与合作伙伴关系的思考与行为表现,是企业家天下格局的进一步扩展。它包含企业家对合作伙伴的"价值创造"和"文化赋能"两个核心维度,代表性编码例举如表5所示。其中,合作伙伴包括企业的客户、供应商、经销商乃至同行。

表5 "多方共生"代表性编码例举

副范畴	概念	代表性编码例举
B5 价值创造	AA11 精益求精	A51 良知创新 A52 超出预期
	AA12 多方共赢	A53 互利共赢 A54 合理利润 A56 帮助成长 A57 善待对手
B6 文化赋能	AA13 视客为友	A58 良心销售 A59 理念传递 A60 客户幸福
	AA14 优化市场	A61 廉洁合作 A62 净化市场 A63 产业链赋能

企业家通过"价值创造"与"文化赋能"实现了企业与合作伙伴之间的"多方共生"(BB3)关系,它意味着:在与合作伙伴进行合作的过程中,为对方创造价值永远是第一要义,自身的价值只有在合作伙伴的价值得到实现的情况下才能实现;通过文化为供应链赋能,促进合作伙伴树

立共创共享的价值理念,构建共生共荣的商业生态圈,从而优化市场风气、促进社会和谐。

4. 企业家与社会及万物的关系(爱国利天下):天下为公

"天下为公"是企业家对自己(或企业)与社会大众、自然环境、世界万物之间关系的思考与行为表现,是企业家"天下格局"的进一步扩展。"天下为公"包含"造福社会"与"万物一体"两个维度,代表性编码例举如表6所示。

表6 "天下为公"代表性编码例举

副范畴	概念	代表性编码例举
B7 造福社会	AA15 捐赠帮扶	A67 乡村建设 A68 产业报国 A69 纳税为荣 A73 安老怀少
	AA16 教育普惠	A74 自觉觉他(企业) A77 产教互促(学校) A78 文化复兴(国家) A79 导人向善(精神)
B8 万物一体	AA17 绿色环保	A80 绿色经营 A81 环保创新 A83 资源循环 A84 爱惜物命 A86 敬畏自然
	AA18 促进命运共同体	A89 我与万物关联 A90 员工—企业—社会一体 A91 利益后代 A93 世界和谐 A94 命运共同体意识

企业家自身(或通过企业)造福社会,践行绿色环保理念,努力促进命运共同体的实现,体现了企业家"天下为公"(BB4)的理念与行为方

式，它意味着：企业家利他对象远远超出了常规的企业考量的"利益相关者"范畴，通过捐赠帮扶、教育普惠、环境保护等方式不断追求社会价值最大化、人类社会可持续发展、世界和谐乃至命运共同体实现，而这些行为的背后是企业家万物一体的关系认知。

五、理论建构

1. "修齐治平"：天下格局的企业家精神演变过程与核心特征

"修身立德""成就员工""多方共生"和"天下为公"四个核心维度分别对应了企业家与自我、企业家与员工、企业家与合作伙伴以及企业家与社会大众、世界万物的关系，表明了企业家从自我出发，造福他人的范围不断扩大。这一演变机制恰好契合传统士大夫"修身、齐家、治国、平天下"的人生志向与实践路径，并呼应了费孝通先生晚年提出的"各美其美、美人之美、美美与共、天下大同"的"文化自觉"理念。"修身立德""成就员工""多方共生"和"天下为公"四个主范畴，呈现了企业家推己及人的格局演变过程，如图2所示。

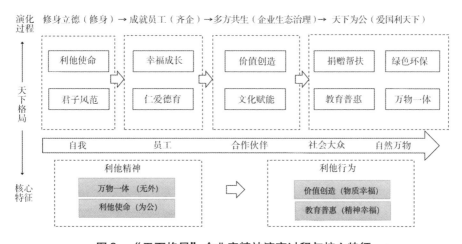

图2 "天下格局"企业家精神演变过程与核心特征

"天下观"塑造了中国人的世界观，支配了中国人对世界与道德文明秩序的想象。而"天下为公"的政治理想，既包含了"修齐治平"的伦理秩序①,又包含"无外"的关系内涵以及"为公"的德性内涵②。显然,"天下格局"这一中国式企业家精神,体现了企业家"义利合一"的责任意识和伦理导向。

2. "天下格局"企业家精神的概念界定

本研究认为,"天下格局"是一种基于中华优秀传统文化的中国式企业家精神,它以"万物一体"(无外)和"利他使命"(为公)为利他精神内核,以促进他人"物心双幸"为利他行为目标,以"修身立德""成就员工""多方共生"和"天下为公"的拓展次序为实现价值理想的路径。

3. "差序格局"与"天下格局"的区别和联系

(1)"差序格局"与"天下格局"的比较。"差序格局"与"天下格局"在形式上都有远近、次序之分,结构上均表现为一种以自己为起点的同心圆模式。"差序格局"包含着以自我为中心的逐渐外扩的过程;"天下格局"也表现出按照"修身—齐家—治企—利天下"的次序逐渐"推己及人"的过程。这是因为差序化是每个自然人(无论中外)应对和想象其生活世界的天然且基本的方式。③ 然而按"自我主义"的外推同"修齐治平"的外推虽然在形式上有相似之处,但其逻辑本质却是相矛盾的。④ 从精神内核上比较而言,"差序格局"的精神内核是利己取向的,从己外推的过程主要按照血缘伦理关系,外推时则根据关系的亲疏而逐渐淡化。而"天下格局"的精神内核是"无外为公",是利他取向的。二者虽然同样面临一个由近及远的客观世界,但"天下格局"在处理事务时遵循"穷则独善其身,达则兼善天下"的原则,按照由近及远这样一个顺序做事只是它的方便路径,其真正目的在于实现"天下为公"的人生追求。"差序格局"与"天下格局"的差异如表7所示。

---

① 梁治平:《"天下"的观念:从古代到现代》,载《清华法学》2016年第5期,第5-31页。
② 参见赵汀阳《天下的当代性》,中信出版社2015年版。
③ 苏力:《较真"差序格局"》,载《北京大学学报》(哲学社会科学版)2017年第1期,第90-100页。
④ 翟学伟:《再论"差序格局"的贡献、局限与理论遗产》,载《中国社会科学》2009年第3期,第152-158页。

表7 "差序格局"与"天下格局"比较

比较维度		差序格局	天下格局
适用群体	传统社会	乡土社会中的庶民阶层	少数文化精英或政治精英等士大夫阶层；受儒学影响的传统商人
	现代社会	普通的农民、工人、小生产者和企业主	有更高精神追求、家国情怀的企业家、政治家和学者
行为表现	传统社会	"为了己可以牺牲家，为了家可以牺牲党，为了党可以牺牲国，为了国可以牺牲天下"（费孝通《差序格局》）	"先天下之忧而忧，后天下之乐而乐"（范仲淹《岳阳楼记》）；"为天地立心，为生民立命，为往圣继绝学，为万世开太平"（张载《西铭》）
	现代企业	家族主义和泛家族主义；差序式领导；圈子文化等现象；亲疏有别、任人唯亲、损人利己等行为表现	超家族主义和利他行为；通过价值创造以促进物质幸福，通过教育普惠以促进精神幸福
对待自我		以注重自身利益的"私己/小我"为中心	以注重自身德行修养的"为公/大我"为起点
精神内核		利己取向	利他取向
结构特征		同心圆，亲疏有别，遵循血亲伦理的逻辑，越到外圈越淡薄	同心圆，一视同仁，以道德自我为起点，以天下大同为精神归宿，通过"修身立德""成就员工""多方共生"和"天下为公"这一方便路径推己及人、造福社会

（2）从"差序格局"到"天下格局"是个体精神的不断超越。梁漱溟指出，中国文化具有二重性，主要体现为大传统中"公"的道德理想与小传统中"私"的道德实践之间紧密却又紧张的关系。大传统以"忘我""去私"为内核，表达了儒家的道德理想，而小传统则以自我主义为内核，

反映了绝大多数普通人在日常生活中的道德实践。① 这种分化使得"重己"与"无我"成为中国人道德选择的双重伦理结构，体现了中国文化的深层张力。"差序格局"与"天下格局"正是这种文化张力的具体表现。"差序格局"中的"己"或中心点是以自我为中心的"利己主义"，体现了小传统实践中遵循的人伦差序；而"天下格局"之"己"则是一个有着"无外为公"的利他精神的"大我"，彰显了儒家社会建构的基本框架。从个体层面而言，随着个人精神追求的不断提升，个体的格局也可能随之发生变化，能够实现从"差序格局"向"天下格局"的转化。

4. 天下格局：一种中国式企业家精神

以创新要素为核心的创业企业家精神历来在经济学和管理学领域占据主流地位。② 中国改革开放40多年的制度演变，实质上是通过制度创新来激发与培养创业企业家精神的过程。在此背景下，社会企业家精神应运而生。社会企业家精神被描述为解决社会问题的道德方法③，其核心特质在于为即时的社会问题创造、创新解决方案。那么，是否存在一种融合"创业企业家精神"与"社会企业家精神"特质的企业家精神呢？

本文认为，具有"天下格局"的企业家，既体现了市场逻辑主导的"自强不息"的创新精神，又展现了社会逻辑主导的责任意识，特别是彰显了"厚德载物""富而好礼""义利合一"等中国人文精神和"修齐治平"的家国天下情怀，反映了物质与文化的双重制度逻辑的影响。

六、结论与展望

1. 研究结论

本研究从本土企业家精神的视角出发，通过对中国优秀企业家及企业利益相关者长达10年的扎根研究，揭示了中国本土优秀企业家精神的演化过程。主要结论如下。

---

① 陈占江：《差序格局与中国文化二重性》，载《云南社会科学》2015年第3期，第142–149页。
② SCHUMPETER J A. "The Creative Response in Economic History". *The Journal of Economic History*, 1947, 7 (2), pp. 149–159.
③ CHELL E, SPENCE L J, PERRINI F, et. al. "Social Entrepreneurship and Business Ethics: Does Social Equal Ethical?". *Journal of Business Ethics*, 2016, 133 (4), pp. 619–625.

（1）"天下格局"是一种基于中华优秀传统文化的中国式企业家精神，特别彰显了当代中国优秀企业家"自强不息""厚德载物""义利合一"和"修齐治平"的中国人文精神，是对中华优秀传统文化的创造性继承和创新性发展。

（2）"天下格局"包括"修身立德""成就员工""多方共生"和"天下为公"四个具有不断拓展次序的维度，其核心是"无外为公"的利他精神和"物心双幸"的利他行为。

（3）从"差序格局"到"天下格局"是个体精神渐次演进、升华和超越的过程。尽管二者均具有以己为起点的同心圆结构，但"差序格局"的精神内核是利己取向的，从己外推的过程主要按照血缘和亲疏关系；而"天下格局"的精神内核是利他取向的，推己及人的过程遵循"无外为公"的原则，从前者到后者有一个渐次演进的过程。

2. 理论贡献

（1）本研究首创性地提出了一个中国式企业家精神的新概念——"天下格局"，推进了中国文化背景下的企业家精神研究。本研究提出当代中国企业家的"天下格局"这一新概念，刻画了企业家通过"修身立德""成就员工""多方共生""天下为公"的格局演化过程，并根据企业家精神的核心特征，即"无外为公"的利他精神和"物心双幸"的利他行为对天下格局做出概念界定，"天下格局"既是对"天下为公""家国情怀"等传统士大夫精神的继承，也是结合当代商业社会特点而进行的生动的创造性转化，对于构建中国式企业家精神概念，推进中国文化背景下的企业家精神研究，均有重要理论价值。

（2）通过与"差序格局"对话和理论建构，本研究为突破差序式管理模式的弊端提供了理论依据。本研究结合中国优秀企业家的具体实践进行概念建构，明确"天下格局"与"差序格局"各自的内涵与理论边界，探讨二者相互转化的可能性，更加全面地刻画了中国人"重己"与"无我"的双重伦理结构，为突破差序式管理模式的局限性提供了理论依据。

3. 管理启示

（1）"天下格局"的社会价值导向，有助于引导企业家在打造基业长青企业、促进国家高质量发展方面做出贡献。中国传统文化特别是儒家文化的"义利合一观""兼济天下观"，修正了西方经济学中企业家"经济人假设"的动力机制，强调了企业家不仅要具有自强不息、创新创业等积极精神,而且要具有厚德载物、民为邦本、和合共生、家国情怀等精神特质。

(2)"天下格局"推己及人的演化过程为突破家族企业的发展瓶颈提供了新的思想借鉴和方法指南。当前,中国的许多家族企业面临着组织内部公平、人际信任等问题,主要原因就在于其人际关系结构存在着明显的局限,企业主差别对待员工,相互之间缺乏信任。企业家从"差序格局"到"天下格局"的转变,意味着企业家不仅要反思并重塑自身和企业的使命,还需要重构其与员工的关系。企业家可以通过"仁爱德育"促进员工的"幸福成长",实现员工的全面发展,在根本上解决信任问题,从而为改善家族企业的发展困境提供可行之策。"天下格局"对企业在跨文化管理过程中建立信任亦有启发意义。

4. 未来展望

本研究也存在一定局限,未来可从以下四个方面予以加强。

(1)进一步丰富理论取样,这样有助于提升"天下格局"概念的普适性与影响力。

(2)开展关于企业家"天下格局"对员工和社会的影响机制和影响效果之研究。

(3)可考虑采用系统理论框架来探索不同发展阶段企业的"义利"追求模式,以及它们如何适应和应对不同的外部环境,从而深入揭示这一复杂的动态关系。

(4)构建整合"差序格局"和"天下格局"的"双元格局"概念。在这样一个结构里,"差序格局"主要影响着中国人的小传统,"天下格局"主要影响着中国人的大传统,而二者之间存在着一些中间状态,甚至可以相互转化,这样就可以更加全面地理解中国人的精神和行为。

论中华传统文化形塑企业领导—员工伦理互动的机制[1]

刘素菊　张树旺　邹安欣[2]

德鲁克曾说，管理隐藏在价值观、习俗、信念的传统里。[3]

随着中国的崛起及文化自信、历史自信的广泛确立，本研究团队观察到越来越多的本土企业家开始推崇并研究中华传统文化，从中汲取文化元素创设出管理哲学用于经营企业[4]，这类企业的领导人通过对传统文化的修学，展现出类传统"君子"关心民瘼的道德品质和行为，而其员工在履职中则富有主人翁精神。如何解释其领导与员工的互动机制，成为当前中国式管理实践研究中一个很有意义的话题。为此，本研究结合中国传统"知行合一"的哲学理念，发掘传统"君子"品质参与本土管理创新实践的文化线索，运用扎根理论剖析这类企业典型案例中领导和员工行为、品质的特征，分析领导与员工伦理互动的机制，构建领导—员工伦理互动模型，并与相关理论进行对话。

---

[1] 本文系广州市哲学社会科学发展"十四五"规划共建课题（2023GZGJ100）（2022GZGJ48）、广东省哲学社会科学规划2024年度学科常规项目（GD24CGL74）阶段性成果。

[2] 刘素菊，广州科技贸易职业学院财经学院讲师。张树旺，华南理工大学公共管理学院教授。邹安欣，华南理工大学公共管理学院博士研究生。

[3] ［美］彼得·德鲁克：《德鲁克论管理》，海南出版社2008年版。

[4] 晁罡、钱晨、陈宏辉等：《传统文化践履型企业的多边交换行为研究》，载《中国工业经济》2019年第6期，第173-192页。

一、文献回顾

(一) 伦理作为领导力开发资源的相关研究

道德品质是影响领导有效性的重要变量，这是领导学界的长期共识。伦理作为领导力开发的重要资源，已形成了系统的理论成果，主要涵括在伦理型领导（ethical leadership）的研究中。伦理型领导的理论雏形由 Enderle 提出，他认为伦理型领导是一种遵循道德标准的领导模式，领导按照一定的道德准则感知、解释和创建现实，用道德准则影响员工和企业目标，并对此负责。[1] 之后，Trevino 等提出了伦理型领导的二维性："道德的人"与"道德的管理者"，即领导者要具有诚实、正直、值得信赖等人格特征，并在履行职务中为员工树立道德榜样，利用奖惩手段使员工遵守道德准则，对员工的道德行为产生正向影响。[2] 他与 Brown 等指出伦理型领导与真诚型、精神型、变革型等领导类型的区别，认为利他动机是伦理型领导具有吸引力、值得信赖、成为员工榜样的重要原因，对员工道德履职行为的主动影响是伦理型领导关注的根本问题和核心目标。[3][4][5] 需要指出的是，上述研究者从领导—员工交换的视角考察伦理型领导的影响机制，将伦理型领导过程视为互惠性的交换过程。然而，这一视角无法解释伦理型领导在没有激发员工同类行为，或没有获得员工正面响应时，是为何及如何保持其领导行为伦理性的。这表明，伦理型领导与员工互动机

---

[1] ENDERLE G. "Some Perspectives of Managerial Ethical Leadership". *Journal of Business Ethics*, 1987, 6 (8), pp. 657-663.

[2] TREVINO L K, BROWN M E. "Moral Person and Moral Manager: How Executives Develop a Reputation for Ethical Leadership". *California Management Review*, 2000, 42 (4), pp. 128-142.

[3] TREVINO L K, BROWN M E, HARTMAN L P. "A Qualitative Investigation of Perceived Executive Ethical Leadership: Perceptions From Inside and Outside the Executive Suite". *Human Relations*, 2003, 56 (1), pp. 5-37.

[4] BROWN M E, TREVINO L K, HARRISON D A. "Ethical Leadership: A Social Learning Perspective for Construct Development and Testing". *Organizational Behavior and Human Decision Processes*, 2005, 97 (2), pp. 117-134.

[5] BROWN M E, TREVINO L K. "Ethical Leadership: A Review and Future Directions". *The Leadership Quarterly*, 2006, 17 (6), pp. 595-616.

制的形成，还需要延伸至领导的品质生成逻辑上。

中国曾是一个高度伦理化的国家，伦理作为领导力开发的资源，在中国本土领导学研究中具有重要意义。本研究试图建构一个理论框架，解释传统文化践履型企业领导的生成方式、伦理行为的维护动力，与员工伦理互动中行为与品质的特征，以及对员工品质和行为的影响。

（二）组织主人翁行为

组织主人翁行为[1]是基于传统文化和本土企业实践经验，参照西方组织公民行为概念提出的一个本土化概念，指员工将自己视为企业的主人，并在此心态促发下生成的一系列有益于组织的行为。在中国文化情境中，主人翁往往与"家"的情境联系起来。储小平指出，受传统"家文化"影响，中国人习惯于把家的内部结构、身份关系、道德伦理、认知模式、互动行为规则扩展到家以外的社会各个层面，成为支配与调节中国人、组织和社会的思想体系。[2]

组织主人翁行为现有维度包含学习进取、敬业奉献、忠诚正直、乐于助人、顾全大局、人际和谐六个维度。其中，前五个维度与组织公民行为的内容重合，人际和谐在组织公民行为中却没有得到体现[3]，这表明员工在生成组织主人翁意识后，会表现出维护组织团结的行为特征。从领导—成员的互动看，中国组织中的员工岗位职责受领导支配影响较大，其边界通常比较模糊，管理者与员工对工作职责范围的理解往往存在偏差[4]，因而需要组织主人翁的积极行为作为领导—员工互动的支持要素。这是中国文化情境下组织对员工的期望。学界利用西方心理所有权概念探讨组织主

---

[1] 杨百寅、梅哲群：《"组织主人翁"还是"组织公民"——基于中国社会文化的员工行为分析视角》，载《清华大学学报》（哲学社会科学版）2014年第3期29卷，第146-153、11页。

[2] 储小平：《中国"家文化"泛化的机制与文化资本》，载《学术研究》2003年第11期，第15-19页。

[3] FARH J L, ZHONG C B, ORGAN D W. "Organizational Citizenship Behavior in the People's Republic of China". *Organization Science*, 2004, 15（2），pp. 241-253.

[4] LAM S S K, HUI C, LAW K S. "Organizational Citizenship Behavior: Comparing Perspectives of Supervisors and Subordinates Across Four International Samples". *Journal of Applied Psychology*, 1999, 84（4），pp. 594-601.

人翁行为的影响和意义①②,证明了组织主人翁行为在中国情境下对组织的价值③。

总体而言,目前组织主人翁行为研究尚处于起步阶段,研究视角单一,理论体系还有许多环节需要进一步探索。本研究尝试将员工组织主人翁行为放入传统文化践履型企业领导—员工的伦理互动过程中进行考察,重点分析领导—员工互动中员工接受领导的道德主张后,其道德认知与组织主人翁行为的互构机制。

二、研究方法与数据收集

(一) 研究方法

本研究的核心目的旨在总结传统文化践履型典型企业的管理经验,剖析其领导与员工的行为及品质特征,探讨传统文化践履型企业领导—员工的伦理互动机制。本研究属于探讨"是什么""怎么样"问题的研究类型,适配于案例研究方法。④ 本研究选择单案例研究方法,集中力量详细刻画极端案例的经验细节⑤,展示传统文化践履型企业领导与员工的伦理互动过程,排除非研究因素对研究目标的干扰⑥。

扎根理论是把握本土情境丰富内涵、发展管理模型的必要方法步

---

① 梅哲群、杨百寅、金山:《领导—成员交换对组织主人翁行为及工作绩效的影响机制研究》,载《管理学报》2014年第5期11卷,第675-682页。

② 何清华、陈震、李永奎:《我国重大基础设施工程员工心理所有权对项目绩效的影响——基于员工组织主人翁行为的中介》,载《系统管理学报》2017年第1期26卷,第54-62页。

③ 胡国栋、王晓杰:《企业民主的缺失与重建:从"鞍钢宪法"到组织主人翁行为》,载《马克思主义研究》2016年第1期,第75-86页。

④ 罗伯特·K. 殷:《案例研究:设计与方法》,周海涛、李永贤、李虔译,重庆大学出版社2010年版,第5页。

⑤ 黄江明、李亮、王伟:《案例研究:从好的故事到好的理论——中国企业管理案例与理论构建研究论坛(2010)综述》,载《管理世界》2011年第2期,第118-126页。

⑥ 毛基业、李高勇:《案例研究的"术"与"道"的反思——中国企业管理案例与质性研究论坛(2013)综述》,载《管理世界》2014年第2期,第111-117页。

骤①。其中，程序化扎根理论认为数据本身隐藏着许多假设，强调数据整理者的主观能动性，发掘数据之间的因果关系，将既有经验和预设理论相联系。并通过开放性编码、主轴编码、选择性编码三个步骤完成对数据的处理，确保数据分析的科学严谨性。② 因此，在单案例的内部研究策略上，本研究选择采用程序化扎根理论的方法。

（二）案例选取与案例简介

单案例研究要求案例具有极端性和启发性。为此，本研究选择案例的标准是如下。其一，案例企业将传统文化全面导入企业理念、制度，并推行了近十年，具有极端性。同行业其他企业对此模式持普遍新奇和质疑态度，但在效果上取得了同行认可，且完成上市，具有启发性。其二，案例企业领导具有真诚而坚定的传统文化情怀与道德信仰，且在经营中身体力行，带领员工在经营中持续学习和运用传统文化，对员工及企业经营产生显著影响，并积极推广此类企业的经营模式，参与建立幸福企业联盟，具有典型性。其三，研究团队对案例企业进行过多次实地调研和参与式观察，积累了大量一手资料，并与企业建立了密切联系，确保了案例资料的可获得性。

Z 公司成立于1990 年，2006 年已发展为全球知名电视机零部件供应商。2012 年公司出现发展危机后，导入传统文化进行经营模式改革。2013 年公司开始打造幸福企业，在公司进行"家文化"建设，将员工视为家人，切实提高其福利待遇，将员工的物质和精神双幸福纳入企业经营指标体系，建立了解决员工全面问题的专门机构。企业将"内求、利他"确立为企业家训，编制企业《哲学手册》，为全体成员提供行为指南。此外，十分注重对员工的人文教育，将《了凡四训》《弟子规》《大学》等作为人文教育的教材，开设"百善孝为先""家和万事兴""厚德载物"等主题讲座，对员工开展以家庭关系、个人德性修养为核心内容的文化教育活动。从总体氛围上看，企业管理层从企业负责人到基层管理人员，均注重通过对传统文化的学习、体悟来修养自身德性，理解和关心员工，在工作

---

① 徐淑英、张志学：《管理问题与理论建立：开展中国本土管理研究的策略》，载《重庆大学学报》（社会科学版）2011 年第4 期17 卷，第1 – 7 页。

② STRAUSS A , CORBIN J. "Basics of Qualitative Research: Grounded Theory Procedures and Techniques". *Sage Publications*, 1990.

中以德服人，发挥榜样的模范作用。员工在日常交往中相互关心与帮助，积极参与岗位职责内外各类有利于组织的事务。管理者与员工在交往中呈现良好的互动关系，构建了良好的组织伦理环境。2014 年，企业突破经营管理瓶颈，开始持续向好发展。

（三）资料收集

本研究团队深入案例企业调研，通过参与式观察、访谈、内部资料收集等方式获得文字、音频、图片等多种类型的案例资料，以多来源、多类型数据的汇聚和交叉验证，提高研究的信度和效度。研究团队于 2015 年至 2020 年，先后 6 次到案例企业进行实地调研。其中，2017 年 12 月至 2018 年 1 月、2018 年 12 月至 2019 年 1 月期间，团队成员到案例企业进行了各长达 1 个月的蹲点调研，深入参与到员工的日常工作和业余生活中，观察、感受企业成员的工作和人际互动状况。根据资料收集"中立、遵循事实"的要求，通过拍照、录音、笔记等方式做好观察记录；及时分析调研素材，形成相关材料；结合现场观察的直接感受，将已收集的各类资料进行反复对比，构建关于案例的现实解释，为案例研究提供重要的见解基础。在数据收集过程中，通过对新旧数据的反复比较，指导数据收集工作，以数据达到解释已有疑惑并不再提供新信息的理论饱和状态为标准，结束数据收集。

（四）数据分析过程

1. 开放式编码

开放式编码是将资料分解比较，进行概念化和范畴化的过程。本研究在开放式编码过程中，对收集资料所反映出的案例企业领导和员工的道德品质、行为特征，以及领导与员工互动关系的句子段落进行比较分析，最终形成 279 个标签、77 个概念和 53 个范畴。范畴形成过程在此不赘述。

2. 主轴编码

主轴编码旨在发现开放式编码所形成范畴之间的逻辑关系，按照"条件—行动/互动策略—结果"的范式模型，使主范畴通过副范畴得以连接。[1]

---

[1] 吴先明、苏志文：《将跨国并购作为技术追赶的杠杆：动态能力视角》，载《管理世界》2014 年第 4 期，第 146 – 164 页。

通过主轴编码，本研究将开放性编码形成的 53 个范畴聚合为 7 个主范畴。

3. 选择性编码

选择性编码是对核心范畴的选择，将其按一定的逻辑联系起来，并进一步将资料与正在成形的理论进行互动，补充和完善尚未充分概念化的范畴的过程。

本研究通过将七个主范畴与已有理论进行比较，认为"利他管理认知"与"利他管理实践"共同体现了领导的道德管理认知和行为的统一。在对核心范畴进行提炼时，我们发现案例企业领导既具有良好的个人道德品质，又在管理实践中以身作则，激发员工的道德行为。"守伦理遵道德"是他们关注的核心问题，也是其追求的目标，符合伦理型领导的特征。因此，我们初步归纳该部分核心范畴为"伦理型领导的知行合一"。我们又发现，受传统文化影响，案例企业领导道德品性的养成及其道德管理行为的发展符合儒家道德人格"明德、亲民、至善"的修养路径，"内求自省"是案例企业领导道德品格的内在涵养，是追求至善境界与目标方面特征的集中体现。那么，该如何将其德性修养与其类伦理型领导的领导特性总结出来呢？麦金太尔指出：德性，通过具体实践及对实践关系的维护获得其意义，并与传统相关联，具有维持良好秩序的外在价值，对于主体又具有内在的精神的自我规范、调节、提升和超越的内在价值。① 这段文字较全面地总结了案例企业领导模式的内涵。"德性"概念既能体现其内在的道德品质的形成过程，也能表述其外在符合伦理型领导的行为模式，因此，我们尝试以"德性领导"指称案例企业领导，将此部分核心范畴归纳为"德性领导的知行合一"。

领导与员工的"目标共享""过程共享""人心交互"，也能反映其组织以"家文化"为特征的组织环境动态构筑过程。因此，该部分可被概括为核心范畴"'家文化'环境的构建"。"组织主人翁意识"和"组织主人翁行为"则分别是在"家文化"环境下，员工认知和行为层面的表现，并与领导的品质、行为发展相配，呈现组织道德认知和行为的自我一致性。因此，本研究将该部分核心范畴归纳为"员工组织主人翁意识与行为的合一"。

最终，本研究获得三个核心范畴，并组成了完整的故事线：领导在对

---

① [英] 麦金太尔：《德性之后》，中国社会科学出版社 1995 年版。

企业经营管理瓶颈的反思中形成利他管理认知，在管理过程中德行垂范，真诚并持之以恒地开展利他管理实践，实现德性领导的知行合一，并通过与员工的目标共享、过程共享、人心交互，构筑企业的"家文化"环境。领导角色模型影响和"家文化"环境浸润的双重作用促成了员工组织主人翁意识和行为的合一。员工组织主人翁意识和行为的发展促进了"家文化"环境的构建，而"家文化"环境的充分发展、员工的互动反馈，又促进了企业领导拓展对道德管理的认知，巩固其道德品质及行为，维护其德性领导的知行相顾，进一步推动了领导—员工伦理互动的良性发展。

三、传统文化践履型企业领导—员工伦理互动模型的构建

案例企业领导自身成长过程显现出清晰的从"道德的人"到"道德的管理者"的演进路径。首先，领导者通过对传统文化的学习与践行，重新建构了自身德性，固守利他初心，将成己达人、共享互利作为企业经营管理的指导思想，将追求员工的物质与精神幸福作为企业的奋斗目标。当领导者与管理者重构了自身德性和组织目标后，整体管理层发扬"行有不得，反求诸己"的精神，以知行互构、反向自我革新的姿态，保持对企业运行和自身行为的省察，尤其是在组织政策、活动施行效果不理想时，往往先采用内求自省的方式进行自我改进：审察管理效果不理想是否由于自己修为和认知的不足造成的，是否有私心妨碍利他初心的真诚展现。将问题的出现视为调整重构自身德性和领导模型的机遇，用以巩固信念，形成更加坚定的愿力，将利他的道德管理动机持续不怠地贯彻执行出来，真诚地理解、尊重和关爱员工。从领导机制的结构上看，信仰价值层的利他动机是其领导行为的动力与前提，"内求自省"是利他动机和行为的调整机制，它承载着企业领导"利他"的价值追求，发挥着连接领导德性建构与伦理领导行为的功能，是其德性领导实现知行合一的连接点。

扎根所得，企业员工的组织主人翁行为，并非仅来自员工的理性计算，而主要来自领导的德性感化，以及员工因传统文化学习而生发的内求自省。管理者通过改善硬件设施、完善培训体系、加强对员工及其家庭的关怀等符合员工利益、满足员工需求的切实措施，使员工真实感受到并理解领导进行"家文化"建设是为员工谋求幸福的善意和诚意。"他愿意跟

我们分享，也愿意为我们提供这样一个环境，让我们跟他一起共同成长。这一点 Z 总做得真的很好。外面很多地方没有这么做的，文化建设什么的都没有。他们只是很简单地上班、下班，（企业）根本就不会管你的生活，或者你整个人的幸福程度。"（员工 U）于是，员工以领导为榜样，真诚地反思自身从意识到行为的不足，形成道德自觉，与领导的德性善行相配，内求利他，积极主动地修正自我，向组织主人翁行为靠拢。同时，员工自我认知和行为改变所带来的良性体验，又继续巩固员工对组织伦理的认同，推进员工对组织情感的深化，形成更加深刻、稳定的道德觉知和自律，内求利他，不断完善自我，积淀、凝结出更加深厚的组织主人翁意识和稳定的组织主人翁行为。

四、德性领导与员工组织主人翁行为的交互影响

企业领导者坚定地投入道德管理实践还在于其对"家"伦理系统的效力以及德性感应、对文化传统的笃信。正如圣贤所言，"然民之所以感动者，由其本有此理。上之人既有以自明其明德，时时提撕警策，则下之人观瞻感发，各有以兴起其同然之善心，而不能已耳"[①]。

在组织伦理环境的构建中，领导人重塑企业经营理念与目标。新的经营目标充分考虑了员工利益，具有共享性，获得了员工的认同。在共享目标的实现过程中，领导人亲身示范，注重沟通互动，以员工需求调整企业经营管理，以企业政策的方式切实解决员工工作、生活中存在的问题，努力与员工建立家人式的关系。员工感受到领导的真诚，形成换位思考意识，与领导进行紧密互动，由衷地视企业经营目标为自己受益最大的目标。目标的共享、执行过程的平等交互联结了领导与员工，使双方感知到彼此的善心和诚意，实现人心的凝聚，完成领导—员工行为与意识的全面交互。

在此互动过程中，员工与领导形成了同构性的德性结构和共享性的组织伦理认知，"内求自省"成为组织伦理环境中的重要因素，使组织成员的道德判断普遍性地协调一致，并积极参与到"家文化"环境的构建中。也推动着领导、员工的道德认知与行为的不断提升，形成领导—员工伦理

---

① 王星贤：《朱子语类》，中华书局 1986 年版，第 118 – 126 页。

互动的良性发展。根据 Bandura 三元交互理论，案例企业领导与员工目标共享、过程共享与人心交互的内在线索是人的认知、行为和环境三者间的交互影响关系。①② 领导和员工在互动过程中感知对方认知和行为的变化，也调整着自己的认知与行为，同时也推进了双方认知和行为环境的再构建。而企业以"家文化"为特征的组织伦理环境的充分发展又进一步深化了领导与员工关于组织伦理的认知和道德践履，推动着领导与员工伦理互动的良性发展。

五、研究结论

综合前文扎根分析可以看出，"内求自省"作为中国传统文化信仰者的主要修行方法，牵引着企业领导将解决企业管理问题的路径指向自己，以"君子必自反"的思维和勇气，坚持不懈地加强德性修养和道德践履，自觉地承担起组织经营中所出现问题的责任。其在归因方面呈现的人格特征与"控制点"理论中的"内控型"人格相似。Brown 等曾指出具有"内控型"人格的领导更易做出道德的决策，表现出更强的伦理领导力。③ 他们将"内控"视为影响伦理型领导的人格因素，却没有就"内控型"人格如何影响伦理型领导的形成展开研究。本研究将领导的德性建构作为研究的起点，发现"内求自省"是支撑德性领导成立的重要品质和方法，在企业领导与员工互动过程中也发挥着关键作用，彰显了组织管理实践的中国本土特色。本研究结论以伦理型领导为参照系，可以总结为如下三点。

（一）以"内求自省"达"知行合一"是德性领导形成与影响员工的中国特色路径

本案例中，德性领导恪守"仁者爱人，有礼者敬人。爱人者，人恒爱

---

① 黄江明、李亮、王伟：《案例研究：从好的故事到好的理论——中国企业管理案例与理论构建研究论坛（2010）综述》，载《管理世界》2011 年第 2 期，第 118－126 页。

② 毛基业、李高勇：《案例研究的"术"与"道"的反思——中国企业管理案例与质性研究论坛（2013）综述》，载《管理世界》2014 年第 2 期，第 111－117 页。

③ BROWN M E, TREVINO L K. "Ethical Leadership: A Review and Future Directions". The Leadership Quarterly, 2006, 17 (6), pp. 595－616.

之；敬人者，人恒敬之"的传统理念，认为要实现领导有效性和组织有效性，领导自身首先要成为仁者、有礼者及爱人者、敬人者。本着"修己安人"的思路，案例领导从"修己"开始，抓住德性这个源头，通过学习传统文化认识到自身德性的不足，努力完善自身德性，在遵循道德原则前提下，改进管理实践的方式和内容，这与伦理型领导先成为"道德的人"，再成为"道德的管理者"的路径是一致的。

坚守先"做人"再"做事"的道德践履路径。案例企业德性领导以"行有不得，反求诸己"的方式回归到德性建构上来，进行自我修正和改善，无论员工回馈如何，都持之以恒地进行道德管理实践，直至员工感受到自己的诚意，积极参与到道德践履中来，最终形成了"知—行—反馈—内省—深知—躬行"的领导知行相促并带动员工知行互促的闭环路径。在这个闭环上，领导的德性是对员工产生影响的根本因素，知、行是体现领导德性的载体。这是 Trevino 等提出的伦理型领导"道德的人"和"道德管理者"二维性的中国式展开。[1] 然而，以往研究并没有指出"道德的人"转变成"道德的管理者"的清晰路径。而在案例企业领导"修己安人"的道德管理实践中，德性领导通过内求自省，根据员工的互动反馈，不断完善自身德性修养，调整道德管理方式，提升道德管理水平，实现作为"道德的管理者"知行合一的领导闭环，清晰地展现出"道德的人"如何成为"道德的管理者"的过程，延伸了伦理型领导生成逻辑的研究。

在德性领导的引领下，员工呈现出与领导具有同构性特征的德性结构。领导与员工通过"内求自省"这一共同方法获得平等、有效的道德对话。领导的力行示范，激励员工在道德认知和行为上参与到家（企业）、主人（关系）和幸福（目标）的组织伦理系统的运行中来，积极修正自我，内求利他，获得自我认知及内外关系变化的收益感体验，进而形成基于自身德性改变的道德觉知和自律，生成坚实的主人翁意识与行为。本研究阐明了德性领导对员工的组织主人翁行为塑造的意义及具体路径，补充了以往相关研究较少关注主人翁行为形成过程的不足，补全了道德管理实践中领导成员关系里具有中国特色的权变要素。

---

[1] TREVINO L K, BROWN M E. "Moral Person and Moral Manager: How Executives Develop a Reputation for Ethical Leadership". *California Management Review*, 2000, 42 (4), pp. 128 – 142.

（二）"内求自省"可以成为伦理型领导的必要品质

"内控型"人格特质①倾向于将成败归因于己，并自觉承担责任与后果，这是一种与生俱来的人格倾向，本身并没有道德价值前置的要求。Aquino等指出，道德认同会激发选择和行动。② 正是出于道德认同，伦理型领导才会坚持与道德主张一致的行为，避免因道德主张与行为的不一致而感到不安和自我谴责，避免被员工认为虚伪而失去伦理领导的有效性。"内控型"人格还强调认知结果的坚定无移，这在一定程度上会导致主体与外在环境信息交换上的间断性。在中国情境中，这类人格特质有可能会被定义为具有贬义性质的"固执"。而一个人想要真正理解自我与他人，就要有自我反馈和自省的能力③，这样才能为提高外部适应性而及时地进行必要的调整。

在本研究的德性领导模型中，带有强烈价值观前提的"内求自省"起到特别的作用：德性领导基于深刻认同的"道德的管理者"责任，基于造福员工的利他动机，在道德管理事项没有达到预期效果时，不是苛责他人，而是从自我反省的角度，为更好地实现成就员工的目标，思考自身在管理方法和行为方面的不足并进行改善，与员工就管理目的和实施方式上保持紧密互动，直到达成道德管理的目标。在此过程中，"内求自省"建构了领导的德性，这既是其行为与道德主张保持一致的方法，也是领导按外界需求进行响应，与员工共享道德主张，达成道德共识的方法。依据案例企业德性领导"内求自省"的成功实践，结合伦理型领导响应外在情境需要、保持伦理领导有效性的必然要求，可推知"内求自省"可以成为伦理型领导的必要品质。

---

① ROTTER J B. "Generalized Expectancies for Internal Verses External Control of Reinforcement". *Psychological Monographs: General and Applied*, 1966, 80 (1), pp. 1–28.

② AQUINO K, REED A. "The Self-importance of Moral Identity". *Journal of Personality and Social Psychology*, 2002, 83 (6), pp. 1423–1440.

③ WALUMBWA F O, AVOLIO B J, GARDNER W L, et al. "Authentic Leadership: Development and Validation of a Theory-based Measure". *Journal of Management*, 2008, 34 (1), pp. 89–126.

（三）德性感应原理凸显了伦理型领导构建自身德性的意义

已有研究者指出，对"道德的管理者"规则遵循和合规性的强调可以被视为对员工的过度控制和裁定[1]，问题就在于其中的奖惩行为和程序是否充分反映了在组织环境中伦理型领导的意义[2]。突出规则和奖惩手段确实减轻了领导者的个人管理压力，节约了管理成本，但有可能掩盖了伦理型领导的人性要求。[3] 在这样的情况下，领导者只需要建立外在规范和奖惩规则，不一定需要个人德性修养参与其中，道德管理的前因与动力也因此容易被忽视。

案例企业领导对自身德性要求甚高，在其领导模型中，人性感召的力量和管理规范的力量同时在发挥作用。其表现形式常常是：将管理中出现的问题归责于己，解决问题的第一步不是应激式地改进管理制度中的相关规定，而是反向提升自己的德性修养，以教化、感化引领员工德性的改善作为第一要务，在此基础上再去改进外在的管理规范。该模式将人心感应理论提升到信仰层面，深信在中国情境的"家、幸福和主人"的伦理系统中，德性完善是可以让领导与员工相互感应，实现同心同德，完成人心整合的。可以说，对人与人之间德性是可以相互感应的这一原理的笃信和付出真心的笃行，是案例企业领导获得道德管理有效性的原因。Kouzes等曾说：伦理型领导与其说是出自头脑的计算，不如说是出自内心。[4] 爱构成了伦理型领导的灵魂，组织意义上的爱创造了希望看到他人成长和变得更好的愿望。也迫使伦理型领导检查自己正在做什么，并努力为他人树立良好的榜样。从这个意义上讲，决定案例企业领导有效性的德性感应原理也凸显了伦理型领导构建自身德性的意义。

---

[1] STOUTEN J, DIJKE M V, MAYER D M, et al. "Can a Leader be Seen as too Ethical? The Curvilinear Effects of Ethical Leadership". *The Leadership Quarterly*, 2013, 24 (5), pp. 680-695.

[2] SOLINGER O N, JANSEN P G W, CORNELISSEN J P. "The Emergence of Moral Leadership". *The Academy of Management Review*, 2019, 45 (3), pp. 504-527.

[3] WILSON J R. *Gospel Virtues: Practicing Faith, Hope & Love in Uncertain Times*. Inter Varsity Press: Downers Grove IL, 1998.

[4] KOUZES J M, POSNER B Z. "Ethical Leaders: An Essay about Being in Love". *Journal of Business Ethics*, 1992, 11 (5), pp. 479-484.

儒家德性领导对员工亲组织非伦理行为的影响机制研究

原 理　孙海航①

一、引言

现代社会的商业发展带来了物质的极大丰富和人类生活质量的普遍提高，然而诸多商业丑闻的出现，也表明组织中非伦理行为会损害企业自身和社会的利益。在组织中，员工产生非伦理行为的动机有很多种，其中出于维护组织利益所引发的非伦理行为被称为亲组织非伦理行为（unethical pro-organizational behavior，UPB）。与一般的非伦理行为不同，Umphress 等将亲组织非伦理行为定义为旨在维护组织或成员的利益但却违反社会核心价值观、道德规范和法律法规的行为。② 当员工产生 UPB 时，虽然该行为会暂时有利于组织发展，但从长期来看，其会损害企业声誉并阻碍组织的长期发展。③

因此，更多研究开始关注 UPB，希望寻求解决方案以减少组织中 UPB 的产生。Mishra 等在研究中指出，领导者是影响员工 UPB 的重要因素，特别是领导者的领导类型能够对员工的 UPB 产生作用。④ 然而，现有研究的

---

① 原理，中国人民大学哲学院教授，博士生导师。孙海航，中国人民大学哲学院硕士研究生。
② UMPHRESS E E, BINGHAM J B. "When Employees do Bad Things for Good Eeasons: Examining Unethical Pro-organizational Behaviors". *Organization Science*, 2011, 22 (3), pp. 621 – 640.
③ UMPHRESS E E, BINGHAM J B, MITCHELL M S. "Unethical Behavior in the Name of the Company: The Moderating Effect of Organizational Identification and Positive Reciprocity Beliefs on Unethical Pro-organizational Behavior". *Journal of Applied Psychology*, 2010, 95 (4), pp. 769 – 780.
④ MISHRA M, GHOSH K, SHARMA D. "Unethical Pro-organizational Behavior: A Systematic Review and Future Research Agenda". *Journal of Business Ethics*, 2022, 179 (1), pp. 63 – 87.

局限性在于，对于领导类型的划分主要依据的是领导者的行为模式，而这些行为模式本身并未强调领导者自身的道德水平。领导关系实质上是伦理关系，因为领导力发挥作用的过程就是领导者影响、协调和任用员工来实现组织目标的过程，这涉及对组织价值观的引导和组织伦理文化的建构。① 因此本文认为，员工非伦理行为如果与领导者有关，那么仅从领导者的行为模式去研究员工 UPB 的产生是不完备的，在一定程度上也应考虑领导者的道德特质。

遗憾的是，目前有关领导者的道德特质和员工 UPB 间的关系研究相对匮乏。尽管有学者，如 Miao 等探究了伦理型领导对员工 UPB 的作用机制②，但该研究所主张的伦理型领导主要是指西方伦理型领导的道德特质，包括公开透明、诚实公正和意志坚定等品质，其结果的有效性对本土的学术研究和管理实践十分有限。儒家伦理本质上是一种德性伦理，主要关涉何以成人的问题。"内圣外王"是儒家思想中君子修养的最高境界。③ 它既要求领导者具有较高的道德修养，也要求领导者实行以德化民的管理手段。基于社会认同理论，Knippenberg 和 Hogg 认为，在组织中员工会根据与领导者的人际关系和双向互动来定义自我，构建组织身份并内化于心，形成与领导方式相符合的行为模式。④ 作为一种重要的组织认同类型，道德认同是个体将道德认知转化为道德行为的重要传导机制。⑤ 儒家德性领导可以促使员工形成道德认同，进而避免其非伦理行为的产生。此外，社会认同理论指出，个体对组织认同的强度也会受到自身与组织交互程度及人际交往亲疏的影响。⑥ 因此，作为领导与员工之间形成的私人关

---

① 原理：《基于儒家传统德性观的中国本土伦理领导力研究》，载《管理学报》2015 年第 1 期，第 38 – 43 页。

② MIAO Q, NEWMAN A, YU J, et al. "The Relationship Between Ethical Leadership and Unethical Pro-organizational Behavior: Linear or Curvilinear Effects?". *Journal of Business Ethics*, 2013, 116 (3). pp. 641 – 653.

③ 周宝银、王云鹏：《〈论语〉首章发微——兼论孔子"内圣外王"之道》，载《学习与探索》2022 年第 9 期，第 185 – 191 页。

④ VAN KNIPPENBERG D, HOGG M A. "A Social Identity Model of Leadership Effectiveness in Organizations". *Research in Organizational Behavior*, 2003, 25, pp. 243 – 295.

⑤ AQUINO K, REED II A. "The Self-importance of Moral Identity". *Journal of Personality and Social Psychology*, 2002, 83 (6), pp. 1423 – 1440.

⑥ ASHFORTH B E, MAEL F. "Social Identity Theory and the Organization". *Academy of Management Review*, 1989, 14 (1), pp. 20 – 39.

系,本文认为上下级关系这一变量可能是影响儒家德性领导和道德认同之间关系的边界条件。

二、文献综述与研究假设

(一)"内圣外王"的儒家德性领导

"内圣外王"是儒家德性伦理中对君子品格的最高追求,也是儒家德性伦理对"应该成为什么样的人"这一问题的具体回应。从关系上来看,内圣是外王的思想基础,而外王是内圣的实践结果。[①] 本文的儒家德性领导,是指领导者以自我德性发展作为领导力的基础和源点,通过向内修养德性,向外将道德修养转化为道德实践,向员工展示道德示范作用,从而产生组织的伦理价值观,由此形成组织伦理氛围和员工的道德认同,进而影响员工道德行为的伦理型领导。

(二)儒家德性领导和员工 UPB

亲组织非伦理行为最早是由 Umphress 等学者提出,并将其定义为旨在维护组织利益但却违反社会核心价值观、道德规范和法律法规的行为。[②] 本文选择从组织视角出发,研究中国情境下领导者德性对员工 UPB 的作用机制。在有关领导者道德特质与 UPB 的关系研究中,学者讨论较多的领导类型是家长型领导和伦理型领导,但这两种领导类型对于研究本土情境下的 UPB 都具有局限性。

首先,家长型领导是指在人治氛围下,所表现出来的具有崇高权威、父亲般的仁慈和公平正义的领导行为,具体包含威权、仁慈和德行三个维度。[③] 就德行而言,领导者可以通过言语鼓励及行为教导减少员工 UPB 的

[①] 周宝银、王云鹏:《〈论语〉首章发微——兼论孔子"内圣外王"之道》,载《学习与探索》2022 年第 9 期,第 185–191 页。

[②] UMPHRESS E E, BINGHAM J B. "When Employees do Bad Things for Good Reasons: Examining Unethical Pro-organizational Behaviors". *Organization Science*,2011,22(3),pp. 621–640.

[③] 樊景立、郑伯埙:《华人组织的家长式领导:一项文化观点的分析》,载《本土心理学研究》2000 年第 13 期,第 126–180 页。

产生。① 但家长型领导侧重于强调领导者增加道德行为以带动员工减少 UPB 的产生，忽视了从认知层面提升员工的道德意识。此外，并非所有的德行都源于德性，一些符合道德的行为可能是出自法律法规或道德规范的约束，也有可能是领导者出于功利性目的而乔装粉饰的结果，此时的德行或许会成为领导者为达成个人利益的手段，本质上并不能反映其道德素养。②

其次，伦理型领导是指领导者通过个人行为展示符合道德原则和道德规范的行为，并通过互动、强化和决策向员工推广这种行为。③ 伦理型领导强调在管理过程中要遵循道德规则，并使员工能够遵守规则以产生道德行为，并未凸显领导者自身道德修养的高低。Miao 等认为，伦理型领导十分看重员工对道德规则的遵守，忽视了对员工道德行为意图的判断。④ 这种带有鲜明"工具主义"的领导风格，使得伦理型领导与员工 UPB 之间呈现倒 U 形关系，即伴随员工和领导者交往的深化，伦理型领导会越发重视和员工社会交换关系的建立，而较少关注员工道德修养的提升，本质上并未杜绝员工 UPB 的产生。

最后，家长型领导重点强调道德行为示范，而难以唤醒员工道德认知；伦理型领导重点强调道德规则建立，而忽视对员工道德行为意图的判断。以上领导类型的局限性表明，在抑制员工 UPB 产生的过程中，领导者需要对员工的内在道德修养和外在道德行为进行双重提升。而儒家德性领导正是从领导者德性出发，通过上下级间的交互，发挥道德榜样作用，提升员工的道德修养，增强员工的道德认同，进而减少员工 UPB 的产生。

根据社会认同理论，员工在组织中的认知和行为会受到组织环境和人

---

① 张永军、张鹏程、赵君：《家长式领导对员工亲组织非伦理行为的影响：基于传统性的调节效应》，载《南开管理评论》2017 年第 2 期，第 169 – 179 页。

② HOGG M A, VAN KNIPPENBERG D, RAST III D E. "The Social Identity Theory of Leadership: Theoretical Origins, Research Findings, and Conceptual Developments". *European Review of Social Psychology*, 2012, 23 (1), pp. 258 – 304.

③ MIAO Q, NEWMAN A, YU J, et al. "The Relationship Between Ethical Leadership and Unethical Pro-organizational Behavior: Linear or Curvilinear Effects?". *Journal of Business Ethics*, 2013, 116 (3), pp. 641 – 653.

④ MIAO Q, NEWMAN A, YU J, et al. "The Relationship Between Ethical Leadership and Unethical Pro-organizational Behavior: Linear or Curvilinear Effects?". *Journal of Business Ethics*, 2013, 116 (3), pp. 641 – 653.

际互动的影响。① 作为组织道德氛围的塑造者，领导者的道德修养和行为表现会促使员工向领导者学习并表现出与其相一致的行为。Yuan 等指出，儒家德性主要体现在"仁""义""礼"三个维度，中国语境下的伦理型领导应具备这三个维度的德性，并由内而外地将德性转化为德行，从而影响组织伦理价值观的建立，形成组织伦理氛围，最终影响员工的伦理行为。②

本文认为，儒家德性领导的"仁、义、礼"三维结构会减少员工 UPB 的产生。首先，"仁"从认知层面提高了员工的道德修养。"仁"是儒家伦理中的核心概念，也被称为"一切美德中的美德"。儒家思想普遍认为人性中有一种内在善的可能，这也是进行道德修养的前提。"仁"以爱他人为要义，在自我发展的同时也会兼顾对他人的培养，即利他主义思想。③ 通过从爱家人出发，领导者逐步将爱他人的观念贯彻到对员工培养的全过程，唤起员工的仁爱之心。值得注意的是，儒家的"仁"虽然从"亲亲"之爱出发，但最终这种仁爱之心会推己及人、由近及远、修齐治平。儒家德性领导对员工利他主义思想的培养，会帮助员工树立起道德义务感，从而自觉、自愿地进行道德上的自我管理。

其次，"义"从义利取舍上明确了员工在实践中的道德判断，即在保持公平公正的原则下，维护组织公平和内外关系的和谐。"义"是指由儒家德性而产生的具体的道德义务和责任，尤其强调在实践中面临义利冲突时的道德判断和道德选择。儒家德性领导在做组织决策时，必须要进行义利间的衡量。与此同时，儒家思想中对"义"的坚守并不是指决策时仅考虑"义"的约束却忽视了对"利"的追求，而是强调不谋取"不义之财"。④ 受儒家德性领导对于"义"和"利"取舍的影响，员工在面临亲组织非伦理的行为选择时也会认清 UPB 本质上是"不义之举"，进而"舍利取义"，从而减少 UPB 的产生。

---

① HOGG M A, VAN KNIPPENBERG D, RAST III D E. "The Social Identity Theory of Leadership: Theoretical Origins, Research Findings, and Conceptual Developments". *European Review of Social Psychology*, 2012, 23 (1), pp. 258–304.

② YUAN L, CHIA R, GOSLING J. "Confucian Virtue Ethics and Ethical Leadership in Modern China". *Journal of Business Ethics*, 2023, 182 (1), pp. 119–133.

③ 原理:《基于儒家传统德性观的中国本土伦理领导力研究》，载《管理学报》2015 年第 1 期，第 38–43 页。

④ 王泽应:《义利之辨与社会主义义利观》，载《道德与文明》2003 年第 5 期，第 26–30 页。

最后,"礼"从行为表现上明确了员工的道德准则,即需要从实践中落实对"仁"的追求。"礼"最初是指有关宗教仪式的规则和礼仪,而儒家的"礼"主要强调个体行为要遵守行为规则和道德规范。儒家德性领导会要求员工行为符合伦理规范和道德标准,即领导者需要基于内在"仁"的道德主张和"义"的道德判断来构建规则化的"礼",从而在行为层面体现儒家德性,增加员工的道德行为。因此,儒家德性领导对"礼"的强调,从行为层面抑制了员工 UPB 的产生,使得员工的行为合乎道德规范。

综上所述,本文提出如下假设:

H1:儒家德性领导与亲组织非伦理行为显著负相关。

(三)道德认同的中介作用

道德认同是个体将道德认知转化为道德行为的重要情感机制,具体包含道德修养内化和道德行为表征两个维度[①]。其中,道德修养内化是指个体道德品质在其自我概念中的核心程度,道德行为表征则是指个体倾向于表现道德行为以展现自身的道德品质。本文关注到儒家德性领导"内圣外王"的道德特质和员工道德认同"内化外显"的变量特质不谋而合,进而推测二者间可能存在作用关系,故选择道德认同为中介变量,以探究儒家德性领导和 UPB 之间的关系。

根据社会认同理论,个体的身份认同需要从社会交互和人际交往中得以确立[②],员工在组织中道德认同则是通过组织对待自己的方式来定位的。领导者的言行很大程度上代表了组织的道德理念和价值取向,因此领导者会对员工的道德认同产生影响。具体而言:一方面,"内圣"体现出儒家德性领导对德性修养的重视,领导者通过对德性的提升为员工树立道德榜样,潜移默化地培养员工对组织伦理价值观的认同,进而促使员工提升道德修养;另一方面,"外王"强调儒家德性领导在实践中要遵守道德规范,需要其按照"义"的要求进行道德决策并以合乎"礼"的方式来管理组织。儒家德性领导对"义"的强调使得员工在面对义利冲突时更有

[①] AQUINO K, REED II A. "The Self-importance of Moral Identity". *Journal of Personality and Social Psychology*, 2002, 83 (6), pp. 1423 – 1440.

[②] HOGG M A, VAN KNIPPENBERG D, RAST III D E. "The Social Identity Theory of Leadership: Theoretical Origins, Research Findings, and Conceptual Developments". *European Review of Social Psychology*, 2012, 23 (1), pp. 258 – 304.

可能做出合乎道义的行为。另外，组织中有关"礼"的道德规范要求员工不能为追求组织利益而做出不道德的行为，从制度层面对员工的道德实践能力进行提升。在儒家德性领导"仁""义""礼"三维结构的影响下，员工会增强道德认同，进而减少 UPB 的产生，以符合组织的伦理导向。

此外，社会认同理论的回馈原则表明，个体道德认同的加强会促使个体将组织形象内化为自我定位的一部分。根据这一原则，如果员工对组织具有高度的道德认同，则其会自觉减少非伦理行为以维护组织的道德形象。因此，当组织利益与道德规范发生冲突时，受道德认同影响，员工不会为了帮助组织获利而破坏道德规范，从而减少 UPB 的产生。综上所述，儒家德性领导会通过道德修养提升、道德氛围的营造以及与员工的行为互动为员工树立道德榜样，促使员工形成道德认同，进而减少员工 UPB 的产生。基于此，本文提出如下假设：

H2：道德认同在儒家德性领导和亲组织非伦理行为之间起中介作用。

（四）上下级关系的调节作用

受儒家思想的影响，中国的社会结构和人际关系具有"差序格局"的特点，即中国人的社会关系是从己出发、逐渐向外呈水波状推移的，这至今仍是中国管理学界进行本土管理研究的重要课题。[1] "关系"常常被视为中国社会结构的典型特质，其对中国企业中的"亲疏有别""任人唯亲"等现象具有极强解释力，因此在本土管理中扮演了重要角色。组织中的"关系"往往能够体现"差序格局"，比如上下级关系，即上下级间基于私人情感所构建的社会链接，二者处于同一个层层外推的水波式关系中，其产生主要依靠上下级之间通过非工作时间或工作之外的人际互动。Liu 等的研究指出，与西方领导和其下属之间侧重工作关系不同，中国领导与员工的个人生活往往不存在明显的界限，员工会倾向于在上下级交往中构建自我存在感，其认知和行为会受到上下级关系亲疏的影响。[2] 因此，研究儒家德性领导对员工 UPB 的影响应结合上下级关系因素进行综

---

[1] 晁罡、钱晨、王磊：《从"差序格局"到"天下格局"：中国优秀企业家精神的演化过程》，载《经济管理》2024 年第 2 期，第 5–29 页。

[2] LIU P Q, SHI J X. "Trust in the Subordinate and Deference to Supervisor in China: A Moderated Mediation Model of Supervisor-subordinate Guanxi and Political Mentoring". *Chinese Management Studies*, 2017, 11 (4), pp. 599–616.

合考察。

根据社会认同理论,个体对组织认同的强度会受到组织交互程度及人际交往亲疏的影响。① 因此,员工处于领导关系圈的内部还是外部会受到其与领导者交往亲疏和关系程度的影响。也就是说,在上下级关系较为亲密的情况下,员工更有可能凭借自身与领导的私人关系来构建自身的心理认知,越靠近领导关系圈内部的员工越有机会对领导的德性进行效仿。具体而言,一方面,频繁的上下级交往能够使得员工被划归到领导关系圈的内部,被视为自己人的员工能够让领导者勇于展现自身真实的道德水平和道德行为,这让员工更有机会理解儒家德性领导对"仁"的崇高追求和现实表现。基于这些非正式的上下级交往,员工能够从领导者的榜样行为中受到感染,进而促进道德修养的提升以激发其道德认同。另一方面,儒家德性领导关于"义"和"礼"的行为选择和道德约束不仅局限于组织内的行为表现,还体现在组织外的日常表现。而对于上下级关系较弱的员工来说,其难以深度了解领导者的道德修养,难以从领导者日常生活中得到道德指导和行为示范,只能依靠组织内正式的领导行为进行判断,因此难以构建起对组织伦理价值观和道德规范的真正认同。基于此,本文提出如下假设:

H3:上下级关系正向调节儒家德性领导和道德认同之间的关系,即上下级关系越强,儒家德性领导对道德认同的正向影响越强。

综合以上分析及假设 H2 和假设 H3,本文提出一个被调节的中介模型。上下级关系不仅调节儒家德性领导与道德认同之间的关系,而且调节道德认同的中介作用。员工与领导间的上下级关系越强,员工认为其与领导之间的联系就越紧密,也越能受领导者道德榜样作用影响,从而提高自己的道德认同,减少 UPB 的产生。反之,当上下级关系较弱时,员工与领导之间的交往有限,员工难以将领导者树立为道德榜样,进而不利于道德认同的提升,难以减少 UPB 的产生。基于此,本文提出如下假设:

H4:上下级关系负向调节儒家德性领导通过道德认同影响亲组织非伦理行为的中介作用。

综上所述,本文理论模型如图 1 所示。

---

① ASHFORTH B E, MAEL F. "Social Identity Theory and the Prganization". *Academy of Management Review*, 1989, 14 (1), pp. 20 – 39.

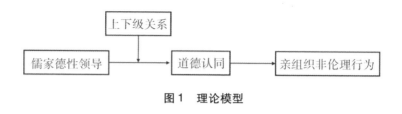

图 1　理论模型

三、研究方法

（一）研究对象与程序

本研究采用问卷调研的方式进行样本收集，被调查员工来自北京、西安、郑州三地的 12 家企业。在研究开始前，团队首先和企业的人力资源（HR）部门取得联系，在征得其高层领导同意后，由 HR 经理将调查问卷发放给参与调研的员工。此外，为尽量避免同源方差，本次调研分两个时间点（T1 和 T2）进行问卷发放，时间间隔为一个月，问卷完成后现场回收并进行处理。

在时间点 T1，我们邀请了 500 名员工参与此次调研，由员工填写个人信息、儒家德性领导、道德认同及上下级关系的评价，剔除无效问卷 72 份后，回收有效问卷 428 份，有效率为 85.60%。在时间点 T2，再向时间点 T1 有效作答的 428 名员工发放有关员工亲组织非伦理行为的问卷，剔除无效问卷 23 份后，回收有效问卷 405 份，有效率为 94.63%。描述性统计分析的结果显示，在 405 位员工中，男性占 47.65%，女性占 52.35%；年龄上，25 岁及以下的占 25.19%，26～35 岁的占 31.36%，36～45 岁的占 34.07%，46 岁及以上的占 9.38%；学历上，本科及以下的占 82.47%，硕士及以上的占 17.53%；工作年限上，2 年及以下的占 20.25%，2～5 年内的占 11.85%，6～9 年内的占 12.59%，9 年以上的占 55.31%；与主管共事年限上，2 年及以下的占 28.15%，2～5 年内的占 35.55%，6～9 年内的占 20.00%，9 年以上的占 16.30%。

（二）测量量表

本研究所用量表均为来自权威期刊的成熟量表，为保证它们在中国情境下的适用性，量表翻译采用回译的方法，以减少理解上的误差。除控制变量外，其余变量均采用李克特 5 点量表进行测量，范围从 1（非常符合）到 5（非常不符合）。

儒家德性领导。本文采用 Xu 开发的 21 条目量表①，选取"仁""义""礼"三个维度。例如：

（1）"仁"，如"我的主管致力于他（她）对组织的责任"等。
（2）"义"，如"我的主管向所有员工分配组织资源是公平的"等。
（3）"礼"，如"我的主管有很强的组织能力"等。

该量表的 Cronbach's α 为 0.966。

道德认同。本文采用 Aquino 等开发的 11 条目量表②，列举他们所选取的 9 个品质，分为"道德修养内化"和"道德行为表征"两个维度。例如：

（1）道德修养内化，如"做一个有这些品质特点的人让我感觉很好"等。
（2）道德行为表征，如"我会积极参与那些能够向其他人表明我具有这些品质特点的活动"等。

该量表的 Cronbach's α 为 0.941。

亲组织非伦理行为。本文采用 Umphress 等开发的 6 条目量表③，例如："为了使组织获得好处，我会向消费者夸大组织的产品以及服务"等。该量表的 Cronbach's α 为 0.885。

上下级关系。本文采用 Law 等开发的 6 条目量表④，例如："在工作时间或节假日，我会拜访我的主管"等。该量表的 Cronbach's α 为 0.916。

控制变量。本文选取性别、年龄、学历、工作年限和与主管共事年限

---

① XU K B. "An Empirical Study of Confucianism: Measuring Chinese Academic Leadership". *Management Communication Quarterly*, 2011, 25 (4), pp. 644 – 662.
② AQUINO K, REED II A. "The Self-importance of Moral Identity". *Journal of Personality and Social Psychology*, 2002, 83 (6), pp. 1423 – 1440.
③ UMPHRESS E E, BINGHAM J B, MITCHELL M S. "Unethical Behavior in the Name of the Company: the Moderating Effect of Organizational Identification and Positive Reciprocity Beliefs on Unethical Pro-organizational Behavior". *Journal of Applied Psychology*, 2010, 95 (4), pp. 769 – 780.
④ LAW K S, WONG C S, WANG D, et al. "Effect of Supervisor-subordinate Guanxi on Supervisory Decisions in China: An Empirical Investigation". *International Journal of Human Resource Management*, 2000, 11 (4), pp. 751 – 765.

这 5 个变量为控制变量。

四、研究结果

（一）共同方法偏差和验证性因子分析

由于研究数据是由员工自评而来，为避免同源方差，本研究使用 Harman 单因子检验法进行探索性因子分析。结果表明，第一个因子的方差解释量为 28.431%，未超过总解释方差量的 50%，说明共同方法偏差问题不显著。与此同时，本研究利用 AMOS 23.0 构建结构方程模型并进行验证性因子分析，以对研究中的 4 个变量进行区分效度检验，结果如表 1 所示。在四个模型中，四因子模型的拟合效果最好（χ^2/df = 3.865，CFI = 0.961，NFI = 0.953，RMSEA = 0.081，SRMR = 0.072），数值均达到拟合模型标准。

表 1 验证性因子分析结果

模型	χ^2	df	χ^2/df	CFI	NFI	RMSEA	SRMR
四因子模型 CL，MI，LMR，UPB	1113.25	288	3.865	0.961	0.953	0.081	0.072
三因子模型 CL + MI，LMR，UPB	1512.76	290	5.216	0.952	0.939	0.100	0.091
二因子模型 CL + MI，LMR + UPB	3043.01	292	10.390	0.919	0.907	0.150	0.120
单因子模型 CL + MI + LMR + UPB	3255.17	293	11.110	0.817	0.805	0.155	0.120

注：CL 表示儒家德性领导；MI 表示道德认同；LMR 表示上下级关系；UPB 表示亲组织非伦理行为；+ 表示因子合并。

表 2 描述性统计分析结果

变量	均值	标准差	1	2	3	4	5	6	7	8	9
1. 性别	1.52	0.500	—								
2. 年龄	2.28	0.945	0.018	—							
3. 学历	2.47	1.125	-0.156**	0.046	—						
4. 工作年限	3.03	1.218	0.064	0.831**	-0.175**	—					
5. 共事年限	2.24	1.037	0.087	0.620**	-0.129**	0.742**	—				
6. 儒家德性领导	2.237	0.799	0.099*	0.129**	0.034	0.114*	0.070	—			
7. 道德认同	2.069	0.816	0.190**	0.161**	-0.031	0.130**	0.071	0.323**	—		
8. 上下级关系	2.379	0.979	0.128**	0.070	-0.031	0.064	0.049	0.254**	0.254**	—	
9. UPB	4.052	0.810	-0.380**	-0.109*	0.129**	-0.172**	-0.097	-0.496**	-0.494**	-0.369**	—

注：* $p<0.05$，** $p<0.01$，*** $p<0.001$，下同。

(二) 描述性统计

本研究各变量均值、标准差及相关系数分析结果如表2所示。由表2可知,儒家德性领导与道德认同及上下级关系呈显著正相关,($r=0.323$,$p<0.01$;$r=0.254$,$p<0.01$),与员工UPB呈显著负相关($r=-0.496$,$p<0.01$);道德认同与上下级关系呈显著正相关($r=0.254$,$p<0.01$)。以上结果为验证假设提供了初步支持。

(三) 假设检验

1. 主效应与中介效应检验

本研究使用SPSS 22.0,通过层次回归分析进行主效应检验,其结果如表3所示。由表3可知,儒家德性领导对员工UPB(模型4,$\beta=-0.458$,$p<0.001$)具有显著负向影响,假设H1成立。为检验道德认同的中介作用,本研究将儒家德性领导、道德认同和员工UPB纳入层次回归模型中进行分析。首先,基于主效应检验结果,儒家德性领导负向影响员工UPB。其次,检验儒家德性领导对道德认同的影响。由表3可知,儒家德性领导对道德认同具有显著正向影响(模型2,$\beta=0.292$,$p<0.001$)。最后,检验道德认同的中介效应。由表3可知,在模型4的基础上加入道德认同后得到模型6,儒家德性领导对员工UPB的回归系数仍保持显著(模型6,β:$-0.458 \rightarrow -0.364$,$p<0.001$),由此可知道德认同在儒家德性领导和员工UPB之间起部分中介作用,假设H2成立。

表3 主效应与中介效应检验结果

变量	因变量					
	道德认同			员工UPB		
	模型1	模型2	模型3	模型4	模型5	模型6
性别	0.189	0.159	-0.368	-0.320	-0.286	-0.269
年龄	0.205	0.179	0.042	0.083	0.130	0.140
学历	-0.021	-0.036	0.039	0.064	0.030	0.052
工作年限	0.001	-0.020	-0.251	-0.217	-0.250	-0.223

续上表

变量	因变量					
	道德认同			员工 UPB		
	模型 1	模型 2	模型 3	模型 4	模型 5	模型 6
共事年限	-0.076	-0.064	0.100	0.081	0.067	0.060
儒家德性领导	—	0.292***	—	-0.458***	—	-0.364***
道德认同	—	—	—	—	-0.432***	-0.322***
R^2	0.064	0.147	0.174	0.377	0.348	0.466
$\triangle R^2$	0.053	0.134	0.163	0.368	0.339	0.456
F	5.478***	11.429***	16.771***	40.194***	35.483***	49.443***

2. 调节效应检验

本研究采用层次回归模型以检验上下级关系的调节效应，结果如表4所示。由模型4可知，儒家德性领导与上下级关系的交互项系数为0.096（$p<0.05$），说明上下级关系在儒家德性领导和道德认同之间发挥正向调节作用，假设H3成立。此外，为进一步体现上下级关系所起的调节效应结果，本研究取调节变量均值加减一个标准差以绘制调节效应图。如图2所示，随着上下级关系的增强，儒家德性领导对道德认同的正向作用也得到增强。

表4 调节效应检验结果

变量	道德认同			
	模型 1	模型 2	模型 3	模型 4
性别	0.189	0.159	0.138	0.135
年龄	0.205	0.179	0.167	0.149
学历	-0.021	-0.036	-0.030	-0.020
工作年限	0.001	-0.020	-0.015	0.003
共事年限	-0.076	-0.064	-0.064	-0.077
儒家德性领导	—	0.292***	0.242***	0.221***

续上表

变量	道德认同			
	模型1	模型2	模型3	模型4
上下级关系	—	—	0.207***	0.188***
儒家德性领导×上下级关系	—	—	—	0.096*
R^2	0.064	0.147	0.187	0.194
$\triangle R^2$	0.053	0.134	0.172	0.178
F	5.478***	11.429***	13.008***	11.945***

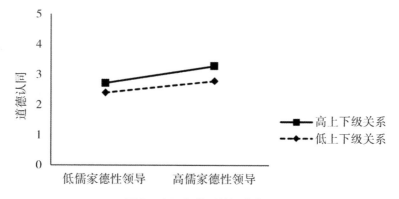

图2　上下级关系的调节作用

3. 被调节的中介效应检验

本研究使用Bootstrap法检验被调节的中介效应模型，结果如表5所示。对高上下级关系的员工，道德认同在儒家德性领导和员工UPB之间的间接效应值为-0.132（95% CI = [-0.199, -0.067]），间接效应显著；对低上下级关系的员工，道德认同在儒家德性领导和员工UPB之间的间接效应值为-0.019（95% CI = [-0.064, 0.046]），间接效应不显著；高低组间的差值为-0.113（95% CI = [-0.178, -0.040]），置信区间不包含0，间接效应显著。这意味着道德认同的中介效应受到上下级关系的负向调节。因此，在儒家德性领导与员工UPB之间存在被调节的中介效应，假设H4成立。

表5 被调节的中介效应 Bootstrap 检验结果

调节变量	道德认同			
	效应值	标准误	LLCI	ULCI
高上下级关系	-0.132	0.033	-0.199	-0.067
低上下级关系	-0.019	0.018	-0.064	0.046
高低组差异	-0.113	0.035	-0.178	-0.040

注：高低组通过上下级关系的均值加减一个标准差进行区分；抽样数5000。

五、结论与探讨

（一）理论贡献

首先，进一步解释了儒家德性领导与员工 UPB 之间的关系。以往有不少学者探究了不同领导行为对员工 UPB 的影响作用。但少有研究探讨伦理型领导，尤其是本土情境下儒家德性领导对员工 UPB 的影响。儒家德性领导作为领导力理论的新发展，是一个较新且重要的概念，但目前学界缺乏对其系统性研究。因此，本研究通过探究儒家德性领导对员工 UPB 的影响作用，不仅丰富了本土领导风格的理论研究，还对部分学者基于西方视角进行的伦理型领导研究做了补充，加深了对中国本土领导风格与员工 UPB 之间关系的认识。

其次，基于社会认同理论，探讨了儒家德性领导抑制员工 UPB 的作用机理。以往针对领导行为与员工 UPB 的关系研究，少有研究探讨道德认同可能存在的作用机制。尽管有学者选择从道德认同[①]入手探究其对员工非伦理行为的影响，但只从道德修养内化这一单一维度进行了论证，尚未完全建立起道德认同在领导行为和员工 UPB 间的作用机制。本研究提出并验证了道德认同在儒家德性领导与员工 UPB 间的中介作用，为员工

[①] 付博、彭坚、陈挚：《中国"报"文化视角下亲领导非伦理行为的形成与防范研究》，载《管理学报》2021年第11期，第1629-1639页。

UPB 提供了重要的解释视角，也为今后研究儒家德性领导的作用机制提供了借鉴。

最后，证实了上下级关系对儒家德性领导和道德认同关系的调节效用。以往对伦理型领导边界条件的研究大多考虑个体因素或组织因素，而对上下级组织交互层面因素少有关注。本研究表明，相较于低上下级关系的员工，儒家德性领导会对高上下级关系员工的道德认同和 UPB 会产生更强的影响作用。通过把上下级关系这一反映员工与领导间关系的变量纳入模型并验证其所产生的边界作用，本文进一步补充了儒家德性领导影响员工 UPB 的边界探讨，拓展了本土情境变量在组织管理理论中的解释效力，从领导和员工的关系视角完善了伦理型领导的理论研究。

（二）管理启示

第一，本研究证实了儒家德性领导能够减少员工 UPB 的产生。面对组织的可持续发展，儒家德性领导模式既能够提高员工内在道德修养，又能够切实促进员工道德行为。从领导者角度而言，领导者应该积极培育儒家德性领导风格，自觉提升道德修养，在员工中树立道德榜样，为组织建立清晰的道德准则，鼓励组织成员的道德行为，严格抵制非伦理行为在组织内的滋生和发展。

第二，组织领导者在控制或弱化员工 UPB 时，应该认识到道德认同对员工 UPB 的抑制作用，从道德修养内化和道德行为表征双维度提升员工的道德认同。本研究证实儒家德性领导对员工 UPB 产生负向作用可以通过增强员工的道德认同来实现，这表明，高道德认同的员工会减少 UPB 的产生。因此，一方面，领导者应该加强对员工道德修养内化的培养，将组织伦理转化为可供学习的组织道德文化，最终形成组织的道德价值观，使员工道德价值观与组织道德价值观保持一致。另一方面，领导者还应提高员工的道德行为表征。例如，为组织员工传授道德知识、开展组织伦理相关讲座或案例分享，切实帮助员工提高解决道德问题的能力，进而表现出更多的道德行为。

第三，本文研究揭示，当上下级关系较强时，儒家德性领导更能通过道德认同减少员工 UPB 的产生。这一发现表明，在中国情境下，领导与员工之间关系的强弱可以对员工行为产生作用。对于儒家德性领导模式而言，更亲密的上下级关系表明员工与领导之间有更深入的接触和交往，员工有机会从与领导的私交中得到道德感染和行为指导，从而影响自身的道德认同，有效杜绝 UPB 的产生。所以，在组织工作和日常生活中，领导者应该重视和员工在正式工作之外的感情培养，及时与员工进行交流沟通，通过组织内外、正式与非正式的交往加强对员工的道德示范和道德教育。

（三）研究局限与展望

本研究存在以下不足：首先，由于 UPB 的隐蔽性和非伦理性，本文的研究数据均来自员工的自我报告，虽然同源偏差问题并不严重，但未来研究可以采用更为客观的评分方法。其次，研究对象均为来自中国企业的员工，这在一定程度上不利于研究结果的推广。儒家德性领导在不同国家中存在区别，亚洲的其他国家也很重视对儒家德性领导的研究。因此，未来研究可以基于不同国家的样本数据考察研究结果的普适性。最后，本研究聚焦员工 UPB 的诱发因素，但从长远来看，UPB 还会对组织发展和社会稳定产生许多不利影响。因此，未来研究可以进一步探索 UPB 对员工、组织和社会的负面影响机制。

儒家伦理文化"两创"与中国式现代旅游伦理建构研究[①]

李文明　乐建成　崔　慧　李佳慧[②]

一、引言

随着中国经济的蓬勃发展，旅游业已成为国民经济的重要支柱，为经济增长和社会进步做出了巨大贡献。然而，在旅游业迅速发展的同时，一系列现实困境[③]和伦理问题[④]逐渐暴露出来，如旅游资源的过度开发、旅游环境的破坏、旅游从业人员的职业道德缺失以及旅游消费者的现实困境等。这些问题不仅影响了旅游业的可持续发展，而且对社会道德风尚产生了负面影响。

面对这些挑战，如何借鉴和融合中国传统文化中的优秀伦理思想，特别是儒家伦理文化，成为当前亟待解决的重要课题。儒家伦理文化强调人与自身、人与他人（社会）以及人与自然环境的和谐共生，其"仁爱""诚信"等核心价值理念对解决现代旅游业中的伦理问题具有重要的指导意义。

近年来，国内学者围绕旅游伦理理论架构、旅游伦理主体、旅游伦理建构等议题进行了深入研究，这些研究为本研究奠定了坚实的文献基础。

[①]　本文系国家自然科学基金项目"地方依恋视角下国内游客亲环境行为的特征、驱动因素与影响机理"（41661034）阶段性成果。

[②]　李文明，江西财经大学工商管理学院教授，博士生导师。乐建成，江西财经大学工商管理学院硕士研究生。崔慧，江西财经大学工商管理学院硕士研究生。李佳慧，江西财经大学工商管理学院本科生。

[③]　庄晓平：《旅游伦理研究何以重要》，载《旅游学刊》2014年第12期，第7页。

[④]　闫子龙、谢彦君：《"范"与"失范"：情境性旅游伦理感知中的社会主张与个人建构》，载《旅游科学》2023年5月9日。

但利用儒家伦理,基于人与自身、人与他人(社会)、人类与环境三个尺度,来进行系统性内涵挖掘尚不够,特别是对将儒家伦理思想运用于中国特色的现代旅游伦理建构的研究还非常薄弱。

因此,本文将探讨如何将儒家伦理文化的"两创"(创造性转化和创新性发展)理念如何融入现代旅游伦理建构,以期为中国式现代旅游伦理的建构提供理论支持和实践参考。

二、儒家伦理文化的三个尺度

儒家伦理文化以其深厚的道德底蕴和广泛的社会影响力,成为中国传统文化的重要组成部分。其核心内容主要是探讨人与自身、人与他人(社会)以及人与自然环境的和谐共生的关系,可以划分为微观、中观和宏观三个尺度(见图1)。

图1 儒家伦理文化的三个尺度

(一)微观尺度:人与自身的关系

在微观尺度上,儒家伦理主要关注个人修养和道德品质的提升。具体包括以下八个方面。

(1)仁:儒家伦理文化的最高道德原则,要求个人自觉修身养性,培养仁爱之心。

(2)义:道德行为的标准,强调公正无私,做事要符合道义。

(3)礼:行为的规范,不仅指日常礼仪礼节,还包括出游过程中的礼仪礼节。

（4）智：明辨是非，做出正确选择的智慧。

（5）诚：诚实不虚伪，是人类社会最基本的道德准则之一。

（6）廉洁：不受贪欲影响，保持道德高尚和纯洁。

（7）克己复礼：克制自己的欲望和不正确的言行，自觉遵守道德规范。

（8）自省与慎独：强调自我检查和反思，即使在独处时也要严格要求自己。

（二）中观尺度：人与他人（社会）的关系

在中观尺度上，儒家伦理主要关注人与人之间的关系处理，倡导和谐共处的社会风尚。具体包括以下七个方面。

（1）仁爱之心：尊重和关爱他人，以仁爱为出发点处理人际关系。

（2）礼治精神：遵守礼仪规范，尊重他人的身份和地位，促进人际关系和谐。

（3）中庸之道：以中正平和的态度处理人际关系，避免做出偏激和极端行为。

（4）诚信正直：以真诚和诚信为基础建立信任关系。

（5）忠恕之道：忠诚于他人并宽恕他人的过错。

（6）社会责任感：强调个人对社会的责任和贡献，关爱弱势群体。

（7）以义为上：将社会整体利益置于个人利益之上。

（三）宏观尺度：人与环境的关系

在宏观尺度上，儒家伦理文化关注人与自然环境的和谐共生，强调保护自然和适度利用资源的重要性。具体包括以下五个方面。

（1）认识与敬畏自然：认识到人类社会存在于自然环境中，应遵循自然规律。

（2）保护自然与适度利用：反对过度开发和掠夺自然资源，倡导适度利用。

（3）植树惠民与克己节制：通过植树造林等实践活动保护自然，同时自律节制资源使用。

（4）生态教化与以人为本：传播生态理念，提高公众环保意识，同时满足人类合理需求。

(5) 天人相类与天人合一：追求人与自然和谐共生的最高境界。

三、儒家伦理文化在现代旅游业中的"两创"

习近平总书记提出的"努力实现中华传统美德的创造性转化、创新性发展"为儒家伦理文化在现代旅游业中的应用提供了重要指导。儒家文化中包含的伦理文化是中国最重要的伦理文化形态[1]，中国式现代化的特征之一为"中华优秀传统文化的基因赓续"[2]。中国式旅游业现代化是中国式现代化的有机组成部分，赓续与旅游相关的优秀传统伦理文化是中国式旅游业现代化的题中应有之义。通过"两创"，儒家伦理文化的价值理念可以得到适当的转化和发展，以适应现代旅游业的发展需求。

儒家伦理文化作为中国传统文化的核心，其"仁爱""诚信"等价值理念是中国式现代旅游伦理建构的重要伦理文化资源。儒家伦理文化作为中华优秀传统文化的核心，其"两创"过程主要体现在以下两个方面。

（一）创造性转化

创造性转化是指将儒家伦理文化的价值理念转化为现代旅游业中的具体实践。例如，将"仁爱"理念转化为旅游地社区的以人为本、游客至上和贴心服务；将"诚信"理念转化为旅游行业的"诚信经营"；等等。通过创造性转化，儒家伦理文化的核心价值能够在现代旅游业中得到具体体现和有效应用。

（二）创新性发展

将儒家伦理文化视为一种不断演化和发展的生命主体，在继承儒家伦理文化的基础上，结合现代旅游业的发展实际，在现代旅游伦理的建构过程中对儒家伦理文化进行动态的充实与提高，为儒家伦理文化添砖加瓦，建设当代的新儒家伦理文化，使之在内容和形式上实现具有创新性的、动态的发展。通过创新性发展，儒家伦理文化能够在现代旅游业中发挥更大

---

[1] 张春光：《儒家伦理的现代认同危机及现实回应》，载《学术月刊》2021年第10期，第30页。

[2] 孟鑫：《中国式现代化道路的显著特征》，载《科学社会主义》2020年第4期，第17页。

的作用和价值。

四、儒家伦理文化"两创"视阈下的中国式现代旅游伦理建构路径

在儒家伦理文化"两创"的视阈下,中国式现代旅游伦理的建构可以从微观、中观和宏观三个尺度进行路径设计。

(一)旅游业中的利益相关者

在旅游业中,利益相关者及其之间的伦理关系构成了复杂而重要的网络。参考联合国世界旅游组织编撰的《全球旅游伦理规范》、夏赞才①及Lawrence等②的相关研究,可以将旅游业的利益相关者分为三个层次:核心层、战略层和外围层(见图2)。

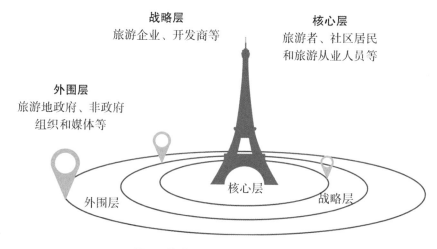

图2 旅游业中的利益相关者图谱

---

① 夏赞才:《利益相关者理论及旅行社利益相关者基本图谱》,载《湖南师范大学社会科学学报》2003年第3期,第74页。
② LAWRENCE T B, WICKINS D, PHILLIPS N. "Managing Legitimacy in Ecotourism". *Tourism Management*. 1997 (5), pp: 307–316.

(1) 核心层：包括旅游者、社区居民和旅游从业人员等直接参与旅游活动的主体。

(2) 战略层：主要由旅游企业和开发商等构成，负责旅游资源的开发和旅游产品的供给。

(3) 外围层：包括旅游地政府、非政府组织和媒体等通过制定政策、法规和标准等方式对旅游业进行宏观管理和监督的主体。

（二）中国式现代旅游伦理建构路径

对照上述旅游业中三个层面的利益相关者，在儒家伦理文化"两创"的视阈下，旅游业中的基本伦理关系可以从以下三个尺度进行建构（见图3）。

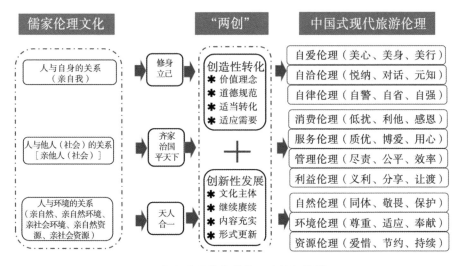

图3 中国式现代旅游伦理建构逻辑关系

1. 微观尺度：利益相关者与自身的关系

在微观尺度上，主要关注旅游者和旅游从业人员在处理与自身关系过程中的伦理规范。具体包括自爱伦理、自洽伦理和自律伦理三个方面。

(1) 自爱伦理：强调旅游者和旅游从业人员在旅游活动中要树立良好的个人形象，修炼欢喜心、快乐心等积极心态；同时，注重自身行为的规范性和对他人的尊重。

（2）自洽伦理：当内心出现短暂失衡时，通过悦纳自己、与自己对话和元认知等方法寻求内心的再平衡；保持平和的心态和积极的态度面对旅游活动中的各种挑战。

（3）自律伦理：强调自我约束和自我管理的重要性，通过自警、自省和自强等方式提高个人素质和社会化能力，确保在旅游活动中始终遵循道德规范和行为准则。

2. 中观尺度：利益相关者与其他利益相关者（社会）的关系

在中观尺度上，主要关注旅游者与旅游经营者、社区居民等利益相关者之间的关系处理。具体包括消费伦理、服务伦理、管理伦理和利益伦理四个方面。

（1）消费伦理：强调旅游者在消费过程中要尽量减少对其他游客和旅游经营者的干扰，通过消费当地特色产品等方式支持当地经济发展，对旅游经营者和当地居民保持感恩心态。

（2）服务伦理：要求旅游经营者提供优质服务，以博爱的精神关爱所有游客，注重产品和服务的质量和创新，满足游客的合理需求并力图超越其期望。

（3）管理伦理：管理者应履行管理责任，追求社会公正和公平，兼顾效率与公平，在决策和行动中平衡好员工、股东、顾客和社会的利益。

（4）利益伦理：在处理利益关系时遵循道德原则和规范，坚持义利结合和互利共生，通过分享和让渡等方式促进旅游业的可持续发展和社会和谐。

3. 宏观尺度：利益相关者与环境的关系

在宏观尺度上，主要关注人与环境之间的关系处理。具体包括自然伦理、环境伦理和资源伦理三个方面。

（1）自然伦理：强调人与自然环境之间的同体共生关系，遵循自然规律并敬畏自然环境，通过保护自然资源和生态环境等方式实现人与自然的和谐共生。

（2）环境伦理：要求人们在旅游活动中尊重环境价值，通过适应环境和奉献环境等方式促进旅游业的可持续发展和社会进步。

（3）资源伦理：倡导爱惜资源和节约资源，实现资源的可持续利用和循环利用，通过技术创新和管理创新提高资源利用效率减少浪费。

五、结论与展望

（一）结论

本文通过对儒家伦理文化"两创"理念与中国式现代旅游伦理建构的深入研究和分析得出以下结论。

（1）儒家伦理文化作为中国传统文化的核心组成部分，具有丰富的道德内涵和广泛的社会影响力。

（2）通过创造性转化和创新性发展将儒家伦理文化融入现代旅游业，具有重要的实践意义和价值。

（3）中国式现代旅游伦理的建构可以从微观、中观和宏观三个尺度进行路径设计，以实现人与自身、人与他人（社会）以及人与环境的和谐共生目标。

本研究为中国式现代旅游伦理的建构提供了理论支持和实践参考，有助于推动旅游业的可持续发展和社会进步的实现。

（二）展望与建议

面对全球旅游业的快速发展和旅游伦理问题的日益凸显，我们需要进一步深入研究和推进儒家伦理文化"两创"与现代旅游伦理的融合发展。具体建议如下。

（1）深化融合研究：加强儒家伦理文化与现代旅游伦理的融合发展研究，探索出更多具有中国特色的旅游伦理模式，为旅游业的可持续发展提供理论支持和实践指导。

（2）推动文化特色旅游项目：鼓励、支持旅游企业与旅游目的地开展富有儒家文化特色的旅游项目，推动儒家文化与旅游产业的深度融合发展，提高旅游产品的文化内涵和附加值，吸引更多游客体验和消费。

（3）加强跨界合作与创新发展：推动旅游业与其他行业的跨界合作及创新发展，如与教育部门合作开展以儒家文化为主题的研学旅游项目，让学生在旅行的过程中学习和体验儒家文化的精髓，增强其对传统文化的认知和理解。

（4）推动国际化传播与交流：将中国儒家伦理文化的"两创"成果

推向世界，展示中国旅游业的独特魅力和文化软实力，为全球现代旅游伦理的构建提供中国智慧和中国方案，推动全球旅游业的共同繁荣和发展。

"君亲师"：儒商在设计企业中的三重角色[①]

徐平华 谢菊明[②]

一、引言

目前，人类已进入"设计人"时代。科技是第一生产力，而设计是科技转化为生产力的中间环节。没有设计，科技只是潜在的生产力。比如，没有电器、机器的设计创造，电就不能为人们所利用，变成现实生产力。故尹定邦教授说：设计也是生产力。处于"设计人"时代的今天，设计的影响无处不在。它从源头上影响人们的生产生活。所谓"产品面世，设计先行"，好的设计是成功的一半，不好的设计则会导致满盘皆输。故设计决定企业兴亡、民族兴衰。而在商品泛滥的今天，设计面临许多挑战，典型如"设计异化"，即设计由造福人异化成祸害人。故一方面，在理论上要借鉴儒学智慧，从设计学与儒学交叉融合的视角，构建"设计儒学"[③]，为设计健康发展保驾护航；另一方面，在实践上要借鉴儒商智慧，培养设计界新时代的儒商，推进设计企业（一些大型企业如华为、海尔，都有自己的设计部，有点类似设计企业，故本文将其纳入研究）及设计行业健康发展。为此首先要厘清儒商在设计企业中的角色，探索其在设计企业中的作用。

儒商，即为"儒"与"商"的结合体，既有儒者的道德和才智，又

[①] 本文系教育部人文社会科学课题"中国设计管理哲学的基本理论框架研究"（20YJA760091）阶段性成果。

[②] 徐平华，广州美术学院马克思主义学院院长、教授，硕士生导师，研究方向：中国管理哲学、中国式设计管理。谢菊明，广州美术学院城市学院副院长、副教授，硕士生导师，研究方向：建筑艺术设计。

[③] "设计儒学"是因应"设计异化""设计伦理"缺失等设计界亟待解决的难题，而从儒学中寻求解决之道，是设计学与儒学的交叉学科，是企业儒学的拓展研究。

有商人的财富与成功，是儒者的楷模，商界的精英。一般认为，儒商应有如下特征：有较高的文化素质，注重个人修养，有较强责任感，注重合作，力行诚信经营。故国学家陈来说：中华民族的伟大复兴有赖儒商群体的崛起。黎红雷教授多年从事企业儒学研究，创办博鳌儒商论坛，致力培育新时代的儒商，为中国企业的健康发展做出开拓性探索。这对如何构建"设计儒学"，培育设计界的儒商，促进设计企业、设计行业健康发展有重要启迪。

"君亲师"发端于《国语》："民性于三，事之如一。父生之，师教之，君食之。非父不生，非食不长，非教不知生之族也，故壹事之。"此后"君亲师"受到历代统治者推崇，体现传统的忠君爱国、孝亲顺长、尊师重教的价值取向。

设计企业是为解决客户的设计问题，从专业设计和可实现性的角度，提供设计方面的智力支持的服务性企业。设计企业一般具有艺术性、创造性等特质，且其规模较小，少则几人，多则几十人，超过百人的已算较大企业了。由于其创造性、艺术性特质，加之规模较小，因此相比一般企业，传统的"君亲师"思想更适合嵌入设计企业的管理流程。

笔者认为唯儒商方能扮演"君亲师"三重角色。儒家历来强调家国同构：父为"家君"，君为"国父"；父师同尊：父为严师，师如严父。这也是为什么"君亲师"会与"天地"一道成为儒家五种至尊伦常的根本原因。而传统的儒者多有"修身、齐家、治国、平天下"的抱负。"修身"即提高道德修养，成为君子，这是根本、起点。"齐家"即管好家族，实是当好家长，扮好"亲"的角色。"治国"即治好国家（诸侯国），实是当好"尊长"（统治者），扮好"君"的角色。"平天下"即平定天下，其方式主要是教化，故实是当好"师长"，扮好"师"的角色。因此，有儒商情怀的设计企业家不会只是自己当"尊长"（合格的设计企业家），自然而然也会兼当"家长"与"师长"，扮演"君亲师"角色，这体现出浓郁的东方智慧，对促进设计企业发展有重要价值。反之，无儒商情怀的企业家则只会让自己当"尊长"，并误认为兼当"家长"与"师长"是家企不分、社企错位，与西方企业治理格格不入。

故挖掘传统"君亲师"思想，进行"创造性转化、创新性发展"，对厘定儒商在设计企业中的角色，促进其发展，应有一定价值。

二、"君":儒商在设计企业中的首重角色

何谓"君"?董仲舒云:"君也者,掌令者也。"① 许慎说:"君,尊也。从尹。发号,故从口。"② 可见,"君"原是对掌控权力的统治者的尊称。后引申为对人的尊称。道德品行良好的人可称"君子"。

儒家历来认为:先为"君子",方可为"君王"。周公思考小邦周何以取代大邑商,根源就在于商纣王自认为有天命,不修德;反之,周的祖先修德;故天命由大邑商转移到小邦周。因此,周公提出"以德配天"的主张。周公的德治主张后被孔子继承与发展,在《论语·宪问》中孔子提出"修己以敬""修己以安人""修己以安百姓"的主张,亦即要成为合格的"安人""安百姓"的"君王",首先要从"修己"——加强道德修养,做一个道德高尚的"君子"开始。故"君子"是儒家德治的主体;实现"君子"与"君王"合体,这是"德治"成为可能的前提。如何合体呢?或者"君王"加强道德修养,变成"君子";或者"君子""以德致位"变成"君王"。儒家似乎更关注后者,强调:成为抱道"君子"方具有入仕参政和治国为政之正当资格。

"先为'君子',再为'君王'"对设计企业管理仍然有重要启示:要想成为一个企业家,先要加强道德修养,成为抱道"君子"。可见"君"是儒商在设计企业中的首重角色。

设计师(在设计企业中由低到高可将设计师区分为助理设计师、设计师、主笔设计师、设计总监四个等级,本文统称为设计师)的特质也要求设计企业家先为"君子",方为"君王"。作为知识型员工中最有创造力和成就感的人群,设计师有如下特质:首先,与蓝领不同,属于知识分子,相当于古代的"士",有清高、自尊、注重面子等个性;其次,与一般知识分子又不同,其具象思维能力强,抽象思维能力弱,自由散漫,有一技之长,对权力的依附性较低,因此,设计师其实是对依规管理有更高期待的人群。故以势压人难以服众,以德服人是不二选择。如何以德服人?实行德治,先为"君子",再为"君王",实现二者合体。

---

① 《春秋繁露》。
② 《说文解字》。

落实尹定邦教授设计管理"十六字方针"中的"动之以情、晓之以理"也须先为"君子",方为"君王"。《中庸》曰:"仁者,人也,亲亲为大。"① 可见,"仁"的首层含义是"亲亲",即亲爱自己的亲人,这是人之常情。孟子则把情进一步发展到治国,主张"以不忍人之心"的情,行"不忍人之政"而感化百姓。此即德治。可见,正是情(至善真情)把儒家的仁爱精神落实到德治实践。故"动之以情"实源自"仁"。"义"是儒家的核心范畴之一,《中庸》曰:"义者,宜也。"宜即合理。故"义"为合理,它要求在德治实践中以理服人。因此"晓之以理"实源自"义"。可见,"动之以情、晓之以理"源自"仁义",正是它将儒家德治落实到设计管理实践。那么具体如何"动之以情、晓之以理"?这需要设计企业家成为儒商,先为"君子",方为"君王",扮演"君"的角色。

那么,儒商如何在设计企业中扮演"君"的角色呢?

首先,应加强自身道德修养,这是成为"君子"的必要条件。现在不少设计企业家出生于"文革"前,传统文化曾成为其批判对象;即使是"文革"后出生的,一部分人对传统经典也相当陌生。虽其乘改革开放之东风,成为设计企业家,但个人修养却一直是短板,亦即难以成为"君子",导致企业发展出现瓶颈。故一方面设计企业家应系统地补补中华优秀传统文化课,加强道德修养,尤其要学会"慎独""诚""敬"等儒家修养方法。唯有如此,方能先为"君子",为最终成为合格的设计企业家,亦即为"君王"奠定领导素养基础。另一方面,设计师也要加强道德修养,成为"君子",才能为其将来成为合格的设计企业家,亦即成为"君王"奠定基础。总之,加强道德修养,成为"君子",是扮好"君王"角色的前提。

其次,应成为设计师的楷模,对其进行教化、引导,最终实现"无为而治",这是成为"君王"——设计企业家的重要条件。孔子说:"君子之德风,小人之德草。草上之风,必偃。"② 可见,君王加强道德修养,做臣民榜样,至关重要。由于欠缺传统文化根基,当今一些设计企业家连孔子倡导的"其身正,不令而行,其身不正,虽令不从"等基本道理

---

① 十三经注疏整理委员会整理:《礼记注疏(十三经注疏)》,北京大学出版社2000年版,第1683页。

② 十三经注疏整理委员会整理:《论语注疏(十三经注疏)》,北京大学出版社2000年版,第188页。

都不懂，结果设计师口服心不服，管理效果难免不尽如人意。故设计企业家要认真学习中华优秀传统文化，不但"修己"，而且率先垂范，切实将"君子"与"君王"合体（成为儒商）落到实处，才能取得良好的管理效果。

北京2022年冬奥会吉祥物冰墩墩设计团队负责人曹雪教授便是这样一位先为"君子"，方为"君王"的典范。曹教授出生于江苏南京，南京是六朝古都，中华优秀传统文化底蕴浓厚。曹教授从小就受到《三字经》《增广贤文》等经典熏陶，受到"钱财如粪土，仁义值千金""君子爱财，取之有道"等经典名言影响，最终形成"先学做人，再学做事"，先为"君子"，再为"君王"（设计企业家）的价值取向。曹教授一直不忘初心，始终保持儒雅厚道的君子风度，认真研究传播中华优秀传统文化，力行"与人为善""和谐设计"等做人做事理念。先为"君子"，方为"君王"，一直秉承儒商之道，是曹教授在中国设计界拥有广泛影响力的重要原因。

三、"亲"：儒商在设计企业中的第二重角色

何谓"亲"？《说文解字》曰："亲：至也。从见亲声。"儒家历来倡导"亲亲"。"亲亲"即亲爱自己的亲人。《中庸》强调："仁者，人也，亲亲为大。"[1]可见，仁的第一层含义是"亲亲"。而《中庸》又说："凡为天下国家有九经，曰：修身也、尊贤也、亲亲也、敬大臣也、体群臣也、子庶民也、来百工也、柔远人也、怀诸侯也。""亲亲"又上升到根本的治国之道。

儒家的"亲亲"实源自东方传统的"家国同构"。所谓"家国同构"即家庭、家族与国家在组织结构上有共通之处，均以血亲——宗法关系来统领。它是宗法社会的重要特征。父为家君，君为国父，君父同伦，家国同构，宗法制度因而渗透社会整体。

儒家"亲亲"思想在现代企业管理中依然有重要价值。它要求企业家"以社为家"，将企业当作家来经营，企业家乃家长，员工即子弟。大家是

---

[1] 十三经注疏整理委员会整理：《礼记注疏（十三经注疏）》，北京大学出版社2000年版，第1683页。

命运共同体，一荣俱荣，一损俱损。而这点在设计企业表现尤甚，因为设计企业一般规模都比较小，更适合"以社（企业）为家"，采用拟家庭化管理。另外，笔者在《兵战"全胜"到"设计全胜"——兵家"全胜"战略在当代设计战略中的价值》（《设计艺术》，2012年第6期）一文中倡导要从"设计攻城"转变为"设计攻心"，这样才能得到顾客的芳心，培养品牌的忠诚度。那么如何做到"设计攻心"？只有真正将客户、顾客（客户指设计方案的购买者、采纳者；顾客指设计产品的终极消费者）当亲人，想客户、顾客之所想，急客户、顾客之所急，认真研究其需求，才能设计出体贴入微的产品，赢得客户、顾客的芳心。

如何在设计企业中落实"亲亲"思想呢？它要求儒商扮演"亲"的角色，将设计师、客户、顾客当亲人。此其第二重角色。

首先，须"亲亲"，将设计师当亲人。当前"高跳槽率"成为困扰某些设计企业发展的难题之一。原因之一就在于没能将企业打造成"和谐安人"的家，满足设计师的归宿需要。作为创新型人才，设计师更有一般知识分子不具备的特质，如自由散漫、独立特行等，故将企业打造成"和谐安人"的家比较难却特别重要。一旦失去家的氛围，设计师可能会一走了之。为什么没能将企业打造成"和谐安人"的家呢？说到底，没能做到"亲亲"，没有真正将设计师当亲人，甚至将初入行的助理设计师当廉价的"工具"肆意压榨。故儒商——合格的设计企业家要"亲亲"，急设计师之所急，想设计师之所想，同时还要扮演好家长的角色，教育设计师将企业当作家，将老板及其他同事当作亲人。其实，企业乃我家，发展靠大家。这也是在管理中借鉴、落实儒家"亲亲"思想。唯有"亲亲"，将企业打造成"和谐安人"的家，才能"和则安人"，进而"和则多力"，最后"和实生物"，创新出好的创意方案，推动企业发展。

须指出，"亲亲"，将企业打造成"和谐安人"的家，只是满足了设计师马斯洛需求五层次中的第三层次：爱和归属感需求。马斯洛认为人的需求由低到高有五个层次，分别是生理需求、安全需求、爱和归属感、尊重、自我实现。故要"亲亲"，真正把将设计师当亲人落到实处，还须针对设计师的不同层次，有针对性地满足其需求。比如，对于基层设计师（如助理设计师），一是要"富之"，"呈之以利"，满足其基本物质利益需求，这实是满足其生理需求，而这也恰是最基本的需求；二是要"教之"，"教之以道"，提高其职业能力，满足其安全需求。唯职业能力提高了，他们才不担心失业,才有安全感。对于中层设计师(如设计师、主笔设计师),一是要"修己安人","动之以情",构建和谐安人的组织氛围,满足其归宿需要;二是要"修己服人","晓之以理"满足其自尊需求。对高层设计师(如设计总监),则一方面要"修己成人","君子成人之美",有牺牲企业家个人利益成全设计师抓住机会上台阶自我发展的雅量;另一方面要"修己任人",知人善任,善于给设计师独当一面的机会,最终满足其自我实现的需要。

其次,须"亲亲",将客户、顾客当亲人。设计就是服务,客户、顾客是设计企业的衣食父母,是其"亲"。故"亲亲"首先就须关爱客户、顾客,关爱其需求。须指出,客户与顾客的根本利益绝大多数时候是一致的,顾客满意的设计,客户多数也会满意。但当二者不一致时,这就需要设计企业执经达权,协调变通。但一般最终要以顾客意见为主,因为顾客就是上帝。须指出,当前某些大企业内部会有专门的设计部。因其不是独立的设计企业,故没有客户这个中间环节,但其设计方案也须经企业家或企业高层采纳后才能推行,故企业家或企业高层其实也有点类似客户,没有其首肯,设计方案就如同一张废纸。

下面以海尔、华为为例,谈谈企业内部的设计部如何"亲亲"。如:海尔在山东进行市场调研时,常接到洗衣机下水管被泥沙堵塞的投诉。原来一些农民用洗衣机洗地瓜。海尔设计部接到反馈意见后,急农民之所急,马上设计出有两个下水道,既能洗衣又能洗地瓜的"大地瓜"洗衣机方案,得到海尔高层认可,并推行投入市场。这无疑是关爱顾客、关注其需求的典型案例。须指出,此类设计最初未必有多高利润,海尔设计部之所以投入人力、物力去设计,一方面是秉承设计为人民群众服务的初心;另一方面,尽管可能并无多少短期利润,但由于急顾客之所急,最终会产生品牌效应,并"义以生利",产生长远利益。而利润只不过是"亲亲"和"以顾客之心为心"的副产品。华为的"农村包围城市"战略便是又一例证:1987年,华为刚创立时,城市电话交换机市场已被德国西门子公司、日本NEC以及富士通等公司占据。而占我国人口70%的广大农村虽对电话有巨大需求,但由于农民购买力相对低下,可获利润微薄,国外巨头们并不愿涉足。华为设计部急农民之所急,立马设计出价廉物美的C&C08 2000门交换机方案,得到华为高层认可并推行,迅速开拓了农村的市场,并积累了技术资源与资金,之后稳扎稳打向城市扩张,挤占国外巨头所占的市场份额。1997年，华为开始布局海外市场，最初是比较落后、利润微薄，国外巨头不愿涉足的俄罗斯与巴西；1998年是南非、尼日尼亚、埃及等非洲国家；最后才是发达国家。现在华为已成为世界上最大通信设备制造商。须指出，其成功秘诀是真正"亲亲"，不局限于一时的短期利益，而立足长远。如即便是缺电的肯尼亚、巴基斯坦，华为也为其建设通信网，通过提供太阳能、风能设备，减少手机基站设备的发电用燃料消耗等举措，为当地客户提供体贴入微的服务。

但是否关注其需求就是客户、顾客需要什么就设计生产什么呢？显然不是。儒家"亲亲"含义之一是"事父母几谏"[①]。即父母有过，儿女应劝谏其改过。笔者拙见，设计师应成为引领设计风向的老师。故对于客户、顾客的不正当不合理需求，要敢于说不，并要对其进行正确的引导、教育，使之确立绿色、环保、健康的生产观、消费观。遗憾的是，当今设计界很少有"事父母几谏"的"亲亲"精神，而更多的是迎合、放纵，甚至引诱用客户、顾客从事不良生产、消费，以便获得更多利益，这其实是最大的"不孝"。

广东省艺美设计公司创始人、广东省集美设计工程有限公司设计总监王润强是落实儒家"亲亲"思想，将设计师、客户、顾客当亲人的典范。比如，他经常组织设计师在公司做剁辣酱，与设计师一起在公司做饭聚餐，而到晚上又经常与他们在一起闲聊、拉家常，就像家长对子女一样不厌其烦教导设计师如何做人做事。不是真心"亲亲"，将设计师当亲人，谁做得到？同时，他一再强调设计就是服务，一定要想客户、顾客之所想，急客户、顾客之所急，设计出体贴入微的创意方案与产品，才能最终赢得客户、顾客芳心，赢利不过是将其当亲人的副产品。可见，"亲亲"，将客户、顾客当亲人是设计企业在设计营销中无往不胜的法宝。

总之，有儒商情怀的设计企业家须扮演"亲"的角色，真正"亲亲"，将设计师、客户、顾客当亲人，才能"王天下"，将企业做大做强。故"亲"是"君"的经营管理方略。

---

① 《论语·里仁》。

四、"师"：儒商在设计企业中的第三重角色

何谓"师"？韩愈在《师说》中说："师者，所以传道受业解惑也。"明确指出"师"的功能是"传道、授业、解惑"。

在儒家看来，"尊师"与"重道"结合在一起。韩愈的《师说》指出："是故无贵无贱，无长无少，道之所存，师之所存也。"不难看出，"尊师"的实质是"重道"，"重道"是"尊师"的核心价值。

在儒家看来，"道"既是最高学问，也是最终追求目标。故孔子说："朝闻道，夕死可矣。"① 并多次强调："吾道一以贯之。"② 可见，"道"是文化象征，"传道"亦即传授文化。

传统"师道观"在现代企业管理中依然有重要价值，可以说"师"是儒商在现代企业的第三重角色，而在设计企业表现尤为突出。首先，它是设计企业健康发展的需要。当前我国设计专业很多设置在美术院校，设计属于应用美术，某种程度属于"术"，故师生关系有点类似于师徒关系。受此影响，这种类关系也被带进了设计企业管理，并对其发展产生了深远影响。这是相较一般企业，传统的"师道观"更适合设计企业管理的重要原因。其次，它是设计行业健康发展的需要。设计从源头上影响人们的生产生活。故设计师是设计人兼老师，肩负引领生活方式和社会风气的重任，故更须扮演"师者"的角色，助力设计行业健康发展。故"师"是儒商在设计企业中的第三重角色。

（一）要扮演"师"的角色，起到"传道"作用

首先，传中华优秀传统文化之道。中华优秀传统文化对国人有潜移默化的深远影响，其"内圣外王"之道对提高设计师道德修养、培养"君子"人格有重要价值，尤其是"己所不欲，勿施于人"等道理易为设计师所接受，而"诚""敬""慎独"等又恰恰对提高道德修养有重要帮助。同时，中华优秀传统文化也是设计创新的重要源头。民族的才是世界的，比如2010年上海世博会标志性建筑之一——中国馆，其设计理念源自东

---

① 《论语·里仁》。
② 《论语·里仁》。

方"天人合一，和谐共生"思想，展现出城市发展的中华智慧。此外，中华优秀传统文化还是设计理论创新的源头。比如，笔者正在构建的"设计儒学"就是因应"设计异化""设计伦理"缺失等设计界亟待解决的难题，而从儒学中寻求解决之道，是儒学的"创造性转化、创新性发展"。可见，传中华优秀传统文化之道对设计企业与设计行业健康发展何等重要。

其次，传设计之道。须指出，设计企业只传中华优秀传统文化之道尚不够，还要传设计之道。当前设计界存在重"术"轻"道"、重技巧轻理论的错误倾向，设计企业表现尤甚。这导致某些设计师对设计只知其然，不知其所以然，严重制约了其业务能力的全面提升。甚至某些设计企业为追求设计效率，片面发展某一方面的技能。比如，某些助理设计师只会画电脑效果图，其他一概不懂，这其实也是一种"设计异化"。故有儒商情怀的设计企业家要肩负传设计之道的责任。

（二）要扮演"师"的角色，起到"授业"作用

设计企业家要"授业"，传授设计师基本的职业技能。身为设计企业家，在成长过程中，大多会积累丰富的职业技能，并将其传授给设计师，这恰是用最低成本，帮助其迅速成才的捷径。故有儒商情怀的设计企业家不能只将自己定位为领导者，还须将自己定位为职业教授。

（三）要扮演"师"的角色，起到"解惑"作用

有儒商情怀的设计企业家要"解惑"，有效解决设计师的困惑。设计师在生活与工作中难免会有各种困惑，采用恰当的方式解除其困惑是其成长的重要环节。为此，设计企业家不能只关注设计师的工作问题，还须关心其学习生活问题，并在必要时给出建议。比如，当广东省集美设计工程有限公司一设计师对到底是继续工作还是脱产考研学习犹豫不决时，该公司的设计总监吴卫光教授详细询问其志向，了解其业务能力后，劝说该设计师，设计是实践性很强的专业，要在实践中学，要带着问题学。该设计师听取了吴教授的意见，没有脱产读研，而是边工作边在职读研，最终在业界取得卓越业绩，现被广州美术学院聘为硕士生导师。吴教授堪称"师者解惑"的典范，尤其是其"在实践中学，带着问题学"的主张，对设计师在职业生涯中少走弯路有很大的帮助，对设计企业与设计行业的健康

发展同样也有重要的启示。

　　总之，越来越多有儒商情怀的设计企业家，正有意或无意地扮演着"师"的角色。尹定邦教授无疑是其中的典范，他不仅是伟大的设计师，更是设计界的导师，可谓门生故吏满天下。作为广东省集美设计工程有限公司等三大设计企业的创始人，其本身也是广州美术学院的教师、领导，有浓厚的"传道、授业、解惑"情结。比如，在20世纪80年代，他一再教导设计界人士要"设计移位"，即设计从脱离市场移位至投入市场。此为"传道"。20世纪90年代，他将自己的设计管理经验归纳为"动之以情、晓之以理、授之以权、呈之以利"设计管理"十六字方针"，并一再告诫大家要坚持这"十六字方针"。此谓"授业"。当有设计师对设计理论与实践的关系有困惑，尤其对"信息设计"盲然无知时，尹老做了20多场"关于信息设计的思考"学术讲座，不厌其烦地厘清何为信息设计，让大家明白信息设计的来临及其中的机遇与挑战。并引用列宁的话"没有革命的理论，就没有革命的运动"，强调设计理论的重要性；他反对纸上谈兵，说"我的设计哲学是实践"，强调设计是应用学科，理论须面向实践，回归实践，实践是检验设计理论是否有价值的唯一标准。以上无疑是"解惑"。现如今，尹老已年过八旬，几乎每次去其绿茵岛家中拜访时，都能看到访客络绎不绝，来访者多为设计界的企业家或高校设计专业的教师，尹老不厌其烦地针对来访者的问题，结合自己的设计经验，做出精辟指导，同时也会讲授自己对设计的最新思考，经常一讲就要讲到凌晨。真可谓诲人不倦，乐此不疲。俗语说："老骥伏枥，志在千里。"尹老的"千里"是引领中国设计企业与设计行业健康发展，为此不断在"传道、授业、解惑"，说到底其实是在扮演"师"的角色。

　　总之，儒商在设计企业中的角色定位是亟待探讨的问题。而传统的"君亲师"思想对此有重要启示：首先，儒商须扮演"君"（君子）的角色，亦即道德高尚的"君子"，方能成为"君王"——设计企业家；其次，须扮演"亲"的角色，将设计师、顾客当亲人，方能"王天下"——将企业做大、做强、做久；其三，须扮演"师"的角色，起到"传道、授业、解惑"作用，引领设计企业与设计行业健康发展。三者是递进关系。"君"是首重角色，是前提，为扮演"亲""师"奠定领导基础。"亲"是"君"的经营管理方略，是"君"角色的延伸与必然要求：有儒商情怀、道德高尚的设计企业家，往往"以社为家"，将设计师、客户、顾客当亲人,这样才能将企业做大做强。"师"是"君"与"亲"角色的进一步延伸:一个有儒商情怀的设计企业家,在将企业做大做强后,自然而然会成为设计界的引路人,理所当然要扮演"师"的角色,引领设计企业与设计行业健康发展,这是其行业责任、社会责任。可见,"君亲师"的三重角色定位对如何发挥儒商在设计企业管理中的作用有一定的启迪。

■ 企业儒学与企业实践

05

企业家精神与方太的实践[①]

苏 勇[②]

在新的世界格局和经济形势下，面对新的市场机遇和挑战，无疑要提振中国企业发展和企业家的信心，而坚守企业家精神与文化的实践是一种很好的方式。财富的创造除了土地、资本、人力，还缺少非常重要的要素，就是企业家和企业家精神。正是这些企业家，凭借自己的冒险精神和对经济活动效益的判断，进行相关要素的投入或组合。

一、什么是企业家精神

当前，"企业家精神"是一个很热门的词，也是管理学研究的一个热点问题。根据我的研究，"企业家"这个概念首次出现在法国经济学家康替龙 1755 年提出的一个经济学理论中。最早对它进行详细阐释的是另一位法国经济学家萨伊，他在 1803 年出版的《政治经济学概论》中提出了一个非常重要的观点。他说：财富的创造除了土地、资本、人力，还缺少非常重要的要素，就是企业家和企业家精神。奥地利经济学家熊彼特说，企业家的工作是"创新性的破坏"。简而言之，打破旧的，创造新的。正因如此，一些企业家根据自己的判断，把土地、资本、人力有效地组织起来，投入其认为最能够发挥效益，最能够为社会创造财富的地方。这个工作当中就有一种"创新性的破坏"，把旧的破除掉、改革掉，然后创造出新的东西来。

2017 年 9 月，中共中央、国务院颁布了一份用企业家精神命名的文件，题目是"关于营造企业家健康成长环境弘扬优秀企业家精神更好发挥

[①] 本文为苏勇 2023 年在第二届方太文化论坛上的演讲记录。收录时有删改。
[②] 苏勇，复旦大学东方管理研究院创始院长、教授、博士生导师，中国企业管理研究会副会长。

企业家作用的意见"。该文件用了 36 个字来概括我们今天所讲的企业家精神：爱国敬业、遵纪守法、艰苦奋斗、创新发展、专注品质、追求卓越、履行责任、敢于担当、服务社会。

党的二十大报告也指出，要完善中国特色的现代企业制度，弘扬企业家精神，强化企业科技创新的主体地位，发挥科技型骨干企业引领支撑的作用。习近平总书记强调，"市场活力来自于人，特别是来自于企业家，来自于企业家精神"。

在我看来，当今中国的经济发展中，企业家精神可以说是中国最缺乏的资源禀赋。比如，创新、突破、改革，甚至冒险。

具体而言，我认为企业家精神有五个方面。

（1）不忘初心的创业精神。下面我会以方太为例讲述这一点。

（2）与时俱进的创新精神。不断地创新，不断地创造新产品、新思想、新商业模式。

（3）始终不渝的工匠精神。把产品做好，把服务做好。

（4）坚守原则的诚信精神。不诚信无以立。

（5）感恩奉献的利他精神。做生意一定要强调双赢、多赢。

2019 年 8 月 19 日，发生了一个在世界企业发展史上具有里程碑意义的事件，181 家美国顶级公司首席执行官（CEO）在美国华盛顿召开了会议，他们签署了一份有关公司宗旨的宣言书，并且在《纽约时报》上全文刊登。

为什么说这是里程碑式的事件？因为我们以往都讲：为什么要办企业？因为要为股东谋利。没错，办企业一定要盈利，美国人更加崇尚这一点。但是这份宣言明确地说到，股东利益不再是一个公司最重要的目标，公司的首要任务是创造一个更美好的社会。这在很大程度上颠覆了我们以前的企业管理理论，而且在今天看来格局更大，立意更高。

二、方太的继承、传承和创承

现在中国的企业，尤其是民营企业已经走到了一个非常重要的节点，很多家族企业面临传承的问题。迄今为止，家族企业依然是全球占主导地位的商业组织形式，这种商业组织形式有非常悠久的历史。在美国，家族企业所创造的财富占美国经济的 64%，在美国《财富》杂志评选出的全球500强企业中,35%是家族企业。在中国的小微组织中,家族企业占到80%以上,所以我们对家族企业也应有所关注。

我们耳熟能详的很多企业都是家族企业,它们今天依然活跃在世界经济的舞台上。比如沃尔玛公司、大众汽车、福特汽车、宝马汽车、长江实业、碧桂园等。

在中国,家族企业的继承有三种形式,分别是继承、传承、创承(见图1)。

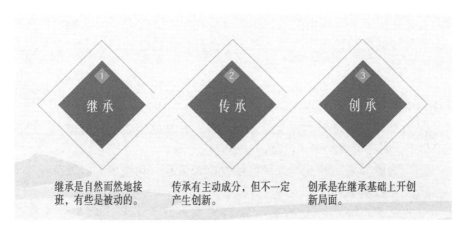

图1　家族企业继承的三种形式

1. 继承

什么叫继承?父辈养育子女,当父辈年事已高,这时,子女接班则是一种理所当然的、自然而然的模式。

2. 传承

传承带有一种主动性,子女有继承父辈事业的意愿,则主动地学习、实践,努力发展从父辈那里继承的事业,甚至还要将这份事业一代代地传下去。

3. 创承

传承不一定有创新。像方太这样的形式,我称之为"创承"。所谓"创承"就是创造性、创新性地继承,即在原有的基础上有很大的突破与创新。

如茅忠群董事长接手了茅理翔董事长开创的企业后,便研发了抽油烟机等一系列高端的厨电。事实上,茅理翔董事长原本只负责点火枪生产这一环节,高端厨电的研发与生产包含了创新,因此,这是一种创新性、创造性的传承。

家族企业家接班人要做到创承需要具备哪些要素?

(1) 价值认同。我们所有的个人行为、企业经营决策一定是受价值观指引的,古语云"道不同不相为谋",这里的"道"就涉及了价值观的问题。

(2) 前瞻思维。如果茅忠群董事长接班后还是继续生产点火枪,毫无疑问,企业一定会被市场淘汰,那么就没有今天的方太了。如果简单地做一个很初步的抽油烟机产品,方太也不会有今天这样的辉煌,所以一定要有前瞻思维。

(3) 专业能力。专业能力强不一定是说在公司里技术第一,但是要了解公司所涉及领域中相关的专业知识。

(4) 领导力。领导力在今天无比重要,尤其是当企业规模扩大、层次提高以后,领导能力的作用就越来越凸显。

(5) 人脉关系。专业的人脉包括投资者关系、利益相关者关系等。

(6) 企业家精神。

一个企业的继承,要从继承做到传承、创承,上述六个要素缺一不可。

方太的发展大概经历了四个时期(见图2)。

图2　方太文化发展历程

第一个时期,1996年到2000年,继承和发展期。主要是茅忠群董事继承企业，巩固、稳步发展的时期。这个时期党建文化、文艺大奖赛文化，在当时是方太的主导文化，此后逐渐发展到追求品牌文化和创新文化。

第二个时期，2000年到2007年，西学优术打基础。2000年以后，中国开始大规模地学习西方的管理学理论。当时，茅忠群董事长前往中欧读高级管理人员工商管理硕士，引进了很多世界500强企业的职业经理人，给方太奠定了较好的基础。

第三个时期，2008年到2017年，体系成型期。方太开始慢慢思考怎样构建独特的文化体系，怎样将中华优秀传统文化运用于企业管理。这一转变和企业管理上的发展脉络也是完全契合的。

我长期担任复旦大学的企业管理系主任。在21世纪初，讲管理学理论、讲案例，大多以可口可乐、惠普、通用电器为案例，慢慢地，学员们也提出要求，希望老师讲点中国企业的案例，他们认为，外国企业的案例并不能解决中国企业的问题。

方太茅忠群董事长在这一时期开始考虑怎样打造具有中国特色的企业文化，怎样把中国优秀的传统文化引入方太的企业文化建设中。

第四个时期，2018年至今，弘扬和完善时期。我到过方太多次，2015年，我主持大型研究项目时对茅理翔董事长和茅忠群董事长进行了访谈。2023年5月31日我参与了"管理学者走进方太"活动，有幸再次走进方太，看到公司各方面都比2015年有了很大的提升。

此次参加方太文化论坛，我又看到很多新的变化，可见方太在不断地创新，不断地完善，不断地提升。任何一个企业，企业管理模式也好，企业文化也好，都要与时俱进。

三、企业家精神在方太的实践

从2014年底开始，我主持了一个大型的研究项目。到今天改革开放40多年了，中国涌现出了一大批优秀的企业和企业家，我们完全有这个底气，也有必要来研究具有中国特色的管理模式和企业家的管理制度。

复旦管理学奖励基金会找到我，希望我来主持这样一个研究项目。于是，我制定了一个计划，要用5年时间访谈50位中国最杰出的企业家。

虽然做得很辛苦，但从2014年10月到2023年6月份，我们对50位企业家的访谈已经全部完成,我们所有的访谈都是到企业实地去开展的,而且是访谈企业的"一把手"。

现在形成了43集的电视专题片,聚焦每一位企业家的管理思想、管理智慧。出版了9本中国杰出企业家管理思想精粹、17本研究丛书,还发表了很多学术论文,积累了大量案例(见图3)。

图3 研究项目成果

2015年,我对茅理翔和茅忠群董事长进行了访谈。方太一直强调人品、企品、产品三品合一,两代人始终不渝地贯彻这一点。

古语云:"半部《论语》治天下",《论语》中讲道:"道之以政,齐之以刑,民免而无耻;道之以德,齐之以礼,有耻且格。"

我们仅用制度来管理企业也有一定作用,但是不能起到根本的作用,因为所有的员工、相关者都只知道这个事情不能做,但是不知道为什么不能做,他们得知道这里面的原因在哪里,为什么不能去做。

方太是一家受使命、愿景、价值观驱动的公司,始终不渝地强调用文化来推动企业,强调"心性即文化,文化即业务"。那么,怎样把传统的儒学,把几千年中华优秀的传统文化融入现代管理当中?

新儒商有四个要素,第一是德,第二是智,第三是胆量,第四是责任。

我当初在访谈茅忠群董事长的时候,他的一句话给我的印象很深,他说:我们的儒学也好,其他的学说也好,都比较温文尔雅。那么,怎样把这些看上去温文尔雅的文化融入现代的企业管理中去,把它变成我们企业的竞争优势?这就要靠我们企业家的管理智慧和高超的管理艺术。

松下幸之助讲过,造物之前必先造人,所以人的因素一定是放在第一位的。儒家过去强调"修身齐家治国平天下",我们现在讲"修身齐家治企利天下",这是我们在企业层面提出的口号,比如方太明确地提出的"中学明道,西学优术,中西合璧,以道御术"。

我去哈佛大学听课时,了解到他们所有的工商管理硕士(MBA)、高级管理人员工商管理硕士(EMBA)学员往常以后,上的第一堂课是商业伦理。当时我就觉得非常奇怪,因为复旦大学也讲商业伦理,但是我们一般放在选修课上来讲,而且是放在比较靠后的部分。为此,我请教了哈佛大学主管MBA项目的一位教授。我说,为什么新生一入学就要讲商业伦理,不是应该讲会计、战略、组织吗。他说,我们有一个理念,哈佛大学MBA的教学目标是培养企业的领袖,但是如果这些我们所培养的学生、企业的领袖,没有很好的伦理道德准则,我们教给他们的本领越大,他们可能给社会造成的危害就越大,所以入学的第一堂课就要让他们掌握什么是好的商业伦理的标准。

结合方太的实践来看,中学明道,就是通过对优秀中华文化的学习来明心、净心、明道、悟道,通过建设心灵品质来提升境界格局,并且转化为企业的核心理念。

西学优术,西方也有很多好的管理方法,比如很多企业都在用的关键绩效指标(KPI)、五力模型、目标与关键成果法(OKR)等,也有其一定的效果,我们同样也要学习,来提升组织能力指导我们的实践。

中西合璧,任何的企业管理都是理性和感性的结合,都是科学和艺术的结合,所以企业文化和企业管理也是不能割裂的,不能成为"两张皮",应当成为一个整体。

中学和西学也是一体的两面,我们把它们很好地融合起来运用到企业管理当中。但是关键的一点,最终我们要有正确的价值观,要以道御术,所以方太把文化和管理很好地融合起来。

我有一门课程就是企业文化,我也去很多企业讲过企业文化,但是说实话,不少企业一讲到企业文化,是"说起来重要,做起来次要,忙起来不要"。

我觉得方太始终能够把二者很好地结合起来,形成了文化的体系,出版了文化的专著,茅忠群董事长也有很好的论述,形成了很多系统的理念。

方太的核心理念主要有四个方面(见图4)。

图 4　方太文化体系模型

一是顾客得安心。顾客一定是放在第一位的。

二是员工得成长。今天的员工尤其新生代的员工，和以前的员工是不一样的。他们能够在管理学领域发表很多研究成果，让他们能够借助企业这个平台获得成长非常重要。

三是社会得正气。企业是社会的一个细胞，要思考企业哪些行为能够为社会做出贡献，能够为他人谋福利。

四是经营可持续。任何一个企业都想绵延百年。我们知道最近商务部公布了新的中华老字号拟认定名单，有 55 家原有企业被删除。非常可惜的是，上海占了 17 家，将近 1/3。有的是拆迁了，原来的店没有了；有的是经营主体变更了；也有相当一部分是经营不善，破产了。

对于如何做到经营可持续，方太有一系列的设想。2015 年 5 月 21 日，我在对茅忠群董事长进行访谈时，茅忠群董事长就讲到，如果一个企业管理要有效，一定要两条腿走路，一条腿是员工的信仰价值观，另一条腿就是制度的管理。

方太有不忘初心的创业精神，茅忠群董事长说自己是受到父亲勤奋创业的影响，然后勤勤恳恳创业。当时他想清楚了三个问题：一是为什么要做这个企业；二是要把企业做成什么样子；三是信什么，即做企业要有什么样的信仰。

方太也有与时俱进的创新精神，不打价格战，而是立志研发高端的厨电。我们现在讲工匠精神，并不是完全遵照传统，其中也有很多创新精神。当时，我问了茅忠群董事长一个比较尖锐的问题："方太为什么不上市？"茅忠群董事长回答说：为了更好地专注自己的事情，上市以后就可能被资本推着走，因为资本一定是逐利的。逐利当然没错，但是它有可能是跟企业创业者的初衷相违背的。

方太有坚守原则的诚信精神。要修炼格物致知，诚意正心，不欺骗自己，不自欺欺人，方太通过"五个一"，创造真、善、美。怎样把那些看起来高大上的、比较玄妙的企业文化、使命、愿景、价值观落地，这是很多企业现在没有解决的问题。方太所做的"五个一"，我觉得就是一个非常好的抓手。所谓"五个一"，即"立一个志，读一本经，改一个过，行一次孝，日行一善"。对此，我当时还请教了茅忠群董事长。"日行一善"我原来想得比较大，每天做一件好人好事好像比较难，但后来想明白了，哪怕你把地上的垃圾捡起来放到垃圾箱里，也是日行一善。"勿以善小而不为"，大家都从身边的小事做起就能够改变我们所处的小环境，进而改变整个大环境。

方太还有感恩奉献的利他精神。我 2015 年进行访谈茅忠群董事长的时候，茅忠群董事长就跟我讲了方太实行的身股制。这个身股制覆盖每一个员工，而不是像很多企业的股权激励只覆盖部分高管或者部分骨干。

我 2023 年 5 月来方太的时候问茅忠群董事长："现在方太有 16000 名员工，我们是不是还是坚持身股制，覆盖到每一个工作两年以上的员工？"茅忠群董事长回答道："是的。"这是非常了不起的，企业真正用行动让员工感受到"仁者爱人"的理念，把"视员工为家人"落到实处。

方太讲要成为一个伟大的企业，老子讲"天之道，利而不害，人之道，为而不争"。很多同学跟我讨论，说让我给他们讲讲孙子兵法和企业管理，我说可以，但是你们要注意一点，虽然说"商战如兵战"，但商业竞争和打仗是两套法则。

打仗可以兵不厌诈，商业竞争要遵守规则；打仗是你死我活的，但是商业竞争是可以讲究双赢、多赢的。所以我们的企业不仅是一个经济组织，满足并且创造顾客的需求，更应该是一个社会的组织。

我们现在讲企业的社会责任，还有最新的概念 ESG（环境、社会和公司治理）等，都是通过引人向善来促进社会的发展。所以我觉得方太不仅在经营上颇为成功，而且在弘扬企业家精神、引人向善、继承优秀传统文化上可以成为当代中国企业的典范。

因此，我也把茅忠群董事长请到我们 EMBA 的课堂上，在复旦大学开过讲座，我自己在讲课当中也经常引用方太的案例。方太正在向"成为伟大企业"的目标前进，这值得中国所有的企业积极主动地学习。

让我们共同努力，一起向光而行。

道创财富，德济天下

——企业儒学在山西天元集团的实践

李景春[①]

黎红雷教授指出："企业儒学是儒学精华融入现代企业生产生活实践的概括与总结，是新儒商企业治理智慧的结晶。"[②] 企业儒学在"道创财富，德济天下"的宗旨下，系统提出指导企业实践的"六规"：德以治企、义以生利、信以立世、智以创新、仁以爱人、勇以担当。山西天元集团（以下简称"天元"）40 多年来的探索与实践，正是这一理念的真实写照。

一、"德以治企"的实践

企业儒学认为，企业要践行儒学"道之以德，齐之以礼"的理念：德启善根，教化员工；礼定规矩，制度严明；法服人心，赏罚得当。"德以治企"，企业就要创立独特的经营和管理机制，把社会、他人、自身利益融为一体，创造以中华传统优秀文化为底蕴的崭新治理模式，将中国特色的社会主义核心价值观融入企业的管理中，确立中西合璧的普适性企业文化。

孔子指出："君子之德风，小人之德草。草上之风必偃。"[③] 《礼记·学记》说："建国君民，教学为先。"在儒家看来，领导者的职责是以身作则，教化民众。治理就是教化，治理者就是教化者，治理的过程就是教化的过程。领导者受到教化就能爱护民众，民众受到教化就能行动起来，

---

① 李景春，山西天元集团创始人、董事局名誉主席。
② 黎红雷：《企业儒学的理论与实践》，见黎红雷主编，晁罡、胡国栋副主编《企业儒学的开拓与传承》，中山大学出版社 2022 年版，第 7 页。
③ 《论语·颜渊》。

努力实现组织的目标。

为此，我们始终把员工的道德教化作为企业生存与发展的根本，将儒家的"仁、义、礼、智、信"等价值观转化为现代企业的治理原则，以德治企，立志做一家行道义、懂恩德、值得托付的企业。大元构建了"家国同构、至善治理"的企业文化体系，提出"一个精神""两个共同""三个第一""四个共同体""五比五看"等文化理念，把企业建设成一个家庭、一所学校，最终目标是化育人心。

（1）一个精神：助人成功的精神。

（2）两个共同：持续提升员工物质获得感和精神幸福感，走共同幸福、共同富裕的道路。

（3）三个第一：企业的第一战略是员工心灵品质建设；企业的第一目标是实现员工幸福，为社会创造价值；企业的第一责任是员工家庭幸福和谐，创建德善天元，成就百年幸福企业。

（4）四个共同体：构建家庭、家族、孝悌、人伦、企业、社群的人人共同体；政治社会的人人共同体；文化教养的人人共同体；天地自然的人人共同体。

（5）五比五看："仁"看善待员工、孝悌文化、人文关怀、仁爱感恩；"义"看员工收入、社会保险、慈善公益、见利思义；"礼"看尊重员工、宽容平等、培训学习、民主管理；"智"看带出团队、员工成长、创造价值、科学发展；"信"看儒商道德、诚实守信、品牌价值、社会贡献。

天元人每天在工作时间读书一小时，学习内容有《习近平系列讲话》《弟子规》《论语》《大学》《了凡四训》等，激发员工形成善良的道德意愿、道德情感，提高道德自觉践行能力。学习后，天元千余名员工崇德向善、见贤思齐，从"要我干"变成"我愿意"，成了发光发热的小太阳！

厨师用爱心做饭，员工们说从中尝到了妈妈做的饭菜的味道；车间工人更加注重用恭敬心使用和保养机器设备，从以前2个月维修1次变成现在6个月维修1次，维修率降低了67%；车间一个班组原来每日拆解报废电器最多300台，现在日拆解量突破了1000台，拆解量提升了333%。通过学习，员工在道德践行上获得了较多的成长。

天元文化墙上有五个醒目的大字：净、静、敬、境、镜。净，是环境干净，自己的内心干净，做事干净、做人干净；静，是知止而后有定，定而后能静,静而后能安,安而后能虑,虑而后能得,平实谦虚不浮躁;敬,是爱岗敬业,恭敬万物,"畏则不敢肆而德已成";境,是环境、境界、是站位要高,格局要大,志存高远,不仅关爱身边的人,更要有民族大义、家国情怀,要有为国家、为社会、为人类创造价值的目标和追求;镜,是以史为镜,以人为镜,对照内观自省,使自己向上向善,做一个高尚的人,一个纯粹的人,一个有道德的人,一个有益于人民的人。

天元不仅是经济实体,还是员工修身、传播文化,促进家庭和谐和社会进步的平台。我们鼓励员工在立功、立德、立言的道路上不断前行,在个人成长中汲取儒家智慧,不断领悟人生真谛,注重谦卑、感恩,更加有责任感、懂得担当,为家庭、企业、社会的和谐发展贡献力量。

二、"义以生利"的实践

企业儒学认为,企业要践行儒学"义以生利,利以平民"的理念:生财有道,依法经营;按章纳税,提供就业;满足需求,导人向善。"义以生利",企业就要以"利他主义"为基础,形成自己的经营哲学。考量企业成功的重要准则,不是我们有没有成功,而是我们的客户有没有因为我们而成功。

天元以"帮助人成功"为企业精神,对内帮助员工成长,对外把圣贤文化和仁爱传播给周围的人,造福社会。全体天元员工每天带薪学习一小时,把利他思想运用到工作中,聚焦"我的工作就是帮助别人成功",为顾客推荐商品不是最贵的最好,而是最适合的最好,真正把顾客的利益放在首位。见利思义,全心全意为人民服务,已经成为全体天元人的价值共识。

2008年国际金融危机,全球经济普遍低迷,人们的消费支出从2008下半年起持续下降,部分商业企业销售额大幅度下降。一些小的经营企业甚至出现了破产或濒临破产,与此同时也加剧了失业,整个社会的就业压力持续增加。在此情况下,天元携手国内海尔公司、创维公司、海信公司等128家公司的领导及业务代表等,召开了"直面金融危机,共商多赢战略研讨会",通过搭建厂商合作平台、推进合作战略,加强与生产厂家、经营商家、银行、企业、政府的合作,承诺"不裁员、不减薪",实现了销售井喷式的增长,极大地增强了生产厂家和经销商对市场的信心,为克服经济危机、实现共同发展奠定了坚实的基础。2008—2009年，天元先后获得"全国模范劳动关系和谐企业""全国双爱双评优秀企业"称号，我也两次走进人民大会堂，接受颁奖。

2020年在新冠疫情阻击战中，面对停产抗疫、公司资金链面临断裂的严峻形势，天元从抗击疫情与复工复产两方面着手，采取了一系列举措。武汉封城的当天晚上，公司第一时间就与全国各厂家联系，着手组织防疫物资。有一位副总一天打了200多通电话，当时是"一罩难求"，很多厂家接通电话，就说"没有"两个字，然后就直接挂掉了电话。在这样的情况下，天元还是没有放弃，尽自己最大的努力筹备各种抗疫物品，先后多次向湖北、山西的医院、社区、乡村等地的抗疫一线人员捐赠防疫物资；旗下比亚迪汽车4S店，千辛万苦购买回来第一批口罩，非但没有自己留用，反而考虑的是出租车司机和出行的乘客。口罩到货第二天就向出租车司机、交警免费发放。

复产复工后，天元作为终端销售商，首先考虑的是上游厂家急需复工复产、销售库存、回笼资金，老百姓的消费需求，社会生产生活秩序急需恢复。天元向国内139家知名家电品牌厂家发出倡议，以"抗疫情、促复工、稳经济、担责任"为主题，开展全国性的家电百亿补贴惠民活动，得到了各个厂家的积极响应。活动期间，员工反馈有些市民戴着旧口罩，还有些市民因为没有口罩，坐不了公交车。有员工主动提出，口罩是最有效的安全保障，我们应该尽最大努力，提升城市安全系数，和全国人民一起抗击疫情。于是，公司分别设立了30多个发放点，向出租车司机、市民免费发放医用口罩。这个善举感动了交警、城管，他们对我们大力支持，帮我们选择发放地点，维持现场秩序。疫情期间，公司没有考虑如何盈利，但销售额却比去年同期增长了30%。多名厂家的领导在天元商场看到现场人头涌动的场景，感慨地说："真是太不可思议了，这种非常时期的销售奇迹，我只在天元见过。"

考量企业成功的重要准则，是有多少客户因为我们而成功。为此，我们在企业经营中，始终坚持"帮助他人成功"的原则，帮助员工、顾客、社会成功，最后获得企业成功。2020年以来，天元连续4年销售额环比增长了45%，这就是"义以生利"的儒学思想在企业中创造性地转化，"行义以达其道"。

三、"信以立世"的实践

企业儒学认为，企业要践行儒学"内诚于心，外信于人"的理念：言行一致，表里合一；口碑营销，树立品牌；合作发展，共生共赢。"信以立世"，企业就要追求消费者百分之百的安心，体现企业对消费者的承诺与责任，赢得消费者对品牌的信赖与赞誉。

为此，我们在企业经营中，始终以消费者为中心，把自己修炼好，把顾客安顿好，真心帮助顾客解决问题，诚心站在顾客角度思考，贴心为顾客提供服务，全心关怀顾客幸福。自1982年创立以来，天元始终坚守诚信经营的原则，将消费者的利益和需求置于首位，严控商品质量，对销出去的商品承担责任，确保顾客购物无忧。有一次，天元购进的一批名牌燃气灶，在销售的过程中发现与当地煤气不适配，公司便主动联系每一位顾客，召回商品。虽然公司因此增加了费用支出，但避免了顾客的损失，践行了以消费者的利益为中心的承诺。

天元人牢记诚实守信的原则，不以利润提成为目标，而是设身处地为顾客着想，以帮助人民群众实现幸福生活为使命，为顾客选择合适的产品。一位在外地工作的顾客，想为父母尽一份孝心，要为父母选一台高档的洗衣机。洗衣机导购了解情况后，为他推荐了一台简单实用的"一键通"洗衣机，因为这款洗衣机操作简单，方便老人使用，而且性价比高。遇到上年纪的顾客买了家电后却面临不会操作的困境，公司导购员就利用中午或下班时间到顾客家，手把手指导顾客用洗衣机洗衣服，用微波炉做饭，教会老人如何使用智能电视。一位盲人顾客来到天元家电购买冰箱，只能用手摸。冰箱导购员就耐心帮助顾客了解冰箱的大小、门的位置、抽屉的位置、开关的位置，讲解材质和功能的不同。导购员耐心讲解近两个小时，顾客离开时又将他送到了公交站台，扶他上了公交车。

家电售后维修技师同样以诚实守信作为服务的标准。2023年，一场大雪阻碍了出行，有位顾客家中的老人刚刚病愈出院，正好购买了燃气灶需要安装。当时路况较差，摩托车无法上路，天元维修技师就扛着机器，步行上门为用户安装，保证顾客可以正常使用。但安装完成回来后发现，师傅的袜子、鞋子全被雪浸湿了。

公司员工还主动提出"为孝心护航"的主题，为老年顾客提供免费安装、免费清洗等超值服务，用孝心和爱心去对待老人。公司电视安装工董师傅，在与顾客沟通上门安装的过程中，得知顾客是给母亲买的彩电，顾客正在上班，家里只有母亲一人，担心母亲学不会如何使用彩电，希望把安装时间推后。董师傅明白顾客的心思后，告诉顾客：你放心上班，我妈妈也是80多岁了，我会像教我妈妈一样，教会你妈妈；早一天安装，妈妈就能早一天看上电视。

天元用行动诠释"信以立世"，以高度诚信与责任感，确保与合作方的正常履约，保护了消费者、合作方等各方的利益，价值观的共鸣，减少了价值链、资金链、运营链的交易成本，与顾客、供应商、经销商、客户等利益相关者，形成了新的企业生态、命运共同体。天元先后获得20多项国家级荣誉和200多项省市级荣誉，如"全国百城万店无假货活动示范店""全国信用市场""山西省重合同守信用单位""山西省诚实守信道德模范"等，成为员工、顾客、政府、社会各界的安心之选。

四、"智以创新"的实践

企业儒学认为，企业要践行儒学"智者不惑"的理念：善抓商机，与时俱进；崇尚智慧，学习成长；基业长青，永续经营。"智以创新"，企业就要致力于成为"时代的企业"，随着时代变化而不断变化。只有时代的企业，没有成功的企业。为什么这么说呢？企业都想长盛不衰，但实际上很难做到。如果这个企业成功了，那么，它的成功只不过是跟上了时代的节拍。所以说，企业应该是时代的企业，也就是说跟上了时代前进的步伐才能成为成功的企业。

为此，我们紧跟时代的需求，守正创新，在坚持家电销售本业的同时，回收废旧家电再利用，实现了向资源环保型企业的转型。2009年，确立"绿色天元"企业使命；2010年，开展废旧电器无害化回收处理业务，对废弃电器电子垃圾和报废汽车通过绿色无害化处理，使之还原成新的铜、铁、铝、锌等生产原材料；2015年建成"再生资源循环产业园区"，牢固树立"项目是第一支撑"理念，逐步形成废旧家电拆解综合利用产业链、废旧汽车拆解综合利用、废轮胎再生资源利用、废弃资源回收网络平台等产业板块。

天元下属企业山西天元绿环股份有限公司年拆解量180万台，成为山西省首家规模较大的废旧电器回收处理基地、山西省循环经济试点企业；山西天元煜丰再生资源利用有限公司，采用国内先进报废汽车拆解工艺，可分类拆解小型汽车、大型货车以及新能源汽车，2022年顺利取得"报废机动车回收拆解企业资质认定证书"和"新能源汽车回收拆解业务资质"证书；年处理4万吨废弃线路板的阳泉中恒华远环保科技有限公司和年处理12万吨废轮胎的山西中恒华睿新能源有限公司，实施互联网+智慧园区建设，初步建设完成以数据为核心的工业互联网平台。

2014—2024年，天元累计回收处理报废家电913万台，相当于减少原煤开采约3.6万吨，减少铁矿石开采约5.6万吨，减少铝矿石开采约0.8万吨，减少铜矿石开采约0.3万吨，减少石油开采约27万吨，减少了温室气体排放，减少了废弃物对环境的破坏，减排二氧化硫约0.8万吨。节能减排二氧化碳约87万吨，节约资源的同时，保护了地球环境，承担社会责任，推动可持续发展，实现经济、社会和环境的和谐共生。天元循环经济产业园区成为国家级"绿色工厂"。

2024年3月，国务院印发《推动大规模设备更新和消费品以旧换新行动方案》。3月27日，商务部驻天津特派员办公室、山西省商务厅、中国家电行业维修服务协会及省零售商行业协会等领导，莅临天元调研指导工作。4月13日，"晋情消费、泉民乐购"2024年阳泉市消费品"以旧换新"活动在天元启动。天元在正确价值观的引领下选择绿色循环产业，再一次与国家和时代同频共振。"智以创新"既实现了企业由传统销售业向资源环保型企业的转型，更实现了化恶为善，化废为宝，为社会创造了价值。天元以新儒商企业的使命和担当，在国家高质量发展的进程中，找准定位，为企业开辟了更广阔的发展空间。

五、"仁以爱人"的实践

企业儒学认为，企业要践行儒学"仁者不忧"的理念：关爱员工，共享财富；关爱顾客，服务大众；公益慈善，绿色环保。

"仁以爱人"，企业关爱员工，二者形成命运共同体。天元建立"我心安处是我家"的企业文化，企业不能只给员工提供岗位和工资，重要的是引导员工学习优秀传统文化、帮助员工成长，明德至善，引导员工成为承担中华民族复兴重任的"大人"和"君子"。

太原店的一位经理分享说，在原单位上班时，沉迷手机游戏。加入天元以后，"小家长"每天带领他学习、诵读，主动找他谈心沟通。他说，以前的总经理都是高高在上的，没有想到"小家长"这么重视我，帮我规划未来，让我找到了自己的定位。从此，他像变了一个人，每天坚持学习儒家经典，主动卸载了手机里所有的游戏，担任义工组长服务大家，并发愿：我要让别人因我而幸福。在他的带领下，小团队意气风发，业绩占全店业绩份额的60%以上。

天元提出"关爱员工四代（袋）"——上一代、下一代、口袋、脑袋，帮助员工收获幸福。一是孝践行孝道关爱上一代。公司出台了"孝亲假期""孝老礼金"等制度，引导员工孝养父母、连根养根、收获幸福家庭，更懂得天下父母都是天元人的父母。二是传承德善好家风，关怀下一代。公司持续开展开学第一课、国学夏令营、爱心托管班、亲子诵读群等活动，引导员工建立和传承好家风，教育下一代立德为根、牵手圣贤，本立而道生。三是努力奋斗富口袋。幸福是奋斗出来的，在帮助他人成功的过程中体验快乐、幸福，获得自豪的物质收入。四是学习国学文化富脑袋。正如孔子说的"老者安之，朋友信之，少者怀之"，公司成立天元书院，组织引导员工学习优秀传统文化，培养员工君子之德，福慧双修。

天元连续17年引导员工行孝行善，传承孝道，员工收获幸福三代、幸福四代家庭。例如，一位女员工，她的母亲便在天元工作、学习优秀传播文化，她也受到文化的熏陶。加入天元后，她以母亲为榜样，教育孩子学习圣贤文化。她表示，她也要让孩子传承优秀传统文化，让家族世代传承孝道好家风。在天元文化的引领熏陶下，"00后"的员工都表示，将来成家一定会做一个让家庭幸福和谐的，"仁以爱人"，就是企业培养出好公民，再把好公民还给社会。

"仁以爱人"，企业就要关爱社会大众，形成社会命运共同体。天元先后开办了9个德善斋爱心餐厅，为员工提供免费午餐，同时向社会开放，社区的老人、农村的五保户、留守儿童、户外劳动者、快递员都可以在此享受免费午餐。德善斋不仅是餐厅，更是员工践行文化、传播爱心、修为自己的课堂。员工也经常自发组织开展保护环境、无偿献血、为贫困地区捐款捐物、资助困境儿童、前往敬老院提供帮助、关爱老人等活动。天元人持续放大爱心，把帮助别人当成一种习惯，重新定义幸福。

六、"勇以担当"的实践

企业儒学认为,企业要践行儒学"勇者不惧"的理念:严于律己,以身作则;努力拼搏,自强不息;承担责任,传播文明。

"勇于担当",企业就要自强不息,敢于开拓。2010年,天元收购濒临倒闭的阳泉某品牌汽车销售4S店,第一时间导入"帮助人人成功"的价值观和家国同构的文化体系。2017年起,公司成立了新能源出租车车友会,组织司机及其家人一起学习国学经典,开展公益慈善活动,签订"文明公约",倡导司机做城市文明"形象大使"。天元连续三年举办出租车司机感恩年会,奖励有德行、做好事、帮助他人最多的司机。

收购时,这个店在全国700多家门店中排名倒数第一;十年后,这个店销售额增长150倍,在全国系统排名第四。导入并践行天元家国同构的企业文化,不仅使一个濒临倒闭的企业"起死回生",而且促进了阳泉市出租车行业风气的改善,助力于打造出文明司机、文明社区、文明城市等城市新名片。

2022年,连续10年亏损的一家汽车品牌店加入天元,学习并践行天元文化,当年实现盈利400万元。在全国厂家考评中,以985.5分荣获"五星级服务店"荣誉称号。扭亏为盈只是物质层面的体现,更大的价值是文化让人心改变,家风正,家道正,企业风气正。不到两年时间,这家店员工的家庭变和谐了,员工的幸福指数更高了,这是做企业最大的意义。多年来,天元的企业文化被学习、践行,影响了更多的企业家和企业、社会群体,让更多的企业树立起文化自信,帮助更多企业共建文明生态圈。

"勇于担当",企业就要厚德载物,引领社会风气。天元所建的循环经济产业园区对面是一个村庄,天元从传递仁爱、孝悌、德善的文化理念入手,企村共建。一是在村里开办德善斋素食餐厅,为孤寡老人和留守儿童提供免费素食午餐,带领老人学习优秀传统文化。二是天元和村党支部连续三年共同开展孝老爱亲评选活动,让孝老爱亲的美德在村里蔚然成风。三是公司连续多年给村中老人和养老院赠送米、面、油,像对待自己父母一样对待村里的老人。重阳节、冬至节时,公司还组织饺子宴,为老人赠送围巾、帽子、手套等御寒用品。几年以后,村里的五保户凑了几十块钱，做了一面锦旗，特意从学校借了锣鼓，敲锣打鼓地把锦旗送到了园区。企村共建孝道文明村，成功打造了新农村的文化品牌，让一个普通的村庄变成了孝道文明示范村、幸福村庄。

天元从企业儒学中找到了新商道，持续放大员工的孝心、爱心、责任心，厚植家国情怀，激活文化的时代活力，走出了一条高质量发展的道路。以前，天元只有家电销售一个产业，年销售额近1亿元，员工200余人；如今，天元已发展为包含家电销售、新能源汽车销售、报废家电和报废汽车回收处理、能源循环再利用等多个产业的集团公司，员工1000余人，成为"中华全国总工会全国提升职工生活品质试点单位"。此外天元德善斋获得了山西省民政厅"第一届山西慈善奖"。

天元以企业儒学"六规"持续引导员工明德至善，知行合一，终身成长，收获物质幸福和精神幸福，体现在道法自然，天人合德，无为而无不为。天元形成了独特的企业价值、企业品牌、企业文化，它不仅仅是一个商业组织，更是一个承载着社会责任和文化使命的社会大家庭。在文化的熏陶下，人们不再只是单纯地追求物质财富，而是更加注重精神的富足和家庭的幸福。今天，你问每个天元人的工作是什么，他们会告诉你，我的工作就是"帮助他人成功"。

天元学习践行文化的课程，在全国线上线下分享100余次，参与受众600余万人次，接待全国来访参学人员上万余人次，成为传播文化提升能量造福大众的平台，实现了五和——内心和悦、家庭和美、人我和心、企业和合、社会和谐，收获了企业生态、人文生态、环境生态、社会生态、经济生态的和谐共生。

天元用43年的实践证明，践行企业儒学"六规"，使其在现代企业经营管理中实现创造性转化，凝聚了企业高质量发展的内生动力，探索出一条传统智慧与现代管理交织融合的创新之路。今后，天元必将在"道创财富，德济天下"大道上，引领全体员工厚植家国情怀，滋养社会风尚，汇聚成一股昂扬向上、锐意进取的精神力量，共同书写百年幸福企业的美好未来！

儒家信仰，儒商文化
——企业儒学在深圳三和国际集团的实践

张 华[1]

深圳三和国际集团有限公司（以下简称"三和"）1985年诞生于深圳，乘着改革开放的大潮，率先引进国外先进的印刷电子技术和设备器材，并通过举办行业论坛、技术培训等形式，培养出一大批行业精英。经过三十余年的不断发展及转型升级，集团确定使命，聚焦三大产业：高新电子材料、高新产业园和仁爱文化。在此过程中，我们坚持传承和弘扬儒家信仰和儒家文化，为推动经济发展、科技进步、社会和谐而勇毅担当、不懈奋斗。

一、儒家信仰的感悟

习近平总书记说："人民有信仰、民族有希望、国家有力量。"[2] 我们理解这个力量就是文化力，这个信仰就是儒家信仰。我们在2009年首次提出了"儒家信仰"，有了信仰不会做坏事，信仰带来智慧，信仰让我们的内心变得更加强大，不管碰到多大的困难和挫折，我们都会勇敢地向前走、走向成功、走向幸福。

三和创立初期，我们就成立了商学院，定期举办新员工培训、行业技术交流会和沙龙活动，组织技术工程师进行培训和考评，帮助三和人在经营、管理和服务方面提升岗位工作技能和素质，让大家对工作永远保持专业度和自信。但是，我们逐渐发现商学院的培训赋能只能满足员工的工作

---

[1] 张华，深圳三和国际集团董事长。
[2] 习近平：《在会见第四届全国文明城市、文明村镇、文明单位和未成年人思想道德建设工作先进代表时的讲话》，《人民日报》2015年3月1日电。

需要，却远远解决不了大家在工作过程中的沟通合作、家庭的和谐幸福甚至是人生的追求迷茫等问题，解决这些实际问题就需要用文化帮助我们提升认知、启迪智慧。为了满足员工的内在提升需求，我们成立了孔圣书院。

孔圣书院对内承担了文化培训的职能，定期举办员工学习成长会，每个月的员工大会举办"孔圣堂儒商文化大讲堂"培训，将古圣先贤的智慧转化为平实易懂的语言和生动的案例，让员工听得懂、学得会、用得好，逐渐提升了三和人的整体素养，甚至让员工及其家庭因此受益。我们也以三和的儒商模式为样板，邀请客户、供应商重要领导嘉宾深度体验三和的礼乐文化，帮助上下游文化赋能，以义生利，携手同行，取得了非常好的效果。

孔圣书院的目标是打造中国最具代表性的儒商文化，儒家信仰体系的赋能平台，依托儒商文化、儒家信仰体系做出品质、做出品牌、做出差异化，让文化力、生产力、创造力竞相迸发，以儒商问道、家风建设、家族传承为核心内容，目标是助力粤港澳大湾区万名企业家成为儒商，为社会持续做出积极贡献。

2016年4月17日，孔圣书院在河源美丽的万绿湖畔正式落成。孔圣堂作为书院的重要组成部分，也成为举办儒家智慧高峰论坛、家风建设、儒商论坛的重要道场。至此，孔圣堂也从一个机构延伸成儒家道场的代名词，成为儒商企业、学校、公园等社会机构和场所均可设立的孔圣堂（孔庙），帮助更多有责任、有担当的儒者实现修身、齐家、治国、平天下的儒士胸襟与抱负，真正实现了儒家文化、儒家信仰更接地气的传承与弘扬。

孔圣书院自建立以来，已经成功举办"儒家联合会集议礼""儒商精神与家风建设高峰论坛""儒家雅集"等活动，为帮助更多的人感悟儒家思想、积淀儒家文化、建立儒家信仰做出了积极贡献！

二、儒商文化的体系

三和的儒商文化是儒家信仰的延伸，是中国传统文化精髓和现代企业理论的融合，是三和过去、现在和未来强有力的支撑。

三和的儒商文化体系根植于古圣先贤的教诲，取自四书经典和圣贤名句之中，我们从实践中检验一切问题源于认知，修身为本，价值为上，三和儒商文化从本末、终始、先后的本源上切入并一以贯之，如《大学》近道三要：物有本末、事有终始、知所先后，则近道矣。这在我们的项目创立、文件创建和工作开展中运用得非常好，通过儒家哲学的指导，本末是战和略的问题，所要制定项目和文件的目标；终始是目标和成果的问题，因此要定好目标和定位。最后，在执行中也有先后的逻辑次序，事半功倍还是事倍功半就看先后次序是否合适，由此制定行动方案，并予以执行。

我们将圣贤教诲融入三和38年来的企业经营中。经历了风雨历程、坎坷弯曲，三和从容接受岁月的洗礼，始终凭借大智大勇、至诚至仁的儒商文化勇毅前行，也在追求成长、成功的过程中不断完善三和儒商文化。今天60余条儒商文化已经经过多次修改完善，才得以最终形成三和儒商文化的集锦——《文化圣典》，其一经成册便得到了很多老领导的肯定和称赞，吸引了很多企业家朋友和学者朋友的探讨和交流。全册《文化圣典》以简明扼要的语言回答了企业家关心的三大问题。

第一，儒商问道。

首先，儒商是什么？其和商人的区别在哪？智商高的人不一定会成功，有智慧的人定能成功和幸福。企业家不一定会持续成功，儒商定能成功和幸福。儒商就是把儒家思想，融入现代企业经营实践中，获得持续成功，并为家国天下奋斗一生的企业家！

因此，儒商是商界的精英、儒者的楷模，是推动社会经济文化发展进步的少数关键人。他们遵循圣贤教诲，以"格物致知、诚意正心、修身齐家、治国平天下"为使命担当，具有较高的人格修养和人生智慧、有坚定的儒家信仰和神圣使命、有良好的个人口碑和巨大的社会贡献。

其次，儒商做什么？儒商以儒为本，要以儒家文化形成的共同信仰和价值观，上下同欲、万众一心、铸就儒商之魂！儒商以商为载体，建立利益共同体、命运共同体的共赢平台，打造奋斗型的事业合伙人团队，追求有成就感的幸福人生。为经济发展、科技进步、和谐的社会奋斗一生！

最后，怎么做？发挥好儒商智慧，儒商智慧是指做优、做强、做卓越的儒商经营智慧，它区别于盲目做大、做上市的市场行为。具体而言，做优就是要持续改善，做强就要搭建共赢平台，做卓越必须担负伟大使命，只有这样，才能以儒商文化打造基业长青的百年基石。

第二，家风建设。

中国自古以来就是家文化，现在家庭问题越来越多，构筑天伦之乐的和睦家庭似乎越来越难，齐家的第一个层次是如何做好家风建设：我们提倡搭建家庭成员沟通的重要平台。家风建设的目的是要建立和睦家庭！目标是帮助家庭成员的成长、成功、幸福！秉持不责备、不抱怨、自我反省的原则，家庭成员提出善意的建议，并营造融洽的家庭氛围！我也将自己的三条家训和大家分享：事业上，一生勤为本，信任值千金；家庭上，幸福之道常怀感恩之心，和睦家庭传承孝悌为本；人生上，建立儒家信仰，以儒家思想代表的优秀传统文化为人生的指路明灯！

第三，家族传承。

《中庸》讲："仁者，人也，亲亲为大。"自己的小家庭温馨和谐，自然要照顾好家族，但是子女是否有为？代际传承是否没有间隙？到底是家道中落还是家业长青？这些问题无不困扰着今天的企业家们。

儒商当以先师孔子为榜样，行为世范，孔氏家族历代英豪栋梁无数。为什么孔家绵延两千多年仍然生机勃勃，家业长青？

家族传承的核心不仅仅是家族财富的传承，更是家族精神、家族文化的传承。因此，三和推行的家族传承的根本即家族精神和家族文化，除了儒家五伦所提父子有亲、君臣有义、夫妇有别、长幼有序、朋友有信之外，我们把人生志向按"圣贤、儒商、君子、常人、小人"逐一划分，让家族中人从小立志，修身自勉，穷则独善其身，达则兼善天下。同时以韩公的"业精于勤荒于嬉、行成于思毁于随"和曾公家书告诫的"奢、逸、骄"三字为训诫，告诫后人，家族永续。

以上所述三点，都已汇总成册名，为《文化圣典》，愿将此册无私奉献给社会，供交流互勉，不断精进。

三、儒商文化的践行

企业推行"儒商文化"的关键在于落地实践，用中华优秀传统文化涵养企业精神，培育现代企业文化。这既是关键点，也是难点，三和国际在长期的探索中博采众长、不断优化，最终形成了"修身五要素"。

"修身五要素"内容如下。立一个志：学为君子、责任担当；日读一经：文化经典；日改一过：吾日三省吾身；日行一孝：孝顺父母、感恩师长;日积一善:积善弘道,以成就君子修齐治平的人生大道。

三和每周一的集团大晨会例行组织员工背诵儒商文化经典,让员工分享交流修身经验。被随机抽选到的三和同事登台分享他的个人志向、儒学经典的学习感悟、反躬自省的心得总结、孝顺父母和感恩师长的行动案例以及平日里善心善举或者弘道事件,和大家交流分享,互勉进步。我们还会对较为优秀的"修身标杆"进行约稿采访,文章刊登在三和的内部报刊《三和报》上,以下分享一位三和员工的修身日志。

立一个志:学为君子,责任担当。我立志成为一名君子,自强不息、有责任担当。自强不息:关键在于"自",这个"自"包含了自己,包含了这个团队。当遇到艰难险阻时,首先要靠自己,要相信自己勤劳和奋斗的力量,要有坚韧不拔的精神,再加上刚健有力的团队力量,我们才能一往无前、永不停息。有责任担当:勇于承担责任是我们进步的法宝,有多大的担当,才会有多大的成就。

日读一经:文化圣典。我分享的是对我工作有很大帮助的、在我们《文化圣典》里的一条圣贤文化。子曰:"巧言令色,鲜矣仁。"我的理解是:孔子认为,一个花言巧语、矫揉造作、表情极其丰富的人,很少拥有仁爱之心。那孔子认为什么样的人有仁爱之心呢?他认为"刚毅木讷,近仁"。这个人似不能言,看起来不太会说话,但他坚强刚毅、诚恳朴实、谨言慎行,知道在什么场合下说自己应该说的话。一位著名的企业家说过这么一段话,与这句经典有异曲同工之意,跟大家共勉:一个八面玲珑、能说会道、很会来事的人,这种人很厉害,但,还有一种人更厉害,这个人在人前人后都能够被无限信任。他还说,一个懂得各种人际交往技巧的人只停留在"术"的层面,而在"道"的层面还需要考察这个人是否有仁爱之心。所以,结合这句经典,孔子不喜欢"巧言令色",并不是不喜欢这种人的花言巧语,而是不喜欢一个人身上没有仁爱之心;而孔子喜欢"刚毅木讷",不仅喜欢这个人身上的坚强刚毅,更喜欢这个人身上的仁爱之心。

日改一过:吾日三省吾身。在品读"巧言令色,鲜矣仁"这句经典时,我在反省:招销售时,我们希望招到能说会道的人。但这个人是"巧言令色",还是真的能说会道?这个人是"刚毅木讷",还是真的木讷？这就需要我不断提高自己的专业技能，做到更好地"识人"。

日行一孝：孝顺父母、感恩师长。老师发来孩子的一篇作文，题目是"假如你遇到了会七十二变的孙悟空，会发生什么有趣的事情？"。孩子写的大概内容是：假如我遇到了孙悟空，我让他变一把三弦，因为爷爷的三弦坏了；假如我遇到了孙悟空，我让他变出很多膏药，因为奶奶的腿疼；假如我遇到了孙悟空，我让他给爸爸变很多的钱，这样爸爸就不用这么辛苦；假如我遇到了孙悟空，我让他给妈妈变出很多的人，因为妈妈说招人很难（其实是招到合适的人很难）；假如我遇到了孙悟空，我让他变出很多玩具，我和弟弟每天都有新玩具玩。我们的父母从来没有告诉我们要如何孝顺父母、兄友弟恭，但他们却用实际行动告诉了我们，什么是孝顺父母，什么是兄友弟恭，所以，我们孝顺或者不孝顺，都会在孩子的心里"萌芽"。

日积一善：积善弘道。我刚加入三和这个大家庭时，得到了很多领导和家人们的帮助，我一直记在心里。刚入职时，部门同事很贴心地告诉我，这个饮水机的按钮手湿的时候不太好按，你要多按几次；第一次找总经理办公室，同事说"我带你过去"；有一次我在会议室里工作忘了开灯，同事走过来帮我打开灯并笑着说"可以把灯打开，对眼睛好"；每天中午有阿姨帮我们热好饭菜；第一次参加部门活动，财务部的家人们，对我照顾有加；初次与各位领导们见面，那些鼓励的话、感动的瞬间我一直都还记得……所以，对于一个新人来说，您的一个微笑、一个指导、一个信息，都是莫大的鼓励和帮助。接下来，希望我们一起帮助每一位新加入的家人，让他们更快地融入团队，让我们三和这个大家庭越来越壮大。

四、儒商文化的组织建设

建设企业家风，为基业长青保驾护航，三和早早就开始思考和开展这一工作，三和会由此诞生。三和会全称为"三和家族事业委员会"，成立于2009年5月，下设秘书处和8个支部，至今有会员近百人。三和会会员是三和家族事业的先锋组织、核心力量。三和会的目的是建立三和人信仰，推动三和人的慈善事业，实现三和人的梦想。

三和会的职责是：①帮助更多人建立儒家信仰，弘扬和传播儒商文化。②营造尊重、支持、关爱和谐氛围，关心关爱员工；履行社会责任，积极回报社会，推动三和人的慈善事业。③弘扬儒商精神，构建儒商伦理道德规范和企业管理模式，促进企业做优、做强、做卓越，实现三和事业的持续健康发展。

三和会组织开展了众多活动，让三和成为来自五湖四海兄弟姐妹们相亲相爱的温暖大家庭。如覆盖集团全员家中的红白喜事、员工集体生日会、传统节日慰问等人文关怀，至今我们的一位子公司总经理还经常分享她年迈的母亲在节假日收到董事长亲笔签名的慰问函和礼物的故事：母亲寡居在家，经常记挂女儿在深圳工作顺不顺利、日子过得开不开心，每逢中秋佳节的节日问候就成了老人家数着日子的期待。董事长作为集团的大家长，为优秀员工的父母亲笔书写并千里寄去慰问，告诉远在家乡的父母亲人：你们培养出的优秀子女，为公司发展做出了积极贡献！我为你们感到骄傲和自豪！公司将继续为三和家人搭建实现梦想的事业平台，共同追求有成就感的幸福人生！老人家每年将红色信笺装在铁盒子里，放在床头，逢人就讲儿女在大城市取得的成就。

建设家风不能少了家训家规，三和也有自己的家训家规，在公司我们称之为六项行为准则，内容如下：①端正工作作风，不接受下属请客送礼；②做人诚实守信，不贪污腐败吃回扣；③尊重敬畏他人，不可狂妄自大不懂规矩；④忠诚三和事业，不拉帮结派；⑤提高思想觉悟，不传播负面言论；⑥勇于责任担当，不为艰难找借口。

此外，三和会对内部高管团队有很高的要求，每个季度组织高管团队开展自我反省成长会，秉持不责备、不抱怨、责善互勉的原则，互相提出善意的建议，帮助高管团队的成长。

每个季度三和会都会举办一些有意义的活动，如三和会会员日活动、马峦山上感悟东江纵队革命历史、电影院里集体观影领略女排精神、大亚湾的海面上观看千帆竞渡百舸争流……三和人通过组织建设，在每个经营单元成立支部，丰富了员工生活、培养了员工的家国担当、凝聚了友情和亲情，使三和会成了儒商企业的核心组织。

五、儒商企业的分配机制

企业经营如何把钱分好是一门学问,如何稳定核心团队、吸引外部优秀人才,使万众一心,创造和分享更大的利润回报,股权激励等成为企业发展壮大的过程中绕不开的一个个问题。采取什么样的股权激励方式,国内外企业基于所处行业、发展阶段和企业规模等因素,仁者见仁、智者见智。我们认为要探索出符合儒家信仰和儒商文化、适应国情的中国式股权激励方案。

三和在这条探索的道路上一走就是30年。股权激励的想法始于1993年。2005年,内忧外患,一夜之间十多家分公司的经理和主要管理层背叛,山头、帮派、炒单、腐败等顽疾将三和一步步推进深渊,企业在"前有狼后有虎"的环境中艰难求存。苦难的磨炼让我们深刻体会到:企业要生存和发展,就必须"同频"——文化信仰价值观统一;"合力"——上下同欲;"共振"——万众一心,建立利益共同体、命运共同体的创业平台。于是,三和开始求索中国民营企业股权激励的必由之路。最终,我们经过多方学习和对比后,以晋商的身股、银股模式为参照,结合我们的实际情况,因地制宜,制定了三和的股权激励方案。

三和在2016年组成立了薪酬与考核委员会,以岗位为基础、以业绩为核心、以价值观为导向,拿出实际达成净利润的20%作为身股,以50%、30%、20%分三年兑现,其中第二年、第三年的延续收益部分还将根据所在单位投资回报率给予6%的投资回报,面向集团部门经理级以上实行干股分红激励方案,打造利益共同体的事业平台。

干股分红的激励方案调动了员工的积极性和创造性,但是对于有更高追求和更强能力的三和同事,利益共同体则稍显不足。只有建立利益共同体、命运共同体的共享平台,打造奋斗型的事业合伙人团队,共同追求有成就感的幸福人生,才符合三和儒商文化的价值诉求。

于是三和以6个子公司为经营单元,每家以15%的净资产作为银股,推动三和内部的创业平台,实现同舟共济,胜则举杯相庆,败则拼死相救。为了让员工们在三和的平台上实现财富自由,获得幸福人生,对于6个子公司每一位股东,大股东都会借资一半给其加以支持!身股和银股的股东标准也有不同。银股激励方案新股东标准第一项考核的就是品行价值观：具有儒家信仰并与公司价值观一致。第二项是绩效卓越：积极主动、有责任担当、团队协同，有价值、有贡献并具创造性的值得依赖的优秀人才。第三项评估的是个人潜力：忠诚三和家族事业，积极向上，善于学习，自我反省并持续改善的卓越管理者、经营者。

三和的股权激励方案是符合中国国情、符合儒家义理、博采众长的可行性方案。儒家经典《大学》说："财聚则民散，财散则民聚。"只有给优秀的员工搭建利他共赢的创业平台，才能让三和的事业为社会创造更大的价值和贡献，正所谓"有德此有人，有人此有土，有土此有财，有财此有用"。

六、儒家信仰与儒商文化的社会辐射

在坚定儒家信仰、构建儒商文化的基础上，通过深圳市三和仁爱文化基金会、孔圣书院、孔圣堂、华圣文化开启了面向社会的弘道事业。这可简单概括为弘道"1+3"模式，即持续举办好一个品牌活动——深圳孔子文化节，推动落地三个弘道项目——儒家智慧孔圣堂、儒学孔圣修身营、儒商基业长青社，践行张载的四句教言——为天地立心，为生民立命，为往圣继绝学，为万世开太平。"立心"立的就是仁爱之心，"立命"所指的正是使命，"继绝学"是学习圣贤经典，"开太平"就是建设和谐社会。

深圳孔子文化节由广东高科技产业商会、三和国际集团、孔圣堂联合发起举办，自2009年开始，至今已累计成功举办了13届孔子文化节、14届祭孔大典等。这些活动旨在帮助更多的人学习儒家思想、积淀儒家文化、建立儒家信仰，用老祖宗绵延五千年的圣贤智慧，从根本上解决信仰缺失所带来的社会顽疾，为家庭和睦、社会和谐、世界和平的家国天下持续贡献力量！

孔子文化节举办十四年间，主办单位与孔颜曾孟圣裔宗亲会、香港孔教学院、至圣孔子基金会、深圳外商投资企业协会、深圳市卓越绩效管理促进会、深圳市东江纵队粤赣湘边纵队研究会、深圳市侨媛协会、儒士社、慧善芸雅等支持单位、各级领导和社会贤达同心同德，积极地传承、弘扬和发展以儒家思想代表的优秀传统文化。

如今，深圳孔子文化节已成为深圳特区乃至粤港澳大湾区一张闪亮的文化名片，受到了中央、省、市各级领导、名人学者和众多社会贤达持续关注和大力支持，时任国家宗教事务局第四司司长吕晋光在首届祭孔大典上讲话并高度评价：深圳孔子文化节的隆重举办是一件大事！好事！喜事！

原文化部常务副部长高占祥对深圳孔子文化节的举办更是给予了高度肯定和赞扬，他在给孔子文化节的贺辞中写道：大鹏湾畔，莲花山下；巍巍深圳，瑰光璀璨；千年儒学，鹏城传扬；千古伟业，道阻且长。集聚丰盈物质之时，积累丰厚文化底蕴，向我们展示更加蓬勃向上的深圳，也向我们展示深圳企业家、深圳人的文化自信、文化自觉与文化担当。在建设文化强国中，深圳人在豪迈地实践着文化强市、文化兴市、文化立市，此乃深圳之幸，此乃国家之幸！

为了更好地弘扬儒商文化、让企业儒学的智慧赋能更多企业家，摆脱恐慌焦虑，在逆境洪流中行稳致远，三和推动了三个弘道落地项目：孔圣堂儒商智慧大讲堂、儒学孔圣修身营、儒商基业长青社。通过参访研学、礼乐体验、主题授课、分享答疑、方案制定、入企辅导等方式，帮助更多老板提升为企业家，帮助企业家提升为儒商，让每一家企业成为赋能学习的学校、温馨友爱的家庭、弘道利他的道场。

为了给上述的弘道活动提供资金保障，我们于2013年成立了深圳市三和仁爱文化基金会。基金会的宗旨是：传承、弘扬和发展以儒家思想为代表的优秀传统文化，发扬儒商精神，帮助更多的人感悟儒家思想，积淀儒家文化，建立儒家信仰，为家庭和睦、社会和谐、世界和平的家国天下做出积极贡献。

三和仁爱文化基金会除了资助深圳孔子文化节之外，还在社会公益、责任担当上不遗余力。

一是捐资助学，双手捧起祖国明天的太阳。广东省河源市锡场镇中心小学办学条件艰苦，教学楼破旧。为帮助学校改善教学设施和条件，帮助贫困孩子们改善生活，让孩子们可以建立积极、健康的人生观和价值观，拥有更好的成长环境，2005年广东省委统战部、深圳市委统战部、三和国际集团来到河源市锡场镇中心小学看望学校师生并为学校援建教学楼，最终积极响应中央统战部推动的"希望工程"，"三和国际希望小学"由此建立。自此，三和每年六一儿童节都会到河源小学开展活动，给孩子们送去爱心助学金、奖学金、学习文具等，至今已经连续开展12年助学活动，各项金额累计达200万元。

除此之外，三和还在北京印刷学院、南京职业技术学院、深圳大学文学院、河南信阳三和国际希望小学等院校设立奖学金、助学金，传播儒家思想、儒商文化，在弘道利他的道路上身体力行。

二是红色传承，弘扬东江纵队的爱国主义精神。广东人民子弟兵——东江纵队是一支特殊的部队，是光荣的部队！东纵的前辈们不仅在抗日战争、解放战争中抛头颅、洒热血，而且在改革开放时期打响了深圳改革开放的第一炮！带领深圳特区走向成功，继而推动了沿海城市的改革开放，助力了全国改革开放的成功，为中国今天的繁荣富强和成为世界第二大经济体做出了极其重要的贡献！前辈们的辛苦付出和奋斗精神令人感动和敬佩！

作为东江纵队的"红二代"，我本人积极推动三和仁爱文化基金会持续支持东江纵队爱国主义精神的弘扬，为深圳东江纵队事迹的出书、东江纵队研究会数据库的建立、每年东纵老战士聚会及东江纵队周年庆典系列活动捐赠善款。三和仁爱文化基金会发起的纯公益红色项目大型革命史诗长卷《虎啸东江》，2022年1月由人民日报出版社出版，三和希望通过这样的项目把红色基因传承好、把红色文化弘扬好。未来，三和仁爱文化基金会将持续传承和弘扬东纵爱国主义精神，讲好东纵故事，让东纵精神在深圳双区建设进程中、在伟大民族复兴历程中发挥更大的价值和作用。

七、儒家信仰与儒商文化的实践效果

三和的儒家信仰、儒商文化以儒家义理为据，结合西方管理科学，创造性地转化并应用于企业经营管理的方方面面，三和儒商文化帮助全体员工提升认知、达成共识、马上行动，经过经年累月的坚持，收获了非常可观的成果。

（1）儒商文化建设成果显著。自从三和推动儒家信仰、践行儒商文化、倡导全员学为君子以来，三和核心高管团队绝大多数得了中基层员工的信任，实现了儒商文化、儒家信仰所形成的共同价值观。

（2）儒商平台搭建获得成功。在信仰价值观同频的情况下，三和实现了全体员工上下同欲，自股权激励改革实行以来，在我们搭建的利益共同体、命运共同体、弘道共同体的创业平台上，目前已经有4家子公司实现了股权激励改革，股东人数全员占比超过20%。

（3）经营绩效从二次创业以来持续盈利、持续增长。即使是在最艰难的疫情期间，三和也没有恐慌、没有焦虑、始终自信满满，疫情期间经营规模逆势增长，经营绩效逆流而上。同样是在疫情三年里，三和团队万众一心，先后荣膺国家高新技术企业、深圳市专精特新企业和昆山市小微特色产业园等资质和荣誉。

回顾我们的历程，总结我们的经验，集中到一点，就是儒家信仰、儒商文化拯救了三和、改变了三和、成就了三和，为三和的经营提供了深厚的文化底蕴。坚定文化自信、建立儒家信仰，帮助更多人成为君子、企业家成为儒商，造福一方，这是我们共同的使命和责任担当！在百年未有之大变局下，三和经受住了前所未有的考验，成为中国高新电子材料卓越品牌、现代化经营型的科技集团，为中国高新电子产业的发展做了出贡献！

儒以铸文，文以化企
——企业儒学在深圳乐天成集团的实践

孙明高[①]

深圳市乐天成控股集团有限公司（以下简称"乐天成"）根植于齐鲁大地，成长于改革开放的春风里，深受儒家文化熏陶和时代精神涵养。长期以来，我们将儒家文化融入企业的经营实践，涵养企业精神，培育现代企业文化，内化于心、外化于形、固化于制、深化于灵、长化于行，逐步形成了具有中国特色的现代企业文化体系，提高了公司的整体经营素质和竞争能力，在经营模式、盈利模式、业务模式、管理体制等方面取得了丰硕的创新成果。

一、理念文化，内化于心

理念文化是企业文化的核心，是企业从事经营管理活动时所秉持的理念，是每位员工的信仰，它具有目标性、前瞻性、准确性，有了企业理念文化，企业才能不断发展壮大。经过二十多年的经营发展、累积沉淀，乐天成将自己的经营特色转化为理念文化，并逐渐形成了适合本企业发展的核心"三观"、使命、愿景、经营理念和哲学等。

（一）企业核心"三观"

乐天成的核心"三观"，一是乐天成核心世界观：世界观、视界观、识界观；二是乐天成核心价值观：实事求是、实事求适、实事求势、实事求效；三是乐天成核心人生观：信仰人生、精神人生、幸福人生、圆满人生。

[①] 孙明高，深圳市乐天成控股集团有限公司董事长。

我们在深圳创立的第一家企业是深圳市天成投资集团。正是在企业核心"三观"的指导下，集团通过股权投资的方式，控股、信托管理了多家公司。与此同时，集团与北京大学、天津大学、西安交通大学等高校合作组建了天成研究所。为了更好地运营和管理这些公司，2011年12月，成立了深圳市乐天成控股集团有限公司。如今，乐天成已经发展为跨区域、跨行业、跨境的投资控股型集团公司，逐步形成了"六大产业集团、五大区域集团"的战略布局。从此，乐天成在"天成：天道酬勤、玉汝于成、精诚所至、自然天成"寓意的基础上，增加了"快乐天成，幸福天成"的内涵，这也是天成人的奋斗目标。

（二）企业使命

企业使命解决了"我们要做什么、我们为什么存在"这两个问题。乐天成的使命是"以知本＋技本＋资本，促进企业和产业的成长；以知本＋智本＋资本，促进城市和政府的发展；以人本＋仁本＋资本，促进学校和教育的转型"。

在促进企业和产业的成长方面，乐天成凭借企业团队的业务知识、经验和专家团队的优势，为企业提供专业的顾问与咨询服务，包括投资顾问、金融顾问、财务顾问、管理顾问、发展顾问等；为企业提供投融资服务、教育培训服务，以及为企业提供改制、发行、上市、配股、增发、参股、定向募集、可转债等服务，帮助企业解决发展中的瓶颈问题，从而使企业摆脱困境，打造和推动一批批企业客户成功走向资本市场，成为境内外的的上市公司。

在促进城市和政府的发展方面，我本人先后担任湖北省十堰市、山东省滨州市、河南省郑州市、安徽省铜陵市、吉林省舒兰市、辽宁省营口市、东莞松山湖等二十多家地方政府的经济顾问、决策顾问、招商引资顾问，并担任山东团省委广东省"双招双引"工作站站长，山东省聊城市、山东省东营市、吉林省舒兰市、四川省北川羌族自治区等地"招商大使"。我们运用投资银行的思维模式，为各级地方政府进行通篇布局，提供科学的整体顶层规划与设计，包括但不限于区域经济发展规划、产业园区规划、招商引资规划、人力资源规划等。协同发挥天成大学等的优势，支持城市建设，通过开展与央企和金融机构的合作，共同为地方政府提供建设项目融资、债券业务、基金业务、保理业务、跨境业务、融资租赁、供应链金融、上市融资业务、信托融资、创新业务等服务，协助地方政府做好招商服务。特别是围绕各地市的招商引资工作，独创设计"六招六引"招商模式，即招商引资、招才引智、招商引制、招商引治、招商引技和招商引税，帮助地方政府建立产业园区，建立现代产业体系，全面促进地方经济和社会的高质量发展。以招才引智为例，通过天成大学、商协会、博士科研工作站、研究院等平台，帮助地方政府建立院士工作站、博士后科研工作站和大学二级学院，引进专业技术人员，实现人才引进、智力引进和智库引进；通过产业招商、金融招商、投行招商、资本招商，帮助地方政府实现创新招商。

在促进学校和教育的转型方面，早在天成集团创办初期，我们就战略性地组建了天成集团职工培训中心，并使之成为天成集团的人才培养基地和干部培养基地；除完成企业的日常培训外，中心还会举办全国性培训、集团大规模培训活动。

我们与国内知名大学合作创办了5个研究所，通过各种形式为全国各地培训各类人才万余人。我们以"标准化、市场化、创新化、国际化"为发展战略，以"运用大学自有创新的先进商业模式和运营模式"为发展思路，利用大学多种形式特色业务品种和先进技术，打造"培训—教育—研发—创新—出版—再培训"和"培训—问题—咨询—顾问—解决方案—投资—再培训"的双循环经营模式，逐步实现各项战略发展目标。通过开设"企业融资之道""企业投资之道""资本运营之道"等专题培训班，为10万多名企业家、2万多名公务员、3万多名在校学生提供了教育培训服务。

（三）企业愿景

企业愿景是企业使命的递进，是组织希望达到的未来图景。乐天成的企业愿景是"全员学习型企业、有效执行型企业、变革创新型企业、团结和谐型企业、持续发展型企业"。

我们十分重视员工的学习。在我看来，人才状态决定工作结果，领导者引导人才状态，当所有员工都全身心扑在事业上，企业自然会向前发展。每个人的前进往往都离不开他人的影响，人类每次进步都是靠一部分先知先觉的人；学习知识的目的是学会随时随地创造方法；影响人的思想比影响人的行为更重要。

乐天成是一个十足的学习型组织，任何因学习产生的成本，公司都会"买单"。比如只要考上资格证，公司就会代付考试报名费；买书就会报销。乐天成已形成三大作风：一是理论联系实际，二是密切联系客户，三是反省和自我反省。在我们看来，理论联系实际最好的方式就是工作学习化、学习工作化，不能只为了学习而学习，也不能只为了工作而工作。工作过程就是学习过程，学习过程也是工作过程。

（四）经营理念

我们的经营理念是"启德行商，启智从商，投资载道，投资载德"。创业之初，我们就已制定了乐天成三十年发展规划。集团规划的逻辑是十年为一个周期，第一个十年（2001—2010）为创业的十年，第二个十年（2011—2020）为成长的十年，第三个十年（2021—2030）为发展的十年。

在创业时，乐天成早早规划出前十年的发展方向，包括创业年、经营年、管理年、营销年、学习年和创新年，等等。十年就基本搭建了一个企业健康成长所需的系统。

在成长的十年里，需要给企业补充养分和养料，从而使其由一个婴儿变成一个青年。前五年集中来解决企业成长中的问题；后五年解决员工成长的问题，包括职位、态度、职业化成长和学习的成长等，通过经营管理、时间管理、性能管理和态度管理等能力的提升，把员工由职业人变成事业人，由打工者变成创业者。

第三个十年则是发展的十年，包括协同发展、生态发展、跨越式发展、可持续发展和科学发展等。乐天成有不同的发展计划，一年一个周期，把不同的发展通过这十年融合起来，实现企业的基础发展、全面发展、健康发展，最终变成可持续发展。到了发展的十年，一旦发现创新不足，集团将会进行二次创业、二次成长和二次发展。

（五）企业哲学

在乐天成不断发展壮大的过程中，我们一直倡导理念创新。理念创新是企业一切创新活动的前提。理念创新就是要转变观念和更新观念，树立正确的价值观和价值导向，由传统观念向"利他主义、价值主义、长期主义、生态主义"转变。

正是对创新的执着、对卓越的追求，铸就了天成人豪爽大气、务实求真、果断机敏的品质，形成了"利他主义、价值主义、长期主义、生态主义"的企业哲学，从而与客户、利益关联者和合作伙伴协同创新、开放共享，最终实现"为社会创造财富、为客户创造利润、为股东创造回报、为公司创造价值、为员工创造机会"的企业宗旨。

利他主义，在广义上是指促进他人获得利益，这至少是利他主义思想中最原始的含义。正如稻盛和夫所言，我们做企业，一定要懂得"为他人，为社会"。乐天成坚持利他主义，不论是双方合作、构建新产业链，还是塑造新价值链，我们在价值发现、价值创造、价值传递、价值维护、价值实现、价值分配的过程当中，一定会想到我们的合作伙伴，想到利益关联者的利益，要对产业链的价值进行科学合理的分配，最终形成一个感情共同体、利益共同体、事业共同体和命运共同体，同心协力、共同成长。

价值主义，是从研究对象的客观实际出发，不断地加深对现象和本质之间的关系的认识，最大程度地洞悉规律、把握本质。进而由此做出指向物质或精神的最大化的利益诉求。乐天成坚持价值主义，一定要为客户创造价值，为企业创造价值，为利益关联者创造价值，为产业创造价值。

长期主义，是一种格局，帮助企业拒绝狭隘的零和游戏，在不断创新、不断创造价值的历程中，**重塑企业的动态护城河**。乐天成秉持长期主义进行投资建设、运营管理，实现企业可持续发展。

生态主义，是不同于人类中心主义的一种思想，其认为人类要尊重自然，在求得自身生存和发展的同时，应当遵循自然生态规律和生态法则，实现人类社会与自然环境的和谐发展。乐天成始终倡导绿色生态环保理念，一是主张构建企业生态系统来传播绿色生态理念，通过打造生态经济、生态环境、生态金融等措施，联合中国天成大学为中小企业建立起绿色、健康、可持续的金融生态环境；二是坚持协同创新、开放共享、绿色可持续发展的道路不动摇。在践行绿色环保实践中，乐天成下属天成环保产业公司与各大环保机构合作，筹备双碳经济促进会，实现绿色环保事业化，构建起企业的生态经济。

长期以来，我们坚守乐天成的企业哲学，链条式规划设计，集群式发展。着力打造"链条式、循环式、银行式"发展模式，以价值链为主导，发现价值、创造价值、维护价值、传递价值、实现价值、分配价值；为企业、为行业、为区域赋能，为社会带来价值。一是通过"科技＋智库＋金融＋投行"模式，培育、壮大实体产业；二是通过"教育＋培训＋智库＋科技＋投行"模式，赋能民营企业，助力民营经济发展；三是通过"智库＋科技＋投行"模式，实施直通车工程，打造上市公司方阵；四是通过"平台招商＋金融招商＋资本招商＋投行招商"模式，协同地方政府"六招六引"，调整产业结构；五是通过"智库＋投行＋创新"模式，协同做好区域经济规划、产业体系规划、招商引资规划，实现科学招商、精准招商，实现区域产业结构的优化，实现产业转型与升级，助推区域经济的高质量发展和区域生产力的健康可持续发展；六是利用"产学研＋智库＋投行"优势，大力发展新经济、新技术、新产业、新业态；七是利用"循环式、链条式、银行式"模式，利用粤港澳大湾区的地理优势，大力发展外向型经济；八是始终牢记初心使命，主动承担社会责任。

（六）企业精神

企业精神是企业的精神支柱，是企业之魂，是企业在长期的生产经营实践中自觉形成的、经过全体员工认同信守的理想目标、价值追求、意志品质和行动准则。企业精神如同凝聚全体员工的黏合剂，是推动企业发展的动力源。"每天都在超越自我，追求卓越"是乐天成的企业精神。工作中我们要求做到尽善尽美，追求高质量高标准。坚持不懈是我们奋斗的目标，追求卓越更是我们前进的方向。俗话说"好记性不如烂笔头"，工作中我们要求员工学会记录，经常盘点手中的工作，不要做重复的工作，在提高执行力的同时，提高效率，超越自我。

二、标识文化，外化于形

标识文化是公司精神文化的物化表现，对外能够提高企业的辨识度、提升企业的形象，对内能够增强员工的归属感与忠诚度。

（一）商号

"天成""乐天成"是深圳市乐天成的商号标识，为使该标识受到法律制度的保护，集团把"天成""乐天成"同时注册为商号和商标进行保护。"天道酬勤，玉汝于成，精诚所至，自然天成"，这十六个字是对

"天成"最好的注解。"乐天成"在继续沿用"天成"寓意的基础上,增加了"快乐天成、幸福天成"的内涵,也是乐天成的奋斗目标。

(二) 司标

天成的企业标志为一轮红日喷薄而出(图1),象征天成正在做的投资行业是朝阳产业,前景壮美,潜能无限。八根上升线协力并进,隐示"发"的吉祥含义,同时也展现了众股东、众员工共襄盛举的团结精神,上升线呈梯状递进,象征着极速增长的公司实力和高效的经营策略。标志中心的方形与椭圆形为古钱币造型,体现了投资公司的行业特点;方圆并呈,展示了公司规矩有序的管理,同时与上升线共同构成极强的立体空间;标志整体是"天"字拼音的首字母T,椭圆部分是"成"字拼音的首字母C,强化了标志的识别性,同时标志又是"人"的写意展示,诠释了公司以人为本、人才济济的人文面貌。一个小小的企业标志蕴含着如此丰富的寓意,可见天成人对天成赋予了多么深切的希望。

图1　乐天成标志

(三) 吉祥物

乐天成还拥有自己的吉祥物——龙马(图2),寓意"龙马精神,创新精神,敬业精神"。蛟龙,腾云蹴浪,神威无限,是华夏民族的图腾;千里马,日行千里,飞黄腾达,是世间英杰的化身。集二者优势,乐天成的吉祥物应运而生。龙的神明、马的矫健集于一身,舒展着天成人特有的睿智

图2　乐天成吉祥物

果敢、一马当先的豪迈士气。此种龙马精神，代表着乐天成的团队意识、团队精神、合作精神。

（四）司歌

此外，乐天成还有天成之歌、天成旗帜，其中司歌、军歌、校歌、家歌均由我本人填词而成。每天早上，公司会议室都会循环播放半小时的天成之歌，鼓舞人心，振奋精神，让大家一天都充满正能量。

三、制度文化，固化于制

企业文化与企业制度的结合产生了企业制度文化。企业制度文化是指企业在长期生产、经营和管理实践中生成和发育起来的，以提高企业经济效益为目的，以企业规章制度为载体，约束企业和员工行为的规范性文化。企业制度文化是行为文化得以贯彻的保证。

制度文化是企业文化的一种外在表现形式，是企业文化的重要部分。同时它也是企业文化的基石，它的科学与否，在很大程度上决定着企业的兴衰。基于此，乐天成按照 GB/T 19001—2008 标准，结合集团实际情况，建立并遵守质量管理体系，包括质量手册、程序文件、作业指导书和支持性文件。其中，作业指导书包括所属各部门的质量目标、职务说明书、管理制度、工作规范及相关法律法规等文件。在管理制度方面，集团建立了基础管理制度、运营管理制度、战略管理制度，比较独特的是乐天成还建立了七十大激励制度和三十大约束制度。

（一）基础管理制度

为了落实建立科学的法人治理结构，规范组织和行为，提高管理规范化、标准化水平，建立权责分明、管理科学的现代企业管理体制，乐天成的基础管理制度为法人治理机构层面的管理制度，包括产权制度、企业制度、法人治理制度（公司章程、议事规则）、基本管理制度等。

（二）运营管理制度

在经营管理过程中，为保障各部门工作规范、有序，乐天成制定了档案管理办法、规章制度制定与管理办法、合理化建议管理办法、会议制度、经营计划管理办法、对外宣传管理办法、品牌管理办法、企业风险全面管理办法、信息资料保密管理办法、合同管理办法、办公场所管理办法、招聘管理办法、绩效考核制度、员工社会保险及住房公积金管理制度等运营管理制度及实施细则。

（三）业务管理制度

为提高公司各项业务的专业化水平，优化各方面的资源配置，乐天成建立了客户服务管理办法、项目管理办法、营销管理办法、招标管理办法、融资管理办法、金融服务管理办法、资金理财业务管理办法、智能化项目管理办法、智能化IT运营维护管理办法、信息化管控细则、信息系统实施办法等业务管理制度，保障各项业务的有序开展。

（四）配套管理制度

1. 激励机制

为了最大限度地调动员工工作积极性，鼓励优秀员工长期为公司效力，激励员工创造业绩、创造成果，集团公司推出七十大激励制度，包括但不限于：融资奖励办法，合理化建议奖励办法，劳动模范评选奖励办法，关于激励员工继续教育的若干规定，关于员工晋升及发展的若干规定，"五个一"工程，顾问人员激励办法，关于实行期股、期权的激励办法，关于激励员工开展研发工作的若干规定等。

可以说，乐天成是所有行业所有企业中激励制度十分健全的公司，其激励力度不可谓不大，每位员工正被塑造为创业型、合伙型员工，例如：创造4000万元人民币价值，员工可以马上拿走1000万元，且不妨碍拿工资、奖金和福利。在七十大激励制度中，光薪酬就有16种，还包括合理化建议金、创新金、奖教金等。

"五个一"工程是乐天成的著名项目，只要条件满足，即可获得奖励。奖励包括：第一，奖励一张MBA听课证；第二，奖励一辆车；第三，奖励一套房；第四，奖励100万元奖金；第五，奖励100万股权。至今，乐天成已奖出20多辆车，三四十套房，持有最高奖励股权者获1000万股。

无论是高管层还是普通员工，乐天成的激励政策一视同仁，在日常开会和培训中，我总是这样鼓励大家："你不是给我打工，你是给你自己打工。"

2. 约束机制

为确保法律法规和集团各项规章制度的贯彻执行，强化内部管理，防范经营风险，惩治违规行为，促进各项业务的正常运行和健康发展，根据有关法律法规和公司章程等规定，集团制定了三十大约束机制，包括但不限于员工约束总则及惩处种类制度、员工约束机制惩处处理程序制度、违反约束机制的违规行为、违反内部监督约束机制及规章制度的行为、违反印章管理约束机制及规章制度的行为、违反保密管理约束机制及规章制度的行为、违反员工手册规定的员工基本规范行为的行为等。

四、行为文化，深化于灵

行为文化是理念文化的具体表现，在理念文化的指引下，在制度文化的约束下，乐天成下属的各个公司也呈现出有自己特色的行为文化。企业的文化最终要落实到企业员工的行为上，乐天成的行为文化主要有"傻文化"、舍得文化、糊涂文化、感恩文化、决策文化、生产文化、营销文化、管理文化、公关文化等。

（一）"傻文化"

从文化上进行熏陶，乐天成推行"傻文化"。我们总结"傻文化"有三个要点："'傻文化'最先强调'傻思想'，不要想着占人便宜，不要坑人；其次是'傻行为'，做事时要不贪不占不欺；第三，与人交往时，吃亏在前享乐在后，要先舍后得。"天成人认为，践行"傻文化"，短期内投入与收获可能不成正比，但长期来看，"傻子"们肯定会获得最大收益。

在乐天成还有一个"奇怪"的现象，就是由员工"挑"领导。"在乐天成，搞'小团体'是没有市场的，我们倡导的是'傻文化'，我们的员工都'傻'得可爱，'傻'得直率。""傻文化"其实就是中国传统儒家思想中的"仁义礼智信""温良恭俭让""己所不欲，勿施于人"。我本人也经常这样自嘲："我的优点是实在，缺点是忒实在；优点是直，缺点是忒直；优点是傻，缺点是忒傻。"深受儒家文化浸染的我们将国学的精髓运用到企业经营、自身修养以及员工的培训中，使企业形成了强大的向心力和凝聚力。

（二）舍得文化

舍得舍得，有舍才有得。舍小，才能得大；吝小，必然丢大。有人说，舍得是中国智慧，舍得是中国精神。舍得文化是开放包容的胸怀，是对家庭和国家的责任感，是良性互动的智慧。舍与得，两者相辅相成，在收获中付出，共创双赢，才是长久之道。

舍得是一种境界、一种修为、一种智慧、一种格局。乐天成用实际行动向社会和人民展示了企业的舍得文化。作为企业，乐天成始终不忘回馈社会，通过集团和商会的平台，用实际行动、用民营企业的力量精准扶贫。一是通过教育扶贫，向临沂市沂南县、淄博市沂源县、菏泽市韩集镇、菏泽市东明县、江西上饶市等地分别捐赠教育信息化设备，帮助孩子享受优质教育资源；二是文化扶贫，通过支持爱国公益文化大会、"扶残助梦·共享芬芳"公益助残系列活动、清远慧灵慈善事业、鹏城爱心联盟义工协会等文化活动进行扶贫；三是产业扶贫，商会成立了产业扶贫商会，与扶贫产销协会联合，搭建了以农户种、养、殖结合推广销售为一体的电商销售平台，解决农户有产品、无销路的问题；四是金融扶贫，结合集团和商会自身优势资源，通过政府金融、供应链金融等方式对贫困地区实施金融扶贫；五是公益扶贫，深圳市齐鲁文化研究会文化慈善公益基金会通过开设长者食堂真正为广大长者提供了免费的爱心午餐，为60岁以上的老人和残障、失能人士提供免费午餐。

（三）糊涂文化

"糊涂"可以说是中国人一种极为普遍的人生哲学、处世之道，既体现了隐忍豁达，又体现了大智若愚，是国人的一种深层文化心理。在乐天成，糊涂文化强调的不仅是"不争"，而且是在柔和、柔软中藏着包容、开阔、淡薄、看长远的精神内核。商场如战场，交际场合，真真假假，虚实莫辩。天成人凡事不去较真，也就避免了冲突。

（四）感恩文化

饮水思源，心怀感恩。乐天成的感恩词是："感恩天地的恩赐、感恩父母的教育，感恩恩师的教诲、感恩家人的关爱；感恩领导的关怀、感恩同事的帮助，感恩客户的养育、感恩公司的培养。"

为了回馈社会，乐天成为莱州土山中学设立了"奖教金"，修建了运动场、数字图书馆、奖品室，捐赠了创客空间及3D打印机等教育信息化设备；向天津大学捐赠了"校友爱心树"；为沂蒙革命老区沂南县双堠镇大青山小学捐赠了300多万元的教育信息化设备，建立了"数字化校园"。此外，还积极联合明日之星教育基金会、各地兄弟商会进行公益助学活动。据不完全统计，截至2024年，商会捐赠的物资及现金达到13亿元，公益扶贫行动足迹北到黑吉辽蒙，西到陕甘宁新，南到云贵川粤，东到闽浙赣皖等25个省市自治区，帮助25万学生安心上学。

除此之外，乐天成还在尊师重教、助困慈善、抗击疫情、拥军优属、拥政爱民、尊老爱幼、精准扶贫、绿色环保、关心民生等方面做了大量的工作。

多年来，乐天成秉承儒家"成人达己"的理念，以"助人成功"作为自己的企业精神，将中华优秀传统文化落实到企业，先后资助各类山东人组织3000多万元，利用担保、借款、投资、金融服务等形式，帮助山东企业筹集资金几十亿元；并主导成立深圳市齐鲁文化研究会孝文化研究分会，弘扬中华优秀传统文化，助老敬老，诠释孝道，拓展和丰富孝文化的内涵；整理老兵故事，弘扬老兵精神；帮扶孤儿少年犯，引导折翼"天使"对生活重拾希望；多次慰问社区敬老院，并向莱州土山养老院捐款捐物；多次向危难之中的校友伸出援手，帮助异地山东老乡多人；参与地震、干旱、滑坡等事件的救助工作。

这一组组充满爱心的数据，不仅是爱的符号，也是乐天成踏入公益慈善之路里程中的记录。同时，我也获得了社会各界的充分认可和一致好评，先后荣获齐鲁英才"十佳年度人物""公益爱心奖""热心奉献奖"等荣誉称号。

五、组织文化，长化于行

乐天成是员工的精神家园，是一个充满爱与包容的大家庭，集团的组织文化包括：家庭文化、学校文化、军营文化、企业文化。

（一）家庭文化

企业文化的建设，离不开企业发展的外部环境和内部环境。为配合集团文化建设落地实施,在我的直接推动下,集团成立了企业文化实施主体:党委——乐天成事业的领导核心;团委——乐天成事业的先锋队、后备军;工会——乐天成事业的坚实基础和坚强堡垒;培训中心——乐天成事业的人才培养基地;行政中心——乐天成事业的保障中心。团委、党总支通过组织活动等方式丰富了公司员工的业余生活;工会、行政中心为公司员工提供了"四时八节"的福利,同时定期组织生日会、团建等团体活动;天成大学为员工提供了学习、锻炼和互动的平台,让员工感受企业文化,跟随企业一起成长。

(二)学校文化

在日常工作当中,我们一直倡导"工作学习化、学习工作化",这也是乐天成的学校文化,教导大家通过工作与学习不断提升自我职业修养。为此,乐天成还创立了天成大学、天成博士后科研工作站、高职院校、普通高校,将普通教育、职业教育和企业大学构建"三位一体"的格局,为国家培养了一批批优秀人才。

(三)军营文化

"崇尚使命,砥砺前行"是乐天成的军营文化。乐天成大力弘扬红色文化,践行社会主义核心价值观,多次组织党员及入党积极分子参加井冈山红色之旅,学习革命前辈艰苦奋斗的作风以及坚定不移的革命信念,培养员工树立积极向上、爱国爱党的理想信念。

(四)企业文化

员工是企业经营的主体,也是企业文化建设的主体,这两种角色定位决定了员工是企业文化的创造者、推动者、传播者、实践者和受益者。天成文化主要体现在"四心、四精神"中。四心是责任心、上进心、事业心、忠诚心。四精神是亮剑精神、创新精神、敬业精神、龙马精神。乐天成将企业文化变成企业行为,从而促进员工的思想理念的转化,实现内化于心、外化于形、固化于制、深化于灵、长化于行。

六、结语

　　一个企业有了文化，就有了灵魂，这个企业就会走得长、走得远、走得久、走得有价值。一个企业的灵魂就是企业的文化，企业最强的核心竞争力就是企业文化。如果一个企业的文化是内化于心、外化于形、固化于制、深化于灵、长化于行，那么这个企业的生存和发展就打牢了坚实的基础，就有可能做成百年老店，因为这种文化基因已经根植于企业员工的内心。

　　乐天成能够走到今天，其成功绝非是偶然的，其必然因素就在于"儒以铸文，文以化企"的经营文化。天道使企业立命，地道使企业安身，人道使企业繁荣，忠道使企业稳定，孝道使企业传承，师道使企业发展，商道使企业长久，业道使企业长青。时光荏苒，走过企业发展两个十年规划的乐天成，已经踏上了第三个十年规划的征程，优秀的天成人定能在这片沃土上播下希望，收获梦想。

基于君子文化的中国式管理模式：
德胜洋楼的案例研究[①]

胡海波 吴照云[②]

一、前言

改革开放40多年来，随着我国经济的快速发展和企业国际竞争力的日益增强，国内外学术界对中国企业管理活动和中国式管理的关注逐渐增多。而伴随着国际学术交流的加强以及中国学者学习西方研究方法热情的增高，参照西方实证研究方法和基本假设，对"中国管理学"的研究也日益增多，特别是从中国情境以及传统文化角度探索中国管理问题的研究已成为热点。[③]

中国传统文化中所包含的管理思想，既是当代企业管理实践的智慧源泉，又是中国管理理论体系的重要组成部分。[④] 近年来"国学热"的兴起，充分显示了企业管理者们向中国传统文化汲取管理智慧的热情，这也推动了管理学界对中国传统文化管理思想的深入挖掘和研究。如何将传统文化中的管理思想与现代管理科学进行创造性的整合，从而使传统文化管理智慧服务于当代企业的各种管理实践，是管理实践者和研究者非常关注的内容，也是中国管理学研究的重要任务。

[①] 本文系国家社会科学基金重大招标项目"中国古代管理思想通史"（13&ZD081）阶段性成果。

[②] 胡海波，产业经济学博士，江西财经大学工商管理学院教授，博士生导师。吴照云，管理学博士，江西财经大学工商管理学院教授，博士生导师。

[③] 王学秀：《"管理学在中国"研究：概念、问题与方向》，载《管理学报》2008年第3期，第313-319页。

[④] 戴国斌：《中国管理学研究的人本主义范式》，载《管理学报》2010年第2期，第171页。

（一）文献回顾

随着我国企业的发展壮大以及企业管理实践成功经验的增加，国内外学术界和企业界都在积极探索基于中国传统文化思想的中国管理学原理和文化理念。有学者试图从中国传统文化的角度研究适合现代企业和社会的中国管理学，创建一套新的理论体系。① 目前，对君子思想的研究虽多，但主要是从中国传统文化和哲学等角度对君子思想和理念进行研究，阐述君子思想的起源、内涵特征和范畴，如李长泰从"和合学"的视角对君子范畴做了系统全面的分析，以探讨儒家君子的特质为主线，深入挖掘了君子思想范畴的核心本质。② 而目前学界从企业管理视角对君子文化在企业管理实践中运用的研究较少，大多是从公民教育的视角出发，如儒家君子人格与现代公民教育的研究、儒家君子理想与当代公民素质教育等③。

对于德胜洋楼（苏州）有限公司（以下简称"德胜"）管理文化和管理模式的研究，由于早期德胜规模较小，在企业界知名度不高，国内学者对德胜的关注较少，只有周志友等学者针对德胜独特的管理文化进行了深入研究。如周志友主编的《德胜员工守则》是对德胜管理制度、管理者讲话和员工讲话的汇编；《德胜世界》则以事件描述的形式对德胜管理文化和理念进行了阐述④。如清华大学管理学者宋学宝将《德胜员工守则》视为中国企业管理的"圣经"，日本管理学家河田信则认为德胜代表中国式管理的范式。⑤

综上所述，目前学界对中国管理思想的研究有越来越多的关注，而在如何将君子文化等具体的传统文化理念运用到企业管理实践中的研究方面有待进一步深入，尤其是关于中国传统管理文化运用于企业的案例研究十分匮乏。中国管理学思想和理论更多聚焦感性方面的经验总结，其管理运用更多基于企业管理实践活动不同的情境，因此，通过案例研究对中国管

---

① 罗纪宁：《创建中国特色管理学的基本问题之管见》，载《管理学报》2005年第1期，第12页。

② 参见李长泰《天地人和：儒家君子思想研究》，人民出版社2012年版。

③ 高伟洁：《儒家君子理想与当代公民素质教育》，载《郑州大学学报》（哲学社会科学版）2008年第5期，第14—17页。

④ 周志友：《德胜世界》，湖北长江出版集团2008年版。

⑤ 宋学宝：《德胜员工守则·代序》，载《人力资源》2010年第11期，第95页。

理学思想和理论进行实证分析显得更加重要。

（二）理论基础——儒家君子思想

1. 君子德性与德治

"君子"一词在西周时期就已经出现，用于对上层统治者和贵族男子的称谓。后来孔子创立儒家学派，对"君子"的含义进行了拓展，赋予了"君子"更多的道德内涵，"君子"成为儒家描述人格修养的称谓。"君子"是儒家思想的核心概念，在儒家《论语》《中庸》《孟子》等主要典籍中随处可见对"君子"的阐释，如"君子坦荡荡，小人长戚戚"[1]，"君子中庸，小人反中庸"[2]，"君子所性，仁义礼智根于心"[3]，"君子怀德，小人怀土；君子怀刑，小人怀惠"[4]。"君子"一词逐渐成为对道德品格较高的人的一种称谓，具有德性上的意义。道德境界是君子的至高境界，只有具有高尚道德品质的人，才能成为圣贤君子。"君子务本，本立而道生"，君子的首要品格是尚德，立人以德，行道以德，才能成为君子。

儒家不仅强调君子德性的重要性，而且主张君主要实行"德治"，"为政以德，譬如北辰，居其所而众星共之"，"道之以政，齐之以刑，民免而无耻；道之以德，齐之以礼，有耻且格"[5]。孔子主张用"德"来治理国家，即以德治民，把德礼施于民，以道德去感化教育人，发挥道德教育在管理中的作用，匡正人心，使人心良善，知耻辱而无奸邪之心。[6]

而管理者要实施德治，首先要学会"修己安人"，即管理者自身要有较高的德性修养，才能用道德去教化他人。"德之不修，学之不讲，闻义不能徙，不善不能改，是吾忧也"[7]，在孔子看来，德治的方略在于内修品德，外塑榜样，重教尚贤。管理者要从多个方面进行自我学习和修养，不断地提高自身素质，通过以身作则，忠信笃行，来影响他人。[8]

---

[1] 《论语·述而》。
[2] 《礼记·中庸》。
[3] 《孟子·尽心上》。
[4] 《论语·里仁》。
[5] 《论语·为政》。
[6] 参见胡海波《中国管理学原理》，经济管理出版社2013年版。
[7] 《论语·述而》。
[8] 参见吴照云《中国管理思想史》，高等教育出版社2010年版。

2. 君子素养与管理

"君子所性，仁义礼智根于心。"① 君子应该具备仁、义、礼、智、信等素养。

（1）仁治。

"仁"是一种道德范畴，主要指君子要有仁爱之心；"仁"也是儒家管理思想的内在精髓，其核心内涵是"仁治""仁爱"。

儒家认为企业不仅要关心自身员工，还要关心客户，关心社会，维护客户利益，关心社会公益事业，承担企业的社会责任。

（2）义利。

"义"是指合乎正义之事，君子要担当责任，追求道义、行大义。孔子将"义"和"利"对举，作为划分君子和小人的标准。"君子喻于义，小人喻于利"②，为义而为者是君子，为利而争者是小人，"义"成为区分君子与小人的一个核心概念和界限③。儒家主张合乎义者积极为之，不合乎义者则不为之，认为义为利本，力倡"以义制利""义利合一"，在企业经营和管理过程中，企业管理者不仅要关注企业的利润和收益，还要注重社会道义，遵守商业伦理，不做违背商道之事。④

（3）诚信。

"信"是指君子要诚实，守信用，做到以诚为贵，以诚立德，以诚为善。在儒家的君子思想中，对诚信特别重视，孔子将"信"和"恭""宽""敏""惠"一起并列为"五德"，诚信是儒家"仁、义、礼、智、信"的根基，被视为中国传统伦理道德的基本行为规范。

中国古代以及现代儒商都特别重视诚信的商业道德，他们恪守诚信的品德，追求产品和服务的质量，在商业行为中坚守诚实无欺、以义制利、仗义疏财等商业道德，倡导和躬行儒家的道德规范和精神理念。

（4）才智。

"智"指君子应才智聪慧，明辨是非，明晓事理，君子要善于学习，提升自我才智和学识。在儒家看来，君子并不是天生而成的，是需要通过不断地进行自我修养和学习才能达成的。修身是齐家、治国、平天下的基

---

① 《孟子·尽心上》。
② 《论语·里仁》。
③ 苏东水：《东方管理学》，复旦大学出版社2005年版。
④ 刘云柏：《中国儒家管理思想》，上海人民出版社1990年版。

础和前提,作为管理者要管理好组织,首先要提升自我的修养,管理好自己,这样才能管理好员工。

(5) 礼制。

"礼"是指典章制度、道德规范。它是社会政治制度的体现,是维护统治秩序以及社会关系的礼节仪式;也是人们日常行为的伦理准则。"道德仁义,非礼不成,教训正俗,非礼不备","是以君子恭敬撙节退让以明礼"。[①] 君子应遵守伦理规范,恪守礼仪,为人谦让、待人彬彬有礼,行为端庄。在社会人际关系方面,儒家认为君子之间的交往应该是单纯的、简单的,"君子之交淡如水"[②],应该是君子的交往法则。"礼"作为古代法律的重要组成部分,是维持政治秩序,调整社会关系和权利义务的规范和准则,是修身、处事、治国所依据的准绳。

(三) 问题的提出与研究目的

在"中国管理学"的研究过程中,对中国传统文化管理思想的挖掘、整理和阐述一直是诸多国内学者和海外华人学者的重要研究方向。[③] 这些整理和阐释对中国管理学研究做出了一定贡献,但与广泛运用于中国企业生产和管理的西方管理理论相比,这些传统文化管理思想似乎更多停留在理论的层面。然而,在企业界却有一些企业家自觉运用传统文化思想进行管理实践活动,并将成功的管理经验上升为企业的管理制度和文化,形成独特的管理体系。因此,中国企业的管理实践和创新应当是中国管理学存在和发展的基础,创建中国管理学应该从研究中国企业的具体管理实践活动入手,以客观端正的态度去观察总结企业经验。[④]

本文以德胜洋楼(苏州)有限公司为案例研究对象,从德胜君子文化管理理念的建构过程出发,分析德胜如何运用儒家君子思想将那些农民出身的建筑工人培养成谦谦君子,使员工价值观与公司价值观一致;如何坚守诚信道德底线以构筑高尚的君子公司,并分析德胜管理范式的树立过程,以期能对德胜的管理经验进行归纳总结,为中国企业运用传统文化思想进行管理实践活动提供借鉴。

---

① 《礼记·曲礼》。
② 《庄子·山木》。
③ 成思危:《管理科学的现状与展望》,载《管理科学学报》1998 年第 1 期,第 8-13 页。
④ 罗珉:《中国管理学反思与发展思路》,载《管理学报》2008 年第 4 期,第 478-482 页。

二、德胜案例描述

德胜洋楼（苏州）有限公司注册成立于1992年，1997年落户苏州工业园区波特兰小镇，是美国联邦德胜公司（Federal Tecsun, Inc.）在中国设立的全资子公司，主要从事美制现代木（钢）结构住宅（中国俗称"美制别墅"）的研究、开发设计及建造。德胜的创始人聂圣哲出生于安徽休宁，曾在美国留学和经商，是一位横跨文、理、工三学科的学者。作为德胜的创始人，他是德胜管理体系创建者，亲自编写了《德胜公司员工读本（守则）》并把它作为德胜的管理制度文本。

德胜规模并不大，员工仅千余人，其中很大一部分员工是由进城务工人员构成的建筑工人，但德胜制造的美制别墅却超过了欧美的标准，让客户由衷赞叹。更引人注目的是，几乎每天都有企业界人士、政府部门官员和国内外专家学者慕名而至德胜，希望通过参观学习，深入了解德胜独树一帜的企业管理文化。

（一）以"德"治企的战略定位

德胜始终提倡的价值观是：诚实、勤劳、有爱心、不走捷径。只有接受和认同德胜价值观的人，才可以进入德胜，因为一个好的公司对某些人来说如鱼得水，对另外一些人则如喝毒药。《德胜员工守则》的第一页就开宗明义地说道："德胜的合格员工应该努力使自己变成君子，做合格公民。"[1] 德胜旨在将传统农民工转变为现代产业化工人，塑造为合格的公民，使他们靠近君子，远离小人。[2]

在公司与员工关系上，德胜保持着少有的坦诚，直言不讳地说出了很多企业都明白，但表面上都不敢明说的观点："公司始终不认为员工是企业的主人。企业主与员工之间永远是一种雇佣与被雇佣的关系，是一种健康文明的劳资关系，否则，企业就应该放弃对职工的解聘权。"虽然德胜强调公司和员工是一种雇佣关系，但企业主与员工在人格上是平等的。

---

[1] 周志友：《德胜员工守则》（全新升级版），机械工业出版社2013年版。

[2] 杨壮、王海杰：《德胜洋楼：中国式管理的新范本》，载《商业评论》2012年第7期，第125页。

为建设成君子公司，德胜将2005年定为心态建设年，聂圣哲在当年公司第八次战略会议上提出了"做敬业的真君子，共同建立德胜心态年"的口号。君子员工的教育和养成需要外部环境的支持，需要通过氛围构筑。因此，在公司战略会议上，聂圣哲提出在德胜成立企业君子团。君子团要维护员工的利益，维护君子团的利益，维护做事诚实的员工的利益。"质量问题不可商量"是德胜永恒的宗旨，当管理与发展发生矛盾时，永远要牺牲发展而保障管理。[①] 德胜将对质量的重视提升到道德修养的程度，也是"君子务本"的体现，要成为高尚的君子公司，保证产品质量是根本。

（二）以"仁治"为基础的人本管理

"仁治"是构筑员工与企业良好关系的关键，这要求企业以人为本，关心、爱护每一位员工，实行人性化管理。德胜品德的力量，最重要的一个动力就是爱心。爱心是管理的最高境界所不可缺少的东西。

在德胜的员工守则中能看到如下规定：公司允许员工请1—3年的长假，并为其保留职位；公司对员工实行强制休息法，员工强制休息期间享受强制休息补助；公司不提倡员工带病坚持工作，带病坚持工作不但不会得到表扬，而且有可能受到相应处罚；公司不能接受员工因办公事而自己垫付资金的事情发生。在公司连续工作满10年，始终如一地遵循公司价值观，各项考核指标评审均通过的员工，可以获得终身员工资格，享受终身员工的权益和福利（由公司负责养老送终）；工龄满5年的员工可以报名出国参观访问，由公司全部承担员工首次出国的差旅费用。

德胜的福利待遇是其他建筑公司难以比拟的，如：公司给没有住房的员工提供免费宿舍；员工一日三餐在公司食堂就餐只需5元钱；公司鼓励员工学开汽车，公司会报销一半学车费用；公司给所有员工都购买了商业医疗保险和商业养老保险；如果德胜有员工想上大学学习深造，德胜会慷慨地提供无息贷款。德胜在财务制度上还规定了一些与众不同的"因私报销费用"：如员工每年可以代表公司招待家庭成员一次，代表公司向正在上学的子女赠送一件礼品；员工从工作地回家的往返差旅费以及员工治疗重大疾病的费用几乎全由公司报销；员工家庭如果遇到不可预见的困难，

---

① 温德诚：《德胜管理：中国企业管理的新突破》，新华出版社2009年版。

可向公司申请困难补助。

（三）以"义"制"利"的管理思维

德胜要求员工做君子，同时，公司也首先以君子示人。比如：公司永远不实行打卡制；员工可以随心所欲地调休；员工可以请长假去其他公司学习，时间最长可达 3 年，公司保留其工职和工龄。德胜员工报销任何因公费用或者规定可以报销的因私费用，都不需要领导审批签字，员工只需要写清费用发生的原因、地址和时间，签名之后就可报销。但在报销前必须认真聆听财务人员宣读《严肃提示——报销前的声明》，此后员工将报销凭证交给出纳员即可完成报销。

"诚信"是君子的首要品格，是立人之本。在德胜看来，费用报销事关个人信用，应该让员工个人承担，主管签了字，报销的责任就等于转嫁到了主管身上，主管必然要为员工的行为担责，这是很不合理的制度。报销不需要领导签字，就是要让员工对自己负责，让员工自己选择做一个君子，而不是小人。通过对员工的信任来塑造员工的诚信价值观，让员工成为不贪小利的君子。

君子的养成更多在于自我的修养和内省，要以君子的行为标准规范自己的言行，使君子价值观内化为自我行为意识。因此，德胜在日常管理和生活中，通过让员工在每一件小事上，在"义"与"利"之间做出诚实的选择，使员工靠近君子，远离小人。

德胜员工在食堂购买饭菜，在冰柜拿饮料喝，没有人负责收钱，由员工自己往箱子里投币；公司储藏间的洗衣粉、香皂、卫生纸等物品，免费提供给员工使用，储藏间也不上锁，但是员工不可以私自拿回家；公司的免费长途电话由员工自觉控制时间（原则上不超过 15 分钟）；等等。通过这些细小行为，员工一次次选择做君子，以强化自我行为修养。

（四）以"诚信"为根本的价值导向

德胜的质量问题与道德问题一样，是不可妥协的最高原则，是必须坚持的底线。德胜不重营销，不做广告，而是扎扎实实练内功，重视产品质量，把时间和精力都放在做好产品和服务客户上。因此，德胜的产品质量就成为它最好的营销手段和广告宣传，德胜永远是"以能定产"，当质量与发展之间产生矛盾时，德胜优先选择质量，绝不为了扩大规模而做超出自己能力范围的事情,这就是德胜的"君子务本",坚守质量底线,注重自我的"内修",以可靠的质量赢得客户。

德胜致力成为高尚的君子公司,把"诚实"放在企业价值观的第一位。比如,德胜负责建造的上海美林别墅,其闭路电视线路和游泳池工程出现问题,这本不是德胜的责任,但德胜主动承担所有责任。德胜自身诚实守信、严格自律,同时对合作伙伴也提出了诚信守约的要求。对于违反合约的合作伙伴,德胜会给予最严厉的惩罚,如停工或强行拆楼。

德胜坚守商业伦理和道德,还表现在其坚决抵制世俗的商业贿赂。具体来说,德胜规定,公司员工不得接受供应商和客户20支以上的香烟、100克以上酒类礼品,以及20元以上的工作餐,违者属于谋取非法收入,一经查实立即开除。所有供应厂商、客户在首次洽谈业务时,就要签署"禁止回扣同意书",德胜人力资源部会向所有供应商和客户寄发反腐公函及反馈表,每半年一次,雷打不动。对于其中至少10%的供应商,德胜还定期派专人上门调查或暗访采购员的品行操守。

(五)以"才智"为指引的员工行为

君子的修养首先表现在日常生活中的卫生习惯和行为举止上,基于此,德胜对员工的改造从最基本的个人卫生、行为习惯开始,来提升员工的素质。在德胜的员工守则中就有这样的规定:员工必须讲卫生。比如,勤洗澡、理发,饭前便后必须洗手,用完卫生间后必须立即冲刷干净;在工作场合必须"衣冠整洁,不得穿拖鞋,不得一边工作,一边聊天;不得唱歌、吹口哨,不得打闹,不得影响他人工作";在日常生活中要"讲文明,懂礼貌,员工不得说脏话、粗话;真诚待人;不恭维,不溜须拍马";等等。这些详细的规定构成了员工的日常行为规范和准则,即君子的"礼制",旨在改造员工的生活陋习,养成员工良好的素质。

在人际交往方面,德胜提倡同事关系简单化,君子之交淡如水是德胜推崇的同事关系准则。德胜对员工行为举止的培养效果在员工日常工作和生活中随处可见,如在波特兰小区,每个员工都面带微笑,主动而热情地与他人打招呼,见到地上的垃圾会主动捡起来。德胜员工参加公司在五星级酒店举办的年会,衣着整洁、彬彬有礼,文明礼貌的表现让酒店经理也大为赞叹。

(六) 以"礼制"为保障的制度体系

制度(礼制)是规范员工行为的准则,是员工成为君子的重要保障;而有效的制度执行是保护君子行为、阻止小人行为的重要举措。德胜致力于把员工培养成君子,为防止"小人"的产生,德胜制定了独特结构的企业制度,来保障公司制度的有效执行。在整个德胜的制度系统中,制度要求条款所占的比例最小,执行细则较多,监督检查程序最大,德胜的企业制度要求条款、执行细则、检查程序三个组成部分之间的比例大约为1:2:3;德胜所有管理制度,都有详细可操作的实施执行细则和监督检查程序,特别是监督检查程序,更是德胜制度执行机制中的重中之重。[①]

德胜的制度对于君子有无限的崇敬,而对于小人则毫无半点的怜悯,为保障制度的切实执行,德胜制定了多种有效的措施,如独立的质量与制度督察官、神秘访客、权力制约规则、个人信用系统、1855规则、解聘预警程序等。

三、案例分析

以下主要从两个方面对德胜的君子文化管理模式进行分析,以期得出中国管理学思想在企业管理实践中进行运用的一般模式。

(一) 如何培养君子式员工

将员工塑造成君子不仅是德胜为培养高素质的现代化产业工人而做的努力,也是其基于民族文化而做的国民性改造实验。在德胜创始人聂圣哲看来,管理就是一个教育的过程,要用公司的价值观(诚实、勤劳、有爱心、不走捷径)去改造员工的价值观,培养员工的高尚情操,他相信"优秀是教出来的",所以德胜选择运用儒家思想中的君子文化和价值观去改造员工。德胜君子员工培养模式如图1所示。

德胜主要从以下四个方面将员工改造成君子员工。

(1) 行为改造。要成为君子员工,首先要注重日常行为习惯的培养。德胜的新入职员工都要在物业中心接受三个月的培训,从最基本的清洁打

[①] 汪中求、温德诚:《德胜制度执行法则》,载《商界评论》2009年第2期,第90-92页。

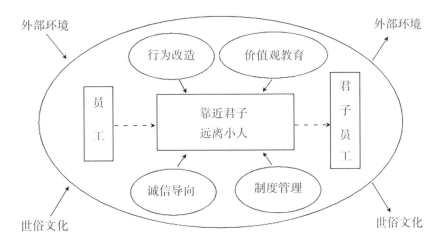

图 1 德胜君子员工培养模式

扫、园林护理等工作开始，以端正员工的劳动态度。德胜还从卫生习惯、人际交往、文明礼貌等细节着手，在公司的员工守则中规范员工的行为，使员工举止文雅。

（2）价值观教育。德胜通过有效的君子文化教育，改造员工的价值观，实现员工与公司价值观的一致，端正员工工作态度，使员工的行为举止符合君子行为规范；也促使员工与公司目标的一致，提高工作绩效和质量。

（3）诚信导向。"诚信"是君子品格的第一位，是人的立足之本，为使员工靠近君子，远离小人，德胜秉持孟子的"性善说"，充分信任员工，在员工财务报销、日常生活方面，由员工自觉选择做高尚的君子。

（4）制度管理。通过全面的制度执行细节和监督程序，防止"小人"行为发生的制度条款得以有效执行，规范员工行为，确保公司价值观的落实，保护和鼓励君子行为，防止和遏制"小人"行为的发生。

德胜在将员工改造成君子员工的过程中也会受外部环境的影响，特别是外部世俗化的商业环境对员工价值观的影响。通过以上四方面的努力，德胜的管理文化形成一个相对封闭的系统，避免了外部环境因素的不良影响，以确保公司价值观教育的有效性。

（二）德胜君子文化管理范式的建立

德胜的管理模式之所以被研究学者誉为中国管理范式的代表，不仅在于德胜通过有效的价值观教育贯彻了公司的价值观，使员工成为合格的君子式员工，还在于德胜制度管理与人本管理的成功结合，实现了制度的有效执行，公司生产和管理的程序化，降低了生产和管理成本，增强了员工的敬业度和忠诚度，建立了和谐的公司与员工关系，提高了公司的凝聚力。德胜君子文化管理范式的建立如图2所示。

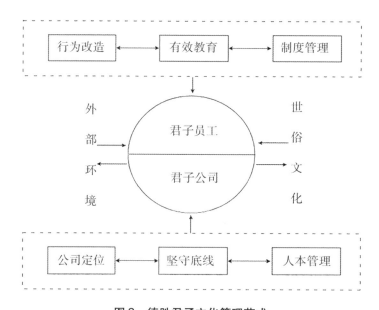

图2　德胜君子文化管理范式

培养君子员工：一方面德胜从日常行为习惯上培养员工，提高员工素质，使员工靠近君子，远离小人；同时，德胜致力运用君子文化教育改造公司员工的价值观，通过有效的价值观教育，增强员工对公司价值观的认同，实现员工与公司价值观和目标的一致。另一方面，德胜通过制定结构合理的管理制度（明确的制度规定、全面的执行细则、严格的监督机制和公正的奖惩手段），实现公司的精细化管理，保障制度的有效执行，确保公司生产程序规范和产品质量合格；同时，通过有效的制度执行来保护和鼓励君子行为，阻止"小人"行为。

塑造君子公司：一方面德胜永远做捍卫正义的高尚公司，德胜秉持商业伦理，抵制世俗的商业文化，坚守产品质量与诚信道德的底线，致力成为君子公司；另一方面，德胜通过人本管理，关心每位员工，营造企业的爱心文化，使员工获得尊严，获得关爱，增强员工对公司的情感归属感、敬业度和忠诚度。

（三）中国式管理模式的理念分析

中国传统社会是以道德礼俗代替宗教法律，注重伦理关系。在儒家"修己安人"思想的熏陶下，中国社会倾向于向里用力，求诸于己。[1] 中国社会历来倾向于德治与仁治，维持和谐的人际关系成为统治和管理的重点，法治在管理中的作用显得较小；传统思想中重义轻利的倾向，也使得商业发展的盈利性不强，竞争力不足。而在企业管理的过程中，德治与仁治不利于企业管理制度的落实，制约着法治的实施；注重仁义而轻视利润也不符合当代企业经营管理的出发点。因此，在将中国管理学思想运用到企业管理的过程中，如何兼顾中西管理文化的差异，实现二者的平衡成为探索中国式管理模式的一个关键点。德胜在这方面的成功经验值得学者研究分析和其他企业借鉴学习。

在协调德治、仁治与法治关系方面，德胜将君子文化这一中国管理思想运用到企业中：通过价值观改造，提高员工的素质；通过诚信机制，实施道德教育，将员工培养为君子。尽管德胜将其与员工的关系明确界定为雇佣关系，看似严肃，但德胜对员工的关爱与福利待遇却已超出经济学的范畴，真正体现了以人为本的"仁治"，铸就了员工对公司的深厚感情。另外，德胜制定了完备的规章制度——《德胜公司员工读本（守则）》，通过独特的制度结构保证制度的有效执行，实现公司生产运营的精细化，规范员工的行为，实现公司的"法治"。因此，在德胜，严格的"法治"并没有使员工与公司的关系疏离，反而成为"德治"和"仁治"实施的保障。

在协调义与利关系方面，德胜实行的是以义制利，公司"以能定产"，不盲目扩张，坚持"质量问题不可商量"的原则，保障公司产品质量，甚

---

[1] 梁漱溟：《中国文化要义》，上海人民出版社2011年版。

至以此作为销售名片，使得公司的订单应接不暇，保障了公司的运营盈利。德胜坚守质量和道德的底线，树立了良好的企业形象，德胜的品牌效应也逐步建立起来，保证了企业的经营利润增长。

（四）中国管理学思想实践的一般模式

通过对德胜管理范式的研究分析可知，君子文化思想运用于德胜公司管理的过程并不只停留在文化宣传的层面，而是通过多方面的管理措施予以保障，使君子价值观能内化为员工的自觉行为。由此可见，中国管理学思想运用于企业管理，其影响力和作用主要体现在企业文化的构建、公司制度的建设、员工思想价值观的教育，以及企业对外形象等方面，通过影响员工的工作态度、敬业态度间接影响企业的生产绩效。因此，中国管理学思想运用于企业管理实践的过程，需要获得来自多方面的支持以及企业管理制度和文化的保障。中国管理学思想实践的一般模式如图3所示。

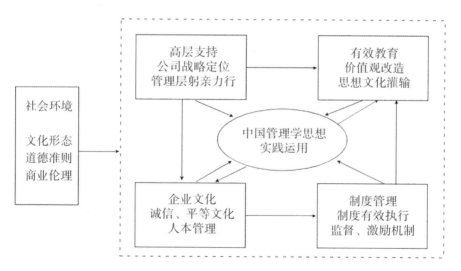

图3　中国管理学思想实践的一般模式

四、研究结论与展望

（一）研究的理论价值与实践意义

本文从君子文化管理切入，对德胜案例进行研究，分析了中国管理学思想如何在具体的企业管理情境下运用并创新企业管理文化，以取得良好的管理效益。另外，本文通过归纳分析德胜的管理范式构建过程，提出了中国管理学实践的一般模式，对于完善中国管理学运用体系、提升中国管理学的实践性和操作性具有重要的理论参考价值。

本文通过对儒家君子思想的总结以及中国管理学思想实践的一般模式的提出，给我国现代企业运用传统文化进行管理实践提供了有现实参考价值的观点，有助于企业管理者树立精细化管理与人性化管理的理念。

（二）研究的启示

德胜管理体系很大一部分是再教育体系，即价值观和信仰再造体系，其灵魂是"有效的教育"。德胜运用儒家君子文化对员工进行教育，以改造员工的价值观，这源于公司创始人聂圣哲对中国国民性问题的思考，他希望通过改造员工的价值观，将传统员工改造成为合格的现代产业工人。因此，公司管理活动及其相关的管理模式的产生，离不开对特定社会文化形态的思考，会受特定历史时期民族文化、道德准则和制度变迁的影响。企业管理者在运用传统文化思想进行企业管理实践时，要充分考虑社会文化环境和员工价值观取向。

在中国管理思想运用于管理实践的过程中，除了需要构建传统文化管理体系，还需要相应的保障机制，如员工价值观教育、有效执行的制度、平等的企业文化、人本管理的实施等，否则传统文化管理只会停留在口号宣传的层面。

苏州固锝：中国式管理与新商业文明探索

周文生[①]

苏州固锝（以下简称"固锝"）董事长吴念博说：固锝就是一个家，我们要把这个家建设成一个幸福的家，我们每一个小家的幸福都能凝聚成一个大家的幸福，那每个家庭的和谐、幸福就是我们最关心的事情。而每个家庭的幸福都是由我们每位员工的幸福共同组成的，这样的关系是小到个人的幸福、家庭的幸福，大到整个公司的幸福。扩展至社区、整个社会都与我们企业一样幸福，这才是我们要去做的事情。

一、苏州固锝"家文化"建设过程和内涵

1. "四无"校办工厂

1989年，苏州市幼儿师范学校所属苏州市无线电元件十二厂，无资金、无技术、无厂地、无人才——"四无"。在这样的状况下，吴念博接任该厂厂长。

小企业迫切需要寻找出路。遇到了台商到大陆寻找合作，吴念博凭"钉子"精神，"替夺"成功。

2. 与台北固锝合资

1990年11月，与台北固锝合资，成立苏州固锝电子有限公司。吴念博任董事长。1992年10月8日，与美国通用器材OEM合作。1999年，在中国、欧洲、日本申请注册了"固锝"商标。2002年8月1日，公司转制为股份有限公司，更名为"苏州固锝电子股份有限公司"；吴念博为董事长。2006年11月16日，经核准，"苏州固锝"在深圳交易所上市，成为中国首家上市的二极体企业，创造了连年业绩增长速度高达1000倍

[①] 周文生，范蠡文化研究（中国）联会秘书长。

以上的发展奇迹,被业界称为"固锝速度"。2007年底,公司总资产6.1亿元,其中实现销售收入4.7亿元,在国内分立半导体器件生产企业中排名第六,成为国内半导体分立器件行业最大、最完善、最齐全的设计、制造、封装、销售的二极管供应商,从前端芯片的自主开发到后端成品的各种封装技术,形成了完整的产业链。

企业发展取得成功,吴念博没有满足和停顿,反而压力更大。思考企业可持续发展问题,思考为什么办企业、企业管理管什么、企业向何处去等问题。

3. 崇拜遵行"三让"至德

2009年,吴念博提出用"家文化"的中国式企业治理模式,打造幸福企业,开启了中国传统的"家文化"构建幸福企业典范的实践。

固锝的"三让",成就了中外合资股份企业。

第一让:让合作伙伴。台方与南通半导体厂意向合作,吴念博在上海火车站"蹲守",台商提出旧机器售价29万美金,吴念博不讲价照付;同意台方占50%股份,要负责产品销售。让伙伴,固锝诞生。

第二让:让客户价格。台方因财务问题倒闭,固锝的产品销售和原材料供应"短路"。日方企业是原材料供应方,要求固锝代替台方偿还20余万美金。吴念博当即答应。让客户,固锝得以延续。

第三让:让控股地位。美国通用半导体公司来中国找合作伙伴,条件是占股51%。吴念博焦虑"无我"之后,决定让出董事长职位。后来此事发生了戏剧性变化,美方实际上并没有占股51%的相应资金。就这样,固锝既得以与美方合作,吴念博又没有"丢失"董事长地位。

固锝的"三让",虽然起初都是"吃亏",但是结果都是"受益"。

4. 苏州固锝选择"家文化"构建幸福企业典范的心路历程

关键词是"家文化""幸福企业""典范"。固锝这20年来的企业文化建设就是在这三个点上演化展开。

(1) 固锝上市后,在中国和世界半导体制造领域有了地位和成就之后开始思考:思考认知企业与员工的关系、企业与社会的关系、企业与自然的关系、企业与人类的关系,以及企业家与企业的关系、企业生命体的存在意义与发展方向等。

(2) 固锝找到了一个承载这些内涵的载体——家文化。在中华文化中,"家"的内涵是:中华家国同构理念传统,家是有真爱的地方,家庭关系的实质主要是爱，家庭成员职责交融，家庭是最团结、最有活力的团体，家庭是可以传承文化、财富和家风、家训、家规的社会组织，家是家人避风的港湾，家庭是面对外在压力时以团结对抗风险的群体，等等。将企业比作家庭来治理，易于接受，易于推行。

（3）如何将"家"复制移植到企业？契机、路径在哪里？固锝"建国君民，教学为先"，注重员工教育，鼓励员工研习中华优秀传统文化，如《弟子规》《论语》《大学》《中庸》《了凡四训》《群书治要》等。

（4）建设专司教育的设施。如固锝塾、明德楼、道德讲堂、至善治理研习院等。通过教育，改变人心，提升员工心智，并由此"格物"。

5. 中华"家"文化在固锝落地

（1）确定企业"拟家庭化"治理。围绕"家"这个组织及其关系和内涵，在固锝企业里进行"克隆"，包括家内关系、家外关系、家庭内涵移植、家庭组织复制、家庭组织关系建构等。

（2）解决在企业内不存在家庭关系和内涵的问题，路径就是学习教育认同。进行学习教育的初期，遇到了极大的困难，在早读、下班后学习等环节，干部、员工中出现了抵触、排斥、拒绝的情况，其中，投诉额外加班不给加班费等问题的人最多。吴念博坚定信念、雷打不动。接着，采取全员脱产带薪5天半的传统文化培训，2000多名职工分批培训，员工反对培训的理由很现实：完不成订单、交货时间紧、影响企业绩效，损害客户信用等。

（3）吴念博发现要大家学不行，必须自己先学、先行，以此带动人心转变和行为转变。吴念博作为董事长走上了兢兢业业学习传统文化的学生之路。自己先学，融会理解；自己做员工的老师，讲授传统文化；分批培训时，吴念博每一次都陪同员工一起学习，这样，同一个课程，吴念博就要现场聆听十几遍，甚至几十遍。吴念博的诚心感动了员工，让员工们坚定了固锝"家文化"建设的决心、信心。

（4）员工的转变。不断地学习、交流、讨论，员工对自己、对同事、对企业、对父母、对社会、对万物的态度逐步发生转变，向着诚心、正意、格物、致知转变。公司里发生了许多感人的故事。如餐厅服务员早晨在草坪上读《金刚经》，各个厂区早晨都能听到员工朗朗的读书声。这个时期，固锝的员工心智从外求进入了内求、内观，正如吴念博所说：一切问题都是人自身的问题，爱是一切问题的解决方法，一切问题解决都有可能。

6. 固锝家文化建设落地成功的几个关键大事

一是"八大模块"。2013 年,固锝推行幸福企业"家文化"八大模块:人文关怀、人文教育、绿色环保、健康促进、慈善公益、志工拓展、人文记录和敦伦尽分八个部分。这八个方面就是将"家"文化拟制落实到固锝公司的载体、方式、形式、方法各个方面,当然,每一个部分当中都包含"家"的本质内涵。二是"支部建在连上"。固锝学习红色文化,将毛泽东三湾改编的建党、建军经验导引至固锝家文化建设。具体就是建立 36 个党支部,以这些支部为组织方式负责"八大模块"以及"家文化"建设工作的落实,同时负责"家文化"建设的规划、设计,以及组织实施、经验交流、情况反馈。这就是"家文化"建设的组织保障。三是企业建立"幸福企业工作部",由该部门专门负责幸福企业建设工作。四是全员性"志工"组织和制度。固锝有企业家文化建设、幸福企业创建等许多不同于一般企业的大量工作,而且这些工作不宜通过企业经营管理组织安排落实。于是,固锝 85% 以上的员工成为"家文化"建设、幸福企业创建等工作的组织者和实施者。"志工"体现出广泛参与、自觉奉献、不计报酬、荣誉感强的特点。这其中的奥妙在于,员工把这些工作付出看作历事练心的机会、参与的幸福,会积极主动地投入其中。

7. 企业与员工由雇佣关系转变为道义关系、拟家庭伦理关系

这体现在以下四个方面。

(1) 董事长是企业的"大家长",员工是企业的家庭成员。"大家长"把员工看作家人、孩子,员工把董事长看作"大家长";"大家长"和家人的职责、职能发生了根本性转变。二者的关系由雇佣变为一体,二者的目标由单纯追求经济利益变为共同成长;"大家长"以爱对待员工及其工作,员工以敬爱对待企业和自己的岗位工作;员工的薪金收入稳步提升的同时,收获的是比薪金更多的民主、爱、幸福;由此延展,"大家长"将员工的父母视同自己的父母("孝亲金"等),将员工的家事(夫妻和睦、子女就学)、困难(父母重病)等视同自己的责任。总之,以家庭之道处理企业与员工的关系,以员工幸福为主旨,依据家庭事务处理方式处理大家长与家人的关系。

(2) 以爱取代金钱。吴念博说:钱不能解决根本问题,也不能从根本上解决问题。爱,是一切问题的答案。因此,吴念博带领全体企业干部真诚地关爱员工,教育、支持、培育员工之间的爱,并且把爱给予员工的家

人,以及社会。如吴念博恭迎(送)上下班的员工,成立"义田大家庭基金",帮助员工的家人。颁布《义田大家庭基金关怀制度》,关怀员工结婚、生子、家庭、入学、退休、去世、急难七项。实施"黄金老人""幸福宝宝"关怀计划。设立"二胎教育经费补贴",给予依法生育二孩的员工每年补贴4000元,直至孩子满16周岁。中秋节、春节时吴念博自掏腰包为员工父母发红包;员工生重病时固锝代付医疗费上不封顶;员工的父母生病时,吴念博第一时间赶到医院,资助医疗费等。

(3)以大家庭幸福为宗旨。固锝以"幸福企业"为宗旨追求,提出企业的价值观"员工的幸福"。打造"员工幸福(物质和精神)—机器幸福(洁、护、使用寿命)—材料幸福(敬重、诚管)—产品幸福(好产品交给好客户)—客户幸福(诚信、安心、有效益)—员工幸福(循环归宿)"的幸福之链。2020年,突如其来的新冠疫情重创了实体经济,固锝的生产经营亦受到影响。固锝向全体员工承诺:"永不裁员!"并将四个大字镌刻在公司大门进口处的石碑上,给员工定心、安心、信心,还提出了"幸福员工"十条标准。

(4)尊重员工不同宗教文化信仰。

8. 固锝改变企业与自然的关系

一般企业以研发产品、扩大产量、增加市场占有率和提高经济效益为追求目标。而苏州固锝则不断充实企业生态环保内涵,并且启发引导相关企业走上生态环保之路。固锝改变企业与自然的关系的起点,是天人合一的整体思维和措施。

(1)对内积极采取措施走生态环保企业之路。固锝很早就申请并通过了ISO14001环境管理体系的认证。在生产制造上,采购环保过关、高性能的材料,爱护生产设备,精益管理节约资源,成品包装坚持必要原则等;所有生产、销售、管理以及办公用品、餐饮品及其用具等力求俭、减;吴念博带头食素餐,十几年来,固锝员工餐厅都是提供素餐的,包括接待客人用餐,而且在餐厅用餐任何人都不能浪费食物,餐厅设置了用餐红绿通道,以警醒浪费食物的人。固锝给予员工使用的生产、生活用品,如防疫口罩、擦手毛巾等,都使用的是生态环保且有益健康的黄麻制品,在企业内开展旧衣服、旧物品调剂活动等。

(2)在企业场区保留湿地、建设农场。固锝在企业场区把花大价钱征得的土地保留近80亩作为企业湿地,以涵养生态,启发、激发人们的生态环保意识；建设幸福农场，让员工体悟自然、感悟农耕、食用放心粮食和果蔬。这在一般企业是不可想象的，一般企业也难以实现。尤其是在苏州这样寸土寸金的地方，这种做法弥足珍贵。

（3）在企业之外促进和践行生态环保。如组织志愿者到街道、社区、公共场所等开展净街、净路等活动，除了在企业内常态化开展旧电池回收之外，还到社区开展旧电池以旧换新活动，回收旧电池。向前来参观访问的国内外客人、青年学生等传播固锝生态环保做法。同时，通过原材料采购和产品销售两端促进和带动生态环保。

（4）肩负社会责任，注重社会效益，将绿色、低碳、和谐作为企业应履行的社会责任和使命，把产业发展、员工教育、生态文明建设、社会服务融为一体。开展"关爱大地母亲""爱水惜水，上善若水"等主题活动；推行低碳出行、零厨余、健康低碳餐、不用一次性物品等；倡导节水、节电、节气、垃圾减半等。固锝提倡形成以绿色设计、绿色采购、绿色制造和绿色销售为一体的"4G理念"，低碳生活成了员工的常态。

9. 固锝启示企业与人类发展的关系

这突出体现在以下四个方面。

（1）回归"以人为本"。固锝作为企业，跳出"以盈利为目的"的窠臼，"为人服务"，以人为本，对员工倾注爱，追求员工的幸福，这完全符合现代化建设的意蕴，也符合世界传统文化的本质精神。

（2）坚持平等互利共赢。"慈心于物，不制造、不流出、不接受不合格产品"，"在固锝没有'竞争'两字，只有学习对象"，"构建平等、互利、共赢的合作关系"。

（3）坚持并践行人类命运共同体理念，提出"把圣贤文化传给全世界，造福全人类"。在固锝的价值观里，追求"客户的满意"，追求至善治理：始于仁爱、行于治理、止于至善。把中国传统的"家文化"与国际先进的"精实管理"理念有机无缝对接，融会贯通，实现人文关怀和商业逻辑的双轮驱动。

（4）向世界复制和传播"中国式治理模式·家文化建设"的普世价值。固锝在马来西亚收购濒临倒闭的半导体生产企业，将固锝的家文化复制到这个企业，获得成功，马来西亚政府官员和媒体给予了充分肯定。吴念博为英国威尔士大学预科班学生开设网络课程，历时近两个月，用自己的亲身经历及固锝的成长历程诠释了企业的家文化建设。吴念博还四次应邀到联合国教科文组织介绍固锝的家文化建设经验。

固锝的家文化建设受到国内外高层领导和专家评价赞誉。德国温弗里德·韦伯博士说："我很惊讶地看到，固锝是社会中非常棒的榜样，是社会非常重要的组成部分。"日本前首相鸠山由纪夫参访固锝后说："来到固锝之前，我觉得日本做得最好。但是来到了固锝，有了改观。科学还必须加上人心，才能变得有价值和有意义。希望固锝能够将这种理念传播到全世界。"联合国教科文组织第36届大会主席卡塔琳·博格雅女士说："我看到最美丽的事情是，吴董（吴念博董事长）的才华贡献给了人类，改善全人类的生命。为全世界创造了一个典范。"联合国全球契约公约组织创始人乔治·凯尔先生说："我见过很多顶尖企业的领导，在固锝所看到的是以前没看到的，非常特别和珍贵。固锝从家到社会的责任，这是和他们不一样的。"新华网（南京）2018年11月13日（记者陆华东）发文称："苏州固锝，创建幸福企业，探索出一套企业管理的新模式。"韩国经济学教授金泳镐先生说："固锝这种让员工、企业、小区、客户、供货商幸福的家文化应该发扬光大，幸福企业的建设不仅解决了现实问题，更可以解决未来的危机。"中央党校张孝德教授说："什么是幸福？固锝告诉我们，内求利他是幸福之源。"全国工商联专题调研组赵秘书长一行到固锝参观后说："吴念博办企业不是为了自己，而是为了员工的幸福、客户的幸福、社会的幸福。固锝在吴念博的带领下把传统文化和社会主义核心价值观有机地结合在一起，他将'以人为本，以文化为魂'落到了实处，使其在企业、家庭、社会三者关系中得到了很好的融合，他所倡导的做法非常值得大家学习。"

这些评价包括了如下五层含义：一是固锝在"用心"经营企业；二是"科学"的限度，这里的科学就是指西方提出并运用的经济理论和管理理论；三是改变人心的管理效益远远好于制度；四是固锝的企业治理为全世界树立了榜样；五是固锝的企业治理超出了企业本身，影响到了更多的人。

二、苏州固锝是中国式管理探索的典范

苏州固锝电子股份有限公司与传统企业（采用西方企业管理理论）相比，在目标设立、管理方式、劳资关系、创新动力、财富分配、组织体系

和社会影响等方面与西方管理理论都有很大不同，为现代工业文明时代难以解决的社会问题提供了破解之道，如"大城市病"、道德沦丧、个人精神空虚等；突破了当前大多数企业面临的瓶颈制约，如财富增值以牺牲员工甚至企业家身心为代价，以牺牲环境为代价，劳资关系紧张，可持续创新发展能力不足等。固锝以传统家文化教化人心，不仅让企业行稳致远、健康发展，还将家文化延伸到员工家庭和社会，延伸到偏远地区参与幸福校园、幸福乡村建设实践，为解决留守儿童问题，促进精准扶贫和乡村振兴提供了有益借鉴；固锝把传统家文化带出国门，实现多元文化和谐共存，为"一带一路"倡议和人类命运共同体的建设贡献一份力量；固锝把传统文化落实在每个员工的心中，实现人与人、人与自然、企业与社会的和谐发展，为经济社会可持续发展做了积极、成功的探索。

固锝中国式管理主要探索和创新表现在以下七个方面。

（1）目标设立：人本，以幸福最大化取代利润最大化。
（2）管理方式：依靠教育教化，激发心之力。人心向善，一切都好。
（3）劳资关系：把利益关系升华为道义亲情伦理关系。
（4）创新驱动：道义和责任是动力。
（5）天下为公：兼济天下、回馈天地。
（6）组织体系：从下到上、无为而治。
（7）深远影响：超越国界，可学而至。

苏州固锝把中华文化的精髓家文化落实到企业之中，把人心作为本源动力，把圣贤教育作为企业第一要务，颠覆了传统工业文明时代企业的管理模式，体现了万物一体、利他共生的哲学思想，高扬生态文明旗帜，致力于给员工带来幸福，为社会做出贡献。

被称为"中国式管理之父"的曾仕强对于"中国式管理"的主要观点是：中国式管理指以中国哲学来妥善运用西方现代管理科学，并充分考虑中国人的文化传统以及心理行为特性，以达成更好的管理效果；中国式管理其实就是合理化管理，它强调的就是修己安人的历程；中国式管理以"安人"为最终目的，更具有包容性，主张从个人的修身做起，然后才有资格来从事管理，而事业只是修身、齐家、治国的实际演练；中国式管理重视把人际和伦理合在一起，建立一种差别性的关系，称为人伦关系，人伦关系便是以伦理的观点来建立合理的人际关系；中国人相信事在人为，所有的事都是人做出来的，所以管理应该以人为主。

所以说，苏州固锝是中国式管理探索的典范。

三、苏州固锝与新商业文明

习近平总书记在庆祝中国共产党成立100周年大会上指出："我们坚持和发展中国特色社会主义，推动物质文明、政治文明、精神文明、社会文明、生态文明协调发展，创造了中国式现代化新道路，创造了人类文明新形态。"① 发出了人类文明新形态的中国宣言。

（一）固锝对新工商业文明的率先探索

人类文明新形态的建构是古老文明现代转型的跟跑道路，是终结"历史终结论"、告别"西方中心论"的并跑道路，更是社会主义推动社会进步、追求人的解放的领跑道路，呈现着面向未来的可能性和开放性。人类文明新形态及其建构，当然包括商业文明，而且其分量较重。苏州固锝作为一个企业，把自己的企业作为实验场，探索传统文化与企业融合的新模式，觉醒早，持续推进，形成模式，可行、可推广、可借鉴，是人类文明新形态的成功探索，是管理思想理论实践的东方智慧。

（二）新儒商研究专家对苏州固锝模式创造、创新的定位

中山大学博士生导师、博鳌儒商论坛理事长、全国新儒商团体联席会议秘书长黎红雷教授认为，苏州固锝是新儒商的代表。新儒商企业，以中华优秀传统文化的创新转化推动企业的创新发展，具体表现在：一是"拟家庭化"的组织创新；二是"拟亲人化"的技术创新；三是"拟黑海化"的市场创新。

像苏州固锝这样的当代儒商企业，把儒家的德治、义利、诚信、智者不惑、仁者不忧、勇者不惧思想融入企业治理实践中，展现出"以德治企，教化为先"的新儒商气质。致力于塑造新时代的工商文明，创立独特的经营和管理机制，把社会、他人、自身利益融为一体，创造了以中华传

---

① 习近平：《在庆祝中国共产党成立100周年大会上的讲话》，见新华网（https://www.xinhuanet.com/politics/2021-07/01/c_1127615334.htm）。

统优秀文化为底蕴的崭新治理模式。新儒商就是商界的"君子",在企业治理实践中展现出"义以生利,利他经营"的新儒商气质,把"信以立世,诚以待人""智以创新,与时俱进""仁以爱人,厚德载物""勇以担当,自强不息"融入企业治理实践,涵养企业精神,培育现代企业文化,对当代工商文明的构建进行了积极的探索。

当代新儒商秉承中华优秀传统文化的核心精神,自强不息、努力奋斗,厚德载物、宽厚包容,与时偕行、不断创新,为中华民族现代文明谱写工商文明的篇章。

(三) 苏州固锝模式吻合新时期企业发展的要求

(1) 符合中华优秀传统文化的要求。中华文明包含关怀意识、个体修养要求和伦理责任原则等方面。苏州固锝的家文化幸福企业建设以此为目标,大力传承和弘扬中华优秀传统文化。

(2) 符合复合"双创"精神。习近平总书记在十九大报告中创造性地提出要推动中华优秀传统文化创造性转化、创新性发展。固锝传统文化创造性转化体现在:将中华主流儒道释文化转化为企业员工的知识、素养、精神,转化为人与自然、人与人、人与社会的和谐关系,转化为企业诸要素(土地、资本、劳动力和科技)的命运共同体。

(3) 探索解决新商业文明关键问题。新商业文明的关键问题有两个:一是基本问题即理论与实践的关系问题,苏州固锝积极探索传统文化应用于企业、西方企业组织和管理理论转化成东方模式的问题;二是根本问题即人与自然的关系问题,苏州固锝努力做到生产产品的低消耗、低成本,员工生活的简素,厂区工业区与农耕区共融,废旧物资的制度性回收等生产的生态化和企业内外生态自然环境建设。

(4) 始终秉持"正"。正知见、正心念、正言语、正行业、正戒定、正使命、正思维、正精进。苏州固锝接受和传播圣贤文化,坚持传统文化的"正道"。

(5) 明确的人生幸福标准并落地。苏州固锝从十大要素实践全员幸福:一是家庭环境,二是学习环境,三是社会环境,四是德才智能,五是文明教养,六是思想言行,七是理想信念,八是实践活动,九是创造价值,十是神圣灵性。苏州固锝的企业文化中包含了这十个方面,并有所侧重。

（6）努力促进生态文明。苏州固锝在企业文化建设中，预留"幸福农场"，开辟企业"湿地"，自种自用蔬菜瓜果等，在实践中遵循自然发展的客观规律，把人与自然作为相互促进、共同发展的整体。坚持绿色发展，将发展建立在保护自然生态的多样性、稳定性、协调性和可持续性的基础上，注重与自然生态系统的可供给能力相匹配、平衡。

苏州固锝在将企业治理与中华优秀传统文化融合方面做出了积极的探索，苏州固锝的企业与优秀传统文化融合实践及成功是新时期商业文明探索的典范，为企业儒学的实践提供了有价值的参考。

企业儒学的域外视角

06

儒家思想与现代公司治理

(乌兹别克斯坦) 纳祖拉耶娃·古丽谢克拉·萨利莫夫娜① 刘徽风 译

一、引言

在全球化的背景下,各国联系日益紧密,公司治理已成为企业成功和可持续发展的关键因素。传统的西方公司治理方法通常强调运营效率、财务业绩和股东价值。然而,随着商业活动跨越国界和文化,人们越来越认识到需要一种整合道德考量、具有长期思维和文化敏感性的治理模式。儒家思想就是这样一种模式,这是一种中国古代哲学,塑造了东亚国家的社会、政治和经济结构。

儒家思想由孔子于公元前6世纪创立,它提供了一个全面的伦理框架,强调道德操守、社会和谐以及家庭与社群关系的重要性。儒家思想中的一些原则虽然古老,但与公司治理极为相关,尤其是在当下日益重视道德领导力(ethical leadership)、企业社会责任和可持续发展的商业环境中。儒家思想注重仁、义、理、智、信的美德,它为企业领导者提供了一个道德指南,可以指导企业领导者做出不仅可以获利,而且具有社会责任感和道德责任感的决策。

将儒家原则(Confucian principles)融入公司治理不仅是一项理论探讨,而且是一种切实可行的方法,已被多家公司成功实践,特别是在东亚国家。这些公司已经证明,儒家价值观可以带来更具可持续性和更有弹性的组织,培养员工对企业的信任、忠诚并促进企业的发展。本文旨在探讨儒家原则如何应用于当代的公司治理,探索其应对当代的企业管理挑战的潜力。

---

① 纳祖拉耶娃·古丽谢克拉·萨利莫夫娜(Narzullaeva Gulchekhra Salimovna),乌兹别克斯坦布哈拉大学经济与旅游学院高级讲师。

本文首先概述儒家思想的基本概念及其与公司治理的相关性。然后，分析如何将这些原则融入公司治理的各个方面，包括领导力、组织结构、道德决策和可持续性。通过文献综述、案例分析和案例研究相结合，全面梳理儒家思想是如何促进当代公司治理实践水平提升的。

本文认为，儒家思想为公司治理提供了宝贵的视角，补充和丰富了西方关于公司治理的方法。将儒家价值观纳入治理结构，企业不仅可以实现财务上的成功，还可以为履行社会责任和践行道德领导力的更广泛目标做出贡献。在一个企业对其给社会和环境所造成的影响承担着越来越多责任的背景下，儒家思想提供了一个长期且能在文化上引起共鸣的框架，可以为企业决策提供参考，使其既能有益于企业自身，又能惠及企业所服务的社区。

本文旨在证明将儒家原则融入现代公司治理不仅是可能的，而且是非常有益的。在当前复杂的发展环境下，儒家思想为公司开展更具道德性和可持续性且对社会负责的商业实践提供了一条道路，确保公司在追求利润的同时不会以牺牲公共福利为代价。

本文的方法论部分描述了将儒家原则融入当代公司治理的研究方法和手段。本文采用了基于文献综述、案例研究分析和主题分析相结合的定性研究设计，以全面了解儒家价值观如何为当代商业实践提供指导。

本文采用定性研究方法，以深入了解儒家思想对公司治理的影响。选择这种方法是因为这项研究具有探索性，它试图理解复杂而微妙的文化概念及其在当代商业环境中的应用。本文旨在通过描述性和解释性的研究，详细考察儒家原则及其与公司治理的相关性。

本文进行研究的第一步是进行全面的文献综述。通过查阅学术期刊、书籍和可靠的在线资源，收集了有关儒家思想、其核心原则及其历史和文化意义的知识。文献综述还涵盖了当代的公司治理理论和实践，特别关注了如何在当今的商业环境中解决道德领导力、可持续性和诚信问题。

文献综述中涉及的关键领域包括：

（1）儒家（仁、义、礼、智、信）的基本原则及其对领导和管理的影响。

（2）关于儒家思想影响企业实践的现有研究。

（3）将传统文化价值观融入现代商业实践的挑战和机遇。

二、儒家思想的哲学基础

儒家思想由孔子于公元前6世纪创立，是一种深深植根于中国文化的哲学。它强调仁、义、礼、智、信，这些价值观是儒家思想中个人行为和组织管理的基础，促进了个人和社会生活的和谐。

1. 仁：人类的根基

仁，是儒家思想的核心美德。它强调人际关系中的同情心、同理心和善良。在企业环境中，仁可以体现为企业社会责任、公平的劳动实践以及对员工和社会福祉的承诺。

2. 义：公正无私

义，是一种即使困难也要做正确事情的道德倾向。在商业中，义意味着做出道德决策，确保公司优先考虑做正确的事而不是获取利润，尤其是在两者发生冲突的情况下。

3. 礼：礼仪的重要性

礼，是支配社会行为的一套仪式和规范。它强调尊重传统和社会秩序的重要性。在公司治理的背景下，礼可以被解释为坚持道德标准，尊重企业传统，保持有纪律、有序的工作环境。

4. 智：智慧与战略思维

"智"，即智慧，是指做出明智的决策。对于企业领导者来说，智不仅意味着拥有经营企业所需的技术知识，还意味着拥有预见商业决策的长期后果的智慧，同时又能使这些决策符合道德准则。

5. 信：诚信是信任的基础

信，是真实和真诚的承诺。在公司治理中，信是公司与其利益相关者（包括员工、客户和股东）之间信任的基础。诚信确保言行一致，有助于营造透明和值得信赖的商业环境。

三、中国儒商企业家的实践

1. 家族组织模式

儒家非常重视以家庭作为社会组织的基本单位。在中国传统社会，受儒家观念的影响，家庭至关重要，它塑造着人际关系和社会秩序。同时，这种以家庭为中心的价值观也延伸到了公司治理。在公司治理中，企业被视为"家"，员工被视为"家庭成员"。中国儒商企业家经常将自己视为负责任的"父母"，带领他们的"家庭"走向集体的幸福和繁荣。① 在"模范家庭组织"中，管理者为员工提供人文关怀和教育，创造和谐的工作环境，让员工感受到公司的价值和成功。这种方法培养了高忠诚度、高动力和强大的组织文化，有助于企业的稳定和发展。

2. 道德领导力

儒家思想中的"德治"原则强调通过道德榜样进行管理，而不是依靠武力或法律。孔子认为，道德在赢得人心和实现良好管理方面更有效。中国儒商企业家将这一原则融入企业管理实践中，寻求创造一种诚实、尊重和负责的文化。根据儒家思想，商业领袖应该体现三个角色："为人之君"，展示领导力和责任感；"为人之亲"，像对待亲人一样对待下属；"为人之师"，做下属的榜样。这些角色结合在一起形成了代表美德的"德"字。拥有这些品质的领导者通过营造建立在相互尊重和道德行为基础上的工作环境来激励员工。②

3. 通过正义创造利润

儒家主张通过正义手段来追求利润。它强调，虽然财富是可取的，但应该通过合法和符合道德标准的方式来获得。儒商企业家将道德操守置于利润之上，确保他们的商业行为造福社会并符合道德标准。③ "义利观"深深植根于儒商企业家的公司治理中，鼓励企业家将客户和社会的利益放在首位，相信真正的商业成功在于为他人创造价值。这种方法不仅建立起客户对企业的信任，能够提高客户的忠诚度，而且有助于企业的可持续发展。

4. 重视道德操守

诚信是儒家思想的核心道德价值观，包括诚实、真实和言行一致。儒商企业家将这一价值观融入公司治理中，并在组织中培养诚信文化。他们强调培养员工诚信品质的重要性，这将为消费者带来可以信赖的高质量产品和服务。正是由于对诚信的重视，儒商企业家创造了强大的、值得信赖

---

① 黎红雷：《儒家商道智慧》，人民出版社 2017 年版，第 43 页。
② 黎红雷：《儒家商道智慧》，人民出版社 2017 年版，第 97 页。
③ 黎红雷：《儒家商道智慧》，人民出版社 2017 年版，第 133 页。

的品牌。① 他们认为，成功的商业运营的基础在于自律和培养员工的道德品质，这反过来又为企业创造了稳定和值得信赖的商业环境。

5. 跟上时代步伐

儒家重视智慧，这种智慧也包括适应不断变化的环境的能力。儒家思想中"与时俱进"的原则鼓励企业家们随着市场的动态而创新和发展。② 儒商企业家接受"创造市场"的概念，他们利用独特的优势探寻新的发展机会，而不仅仅是在现有市场中参与竞争。这种积极主动的方法符合儒家原则中的变易、简易和不易，使企业可以在不断变化的环境中蓬勃发展。

6. 勇于担当

儒家思想推崇"勇气"这一美德，并将其定义为勇于捍卫自己的信念、担当自身责任的气魄。儒商企业家将这种美德融入公司治理中，强调即使面对逆境，也要坚持不懈并且践行道德行为。奋斗精神和成功意志是儒商企业家精神的核心。领导者应该以身作则，展现诚信和韧性。这种讲求勇气和责任感的文化可以激励员工追求卓越，为企业的长期成功和可持续发展做出贡献。③

四、儒家思想对企业的影响力分析

儒家思想通过将传统文化价值观融入现代企业领导者的战略和运营选择中，对企业领导者的决策过程产生了重大影响。研究表明，儒家思想强调企业领导者要具有较高的分析能力与未雨绸缪的眼光，这也推动企业产生了以分析为导向的战略，特别是在非国有企业和领导者没有海外管理经验的企业中。④ 此外，早期接触到浓厚儒家文化的企业领导者更有可能参与政策合规战略的修订与推行环节，如积极响应"一带一路"倡议等，促

---

① 黎红雷：《儒家商道智慧》，人民出版社 2017 年版，第 170 页。
② 黎红雷：《儒家商道智慧》，人民出版社 2017 年版，第 248 页。
③ 黎红雷：《企业儒学对传统儒学的创造性转化》，见黎红雷主编《企业儒学的开拓与传承》，中山大学出版社 2022 年版，第 19 页。
④ BELL D A, HAM C B (Eds.). *Confucianism for the Modern World*. Cambridge University Press, 2003; WU S, WAN M F. "Does Confucian Culture Reduce Corporate Default Risk? Evidence From China". *Applied Economics*, 2023.56 (34), pp. 4114-4127.

进绿色创新，反映出与政府政策和社会价值观的一致性。①

儒家思想还通过解决管理短视问题和提高内部控制质量来改善企业ESG（环境、社会和治理）绩效，这在非国有企业中尤为明显。② 孔子和孟子等儒家思想家倡导的哲学强调道德治理和道德领导力，强调了领导者以仁和诚信管理的重要性，这对当代的公司治理仍然具有借鉴意义。③ 此外，儒家思想认为应通过提高企业声誉和资源获取能力来降低企业违约的风险，特别是对于面临严重财务限制或在市场需求高的地区开展经营活动的企业而言，更是如此。这种文化影响增强了企业的社会责任、内部控制质量，降低了盈余管理和企业风险，并最终降低了公司的整体价值。④ 这些研究结果表明，企业领导者从儒家思想中领悟的道德治理、长期战略规划以及与更广泛的社会和政府目标保持一致等价值观，重塑了企业领导者的决策过程，推动了可持续的商业实践。

五、乌兹别克斯坦公司治理结构的儒家价值观

基于对儒家思想对中国公司行为影响的广泛研究，将儒家价值观引入乌兹别克斯坦的公司治理结构中可能会产生多方面的影响。

儒家思想强调自律、谨慎和道德决策，可以显著缓解代理问题，降低

---

① CHAN A C K, YOUNG A. "Confucian Principles of Governance: Paternalistic Order and Relational Obligations Without Legal Rules". *Asian Law EJournal*, 2012; CHAN G K Y. "The Relevance and Value of Confucianism in Contemporary Business Ethics". *Journal of Business Ethics*, 2008, 77, pp. 347–360.

② DU X Q. "Does Confucianism Reduce Minority Shareholder Expropriation? Evidence from China". *Journal of Business Ethics*, 2015, 132, pp. 661–716; DU X Q. "Does Confucianism Reduce Board Gender Diversity? Firm-level Evidence from China". *Journal of Business Ethics*, 2016, 136, pp. 399–436.

③ LAM C K, GOO S H. "Directors' Duties in the Context of Confucianism". *Journal of Financial Crime*, 2015, 22 (1), pp. 37–47; LAN JIANG FU. "Confucianism, Business Leaders, and Party-State Power in Contemporary China". *Journal of Current Chinese Affairs*, 2024.

④ HAN L H, TANG Y, WANG T. "Chinese Corporate Leaders' Early-life Exposure to Confucianism and Political Compliance Strategy". *Academy of Management Proceedings*, 2023.

企业成本黏性，从而降低企业的经营风险，提高公司的治理水平。① 儒商企业体现了儒家文化，通过对儒商企业进行研究发现儒家思想可以减少企业中的代理冲突，特别是在私营企业以及高度法制化和开放的地区，这表明乌兹别克斯坦的公司可以通过儒家思想来提高公司治理水平。②

然而，儒家思想对高管薪酬的影响表明：虽然儒家思想缩小了薪酬之间的差距，但它也使性别薪酬不平等永久化，这反映了儒家价值观的父权元素。③ 这种二元性表明，虽然儒家思想可能有助于营造一个更公平、更有纪律的企业环境，但也仍然需要采取额外的措施来解决性别不平等问题。此外，儒家文化在通过增加现金储备和创造良好的商业环境来降低公司违约风险方面的作用凸显了其在加强乌兹别克斯坦金融稳定和公司治理方面的潜力。④

儒家伦理对社会责任、伦理决策和组织内部和谐关系的强调与企业社会责任的原则非常一致，表明儒家价值观可以促进可持续的商业实践，保护乌兹别克斯坦工人的利益。⑤ 儒家固有的等级秩序和道德教育，可以进一步加强关系承诺，创造有效治理所需的和谐企业环境。⑥ 尽管儒家价值观在历史上被西方公司治理模式边缘化，但人们越来越认识到这些价值观在改善董事行为和治理标准方面的潜力，这表明将这些价值观融入治理结

---

① LIU S C. "How can Corporations Adopt Confucianism in Business Practices? Two Representative Cases". *Business Ethics: A European Review*, 2020, 29 (4), pp. 796 – 809; CHENG LOW P K, ANG S L. "Confucian Ethics, Governance and Corporate Social Responsibility". *International Journal of Business and Management*, 2013, 8 (4), pp. 30 – 43.

② WANG M C, XU X X, ZHANG H. "Does Confucianism Influence Business Strategy?". *Emerging Markets Finance and Trade*, 2023, 60 (2), pp. 245 – 262.

③ MENG S M. "Applicability of Daoism, Confucianism, and Mencian Thought to Modern Corporate Governance in the Maritime Shipping Industry". *Smart and Sustainable Supply Chain and Logistics – Trends, Challenges, Methods and Best Practices*, 2020, 1, pp. 191 – 199.

④ MILES L. "The Application of Anglo-American Corporate Practices in Societies Influenced by Confucian Values". *Business and Society Review* (00453609), 2006, 111 (3), pp. 305 – 321.

⑤ NTONGHO R A. "Culture and Corporate Governance Convergence". *International Journal of Law and Management*, 2016, 58 (5), pp. 523 – 544; GU S A Y, LIU H W. "Crafting a Confucian Culture in Chinese Corporations: A Case Study of Guangzhou Borche". *Athens Journal of Business & Economics*, 2021, 7 (4), pp. 305 – 320.

⑥ TANG X D, GU Y, WENG R Y, et al. "Confucianism and Corporate Fraud". *International Journal of Emerging Markets*, 2022, 17 (6), pp. 1425 – 1445.

构,对乌兹别克斯坦的公司而言是有利的。①

此外,儒家文化能够增强企业社会责任感,从企业内部控制质量,降低盈余管理成本和企业的经营风险(这些因素最终会降低企业价值),这说明需要一种平衡的方法,最大限度地发挥儒家思想的积极方面,同时降低其消极影响。②

最后,虽然儒家价值观可以改善公司治理的许多方面,但也需要额外的制度来确保公司领导层的性别包容性和多样性。③ 总的来说,将儒家价值观纳入乌兹别克斯坦的公司治理结构可能会带来更道德、更有纪律和更稳定的公司环境,前提是这种整合可以得到精心管理,以消除潜在的性别和等级偏见。

六、儒家思想为乌兹别克斯坦企业的伦理决策提供了框架

儒家思想以其丰富的伦理哲学和对自我修养、自我反思和自律等的要求,为乌兹别克斯坦企业的伦理决策提供了一个强有力的框架。儒家思想的原则已成功融入东亚的商业实践,强调社会义务、道德决策和组织内部的和谐关系,这对营造可持续和道德的企业环境至关重要。④ 儒家"中庸"和"和谐"的观念可以帮助企业降低战略快速变化带来的风险,确保企业决策是平衡的,并兼顾其长期发展。⑤

儒家思想与分析导向战略的积极联系可以指导乌兹别克斯坦企业做出

---

① TIAN V I, TANG F, TSE A C B. "Understanding Corporate Culture and Business Performance from a Confucian Perspective". *Asia Pacific Journal of Marketing and Logistics*, 2022, 34 (4), pp. 759–777.

② JOCHIM C. "Confucianism and Modern Culture". In OLDSTONE-MOORE J (Ed.). *The Oxford Handbook of Confucianism*, Oxford University Press, 2023, pp. 471–484.

③ JOCHIM C. "Confucianism and Modern Culture". In OLDSTONE-MOORE J (Ed.). *The Oxford Handbook of Confucianism*, Oxford University Press, 2023, pp. 471–484.

④ WANG X Y, LI F, SUN Q. "Confucian Ethics, Moral Foundations, and Shareholder Value Perspectives: An Exploratory Study". *Business Ethics: A European Review*, 2018, 27 (3), pp. 260–271.

⑤ WU X C, HAO M, WU D, et al. "The Impact of Confucian Culture on Corporate Environmental Governance". *International Journal of Finance & Banking Studies* (2147–4486), 2024, 13 (2), pp. 14–28.

明智和道德的商业决策,特别是在经济不稳定的时候。① 儒家思想对企业社会责任的强调与全球更具社会责任感的商业实践趋势相一致,这可以帮助乌兹别克斯坦公司在当地和国际上建立信誉。②

儒家的美德伦理与西方亚里士多德的美德伦理不同,儒家思想为培养道德领导力和治理提供了独特的见解,这对防止公司出现丑闻和确保商业的长期发展至关重要。③ 儒家思想的历史和文化遗产也可以用来发展一种重视道德行为和社会责任的企业文化,为社区和地区的整体福祉做出贡献。④

然而,值得注意的是,儒家思想对公司治理也可能产生负面影响,管理者必须仔细考虑调整这些原则,以确保公司部门的包容性和多样性。⑤ 尽管对伦理与商业的兼容性存在一些怀疑,但儒家原则在各种企业环境中的成功应用表明,伦理决策不仅是可能的,而且对企业绩效和增长也是有益的。⑥ 因此,乌兹别克斯坦公司可以通过将儒家伦理融入企业战略,在保持道德标准和为社会做出积极贡献的同时,应对快速变化的社会环境。

---

① KONG X R, XU S P, LIU M Y, et al. "Confucianism and D&O Insurance Demand of Chinese Listed Companies". *Pacific-Basin Finance Journal*,2023,79,pp. 1 – 21.

② XU R, BAN Q. "How Confucianism Affects Corporate SG Performance:Evidence from China". 18 June 2024,PREPRINT(Version 1)available at Research Square.

③ YANG L, LI W L, LI J M. "Confucianism and Earnings Management:Evidence from China". *Emerging Markets Finance and Trade*,2022,58(6),pp. 1525 – 1536.

④ YOUNG A. "Corporate Governance in China and Hong Kong:Reconciling Traditional Chinese Values,Regulatory Innovation and Accountability". *Regulatory Innovation and Accountability*,2010;YOUNG A. "Regulating Corporate Governance in China and Hong Kong:Do Chinese Values and Ethics have a Place in the Age of Globalization?". In The Fifth Annual Conference:The Asian Studies Association of Hong Kong,2010,pp. 1 – 29.

⑤ YOUNG A. "Retracing the Roots and Ideals of Confucian Principles of Governance:The Art of Regulating Governance Without Legal Rules in Chinese Societies". *Social Science Electronic Publishing*,2011;YOUNG A, LI G, LAU A. "Corporate Governance in China:the Role of the State and Ideology in Shaping Reforms". *Company Lawyer*,2007,28(7),pp. 204 – 211.

⑥ YUAN F. "The Influence of Confucianism's 'Politics virtue' on Modern Corporate Management Taiwan Semiconductor Manufacturing Corporation(TSMC)as an Example". *The Journal of Korean Management Practice Association*,8,pp. 5 – 17.

七、儒家思想融入西方公司治理的可能性

1. 长期愿景和可持续性

儒家强调智慧和长期思考的重要性。与许多现代商业实践中普遍存在的短期利润最大化相反，儒家思想鼓励关注可持续性和商业决策的长期影响。将可持续发展纳入企业战略意味着制定与联合国可持续发展目标相一致的长期目标。公司可以专注于减少碳足迹、促进道德供应链和投资可持续技术。如此，其不仅可以为全球可持续发展做出贡献，还能提高自身的生存能力。联合利华和特斯拉等公司在将可持续发展纳入其核心业务战略并得到了重大发展。例如，联合利华的可持续发展计划旨在将公司的增长与其环境影响脱钩，同时增加其积极的社会影响；特斯拉对可再生能源和电动汽车的关注，则是公司如何将其商业模式与可持续发展目标相结合的另一个例证。

2. 适应性和创新

儒家重视智慧，重视发展适应不断变化的环境的能力。儒家"与时俱进"的原则鼓励企业家随着市场的动态而创新和发展。现代企业可以通过将传统道德价值观与尖端技术相结合来应用这一原则。这种平衡的方法确保创新以道德考量为指导，从而实现可持续和负责任的增长。儒家主张在保留传统和拥抱变化之间取得平衡。在企业界，这体现在那些既尊重自身历史价值，同时又投入资源进行创新以保持竞争力的公司中。例如，丰田公司成功地在其根深蒂固的企业价值观与持续改进和创新的承诺之间取得了平衡，这体现在其"改善"理念中。为了促进创新，公司可以培养重视创造力和实验研发的文化。这可能包括创建创新实验室，投资研发新产品，并给予员工开发新想法所需的资源和自主权。将儒家价值观与现代创新方法相结合，公司可以在保持竞争力的同时忠于其道德准则。

3. 建立信任型经济

在儒家思想中，信任是所有人际关系的基础。这一要素在商业世界同样重要。在商业世界中，信任对于建立良好的合作伙伴关系、提高客户忠诚度和促进整体经济稳定至关重要。对公司治理的信任建立在透明度、问责制和道德行为上。在治理实践中优先考虑建立信任的公司更有可能与利益相关者建立牢固的关系，包括投资者、客户和员工。这种信任可以增强

投资者的信心,提高客户保留率,并使员工更加敬业。强生(Johnson & Johnson)和美捷步(Zappos)等公司将其商业模式建立在信任之上。其中,强生公司的信条强调公司对客户、员工和所服务社区的承诺,在组织的各个层面建立信任;美捷步以其客户服务而闻名,通过始终如一地兑现承诺并优先考虑客户满意度,获得了忠诚的客户群体。

八、儒家思想融入现代公司治理的挑战

虽然儒家原则为公司治理提供了参考,但将这些理念融入现代商业实践并非没有挑战。一个主要的挑战是东西方商业方法之间的文化差异。随着全球化的发展,公司必须谨慎应对这些差异,在使儒家原则适应不同地区的文化背景的同时,企业也要保持诚实,坚持道德领导力的核心价值观。另一个挑战是组织内部对变革的抵制。实施儒家原则可能需要企业对其企业文化进行重大变革,这可能会遇到习惯于更传统、以利润为导向的行事方式的员工甚至管理者的抵制。克服这种阻力需要强有力的领导、良好的沟通能力和对道德管理的承诺。

最后,衡量道德实践的影响可能具有挑战性。虽然道德管理明显有助于企业获得成功,但从财务的角度来量化这种影响并不那么容易。公司可能需要制定新的指标和标准,以评估其儒家管理实践的有效性。

儒家思想与世界新商业文明

(乌兹别克斯坦) 纳吉萨·诺西罗瓦·贾莫利丁·齐兹[①]　刘微风　译

随着全球化和技术进步逐渐重塑世界经济，人们越来越需要重新审视那些提供伦理指导和可持续商业实践的传统哲学思想。儒家思想以其丰富的文化遗产和伦理框架，为新的全球商业文明提供了宝贵的见解。本文旨在探讨儒家原则（Comfucian principles）如何帮助企业平衡在当今全球市场中的对利润的追求和对道德责任的关注，以指导并改进现代商业实践。

一、简介

在快速全球化和科技进步的时代，企业治理格局正在发生重大变化。传统的西方企业管理模式往往强调效率、盈利能力和股东价值，而这种模式正日益受到一些纳入道德考量和文化敏感性的框架的补充。儒家思想就是这样一个框架。它是一种中国古代哲学，长久以来对东亚的社会、政治和经济结构产生着深远的影响。

孔子在公元前6世纪创立了儒家思想，它是一套伦理和哲学教义体系，强调道德、社会关系和美德。其核心原则包括：

(1) 仁：仁慈或人道，强调对他人怀有同情心和同理心。
(2) 义：正直或正义，强调做道德上正确的事情的重要性。
(3) 礼：礼制，即遵守社会规范，尊重等级和传统。
(4) 智：智慧，包括做出明智和深思熟虑的决定。
(5) 信：正直，强调在所有关系中的诚信与信任。

这原则理构成了儒家思想的伦理基础，可以有效地应用于现代商业实践。将儒家原则融入企业治理，提供了一种平衡追求利润与讲求道德责任

[①] 纳吉萨·诺西罗瓦·贾莫利丁·齐兹（Nargiza Nosirova Jamoliddin qizi），乌兹别克斯坦塔什干管理与经济学院科学研究与创新系主任，博士，副教授。

的独特方法。与西方商业战略通常的短期关注不同，儒家思想主张长期愿景、可持续发展以及为包括员工、客户和更广泛的社会群体在内的所有利益相关者创造价值。这一观点在当今全球化市场中尤显重要，因为企业对社会和环境产生的影响日益增大。

本文的目的是探讨儒家原则在现代公司治理中的相关性与应用，研究儒家思想如何影响领导风格、组织结构、决策过程和可持续发展战略。本文采用文献综述、案例分析和案例研究相结合的方法，研究儒家价值观（Confucian values）如何改善企业治理实践，从而带来更符合道德标准和可持续的商业成果。在此过程中，本文进一步论证了将儒家原则融入公司治理不仅可行，而且有益。

接受这些久经考验的价值观，企业可以与利益相关者建立更牢固的关系，增强信任和忠诚度，并在快速变化的全球经济中获得长期成就。面对复杂的发展环境，儒家思想提供了一个长期且能在文化层面引发共鸣的框架，以一种既能使企业受益，又能惠及社会的方式，来引导企业的行为。

二、方法

作为一篇综述性文章，本文结合现有的文献资料，以考察儒家原则融入当代公司治理的情况。所采用的方法包括对学术资料的系统回顾、案例研究和专题分析，以全面了解儒家价值观如何影响当代商业实践。

本文首先通过在各种学术数据库中进行全面的文献检索，包括期刊数据库以及专门的商业和哲学期刊，以获取与研究相关的文献资料。检索侧重于筛选与儒家思想、企业治理及其交叉领域相关的同行评审文章、书籍和权威报告。主要搜索词包括"儒家思想与公司治理""儒家商业价值观""道德领导力（ethical leadership）与儒家思想""儒家思想与当代商业实践""儒家思想与商业的可持续性"。

入选文献的纳入标准如下：
（1）明确讨论儒家原则在企业或商业环境中的应用的出版物。
（2）研究儒家思想在当代管理中的伦理、文化和实践意义。
（3）提供儒家原则在组织中发挥作用的经验证据的案例研究或报告。

需排除的文献标准如下：
（1）与儒家思想或企业治理没有直接关系的资源。

（2）缺乏严谨学术分析的未经同行评审的文章或观点。

三、主题分析

选择相关文献后，进行主题分析，以确定研究中的共同主题和模式，主要包括以下步骤：

（1）数据提取：从每个选定的来源中提取关键结果，重点关注儒家原则，如仁、义、礼、智、信如何应用于当代商业实践。

（2）编码：对提取的数据进行系统编码，将类似的概念和想法进行分类，包括与企业治理、道德领导、可持续性和文化整合相关的更广泛的主题。

（3）主题提炼：将经过编码的数据归类为反映儒家思想对当代企业治理的关键贡献的总体主题。这些主题包括道德领导、长期战略愿景、以人为本的商业实践以及建立以信任为基础的经济模式。

四、文献综述

儒家思想以其伦理框架对新的全球商业文明（new global commercial civilization）的发展产生了重大影响，特别是在中国和全球商业实践的背景下。从历史上看，儒学与商业的融合可以追溯到晚清时期，当时儒商的兴起体现了商业思维与儒家伦理观念（Confucian ethical ideals）的融合，强调了商业中的正义、公益和道德行为。①

这一传统一直延续和发展，影响着现代商业道德和实践。儒商文化强调诚实、守信和道德发展，这也影响了传统商业和住宅建筑的空间和功能设计，体现了儒家思想的层次化和以人为本的理念。②

在现代，儒家价值观复兴，这一思想流派被称为"新儒家"，在面对中国快速的经济增长和全球化时，其在重建文化认同和提供道德指导方面

---

① JENSEN L M. "The Construction of Confucianism in Europe and the Americas: Confucius and Confucian Sayings Across the Centuries". In OLDSTONE – MOORE J (Ed.). *The Oxford Handbook of Confucianism*, Oxford University Press, 2023, pp. 33 – 54.

② MA M. "The Confucian Merchant Tradition in the Late Qing and the Early Republic and Its Contemporary Significance". *Social Sciences in China*, 2013, 34 (2), pp. 165 – 183.

发挥了关键作用。① 这种复兴不仅是对过去传统的怀旧回归，还是对当代环境的动态适应。在当代，儒家原则被视为在社会和经济互动中建立信任（信）的关键，从而改善商业环境和社会凝聚力。②"儒家资本主义"的概念进一步说明了儒家价值观，如努力工作、家庭凝聚力和社会网络如何在海外华人的商业成功中发挥重要作用，尽管这一概念有时被批评为过于简化了文化和经济因素之间复杂的相互作用。③ 此外，在历史贸易路线和当代全球化的推动下，儒家思想的全球传播促进了更广泛的知识和文化交流，不仅影响了商业实践，还影响了世界各地的教育和社会机构。④ 尽管受到西方文化帝国主义和国内社会转型的挑战，但儒家思想表现出了韧性和适应性，继续塑造着现代中国社会及其商业精神。⑤ 持续的学术讨论以及国家支持的复兴和重新解释儒家思想的举措，强调了儒家思想在促进和谐与道德健全的全球商业文明方面的持久相关性和潜力。⑥ 因此，儒家思想融入新的全球商业文明，证明了其深刻而多方面的影响。将传统智慧与现代经济需求相结合，可以促进商业和社会发展的平衡和道德方式。

儒家思想通过其道德原则、社会价值观以及与商业实践的融合，对新大陆商业文明的发展产生了重大影响。儒家道德言论和思想的传播始于近代早期，在塑造新兴国家寻求建立世界新秩序（Novus Ordo Seclorum）的智力和意识形态基础方面发挥了关键作用。⑦ 晚清时期，以张謇等为代表的儒商，他们将商业头脑与儒家伦理（Confucian ethics）结合在一起，强

---

① WU M, HARON S H. "Tracing the Confucian Merchant Culture in the Spatial Layout of Traditional Commercial and Residential Buildings using Space Syntax". *Journal of Advanced Research in Applied Sciences and Engineering Technology*, 2023, 32（2）, pp. 522 – 536.

② SENDRA J M, PÉREZ – UGENA Á. "El Asia Confuciana y el Nuevo Orden Cultural Audiovisual Mundial", Juan MENOR y Álvaro PÉREZ – UGENA, 2011, 16（30）, pp. 37 – 56.

③ KONG X R, XU S P, LIU M Y, et al. "Confucianism and D&O Insurance Demand of Chinese Listed Companies". *Pacific – Basin Finance Journal*, 2023, 79, pp. 1 – 21.

④ LAN J F. "Confucianism, Business Leaders, and Party – State Power in Contemporary China". *Journal of Current Chinese Affairs*, 2024.

⑤ GU S Y, LIU H W. "Crafting a Confucian Culture in Chinese Corporations: A Case Study of Guangzhou Borche", *Athens Journal of Business & Economics*, 2021, 7（4）, pp. 305 – 320.

⑥ JOCHIM C. "Confucianism and Modern Culture". In OLDSTONE – MOORE J（Ed.）. *The Oxford Handbook of Confucianism*, Oxford University Press, 2023, pp. 471 – 484.

⑦ JOCHIM C. "Confucianism and Modern Culture". In OLDSTONE – MOORE J（Ed.）. *The Oxford Handbook of Confucianism*, Oxford University Press, 2023, pp. 471 – 484.

调商业与儒家价值观的无缝融合,倡导一种强调正义、共同利益和道德行为的商业伦理。① 儒家伦理与商业实践的结合促成了一种影响现代商业伦理和企业家精神的新传统的出现。诸如"仁"(仁爱)、"礼"(合宜规范)、"义"(正当行为)等儒家价值观鼓励人们通过道德手段追求成功的人生,而这反过来又推动了资本主义精神的发展,这种资本主义精神在日本、中国以及韩国、中国台湾、中国香港和新加坡等东亚国家和地区的经济崛起中体现得十分明显。② 通过赛义德的东方主义视角分析儒家思想的现代复兴,凸显出其持久的文化话语及其对现代经济实践的影响。③ 儒家商业伦理强调个人美德和公共道德与经济发展相互影响,表明文化与经济相互影响。④ 儒家"以人为本"的管理理念,即尊重人和人的需求,深深植根于现代企业管理中,推动企业可持续发展,营造积极的工作环境。⑤

此外,儒家思想的影响延伸到宣传领域,其传统价值观塑造了文化知识和社会价值观的传播,有助于其在商业领域创造独特的文化景观。⑥ 儒家资本主义的论述将海外华人的商业成功归因于儒家价值观,如努力工作、家庭凝聚力和基于信任的商业实践,强调了这些价值观在塑造商业成功方面的重要作用。⑦ 最后,西方学术界对儒家社会理念的重新评价表明,与之前的假设相反,儒家思想在适当的情况下可以促进经济的发展,

---

① HOSTON G A. "Revolutionary Confucianism? Neo – Confucian Idealism and Modern Chinese Revolutionary Thought". *Political Research Quarterly*, 2024, 77 (2), pp. 607 – 619.

② ABBASI P, QAZI A, AKHTAR S, & QAMAR R. "The Impacts of Confucianism as Ancient Religion of Chinise On Cultural Life". *Journal of Positive School Psychology*, 2023, pp. 859 – 868.

③ FAN H. "A Form of Civilization and Culture". *Lunli and Confucian Moral Theory*, Palgrave Pivot, 2024, pp. 145 – 155.

④ WANG N. "(Re) Constructing Neo – Confucianism in a 'Glocalized' Context". *Challenges of Globalization and Prospects for an Inter – civilizational World Order*, Springer Nature Switzerland AG, 2020, pp. 997 – 1012.

⑤ YANG R. "Enlightenment as Global History: The Reception of Confucianism in Eighteenth-Century France". 2022.

⑥ NIEDENFÜHR M, HENNIG A. "Confucianism and Ehics in Management". *Handbook of Philosophy of Management*, Springer, 2022, pp. 837 – 849.

⑦ NIEDENFÜHR M. "Confucian Entrepreneurship and Moral Guidelines for Business in China". In AMELUNG I, SCHEFOLD B (Eds.). *European and Chinese Histories of Economic Thought*, London: Routledge, 2021, pp. 259 – 274.

明末至清中期商业的快速增长就是明证。①

综上所述，这些影响展示了儒学是如何通过将伦道德原则和社会价值融入商业实践、促进经济增长、创造可持续和道德的商业环境，塑造了新世界的商业文明。儒家思想在塑造世界新商业文明（New World commercial civilization）的经济和社会结构方面发挥了多方面的作用，并将其核心价值注入社会和商业实践的各个方面。

儒家道德言论和哲学的传播始于近代早期，对新兴国家的智力和意识形态基础产生了重大影响，为这些社会创造其制度结构所借鉴的全球智慧来源做出了贡献。② 儒家经济伦理的核心是道德正义优先于物质利益，这一原则强调了美德在实现内在和外在美好生活中的重要性。③ 这种伦理框架有助于形成一个稳定和合作的社会，强调家庭作为美德的孵化器的作用，以及敬祖和孝顺的做法对社会凝聚力至关重要。④ 晚清时期，儒商阶层兴起，体现了儒家理念（Confucian ideals）与商业实践的融合，进一步证明了儒家思想通过促进商业中的正义、共同利益和道德行为来塑造商业伦理。⑤

儒家的商业伦理也与经济发展相互作用，在宏观层面上影响着市场制度和公共管理，从而为更广泛的经济文化做出贡献。⑥ "儒家资本主义"强调努力工作、家庭凝聚力和基于信任的商业实践等价值观，这一概念在

---

① LEE C C H. "The New Liberals and Chinese Civilization: Idealist Philosophy, Evolutionary Sociology, and the Quest for a Humanitarian Ethics in Edwardian Britain". *Modern Intellectual History*, 2023, 20 (4), pp. 1142 – 1164.

② BAI T D. "Tian Xia: A Confucian Model of State Identity and Global Governance". *Challenges of Globalization and Prospects for an Inter – civilizational world order*, Springer Nature Switzerland AG, 2020, pp. 969 – 982.

③ MAKOLKIN A. "Confucius and Aristotle—the Ancient Guides to the Secular Pathway of Humanity". *Biocosmology – neo – Aristotelism*, 2022, 12 (1, 2), pp. 292 – 308.

④ D DONG B M. "Capitalism and Confucianism: Was Weber Right?". *Journal of Economic Issues*, 2023, 57 (1), pp. 103 – 122.

⑤ FUNG E S K, YUNG K K C. Zhang Junmai: The Political and Cultural Thought of a New Confucian". *Dao Companion to Contemporary Confucian Philosophy*, Springer Nature Switzerland AG, 2021, pp. 105 – 124.

⑥ BRACARENSE N. Chinese International Political Economy: Confucianism and the Unfolding of the Chinese Dream". *Annals of Association of Economics Centers of Post-Graduation*, 2022. Available at www. anpec. org. br/encontro/2022/submissao/files _ I/i2 – cc30002858ddbe3439ced57760bda47e. pdf. Accessed October, 20, 2022.

解释海外华人的经济成功方面发挥了重要作用,尽管批判性地看待这一概念以避免过度简化很重要。① 在受儒家哲学影响的中国传统社会中,调解是解决纠纷的主要方法,反映了儒家对社会稳定与和谐的重视,而社会稳定与和谐对一个运转良好的经济体系来说至关重要。② 与西方早期认为儒家社会理念阻碍经济发展的观点相反,研究表明,在适当的情况下,儒家思想可以显著促进商业增长,明末至清中期经济的快速发展就是明证。③ 虽然儒家文献的主要焦点是社会组织和伦理而不是经济问题,但社会和谐和伦理行为的基本原则间接影响了经济实践。④

在当今全球化的背景下,中国独特的历史和文化背景深深植根于儒家价值观,而儒家思想也在中国经济和外交战略方面发挥着重要作用,进而影响着全球经济秩序。⑤ 因此,儒家对美德、伦理行为和社会和谐的强调,深刻地塑造着世界新商业文明的经济和社会结构。儒家的和谐与平衡的价值观通过培育优先考虑道德行为、社会信任和公平关系的社会经济环境,深刻地影响着世界新商业文明的发展和可持续发展。

孔子及其弟子提出"以和为贵",这一儒家理念强调个人、社会和自然之间和谐关系的重要性,这与可持续发展和道德治理的原则是一致的。⑥ 这种整体的和谐方法包括"平衡的和谐""外部的和谐"和"内部的和谐",它们共同促进了平衡和道德的社会经济框架。儒家的"人类命运共同体"理念进一步强调了通过合作共赢来构建全球和谐社会的重要性,这对国际商业体系的可持续发展至关重要。此外,儒家价值观如"义""仁""诚"已被证明可以减少管理层的自利动机,从而缩小外部薪

---

① XING G Z, SHANG C. "Light through Time and Space: The Influence of Confucian Humanism on the European Enlightenment". *Dialogue and Universalism*, 2021, 31 (3), pp. 75 – 92.

② ANGLE S C. *Growing Moral: A Confucian Guide to Life*. Oxford University Press, 2022.

③ ZHANG J. "Is the Confucian Ethic a Hindrance to Economic Development in China?". *Economic and Political Studies*, 2021, 9 (3), pp. 255 – 314.

④ JIANG W, ZHANG H. "Traditional Chinese Culture and the Construction of Ecological Civilization: From Cultural Genes to Practical Behaviors—Case Studies in Confucianism, Buddhism and Taoism". *Chinese Journal of Urban and Environmental Studies*, 2020, 8 (02), pp. 1 – 13.

⑤ BLITSTEIN P. "Confucianism in Late Nineteenth – Early Twentieth Century China". *Dao Companion to Contemporary Confucian Philosophy*, Springer Nature Switzerland AG, 2021, pp. 27 – 46.

⑥ ZHOU J B. "The Origins of Westernization Thought". *Westernization Movement and Early Thought of Modernization in China: Pragmatism and Changes in Society*, 1860s – 1900s, Palgrave Macmillan Cham, 2022, pp. 309 – 337.

酬差距，提高企业内部的经济效率。①

这些价值观也支持中国的外交理念，推动构建人类命运共同体，促进全球和谐合作。通过儒家思想培养社会信任是东亚经济奇迹的重要因素。儒家思想有助于降低商业成本，提高劳动生产率，增加对商业伙伴关系的信任，所有这些都是经济可持续增长的关键。② 此外，儒家的"道德经济"理想是在荀子的伦理和政治思想的基础上建立起来的，它倡导一种协调私人利益与公共利益的经济制度，从而促进一种平衡和可持续的经济模式。③

儒家文化中"中庸之道"与"和"的伦理思想也在调整企业战略方面发挥着作用，确保企业以平衡和道德的方式做出决策，这对长期可持续发展至关重要。④

此外，中国传统文化价值观对现代法律实践的影响，如国际商事仲裁，凸显了儒家原则在塑造公平和谐的争端解决机制方面的持久影响，这对于维护全球商业的信任和稳定至关重要。⑤ 总的来说，这些儒家价值观不仅塑造了商业的道德和运营框架，还为更广泛的世界新商业文明的社会的经济稳定和可持续性做出了贡献。

五、结果综合

本研究的最后一步是综合文献中确定的主题，以形成符合研究目标的连贯叙述。结果综合旨在整合理论和实践见解，即将儒家的理论讨论与实际案例结合起来，用以说明这些伦理是如何在现实世界的企业环境中应用

---

① SETIAWAN C. "Contribution of Confucius Teaching as Traditional Chinese Thought on How to Build World Harmony (Empirical Evidence in Indonesia as An Example)". *Study Park of Confucius Journal: Jurnal Ekonomi, Sosial, dan Agama*, 2024, 2 (1).

② ALI F. "Connecting East and West Through Modern Confucian Thought: Re-reading 20th Century Taiwanese Philosophy". *Asian Studies*, 2020, 8 (3), pp. 63 – 87.

③ KEIR J. "Historical and Cultural-Philosophical Perspectives on the New Silk Road (s)". *European Perspectives on the New Silk Roads—A Transcultural Approach. Metropolis*, 2022, pp. 87 – 107.

④ POKORNY L K. "The Ascended Confucius: Images of the Chinese Master in the Euro – American Esoteric Discourse". *Numen*, 2023, 71 (1), pp. 29 – 47.

⑤ WU S, WAN M F. "Does Confucian Culture Reduce Corporate Default Risk? Evidence from China". *Applied Economics*, 2023, 56 (34), pp. 4114 – 4127.

的；确定差距和机会，即强调需要进一步确定研究的领域，以及儒家原则可以更充分地融入企业治理实践的领域；评估儒家价值观对当代商业的影响，即评估在当代商业环境中特别是在全球化和技术进步的背景下，应用儒家价值观的潜在利益与挑战。

六、研究的局限性

与任何综述文章一样，本研究也存在一定的局限性：
（1）文献范围：受现有文献的限制，本文可能无法涵盖儒家思想在企业治理中的所有可能的应用；研究的重点是东亚背景，这可能会限制研究结果对其他文化环境的适用性。
（2）解释性偏见：主题分析是解释性的，在主题的定义和分类方面可能存在偏见。但本研究已通过交叉参考多种来源和观点的方式尽可能保持客观。
（3）缺乏定量数据：本研究为定性回顾，不包括可以提供如"儒家原则对企业绩效的可衡量的影响"等额外的信息的定量分析。

尽管存在这些局限性，本研究为探索儒家思想与当代企业治理的相关性提供了一种结构化的、严谨的研究方法。本研究的成果有助于更深入地了解古代伦理如何影响现代商业实践，为学者和实践者提供有价值的见解。

七、以人为本的商业实践

儒家对人性（仁）的强调促进了以人为本的商业方法。这一原则鼓励企业优先考虑员工、客户和整个社会的福祉。在世界新商业文明中，这意味着创造包容性的工作场所，确保公平的劳动待遇，以及发展重视人的尊严和互相尊重的企业文化。

采用以人为本的做法的企业可能会从更高的员工满意度、忠诚度和生产力中受益。此外，重视社会责任和道德行为的企业还可以与客户和利益相关者建立更牢固的关系，提高他们的声誉并帮助他们获得成功。

八、道德领导力与管理

儒家崇尚德治,强调道德领导力的重要性。儒家领袖被期望以身作则,在行动中表现出诚实(信)和正义(义)。在现代商业文明的背景下,这意味着商业领袖必须保持高度的道德标准、透明度和责任心。

道德领导力在组织中培养信任和尊重的文化,这可以提高员工的士气和组织绩效。通过将儒家原则融入企业治理,企业可以创造一个更符合道德标准、更具可持续性的商业环境。

九、长远愿景和可持续发展

儒家非常强调智慧(智)和长远眼光的重要性。与现代资本主义追求短期利润最大化相反,儒家主张可持续发展,考虑商业决策对社会和环境的长期影响。这种方法符合企业社会责任和环境可持续性的原则。通过采用长期愿景,企业可以通过实现可持续发展目标、应对气候变化、资源枯竭和社会不平等全球挑战做出贡献。

十、融合传统与创新

儒家鼓励适应和创新,同时保持对传统的尊重(礼)。在新的全球商业文明中,可以通过将传统伦理价值与现代技术进步相结合来应用这一原则。企业可以通过对社会负责和合乎道德的方式进行创新,确保企业在发展过程中不会以牺牲道德和诚信为代价。

例如,企业可以利用技术提高透明度,改善供应链管理,减少对环境的负面影响,为自己和社会创造价值。这体现了儒家传统与进步和谐相处的理念。

十一、创建以信任为基础的经济

诚实(信)是儒家思想的基石,它强调信任在所有关系中的重要性。在世界新商业文明中,创建以信任为基础的经济对于促进商业的可持续发展和经济稳定至关重要。信任能够促进合作，降低交易成本，并营造良好的商业环境。

十二、结论

在全球贸易日益依赖技术进步和市场扩张的时代，将道德框架纳入企业治理比以往任何时候都更加重要。儒家思想强调道德、社会和谐与长期影响，为现代商业实践提供了宝贵的参考。本研究探讨了儒家思想的核心原则——仁、义、礼、智、信——如何应用于现代企业治理，以创建更具道德、可持续和对社会负责的组织。

将儒家原则应用于商业不仅仅是一种理论探讨，它还具有实际意义，可以带来切实的利益。通过优先考虑以人为本的商业实践，企业可以营造让员工感到自身价值得到认可且充满动力的环境，从而提高员工的生产力和忠诚度。基于儒家价值观的道德领导在组织内部建立信任和尊重，这对企业的长期发展至关重要。此外，对长远眼光和可持续发展的重视，与全球为应对诸如气候变化、资源枯竭以及社会不平等这些紧迫问题所做的努力是一致的。

本研究还强调，虽然将儒家思想融入企业治理有很多好处，但也有挑战。儒家价值观的文化特殊性在适用于非东亚背景的企业时可能需要作出相应的调整。此外，衡量道德实践对企业绩效的影响存在困难，这也对儒家思想在公司治理中的广泛应用带来了挑战。然而，这些挑战并没有削弱儒家思想在塑造一个平衡追求利润和讲求道德责任的世界新商业文明方面的重要性与潜力。随着企业继续应对全球化带来的复杂情况，儒家思想对和谐、诚信和道德领导的强调为创建更具可持续性和社会责任感的企业提供了指导。

总之，儒家思想为现代企业治理提供了一个全面而文化丰富的框架。秉持这些古老的价值观，企业不仅可以提高自身的道德标准和可持续性，还可以为更公平、更和谐的全球经济做出贡献。将儒家原则融入商业实践不仅是对传统的继承，而且是一种具有前瞻性的战略布置，可以在一个经济日益相互联系和道德意识日益增强的世界中取得成功，维持商业的长期发展。

十三、建议

根据研究结果和分析，本研究对于将儒家原则融入现代公司治理提出以下七条建议：

1. 在商业实践中采用以人为本的方法

企业应该优先考虑员工、客户和更广泛社区的福祉，以体现儒家"仁"的价值观。这可以通过实施全面的员工福利计划、促进员工工作与生活的平衡以及鼓励员工参与社区发展倡议活动来实现。企业还应考虑采用包容性招聘做法，创造相互尊重和颂扬多样性的工作环境，从而培养员工的归属感和忠诚感。

2. 在各级管理人员中倡导道德领导力

企业应鼓励和倡导各级管理人员的道德领导力。领导者应该接受有关道德决策方面的训练，并践行儒家的信、义、智等美德。

企业可以建立培训项目，由经验丰富的领导者在道德实践和儒家价值观方面指导新领导者，确保道德领导力成为企业文化的基石。

3. 将长远愿景和可持续发展纳入企业策略

企业应将重点从短期利润最大化转向可持续发展，使其战略与联合国可持续发展目标等全球目标保持一致。这包括在做决定时考虑到对后代和环境的影响，这与儒家强调的长期影响是一致的。

企业可以通过投资可持续发展相关的技术、减少碳足迹以及开发促进环境管理的产品和服务来实现这一目标。

4. 建立诚信文化

诚信应当成为每个组织的基本价值观。因此，企业应制定明确的道德准则，并确保所有员工理解并遵守这些标准。决策过程的透明度与行动的一致性是建立和维持信任的关键。组织还应该注重营造一种开放的文化氛围，让员工能够毫无顾虑地提出道德方面的问题，而不必担心遭到报复。这可能包括建立匿名报告制度，并为有关道德问题的对话创造安全的交流空间。

5. 尊重传统，鼓励创新

企业应在追求创新与尊重传统价值观和实践之间取得平衡。这包括以符合儒家原则和社会责任原则的方式整合新技术和商业模式。

企业应鼓励一种持续改进的文化（受儒家思想的启发），在这种文化中，推动创新的是对提高社会福祉的期愿，而不是单纯对利润的追求。

6. 使儒家原则适应全球和多元文化背景

虽然儒家思想深深植根于东亚文化，但其伦理可以适应全球和多元文化的商业环境。在不同文化背景下经营的企业，在维护儒家核心伦理原则的同时，应根据儒家价值观的应用，尊重当地的习俗和规范。这可以包括跨文化培训项目，向员工传授儒家价值观及其与现代商业实践的相关性，培养重视道德和勇于承担社会责任的全球企业文化。

7. 制定标准以评估道德操守的影响

为了更好地将儒家原则融入公司治理，企业应该制定并实施衡量道德实践对业务绩效影响的指标。这些指标可以包括员工满意度、客户忠诚度、品牌声誉和企业的长期业绩。按照这些指标进行定期评估可以帮助企业完善其战略，并确保其对道德治理的承诺，继续为企业的长期发展做出贡献。

采纳这些建议，企业可以有效地将儒家原则整合到公司治理框架中，从而打造出更符合道德标准且能够可持续发展的组织。这样不仅能提高企业绩效，还有助于实现全球经济更加公正、和谐地发展这一宏大的目标。

中国商业文化中的关系理性与交易理性

(德国)宁洲明[①] 刘徽风 译

一、引言

在西方经济学领域,有一种隐含的假设,即市场经济的现代化和发展与欧洲、北美、南美洲和大洋洲特定的历史、文化和地理特征有关,它充当着现代化的样板,其他经济体、文化和文明都以这一样板来追赶西方的经济发展。西方现代化历程以及其随后在全球取得成功的一个关键是,从以关系理性为中心的经济交流逐渐转向以交易理性为中心的经济交流。前者通常与落后和欠发达经济体联系在一起,而后者则被视为具有良好运作市场的现代经济的必要条件。

关系经济学区分了交易理性(专注于双方之间的二元交换)和关系理性(包括多种关系,并支持长期、持续的互动)。[②] 这表明,关系理性可能意味着市场发展程度较低,信息不完全造成的损失凸显了市场机制的不完善。社会组织和网络在解决这些缺陷方面发挥着至关重要的作用。[③] 虽然西方经济学的观点解释了西方国家在经济上的成功及其模式在全球范围内的应用,但它正日益受到日本、韩国、中国香港、中国台湾和新加坡等东亚国家和地区,以及部分东南亚国家经济成就的挑战。

本文探讨中国的经济发展经验,以说明在繁荣的现代经济中,关系理性为何与西方的交易理性一样重要。本文考察了中国古代哲学中的关系理性和交易理性,研究了这些哲学如何在过去塑造了关系社会和经济秩序,

---

[①] 宁洲明(Matthias Niedenführ),德国齐柏林大学卓越领导研究所高级研究员。
[②] WIELAND J. *Relational Economics: A Political Economy* (Relational Economics and Organization Governance). Springer, 2020.
[③] 林南:《关系理性与交易理性:探讨东西方交换的基础》,载《台湾东亚文明研究学刊》2009年第6期第2卷,第71-109页。

并分析了当代中国的社会互动和商业实践是如何在相互竞争的关系逻辑和交易逻辑之间运作的。

二、中国有影响力的哲学流派

为进一步理解中国社会实践、商业行为和治理概念的哲学基础，我们将深入研究各种思想流派，这些思想流派在不同程度上塑造了个人和集体的互动方式、影响他们的价值观，在经营业务、管理公司和治理政治实体方面给予指导。在中国古代，哲学家们有一个传统，即他们会思考治国理政、资源管理以及合适的教育模式。

（一）哲学创新的时代

中国历史上创造性哲学和政治思想最丰富的阶段是两千年前一个战乱频仍、动荡不安的时期。周朝（公元前1046—前256）时引入了"天"的概念，"天"作为一个去个性化的神，使周人的统治合法化。周朝统治者声称自己是"天子"，以维护他们对"天下"的权威，充当天、人之间的中介人。如果一个王朝发生变化，"天命"就可以成为推翻这个王朝的正当理由。随着周朝的发展，天子的角色逐渐演变为礼仪性的角色。到了春秋战国时期，各个诸侯国争权夺利。这个时代孕育出了各种关于治国和军事战略的哲学思想，呈现"百家争鸣"的局面。

秦国（公元前770—前207）在诸侯国之争中最终取得了胜利，实现了货币和度量衡的统一，改善了大部分地区的基础设施，促进了经济的发展。秦朝时，儒家和法家思想之间的对立较为突出：儒家受到打压，而法家则促进了军事的强大。继秦朝之后，汉朝（公元前206—220）在汉武帝时期转而推崇儒家思想，建立文官政府，此举彰显了中国哲学的多样性及其对人们行为产生的深远影响。

（二）儒家思想

孔子（公元前551—前479）被认为是中国最有影响力的思想家，他塑造了中国和东亚国家的哲学、政治学和社会信条。汉代，儒家思想成为主流，并演变为"最强大的知识分子信仰"①。儒家思想的发展可以分为两个阶段：即从创立之初直到公元前1世纪的"创造性时代"，以及从公元前1世纪至今的"解释性时代"。② 尽管受到道教和佛教的挑战，儒家思想在整个帝国时期③依然蓬勃发展。孔子在任鲁国司寇期间，试图在道德衰落的情况下借鉴"五经"典籍中历代圣王的治世典范，复兴道德伦理。④ 后来，孔子的思想被其弟子及再传弟子编入了《论语》。

儒家强调道德性是终极愿望，认为个人在社会中的角色是相互关联的。⑤ 它强调人际关系中的伦理实践，秉持"五伦"观念，这种观念在等级结构中体现了家庭价值观，即君臣、夫妇、父子、兄弟以及朋友之间的关系，且将家庭作为社会秩序的基石。⑥ 这一哲学的基本美德之一是"仁"，即"人性"⑦（humanity）或"人心"⑧（human-heartedness）。它代表了"人类自我修养的最高成就"⑨。但在欧洲基督教语境中，"仁"并不等同于"普世之爱"。相反，它是在个人、家庭和氏族的同心圆内进行的，向外扩展的强度逐渐降低。⑩ 理想的人是"高尚的人"（君子），其充分实现了自己的道德潜力，而"普通人"（小人）没有。除了"仁"，"五常"的其他基本美德还包括义、礼、智、信。⑪

---

① TU W M. *The Global Significance of Concrete Humanity—Essays on the Confucian Discourse in Cultural China*. Centre for Studies in Civilizations, 2010, p. 37.

② FUNG Y L. *A Short History of Chinese Philosophy*. MacMillan, 1958.

③ 余英时：《汉晋之际士之新自觉与新思潮》，载《新亚学报》1959 年第 4 卷第 1 期，第 25-144 页。

④ YAO X Z. *An Introduction to Confucianism*. Cambridge University Press, 2000.

⑤ LAI K L. "Confucian Moral Thinking". *Philosophy East and West*, 1995, 45 (2), pp. 249-272.

⑥ NIEDENFÜHR M, HENNING A. "Confucianism and Ethics in Management". In NEESHAM C, REIHLEN M, SCHOENEBORN D (Eds.). *Handbook of Philosophy of Management*, Handbooks in Philosophy. Springer Nature Switzerland AG, 2020, pp. 1-13.

⑦ CHAN W T. *A Source Book in Chinese Philosophy*. Princeton University Press, 2014.

⑧ 冯友兰：《中国哲学简史》，天津社会科学院出版社 2005 年版，第 68 页。

⑨ TU W M. *Humanity and Self-Cultivation: Essays in Confucian Thought*. Asian Humanities, 1979, p. 7.

⑩ FEI X. *From the Soil: The Foundations of Chinese Society*. Translated by HAMILTON G G, WANG Z (1992). University of California Press, 1947, p. 63.

⑪ LIU H. *Chinese Business—Landscapes and Strategies*. 2nd ed. Routledge, 2018, p. 88.

在春秋战国时期，儒家思想家孟子（公元前372—前289）和荀子（公元前313—前238）发展了儒家伦理。孟子提倡"仁政"，即统治者应以道德为榜样，培养人民的忠诚和福祉。① 他相信人性本善，相信教育对培养美德的重要性。与此相反，荀子则认为人性本恶，主张以严格的法制来维持秩序，重义轻利。儒家思想对逐利持怀疑态度，这塑造了中国古代对商人的看法。孔子重视道德而非利益②，而孟子则完全反对逐利，认为逐利会对统治者带来负面的影响。③ 同样，荀子也认为，将利益置于正义之上可能会导致社会混乱，他把对利益的追求看作下层社会阶层的行为。④

儒家思想鼓励个人思索其与社会的关系，认识到个人的成功与他人的幸福息息相关，并认为应通过"自我培养"（修己）和"立己立人"（成己成人）的原则培养个人责任感和品德。杜维明认为，儒家思想避免了人类中心主义，考虑了众生的需要。⑤ 儒家思想以关系理性为基础，关注与特定群体、社会环境和与环境相关的道德行为。⑥ 儒家的理论可以应用于更大的社会单位，如家庭、企业和国家。与伊曼努尔·康德（Immanuel Kant）等西方哲学家强调固定的道德原则不同，中国的道德哲学采用了考虑相对环境的整体方法。儒家对"内圣外王"原则的应用如图1所示。

---

① CHAN W T. *The Way of Lao Tzu*. Bobbs – Merrill, 1963, p. 61.

② AMES R T, ROSEMONT H J. *The Analects of Confucius*: *A Philosophical Translation*. Ballantine, 1999, p. 91.

③ LAU D C. *Mencius*. Reprinted 2004. Penguin, 1970; YU Y S. "Toward a Study of the Evolution of Merchant Culture in Chinese History". In Yu Y, CHIU-DUKE J, DUKE M S (Eds.). *Chinese History and Culture*: *Sixth Century BCE to Seventeenth Century*, *Volume* 1. Columbia University Press, 2016, pp. 222 – 272.

④ HUTTON E L. *Xunzi—The Complete Text*. Translated and with an Introduction by HUTTON E L. Princeton University Press, 2016, p. 304.

⑤ TU W M. "The Ecological Turn in New Confucian Humanism: Implications for China and the World". *Daedalus*, 2001, 130 (4), pp. 243 – 264.

⑥ HERMANN – PILLATH C. A "Third Culture" in Economics? An Essay on Smith. Confucius and the Rise of China. Working Paper Series. Frankfurt School of Finance & Management, 119. http://hdl.handle.net./10419/45025（Accessed：20 April 2020），2011.

```
┌─────────────────────────┐          ┌─────────────────────────┐
│        内部管理          │          │        外部管理          │
└─────────────────────────┘          └─────────────────────────┘
┌───────────────────────────────────────────────────────────────┐
│                          个人层面                              │
├───────────────────────────────┬───────────────────────────────┤
│            修己                │          成己成人              │
│  个人学习如何将道德原则融入    │  个人为其他人树立道德榜样，   │
│  自己对待他人的行为中          │  并积极支持其他人的实际目标    │
└───────────────────────────────┴───────────────────────────────┘
┌───────────────────────────────────────────────────────────────┐
│                     集团层面 / 机构层面                        │
├───────────────────────────────┬───────────────────────────────┤
│    文化落地（模范文化的实施）  │    文化传播（模范文化的传播）  │
│  将团体或组织实施内部可持续    │  团体或组织实施外部推广措施，  │
│  发展措施作为其文化实践的核心  │  以便其他社区也可以这样做      │
│  部分                          │                                │
└───────────────────────────────┴───────────────────────────────┘
```

图 1　儒家对"内圣外王"原则的应用

（三）道家

与儒家的人文教义并行的是道家思想家老子的自然主义哲学，老子的思想也是中国"主要文化力量"的代表，对中国的思想、社会规范和社会政治概念产生了重大影响。① 老子（生卒年不详）和庄子（公元前365—前290）被认为是道家最有影响力的人物。这些思想家所著的经典著作在某些概念上是相似的，但在目的、核心信息和风格方法上有所不同。② 同时，这些著作也对应着道家传统的不同发展阶段。③ 最初，道家作为一种政治意识形态出现，为国家治理提供指导。④ 它将"道"（way）的概念提升为核心主题，并强调了解自然界和宇宙组织的必要性，认为其可以为制

---

① DE BETTIGNIES H C, IP P K, BAI X Z, HABISCH A, et, al. "*Practical Wisdom for Management from the Chinese Classical Traditions*". *Journal of Management Development*, 2011, 30 (7 - 8), pp. 623 - 628.

② HANSEN C. *A Daoist Theory of Chinese Thought：A Philosophical Interpretation*. Oxford University Press, 2000.

③ FUNG Y L. *A Short History of Chinese Philosophy*. MacMillan, 1958.

④ CREEL H G. *What is Taoism? And Other Studies in Chinese Cultural History*. University of Chicago Press, 1970.

定政治策略提供重要信息。①

《道德经》一般被认为是老子所著,这部著作旨在为统治者提供恢复秩序的指导,并引入了"明君"的概念,即"内圣外王"的典范。"明君"这一概念强调了个人道德修养、国内秩序的维护以及与邻国关系的管理。② 此外,《道德经》这部著作还运用水的比喻来阐释道的特性:具有生命力、能够克服最艰难的障碍、善于找到最稳定的位置。③ 道家对"内圣外王"原则的运用如图2所示。

内部管理	外部管理
个人层面	
修己	无为/不干预
个人学习如何解读自然法则以及如何与"道"和谐相处	个人体现道教价值观(柔和、谦逊、非侵略性),成为他人的榜样
集团层面/机构层面	
文化落地(模范文化的实施)	文化传播(模范文化的传播)
将团体或组织实施内部可持续发展措施作为其文化实践的核心部分	团体或组织实施外部推广措施,以便其他社区也可以这样做

图2 道家对"内圣外王"原则的运用

中国哲学深受农村生活方式和季节循环观念的影响,强调统治者应顺应自然规律。④ "自然"和"无为"等关键概念强调接受自然的限制和克

---

① MOELLER H G. *Daoism Explained*: *From the Dream of the Butterfly to the Fishnet Allegory*. Open Court Publishing, 2004; HENNIG A, NIEDENFÜHR M. *Daoism and Ethics in Management*. In NEESHAM C, SEGAL S (Eds.). *Handbook of Philosophy of Management*, *Handbooks in Philosophy*. Springer, 2020, pp. 851 – 861.

② BELL D A. *Introduction*. In YAN X (Ed.). *Ancient Chinese Thought*, *Modern Chinese Power*. London School of Economics and Social Sciences, 2011, pp. 1 – 18.

③ GRANET M. *The Chinese Thinking*. Translated by M Porkert. Suhrkamp, 1985.

④ BAUER W. *History of Chinese Philosophy*. *Confucianism*, *Daoism*, *Buddhism*. C. H. Beck, 2001; LIU X. *Non-action and the Environment Today*. In GIRADOT N J, MILLER J, LIU X (Eds.). *Daoism and Ecology*: *Ways Within a Cosmic Landscape*. Harvard University Press, 2001, pp. 315 – 339.

制行事以维护"道"的重要性。① 道家批评追求利润并不是从道德角度出发,而是认为这会让人们失去真正的自我。②

在道家思想中,关系理性侧重于在更广泛的系统中理解人的行为,这与儒家的社会要求不同。"无为"强调,在决策过程中认识到自身局限性以维持平衡的重要性。成中英认为,中国哲学为理解现实和系统性认知提供了深刻见解,将"道"描述为支配一切存在的过程,而终极(太极)则代表了系统的结构。③ 这些理念为当代关于企业社会责任和生态可持续性的讨论提供了参考。

(四) 法家

战国晚期,出现了一批被称为"法家"的思想家,后来史家司马迁在《史记》中承认了汉代的"法家"思想体系。法家强调法律的重要性,并与商鞅和韩非子等有影响力的人物联系在一起。④ 法家思想与荀子的观点一样,认为人性本质上是自私的,但荀子认为教育可以培养善良,而法家则认为道德是不可靠的,必须依赖激励和惩罚来指导社会行为。⑤

法家认为,商人"不事生产",而且由于商人具有积累财富的潜力和与敌人合作的可能,因而法家对其心存疑虑。法家会优先考虑农民和军人这两种职业,以实现"富国强兵"。尽管法家推动了工商业的发展,但其同时也主张对工商业实行严格的国家监管。⑥

---

① MILLER J. "Daoism and Nature". In GOTTLIEB R S (Ed.). *Handbook of Religion and Ecology*. Oxford University Press, 2006, pp. 220-235.

② LEGGE J. *The Writings of Chuang Tzu*. Oxford University Press, 1891.

③ CHENG C Y. "The 'C' Theory: A Chinese Philosophical Approach to Management and Decision-Making". *Sun Yat-sen Management Review*, 1994, 2 (4), pp. 1-20.

④ CREEL H G. *Shen Pu-hai: A Chinese Political Philosopher of the Fourth Century BC*. University of Chicago Press, 1974.

⑤ CHAN C C, LEE Y T. *Leadership and Management in China: Philosophies, Theories, and Practices*. 2nd ed. Cambridge University Press, 2014, pp. 4-5; NIVISON D S. "The Classical Philosophical Writings". In LOEWE M, SHAUGHNESSY E L (Eds.). *The Cambridge History of Ancient China—From the Origins of Civilization to 221 BC*. Cambridge University Press, 1999, pp. 745-812.

⑥ HERMANN-PILLATH C. *A "Third Culture" in Economics? An Essay on Smith, Confucius and the Rise of China*. Working Paper Series. Frankfurt School of Finance & Management, 119. http://hdl.handle.net./10419/45025 (Accessed: 20 April 2020), 2011.

法家对道德原则的态度使其与其他思想流派不相容。① 尽管如此，但它关注世界的现状，被认为是中国最现实的哲学之一。② 尽管儒家思想后来成为国家的主导意识形态，但法家在秦朝的建立中发挥了至关重要的作用。然而，在王朝衰落时期，法家思想重新浮出水面，并助力新王朝的建立。与儒家思想和道家思想相比，法家思想不太强调强关系理性。它侧重于依靠法律和合理使用奖惩措施，使臣民的行动与国家目标保持一致。这种方法优先考虑个人或集体的当前目标，而不是长期影响。

（五）兵家

孟子主张以和平的方式治理国家，而兵家则依靠有才能的将领为统治者征战。这一学派最著名的代表人物是古代军事家孙子，他著有《孙子兵法》，这是一本关于军事战略和战术的重要著作。这部作品在宋朝时期成为东亚最有影响力的军事经典，至今仍被视为重要的军事指南。③

孙子强调战争对国家生存的重要性，强调战略和规划的重要性，强调应避免不必要的冲突。他主张在战争中运用谋略、收集情报、随机应变，并且要考虑伦理道德，认为不战而胜是最理想的状态。④ 虽然该学派较少关注商人的作用，但其战略思维对东亚国家的商业思维产生了深远影响，使人们在商业活动中注重平衡交易方式与关系考量，以应尽量减少对平民和基础设施的伤害。

三、中国哲学中的领导形式

四大学派——儒家、道家、法家和兵家——对当代中国的道德价值观、社会规范等产生了重大影响。其领导理论可分为个体型、二元型和制度型三种。

---

① CHAN W T. *The Way of Lao Tzu*. Bobbs – Merrill, 1963, p. 251.
② PINES Y. "Legalism in Chinese Philosophy". In ZALTA E N (Ed.). *The Stanford Encyclopedia of Philosophy* (*Winter 2018 Edition*). http://plato.stanford.edu/archives/win2018/entries/chinese-legalism (Accessed: 24 April 2021).
③ MCNEILLY M R. *Sun Tzu and the Art of Modern Warfare*. Oxford University Press, 2015.
④ GAWLIKOWSKI K, LOEWE M. *Sun Tzu Ping Fa*. In LOEWE M (Ed.). *Early Chinese Texts. A Bibliographical Guide* (*Early China Special Monograph Series* 2). University of California Press, 1993, pp. 446 – 455.

（一）儒家领导原则

儒家领导原则强调个体通过自我反思或"修身养性"的自我管理，来提升个人的道德品质。它优先考虑在等级结构中以道德榜样领导，专注于教育和指导，而不是强制。这种培养方法倾向于个人和二元领导的社会化和文化濡化，而不是制度形式。[1]

（二）道家领导原则

道家领导原则强调领导者"修己"的能力，但与儒家的道德美德有所不同。他们关注的是与"道"一致的"无为"和自然行为。[2] 道家二元领导的关键价值观包括不竞争、温和与谦虚；不干涉原则提倡一种非侵略性、支持性的方法；内向—外向的领导风格（内圣外王）包括对内实行克制，对外促进合作和相互尊重。[3]

（三）法家领导原则

法家学派强调制度领导，优先考虑制定奖惩措施，使个人行动与国家利益保持一致。这些原则最初是为封建国家设计的，适用于包括企业在内的各种组织。法家认为人类的行为是由自身利益驱动的，在国家资源有限的情况下，严格的惩罚措施是确保人们服从的必要措施，因为获得来自民众的道德忠诚往往是不现实的。[4]

（四）兵家的领导原则

兵家结合了儒家、道家和法家的领导思想。孙子通过运用不同的，甚至有时是相互矛盾的领导理念来实现他的目标，并灵活处理各种情况。通

---

[1] CHAN C C, LEE Y T. *Leadership and Management in China：Philosophies, Theories, and Practices.* 2nd ed. Cambridge University Press, 2014, pp. 11 – 12.

[2] CHAN C C, LEE Y T. *Leadership and Management in China：Philosophies, Theories, and Practices.* 2nd ed. Cambridge University Press, 2014, pp. 11 – 13.

[3] HENNIG A, NIEDENFÜHR M. *Daoism and Ethics in Management.* In NEESHAM C, SEGAL S (Eds.). *Handbook of Philosophy of Management, Handbooks in Philosophy.* Springer, 2020, pp. 851 – 861.

[4] CHAN C C, LEE Y T. *Leadership and Management in China：Philosophies, Theories, and Practices.* 2nd ed. Cambridge University Press, 2014, pp. 12 – 13.

过让行动更难以预测，从而出其不意地战胜对手。① 孙子在自我领导中考虑了道德，敦促领导人在战争中追求更高的目标，同时尽量减少对平民的伤害。然而，孙子在激励士兵时依靠的是法家的激励，而不是道德诉求。在制度层面，孙子信奉道家的灵活性，认识到许多成功因素是领导者无法控制的，需要具备适应战场变化的能力。②《孙子兵法》借鉴了中国各种哲学思想，使其适用于竞争中的各种情况。它的原则，特别是道家强调的适应性，与现代管理理论非常一致。③ 不同思想流派的领导形式如图3所示。

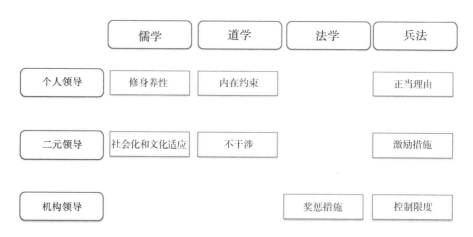

图3　不同思想流派的领导形式

四、传统商业文化中的关系理性

下面简要探讨中国哲学思想流派在过去和现在是如何影响中国的经济

---

① THEOBALD U. *Sunzi Bingfa*. http://www.chinaknowledge.de/Literature/Diverse/sunzibingfa.html（Accessed：5 May 2020）.
② CHAN C C, LEE Y T. *Leadership and Management in China：Philosophies，Theories，and Practices*. 2nd ed. Cambridge University Press，2014，pp. 12 – 13.
③ HENNIG A, NIEDENFÜHR M. *Daoism and Ethics in Management*. In NEESHAM C，SEGAL S（Eds.）. *Handbook of Philosophy of Management，Handbooks in Philosophy*. Springer，2020，pp. 851 – 861.

史、商业文化和社会实践的。

（一）儒家关系思想与中国经济史

随着时间的推移，中国的各种思想流派影响了商业文化和商人的社会认知。古典思想家认为自利会驱动行为，《史记》指出，这种趋利行为不需要教学。① 荀子认为，即使是文化英雄（cultural heroes）也无法摆脱对利益的追求。② 对于利润导向思想的社会含义，以及利润导向思想是否能够造福社会，不同的哲学流派有着不同的看法。尽管贸易和商业蓬勃发展，然而，对逐利行为的哲学批判却降低了商人的社会地位。《史记·货殖列传》对商人进行了描述，与遵循"道"的"典范人物"形成了鲜明对比。③ 尽管如此，后来的史学研究却经常忽略商人。④

"四民"（士、农、工、商）等级制度将受过教育的官吏置于顶层，其次是农民、工匠，商人则处于最底层，这反映了社会的偏见。⑤ 由于拥有潜在的财富和影响力，商人往往被统治者视为一种威胁。⑥ 官僚精英取代了贵族，科举考试对商人进行了限制，使商人一直处于较低的社会地位。⑦

尽管直至唐朝（618—907），仍然普遍存在严格的职业界限，但随着

---

① WATSON B. *Records of the Grand Historian of China*. 2 vols. 3rd ed. Columbia University Press，1986，p. 491.

② HUTTON E L. *Xunzi—The Complete Text*. Translated and with an Introduction by HUTTON E L. Princeton University Press，2016，p. 304.

③ 阮芝生：《货殖与礼义——〈史记·货殖列传〉析论》，载《台大历史学报》1996 年第 19 期，第 1 - 49 页。转引自拉希里东（L'Haridon）（2015 年），第 172 页。

④ L'HARIDON B. "The Merchants in Shiji：An Interpretation in the Light of Later Debates". In VAN ESS H，LOMOVÁ O，SCHAAB - HANK D（Eds.）. *Views from Within，Views from Beyond：Approaches to the Shiji as an Early Work of Historiography*. Harrasowitz，2015，pp. 171 - 192.

⑤ HANSSON A. *Chinese Outcasts：Discrimination and Emancipation in Late Imperial China*. Brill，1996，pp20 - 21.

⑥ KUHN D，NEEDHAM J. *Textile Technology：Spinning and Reeling，Science and Civilisation in China*，Vol. 9. Cambridge University Press，1988 p. 20.

⑦ YU Y S. "Toward a Study of the Evolution of Merchant Culture in Chinese History". In Yu Y，CHIU-DUKE J，DUKE M S（Eds.）. *Chinese History and Culture：Sixth Century BCE to Seventeenth Century*，Volume 1. Columbia University Press，2016，pp. 222 - 272.

商业的发展，这些界限在宋朝变得模糊了。① 官吏们开始与商人合作，他们利用商人进行贸易，同时维护自身的声誉。在宋朝，经济改革旨在稳定农民的生计，但在政治上却遭遇了失败。② 朱熹（1139—1193）等人呼吁回归严格的经典阐释，反对逐利行为；陆象山（1130—1200）、王阳明（1472—1529）等人则认为，人具有天生的道德感③，商人负责任的行为可以带来积极的社会效应。④

朱熹编注的"四书"建立了一个僵化的道德框架，这一框架后来成为官方学说，使得其更具经济实用价值，而对企业家更有吸引力的陆王心学则被边缘化了。⑤ 总的来说，这一时期，中国古代王朝经济史中多种哲学思想互相争锋的状态，其中儒家思想更强调道德义务。

（二）社会阶层渗透

明清时期，士大夫与商人之间的界限开始变得模糊，由此产生了两个关键的社会趋势，即士人阶层向下流动，商人阶层向上流动。人口的增长加剧了对官职的竞争，促使许多仕途失意的考生转而投身商业，这与传统价值观产生了冲突。与此同时，受过教育的商人通过融合商业思想和儒家理想来寻求社会认可，这导致了一个新的混合阶层的出现，这一阶层被称为儒贾或儒商。⑥ 这种社会群体的融合让主张严格阶级分离的保守学者感

---

① 余英时：《中国近世宗教伦理与商人精神》，联经出版事业公司1987年版；SO B K L. *Prosperity, Region, and Institutions in Maritime China: The South Fukien Pattern*, 946 – 1368. Harvard University Asia Center Publications Program, 2001.

② TILLMAN H C. "Selected Confucian Networks and Values in Society and the Economy". In BELL D A, HAHM C. (Eds.). *The Politics of Affective Relations: East Asia and Beyond*. Lexington, 2004, pp. 121 – 147.

③ GERNET J. *Daily Life in China on the Eve of the Mongol Invasion*, 1250 – 1276. Stanford University Press, 1962.

④ TILLMAN H C. "Selected Confucian Networks and Values in Society and the Economy". In BELL D A, HAHM C. (Eds.). *The Politics of Affective Relations: East Asia and Beyond*. Lexington, 2004, pp. 121 – 147；明旭：《气与志：明代"儒贾"意象的兴起——以徽商为中心的考察》，（台北）花木兰出版社2016年版。

⑤ TILLMAN H C. "Selected Confucian Networks and Values in Society and the Economy". In BELL D A, HAHM C. (Eds.). *The Politics of Affective Relations: East Asia and Beyond*. Lexington, 2004, pp. 121 – 147.

⑥ 明旭：《气与志：明代"儒贾"意象的兴起——以徽商为中心的考察》，（台北）花木兰出版社2016年版，第21 – 23页。

到不安。

商人团体（商帮）制定了非正式的行为准则，特别是在安徽、陕西和浙江地区，赢得了较高的声誉。① 以安徽商人为例，他们坚持儒家教义，从事慈善事业。② 这些"儒商"资助和组织社区项目，如建设灌溉系统、修缮基础设施和创办地方学校。③ 到了明末，士大夫和商人之间的界限已经变得十分模糊，以至于文人编写族谱时已不再隐藏他们有祖先是商人的事实。④

马克斯·韦伯（Max Weber）此前研究了宗教是如何塑造经济行为。他得出的结论是，古代中国出现了传统主义（traditionalism），而不是资本主义。⑤ 然而，有学者指出了这一结论的欧洲中心主义性质，认为中国已独立发展了成熟的市场经济。⑥ 韦伯关于资本主义在古代中国没有发展的观点遭到了反击，如有学者认为中国能够自行产生非常先进的市场经济。⑦ 因此，将中国的经济思维视为一种"经济风格或心态"更为恰当。⑧

---

① 北京大学儒商文化研究中心：《儒商人物篇》，见 http://www.pku-rswh.com/personae.asp。

② BROOK T. *The Confusions of Pleasure: Commerce and Culture in Ming China*. University of California Press, 1998, pp. 90-93；明旭：《从草根到儒商的变革理论》，见中国慈善家第 6 号（http://www.shanda960.com/shandaguan/article/4069）.

③ LUFRANO R J. *Honorable Merchants: Commerce and Self-Cultivation in Late Imperial China*. University of Hawai'i Press, 1997, pp. 90-93.

④ YU Y S. "Toward a Study of the Evolution of Merchant Culture in Chinese History". In Yu Y, CHIU-DUKE J, DUKE M S (Eds.). *Chinese History and Culture: Sixth Century BCE to Seventeenth Century, Volume 1*. Columbia University Press, 2016, pp. 222-272.

⑤ WEBER M. *Max Weber Study Edition—Economy and Society*. Mohr & Siebeck, 2016.

⑥ AMELUNG I, SCHEFOLD B. "Towards a Systematic Comparison of Different Forms of Economic Thought". In AMELUNG I, SCHEFOLD B (Eds.). *European and Chinese Histories of Economic Thought: Theories and Images of Good Governance (Routledge Studies in the History of Economics)*. Routledge, 2021, pp. 277-302.

⑦ YU Y S. "Confucian Ethics and Capitalism". In Yu Y, CHIU-DUKE J, DUKE M S (Eds.). *Chinese History and Culture: Sixth Century BCE to Seventeenth Century, Volume 1*. Columbia University Press, 2016, pp. 208-221.

⑧ HERMANN-PILLATH C. *China's Economic Culture—The Ritual Order of State and Markets (Routledge Studies in the Growth Economies of Asia)*. Routledge, 2017.

五、转型中的当代商业文化中的关系理性

(一) 西方对传统关系秩序的挑战

晚清时期,洋务运动和现代商业的兴起促使中国社会发生了重大变化。知识精英 (intellectual elites) 讨论了现代化的必要性,认为应该将西方的商业规范与中国的价值观结合起来。① 西方技术和思想的涌入挑战了既定的儒家秩序,并刺激了商业活动。政府官员和民营企业家将中国的价值观与西方的技术相结合,建立了国有生产企业和私营企业,出现了"绅商"(entrepreneur-official)。同样,在明治时代的日本,"日本资本主义之父"涩泽荣一(1840—1931)也将儒家伦理与现代商业实践相结合。②

当时,在产权问题上出现了两个派系:顽固派(保守派)和洋务派(西化派)。一方面,顽固派优先考虑"义重于利""农业重于商业"③,这与西方重农主义有一些相似之处。他们担心现代工业会损害农业经济。在工业化早期,政府官员有效地控制了商业中的关键行业,形成了等级关系。他们充当商业的守护者,期待着回报。这使得政府能够控制产权并保持垄断。④ 接受传统儒家教育的学者由于担心竞争会对社会道德产生负面影响,因此拒绝竞争。⑤ 另一方面,洋务派主张工业化和商业是国家发展的必要条件。洋务派试图将中国的制度与西方的技术结合起来(中西合璧),以增强国家实力,促进国家繁荣,同时保留传统的道德教诲。⑥ 两派都以"建设国家"(建国)为目标,但洋务派主张引入资本主义,相信

---

① ZHU Y T. "On China's Traditional Business Ethics and Its Modern Transformation". In LU X H, ENDERLE G (Eds.). *Developing Business Ethics in China*. Palgrave Macmillan, 2006, pp. 23 – 34.
② SHIBUZAWA E. *The Analects and the Abacus (Rongo to Soroban)*. Kadokawa Bunkō, 1998.
③ YU Y S. "Toward a Study of the Evolution of Merchant Culture in Chinese History". In Yu Y, CHIU-DUKE J, DUKE M S (Eds.). *Chinese History and Culture: Sixth Century BCE to Seventeenth Century*, Volume 1. Columbia University Press, 2016, pp. 222 – 272.
④ ZHU Y T. "On China's Traditional Business Ethics and Its Modern Transformation". In LU X H, ENDERLE G (Eds.). *Developing Business Ethics in China*. Palgrave Macmillan, 2006, pp. 23 – 34.
⑤ 苑书义主编:《张之洞全集》,河北人民出版社1998年版,第18 – 19页。
⑥ ZHU Y T. "On China's Traditional Business Ethics and Its Modern Transformation". In LU X H, ENDERLE G (Eds.). *Developing Business Ethics in China*. Palgrave Macmillan, 2006, pp. 23 – 34.

经济自由主义可以增强个人的权利，有利于建立平等的市场规则。①

这种方法试图消除许多以个人关系为重点的传统商业模式。中国传统的商业模式依赖于官僚、商业网络或家庭的个人关系，西方则专注于交易以及建立透明的规则和法规，以促进市场顺畅互动。

（二）清末民初的转变

辛亥革命废除帝制后，中国经历了由帝制向共和制的重大转变。传统的科举制度受到抨击，社会结构受到侵蚀。这一转变导致传统文化和私营企业都面临批评，而儒家的影响力也在不断下降。民国时期，由于内部冲突和外部侵略，中国国内资本主义发展面临重大挑战，直到1949年中华人民共和国成立前，中国国内工业化一直受阻。

这一时期，中国企业家精神的要素——关系意识、传统道德、民营企业家精神——在中国失去了立足点。在中国，传统规范的消除使得基于关系的商业伦理难以维持，而传统上这种商业伦理是将公共利益置于私有产权之上的。②

（三）文化复兴与创业回归

1978年后，随着市场和私有财产的重新出现，中国的改革开放政策为商业创造了更多的机会，提高了人民的生活水平，但也因部分国有企业的解散而引发了一些社会摩擦。随着限制的减少，研究机构和学术期刊陆续创立，20世纪80年代中国的思想文化领域掀起了"文化热"③，儒家思想开始复兴。

在中国传统受到质疑的几十年里，中国香港、中国台湾的哲学学者，以及在东南亚和美国的华人侨民都在努力维护中国哲学思想。作为新儒学（新儒家或当代儒学）的代表，他们主张复兴儒家价值观，以帮助中国探

---

① ZHU Y T. "On China's Traditional Business Ethics and Its Modern Transformation". In LU X H, ENDERLE G (Eds.). *Developing Business Ethics in China*. Palgrave Macmillan, 2006, pp. 23 – 34.

② LONG D G, CHI X. "Outline of the Institutions for Land Transactions in Traditional China". In AMELUNG I, SCHEFOLD B (Eds.). *European and Chinese Histories of Economic Thought*. Routledge, 2021, pp. 49 – 62.

③ MAKEHAM J. "The Revival of Guoxue". *China Perspectives*, 2011, 1, pp. 14 – 21; BILLIOUD S. "Carrying the Confucian Torch to the Masses: The Challenge of Structuring the Confucian Revival in the People's Republic of China". *Oriens Extremum*, 2010, 49, pp. 201 – 224.

索自己的现代化道路。这种努力是为了回应1919年五四运动的反传统主义对传统的过度批评，以及20世纪50年代至70年代末社会主义对传统的冲击。① 杜维明引入了"精神人文主义"的概念，即人与自然和谐相处对于培育道德关系以及实现有效治理有重要作用，而这一切都根植于儒家的宇宙观。② 同样，成中英批判了西方理性主义的非人性化倾向，认为它忽视了直觉和情感等本质方面。③

来自中国台湾、中国香港和海外的学者与机构合力推广中国传统文化，强调传统对中国人身份认同的重要性。④ 20世纪90年代，"国学"兴起，倡导古典教育以振兴中国文化⑤，这刺激了非官方学习机构的大量产生。

（四）传统商业伦理的转型

20世纪90年代，儒家思想的多方面复兴与"文化中国"⑥、与中国式创业的复兴相吻合。中国的早期投资者大多受过儒家思想的熏陶，他们带来了资本和儒家的商业精神。

中国新一代本土企业家从他们的前辈那里寻求灵感⑦，振兴了浙江、

---

① VAN DONGEN E. "Confucianism, Community, Capitalism: Chen Lai and the Spirit of Max Weber". In TZE‑KI H, STAPLETON K (Eds.). *Confucianism for the Contemporary World: Global Order, Political Plurality, and Social Action*. SUNY Press, 2017, pp. 19–44.

② TU W M. "The Ecological Turn in New Confucian Humanism: Implications for China and the World". *Daedalus*, 2001, 130 (4), pp. 243–264.

③ CHENG C Y. "The 'C' Theory: A Chinese Philosophical Approach to Management and Decision-Making". *Sun Yat-sen Management Review*, 1994, 2 (4), pp. 1–20.

④ JI Z. "Making a Virtue of Piety: Dizigui and the Discursive Practice of Jingkong's Network". *The Varieties of Confucian Experience*, 2018, pp. 61–89.

⑤ TANG Y J. *Confucianism, Buddhism, Daoism, Christianity and Chinese Culture*. Springer, 2015.

⑥ TU W M. "Cultural China: The Periphery as the Center". *Daedalus*, 1991, 120 (2), pp. 1–32.

⑦ NIEDENFÜHR M. "Confucian Entrepreneurship and Moral Guidelines for Business in China". In AMELUNG I, SCHEFOLD B (Eds.). *European and Chinese Histories of Economic Thought*. Routledge, 2021, pp. 259–274.

广东等以创业文化丰富而闻名的地区。① 这引发了对高等教育和商业培训的需求，开始在高校增设商学院的高管课程。一些企业家表面上以传统价值观换取社会认可②，但另一些企业家则追求将儒家思想更深入地融入企业文化，力图成为"儒商"。③

中国式的管理强调家庭和社会的联系，培育出一种人文主义管理方式来维护社会稳定。其旨在运用文化知识来培育一种企业文化，这种企业文化将现代管理和"国学"结合在一起，形成一种"中西混合"（中西合璧）的模式。④ 然而，一些学者认为将儒家传统与商品化结合的行为破坏了这些传统的本真性，他们批评这种行为是"其最终消亡的标志"⑤，认为如果儒家思想被用来支持任何特定的议程，那么儒家思想只不过是强调中国独特性的"变色龙"。⑥

成功的经济改革需要明确的物权以及能够平衡公共利益和私人利益的法律框架。传统伦理与现代市场动态之间持续存在的张力表明，这种转变仍在演变。⑦ 上述商业现象反映了许多中国商人和蓝领工人对西方交易型管理方式的不适。他们发现这些方法与中国的传统秩序和社会价值观不一

---

① RESEARCH CENTRE FOR THE CULTURE OF CONFUCIAN ENTREPRENEURS (RCCCE). *Overview of Confucian Entrepreneurs* (*Rushang renwu pian*). http://www.pku-rswh.com/personae.asp (Accessed: 10 November 2016).

② YAO M J. "Businessmen Seek Confucian Chic". *Shanghai Daily* (13 December 2011). http://archive.shine.cn/feature/Businessmen-seek-Confucian-chic/shdaily.shtml (Accessed: 20 February 2020).

③ BILLIOUD S. "Carrying the Confucian Torch to the Masses: The Challenge of Structuring the Confucian Revival in the People's Republic of China". *Oriens Extremum*, 2010, 49, pp. 201-224.

④ NIEDENFÜHR M. "*Humanistic Management with a Confucian Twist: The Case of FOTILE*". In KIMAKOWITZ E V, DIERKSMEIER C, SCHIROVSKY H, et. al. (Eds.). *Humanistic Management in Practice—Volume II*. Palgrave Macmillan, 2021, pp. 217-238.

⑤ DIRLIK A. "Confucius in the Borderlands: Global Capitalism and the Reinvention of Confucianism". *Boundary* 2, 1995, 22 (3), pp. 229-273.

⑥ LOUIE K. "Confucius the Chameleon: Dubious Envoy for 'Brand China'". *Boundary* 2, 2011, 38 (1), pp. 77-100.

⑦ ZHU Y T. "On China's Traditional Business Ethics and Its Modern Transformation". In LU X H, ENDERLE G (Eds.). *Developing Business Ethics in China*. Palgrave Macmillan, 2006, pp. 23-34.

致。① 这可以说是刻意强化中国商业伦理中的关系理性。

（五）平衡儒家思想和商业价值观

21世纪初儒家伦理在中国社会和商业中的重新认识，是在一个特殊的历史背景下发生的。1919年的五四运动，在中国共产党的创始人之一陈独秀的推动下，猛烈抨击了中国的传统。他们认为，相较于西方列强和日本而言，中国落后的根源在于儒家价值观与现代性的不兼容。在第二次世界大战后的几十年里，资本主义和儒家思想不能很好地融合的观点仍然在学者中盛行。②

日本的经济奇迹，以及中国香港、中国台湾、韩国和新加坡在经济上的成功，促使许多观察家重新评估以前对经济发展的假设。查默斯·约翰逊（Chalmers Johnson）提出了"东亚发展模式"这一概念，日本率先践行了这一模式，而其他周边国家也开始效仿。③ 彼得·柏格（Peter Berger）在讨论"庸俗儒学"时指出，植根于儒学的某些价值观有利于经济增长。他将东亚资本主义称为继西方模式之后的"第二种情况"，称其为"非个人主义"。柏格认为，西方现代性的发展表明了一种与个人主义的互惠关系。他指出，"西方文明产生了一种独特的个人主义，这种个人主义与现代性非常契合，并被输出到世界其他地区"④。20世纪90年代的"亚洲价值观"论述，主要由新加坡的李光耀和马来西亚的马哈蒂尔倡导。该论述提出了儒家价值观，如强调家庭的重要性、对高效治理的信任，以及将集体利益置于个人利益之上的倾向⑤，在促进经济发展方面发挥了重

---

① NIEDENFÜHR M. "Confucian Entrepreneurship and Moral Guidelines for Business in China". In AMELUNG I, SCHEFOLD B（Eds.）. *European and Chinese Histories of Economic Thought*. Routledge, 2021, pp. 259 – 274.

② VAN DONGEN E. "Confucianism, Community, Capitalism: Chen Lai and the Spirit of Max Weber". In TZE – KI H, STAPLETON K（Eds.）. *Confucianism for the Contemporary World: Global Order, Political Plurality, and Social Action*. SUNY Press, 2017, pp. 19 – 44.

③ JOHNSON C A. *MITI and the Japanese Miracle: The Growth of Industrial Policy, 1925 – 1975*. Stanford University Press, 1982.

④ BERGER P. "An East Asian Development Model？". In BEGER P L, HSIAO M H（Eds.）. *In Search of an East Asian Development Model*. Transaction Publishers, 1988, pp. 3 – 11.

⑤ TU W M. "The Rise of Industrial East Asia: The Role of Confucian Values". *Copenhagen Journal of Asian Studies*, 1989, 4, pp. 81 – 97.

要作用。他们认为,传统价值观帮助东亚社会避免了他们与"西方价值观"联系在一起的过度个人主义问题。

在20世纪80年代末至90年代的学术讨论中,中国传统价值观的积极作用受到包括陈来等人在内的中国学者的关注,这些学者曾受到杜维明、成中英等人的影响。他们认为,传统价值观可以在一定程度上促进中国的经济发展,同时也可以作为现代化中一些不足方面的补救措施。马克斯·韦伯在20世纪初的欧洲语境中认识到,当时社会中存在某种祛魅现象,他认为,随着宗教虔诚度的下降,价值理性的基础正在逐渐减弱,人们将主要遵循工具理性。韦伯的著作及其对传统与现代、价值理性与工具理性之间的张力等问题的探讨,得到了中国国内许多学者的回应。①

对传统的重估,以及关于传统在中国商业文化中的角色的持续讨论,影响了许多中国企业家。茅忠群(方太)、吴念博(苏州固锝)等人在企业治理中,既融合西方的管理实践和工具,同时也融入了中国的社会规范。② 他们的目标是培养像"大家庭"一样运作的公司,以家长式的方式对企业进行管理。这些组织的领导者将模范行为和道德考虑作为其领导战略,从而在其企业内培养社区意识、归属感,促进社会和谐。③

六、社会实践中的关系理性

前文强调了关系理性在中国哲学中的重要影响,凸显了在过去两千年中,关系理性在社会和商业实践中所发挥的作用。然而,西方在各个领域的主导地位的崛起影响了中国传统的儒家价值观,引发了关于如何在社会和商业语境中平衡西方现代思想与保持中国文化认同的讨论。这种持续的

---

① VAN DONGEN E. "Confucianism, Community, Capitalism: Chen Lai and the Spirit of Max Weber". In TZE – KI H, STAPLETON K (Eds.). *Confucianism for the Contemporary World: Global Order, Political Plurality, and Social Action*. SUNY Press, 2017, pp. 19 – 44.

② NIEDENFÜHR M. "Management Innovation from China? The Emerging Trend of the 'Confucian Entrepreneur'". *DCW Year Book* 2018, DCW, 2018, pp. 67 – 76.

③ NIEDENFÜHR M. "Confucian Entrepreneurship and Moral Guidelines for Business in China". In AMELUNG I, SCHEFOLD B (Eds.). *European and Chinese Histories of Economic Thought*. Routledge, 2021, pp. 259 – 274; NIEDENFÜHR M. "Humanistic Management with a Confucian Twist: The Case of FOTILE". In KIMAKOWITZ E V, DIERKSMEIER C, SCHIROVSKY H, et. al. (Eds.). *Humanistic Management in Practice—Volume II*. Palgrave Macmillan, 2021, pp. 217 – 238.

对话影响了中国过去 150 多年来的政治、经济和社会发展。值得注意的是，早期的讨论主要集中在普遍性的"大传统"上，往往忽略了本土化的"小传统"。本文的最后一节主要探讨关系理性如何塑造中国的"社区的实践"。

（一）集体在中国的隶属关系

著名社会学家费孝通（1910—2005）对中国民族的多样性进行了开创性的研究。他在 20 世纪 30 年代末的研究工作对全球理解中国的社会和文化动态做出了重大贡献。费孝通认为，中国社会从根本上植根于家庭关系，他断言亲属纽带往往优先于其他社会层面的忠诚关系。[①] 他将社会关系描述为围绕个人的同心圆，其中，家人和近亲属占据最核心的圈子，其特征是最高水平的信任和情感联系。熟人关系处于中间圈，体现了情感纽带和现实纽带，而陌生人关系处于边缘，信任度最低，人与人之间主要是工具性交流。从本质上说，对关系动态的强调在最接近个人的人身上最强，在他们网络的外部边缘的人身上最弱。中国社会背景下的关系如图 4 所示。

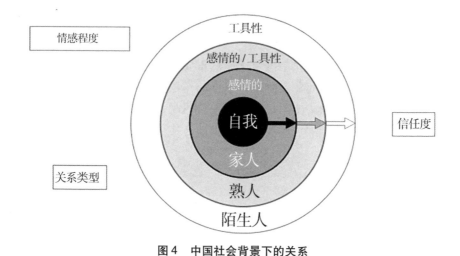

图 4 中国社会背景下的关系

[①] FEI X. *From the Soil: The Foundations of Chinese Society*. Translated by HAMILTON C G & ZHENG W (1992). University of California Press, 1947, p.63.

费孝通引入了"集体主义"的概念,以强调西方和中国在社会互动方法上的差异,如图5所示。在他看来,西方对集体成员的理解依赖于抽象的分类。在这些分类中,个体与集体平等地联系在一起,而无须考虑他们的社会关系。相比之下,中国人的社会互动具有"圈子"的特征,这种"圈子"具有包容性,并由特定情境下的实际社会关系塑造而成。①

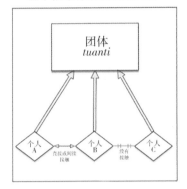
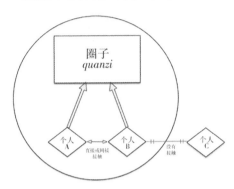

图5 根据费孝通的说法,西方和中国的群体归属关系

(二)关系和关系建立

"Guanxi"在汉语中为"关系"(relationship),指的是个人基于互利的私人及业务联系所形成的社会网络。与西方不同的是,在中国,不仅可以通过正式会面,还可以通过私人交往使这种关系更加紧密。② 在西方的管理学文献中,"关系"往往被简化为利用权力关系,但在有原则的基础上,它也可以是合乎道德的。在中国社会中,有效的社会关系管理至关重要,因为个人关系比平等的道德考虑更重要。中国哲学——除了墨家学说之外——并不存在那种无论个人的重要性、亲疏关系或等级地位如何,都将道德考虑平等地应用于所有人的概念。"关系"这一概念的特征可以由

---

① HERMANN-PILLATH C. *China's Economic Culture—The Ritual Order of State and Markets* (*Routledge Studies in the Growth Economies of Asia*). Routledge, 2017.

② GOLD T, GUTHRIE D, WANK D. *Social Connections in China: Institutions, Culture and the Changing Nature of Guanxi*. Cambridge University Press, 2002.

一种不同程度的关系网络来呈现，其中，与家人和朋友的关系较紧密，与熟人的关系较疏远，与陌生人的关系更疏远甚至不存在，如图6所示。最终，关系管理通过相互信任不断重申关系。①

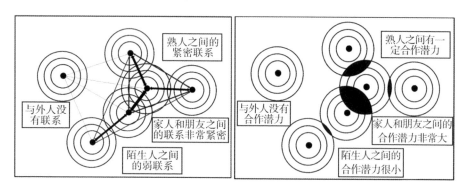

图6　关系网络中的关系强度和合作潜力

在中国，管理关系网络强调关系理性，而不是交易理性，注重个人效用和社会期望。在持久的关系中，不平等的交易可以在不需要平衡的情况下发生，因为社会信用和债务有助于维持这些关系。提供者通过接受损失来支持他人，从而获得积极的声誉。② 社会网络的范围和持久性放大了知名度和声誉，即使是社会地位较低的人也能从中受益。个人则依靠自己的社交圈来维持和提升自身的社会地位。关系反映了一种对被视为更高道德义务的社会关系的承诺。个人的社会地位或"面子"是最重要的，这使得人际关系比交易更重要。为了交易的收益而牺牲关系被认为是不道德的，这些负面的评价会损害个人在关系网络内的声誉。虽然互惠不一定是即时的或对等的，但它是从长期的角度进行评估的，因此，要优先考虑集体利益。③

---

① ZHANG X. "Practicing kinship". IN FRANKLIN S, MCKINNON S (Eds.). *Relative Values*：*Reconfiguring Kinship Studies*. Duke University Press, 2001, pp. 224-245.
② 林南：《关系理性与交易理性：探讨东西方交换的基础》，载《台湾东亚文明研究学刊》2009年第6期第2卷，第71-109页。
③ HERMANN-PILLATH C. *A "Third Culture" in Economics? An Essay on Smith. Confucius and the Rise of China*. Working Paper Series. Frankfurt School of Finance & Management, 119. http://hdl.handle.net./10419/45025（Accessed：20 April 2020），2011.

（三）关系社会中的信任构建

政治学家弗朗西斯·福山（Francis Fukuyama）认为，中国的信任关系在很大程度上植根于亲缘关系，这导致了家族企业外部的"低信任文化"，在与不熟悉的一方打交道时增加了经济交易成本。① 然而，一些学者认为，信任主要局限于内部人士，而非社会信任的普遍缺失。② 人际信任在中国企业中至关重要，企业家往往通过建立家族结构来获得合法性，并在各成员之间建立信任。关系理性的概念强调关系而不是交易，这与西方的交易理性形成了鲜明的对比。在中国的商业文化中，决策者更喜欢与他们关系网络中的人打交道，并希望通过这些关系引荐他人。中国企业家和管理者的目标是将企业转变为家族结构，家族结构为其成员与上级、其他组织单位、团队成员和下属建立信任提供了必要的合法性。③ 此外，关系理性考虑的是对未来的预期和关系带来的利益，而交易理性则侧重于与合同挂钩的即时交换。关系理性在中国社会占主导地位，而不是西方社会盛行的交易理性，这是一个需要考虑的重要差异。

在费孝通的循环模式中，关系理性在与家人和亲属的互动中最为突出，在与熟人的互动中减弱，在与陌生人的互动中最少。在中国的商业文化中，决策者往往更喜欢在开展业务之前接触对方的关系网络，旨在直接或间接地与对方通过介绍来接触。学者们注意到，虽然中国商人重视自主和自我管理，但关系理性在获取必要的社会资源方面发挥着关键作用。④ 与交易理性即专注于信息和商品的即时交换不同，关系理性考虑的是对未来的预期和关系带来的利益，突出了商业互动的长期性。

---

① FUKUYAMA F. *Trust: Social Virtues and Creation of Prosperity.* Simon and Schuster, 1995, p.133; MARSH R. "*Social Trust in Japan and Taiwan: A Test of Fukuyama's Thesis*". In SASAKI M (Ed.). *Trust in Contemporary Society.* Brill, 2019, pp. 210-229.

② LEUNG K, WHITE S. *Handbook of Asian Management.* Springer. 2004.

③ CHAN C C, LEE Y T. *Leadership and Management in China: Philosophies, Theories, and Practices.* 2nd ed. Cambridge University Press, 2014; NIEDENFÜHR M. "Confucian Entrepreneurship and Moral Guidelines for Business in China". In AMELUNG I, SCHEFOLD B (Eds.). *European and Chinese Histories of Economic Thought.* Routledge, 2021, pp. 259-274.

④ 汪和建：《自我行动与自主经营 理解中国人何以将自主经营当作其参与市场实践的首选方式》，载《社会》2007年第26卷第6期，第1-28、206页。

（四）人情关系的作用

在中国商业文化中，关系理性显著影响决策，人们往往优先考虑关系网络中关系和声誉的长期效应。个人事务和商业事务之间的区别不像在非中国语境中那么明显。理解"人情关系"概念是理解"关系"作用的关键。田浩（Hoyt C. Tillman）认为，知识分子、政治家和商人之间的情感纽带促进了合作以及社会政治活动的开展。[①] 植根于儒家价值观的商人是熟练的沟通者，并在他们的交易中利用家人或其他人的支持。[②] 任何对中国关系理性的定义都必须考虑到个人在社会中的角色，以及人情在商业互动中的重要性。

（五）灵活应用关系理性和交易理性

前文的讨论并不是说中国人在社会交往或商业交易中只关注人际关系，西方人也不是只重视交易。在中国、日本、意大利，以及美国、英国、德国、法国等具有经济竞争力的国家，关系在经济交易中发挥着重要作用。[③]

关系理性和交易理性都存在于每一种文化中，只是程度不同。声称一种文化是理性的而另一种文化是非理性的，这种说法具有误导性。历史因素导致了这种偏见。交易理性强调的是收获而不是关系，可能会主张结束关系以获得更好的机会，并要求在两者之间做出选择。这些合理性在时间框架、决策过程以及公平和沟通标准方面有所不同。交易理性和关系理性的比较如表1所示。

[①] TILLMAN H C. "Selected Confucian Networks and Values in Society and the Economy". In BELL D A, HAHM C. (Eds.). *The Politics of Affective Relations: East Asia and Beyond*. Lexington, 2004, pp. 121–147.

[②] TILLMAN H C. "Selected Confucian Networks and Values in Society and the Economy". In BELL D A, HAHM C. (Eds.). *The Politics of Affective Relations: East Asia and Beyond*. Lexington, 2004, pp. 121–147.

[③] 林南：《关系理性与交易理性：探讨东西方交换的基础》，载《台湾东亚文明研究学刊》2009年第6期第2卷，第71–109页。

表 1　交易理性和关系理性的比较

维度	交易理性 (transactional rationality)	关系理性 (relational rationality)
大体时间	短期/中期	中期/长期
决策依据	根据当前信息做出决策	基于经验和预期的决策
公平标准	交易伦理	关系伦理
理性	合同清晰以降低风险	通过建立信任和共同利益来降低风险
文化复杂性	由于互动时间短，难以解决沟通失败的问题	通过长期互动和跨文化学习来解决沟通失败的问题
道德风险	滥用不完整信息来获取单方面的优势	裙带关系，以及期望宽大处理而导致价格和质量的妥协
不公平行为的偶然性	通过罚款来处理作弊行为	通过罚款和关系破裂来解决欺骗的问题
个人观点	原子论观点	相互关联观、量子观

关系理性和交易理性各有其优点和缺点。关系理性中交易成本与裙带关系等道德风险成反比，甚至包含了价格和质量两个方面的妥协。在笔者针对儒家企业家精神所做的实证研究中，企业领导者们似乎意识到了这个问题，他们对领导和员工的道德教育都非常重视，试图弥补这种依赖关系的弱点。[①]

中国的商业决策者必须熟练地应对国内和东亚的商业环境，利用网络化的互动模式。与此同时，由于还面临着外部压力，他们需要了解西方国家的金融体系。运用相互竞争和偶尔相互冲突的逻辑的能力，既反映了中国古代哲学，也反映了当代社会现实。在中国，培育并维系关系网络在社会层面上是至关重要的，这为探究关系理性提供了大量机会。因此，中国

[①] NIEDENFÜHR M. "Confucian Entrepreneurship and Moral Guidelines for Business in China". In AMELUNG I, SCHEFOLD B (Eds.). *European and Chinese Histories of Economic Thought*. Routledge, 2021, pp.259-274.

的商业决策者或许可以采取一种灵活的做法,即根据具体情况将关系理性和交易理性结合起来。

七、结论

本文探讨了东亚国家商业和社会互动中的关系理性和交易理性,特别是在中国,关系理性和交易理性突出了中国哲学和经济史对当代行为的影响。不同的历史经验和文化认同塑造了西方的个人主义和竞争,而在东亚国家,特别是在中国,由于儒家传统更强调关系理性[1],这就涉及了在社交互动中优先考虑声誉的问题。认识到这两种理性存在于每一种文化中是至关重要的,尽管历史经常将其中一种理性提升到另一种理性之上。[2] 由于缺乏对历史和社会的理解,局外人可能很难理解中国文化中的某些行为,这使得跨文化能力对于成功的社会互动至关重要。

中国学者主张在理性的讨论中平等地考虑关系理性和交易理性。他们认为,随着中国和其他东方经济体的发展,关系理性可能会变得越来越重要,这与西方的经验类似。近年来,中国学者将关系理性的概念拓展到全球层面,提出以"天下"这一古老的概念来促进全球合作。然而,这一举措面临着挑战,但对关系治理的进一步研究仍然很重要。

---

[1] 邓斯雨、杜仕菊:《关系理性视角下铸就中华民族共同体研究》,载《广西民族研究》2020年第2期,第11 – 18页。

[2] 林南:《关系理性与交易理性:探讨东西方交换的基础》,载《台湾东亚文明研究学刊》2009年第6期第2卷,第71 – 109页。

附 录

附录一 2022—2024 年企业儒学大事记

▶ 由国务院国有资产监督管理委员会主管，中国企业联合会主办的《企业管理》杂志 2022 年 5 月号刊出"新儒商的治理智慧"专栏，编者按如下：进入高质量发展新时代，传承儒商精神，弘扬优秀传统文化，对促进企业转型升级，塑造良好形象，具有重要的现实意义。为此，本刊邀请当代著名儒学家、新儒商引领者、中山大学黎红雷教授阐释新儒商精神，四位企业家从不同角度分享他们将新儒商精神融入企业管理实践的过程和感悟，并由黎红雷教授分别予以点评，助力读者深入理解新儒商精神。"新儒商的治理智慧"专栏文章作者和题目如下：中山大学中外管理研究中心主任黎红雷教授《新时代儒商气质》、苏州固锝电子股份有限公司创始人吴念博《圣贤文化，造就固锝幸福企业》、方太集团董事长兼总裁茅忠群《以道御术，打造方太管理文化》、山西天元集团创始人李景春《成人达己，构建天元经营理念》、东莞泰威电子有限公司创始人李文良《天地人和，树立泰威文化信仰》。

▶ 2022 年 9 月 26 日，第八届尼山世界文明论坛首次设置的世界儒商文化论坛在曲阜尼山隆重举行，其宗旨在于深入阐释新儒商内涵及其在当代世界文明发展中的价值意义，全面展示新时代儒商精神，探索构建全球当代工商文明。论坛以"儒商时代价值与当代工商文明建构"为主题，下设"文明交流互鉴与统一大市场建设""齐鲁文化与儒商的形成与发展""传统儒商文化对现代工商管理的启示"等分议题，来自中国、美国、德国、澳大利亚、日本、新加坡、白俄罗斯等国家和地区的 80 余名海内外儒学名家、文化学者、知名企业家、孔子后裔等聚焦中华优秀传统文化与新时代工商文明互融共通，开展线上、线下交流对话。

- 2022年11月28—30日，首届全国新儒商年会在宁波方太集团举行。会议直播观看量109万次。年会期间举行了"全国新儒商团体第一次联席会议"，修订通过了《全国新儒商团体联席会议规则》，确定每年在全国各地轮流举办"全国新儒商年会"，并同时召开"全国新儒商团体联席会议"，为新儒商事业的发展和壮大提供了一个稳定的平台。

- 2023年4月26—28日，首届企业儒学国际学术研讨会在中山大学举行，来自中国、美国、日本、德国、新加坡、马来西亚的学者提交了55篇论文，并结集《企业儒学的开创与传承》正式出版（黎红雷主编，晁罡、胡国栋副主编，中山大学出版社2022年10月版）。会议确定每年在全国各地高校轮流举办。企业儒学的深入研究，为当代新儒商事业的发展提供了坚实的理论支撑。

- 2023年5月14日，由黎红雷、乔迁主编的《新儒商家风》新书发布仪式在中国图书的最高殿堂——中国国家图书馆隆重举行。该书由民政部健坤慈善基金会策划，全国新儒商团体联席会议秘书处推荐人选，广东轻工职业技术学院国学教育研究所采访撰写，团结出版社出版。丛书共三卷，收录了30位新儒商典范人物的访谈，记录了在他们成长过程中，家风、家训、家教的深远影响，展现了新时代"家风的力量"。第十届全国人民代表大会常务委员会副委员长、中国关心下一代工作委员会主任顾秀莲出席仪式并致辞，指出：典范人物的家风故事，是青少年道德教育的好教材，对于推动社会主义核心价值观的践行具有重要的启示作用。

- 《企业管理》2023年6月号刊出黎红雷教授组编的"新时代儒商笔谈"专栏，作者及文章如下：黎红雷（中山大学）《从传统儒商到当代新儒商》、苏勇（复旦大学）《新时代新儒商之德智胆》、张应杭（浙江大学）《中国式现代化语境下的新儒商内涵》、李平生（山东大学）《儒商精神的时代精髓》、张雄（上海财经大学）《如何认识儒商研究的定位》、李晓（中国政法大学）《弘扬中华优秀传统商业文化》、丁兴才（上海企业家）《儒商是一种价值观定义》、方秋潮（广西企业家)《"儒魂"是基石 "商才"是方法》、孔众(香港企业家)《新时代儒商六大特质》、王建宝(北京大学)《儒商刍议》、晁罡(华南理工大学)《新儒商是时代精神的杰出代表》、胡国栋(东北财经大学)《新时代新儒商与新商业文明》。

- 2023年9月26日,第二届尼山世界儒商文化论坛在曲阜尼山举办,来自海内外的企业家、专家学者代表济济一堂,围绕"传统与未来:儒商精神与中国式现代化"主题,深入阐发儒商的价值取向和共同追求,为应对当今世界百年未有之大变局、破解经济发展难题、构建人类命运共同体展开交流探讨。来自美国、德国、日本、奥地利等国家和地区的80余所著名高校、研究机构的专家学者,以及青岛啤酒、京东方、清华控股、美国伊顿等世界500强企业代表参加论坛。论坛聚焦儒商精神与中国式现代化,围绕"儒商精神与现代企业家精神""儒商道德伦理与经济伦理""多元文化与儒商文明"等分论题,开展了多场高端对话,对儒商在世界文明发展中的时代价值进行了深入阐发。

- 2023年11月20—22日,第二届全国新儒商年会暨企业高质量发展论坛在广西桂林召开。本次年会的主题是"儒商聚力,共创未来",来自全国各地的新儒商企业和团体的300多位代表交流并总结了一年来在以中国式现代化全面推进中华民族伟大复兴的新征程中,以儒家智慧指引企业健康发展所取得的成绩和体会,激发新动能,创造新伟业,走向新未来。

- 2023年11月29日,马来西亚回儒领导对话峰会在吉隆坡隆重举行。峰会得到马来西亚政府、中华人民共和国驻马来西亚大使馆支持,由马来西亚伊斯兰大学等主办,博鳌儒商论坛等联办。马来西亚首相安瓦尔,世界著名儒家学者、哈佛大学杜维明教授,世界著名伊斯兰学者、马来西亚伊斯兰大学奥斯曼教授等出席。应马方邀请,以博鳌儒商论坛理事长、中山大学黎红雷教授为团长的"中国儒商学者和企业家代表团"一行12人,应邀出席盛会,并发表演讲和对话。

▶ 2024年7月20—21日，由全国企业儒学团体联席会议秘书处指导，东北财经大学主办的第二届企业儒学学术研讨会隆重举行，来自海内外高校学者以及企业界新儒商代表共150多人出席会议。本次会议以"企业儒学的发展与中国式管理创新"为主题，安排了"企业儒学的企业实践""企业儒学的理论建构"两场大会对话，以及"企业儒学与传统儒学""企业儒学与当代新儒商""企业儒学与自我管理""企业儒学与企业治理理论""企业儒学与企业治理实践"五场平行论坛。

▶ 2024年11月23—24日，第三届全国新儒商年会暨粤港澳大湾区新质生产力论坛在广东佛山隆重举行。来自全国各地的近千名企业家济济一堂，围绕"新儒商文化与新质生产力"这一主题展开探讨。会议安排了六场平行论坛，围绕企业创新、企业出海、儒商教育、幸福企业、二代传承、百年经营等主题深入探讨，并安排了企业家圆桌论坛，主题为"新儒商文化与新质生产力在中小企业中的践行"。

▶ 2024年12月13—14日，第一届国际儒商论坛在马来西亚首都吉隆坡隆重举行，来自中国、马来西亚、日本、韩国、新加坡、加拿大、德国、乌兹别克斯坦等国家的学者和企业家共500多人出席，其中来自中国的新儒商企业家和企业儒学研究者有50多人。本次论坛的主题为"人类命运共同体和东亚文艺复兴"，参会者围绕"人类命运共同体背景下儒商文化国际传播的路径""亚洲文艺复兴与儒商文化""中国传统商业文化的现代转化""儒商的当代价值"等课题深入探讨，并围绕"企业家精神与儒商的实践""儒商的实践与世界新商业文明的构建"等主题开展中马企业家对话。会议发布了《首届国际儒商论坛吉隆坡宣言》。

▶ 2024年12月21日，在深圳孔子文化节十五周年颁奖盛典上，企业儒学与新儒商事业的引领者、中山大学黎红雷教授荣获"企业儒学杰出成就奖"。此举体现了企业界和学术界对企业儒学事业的充分肯定和鼎力支持。就在本次盛典期间，深圳两家企业联袂为企业儒学事业出力赋能。深圳二和仁爱基金会将设立"三和仁爱奖"，分设"企业儒学研究杰出贡献奖""企业儒学实践杰出贡献奖""儒学社会弘扬杰出贡献奖",以及"企业儒学研究生奖学金"等。同时,深圳天成集团企业儒学发展基金会也将设立"企业儒学研究优秀成果奖",并提供《企业儒学年鉴》每年的出版经费。这样,企业儒学的研究从人才的培养,到成果的表彰、贡献的褒扬,以至著作的出版,都得到有力的资金保障,进一步增强了我们拓展企业儒学事业的信心。

附录二　首届国际儒商论坛吉隆坡宣言[①]

当今世界，面临百年未有之大变局，政治多极化趋势进一步发展，经济全球化与逆全球化相互交织，以信息技术为代表的新一轮科技革命正在给人类社会的生产方式和生活方式带来日新月异的变化，"构建人类命运共同体"已经写入联合国文件而成为时代的最强音。在这样的时代背景下，首届国际儒商论坛以"人类命运共同体与亚洲文艺复兴"为主题，于2024年12月13—14日在马来西亚吉隆坡举行，具有特殊意义，必将在当代儒商事业发展史上留下光彩的一页，为人类社会的共同福祉做出贡献。

经与会人员广泛深入的交流讨论，达成以下共识。

（1）儒家思想是当今避免人类被灭绝的独特思维方法。在近现代文明发展中，传统的经济发展模式在给地球人类生活带来进步的同时，也带来人性的毁伤和悲剧。这种现代化发展的弊端，最早引起20世纪英国历史学家汤因比的警觉。他认为："世界统一是避免人类集体自杀之路。在这一点上，现在各民族中具有最充分准备的，是两千年来培育了独特思维方法的中华民族。"当然包括支撑这个民族文脉、赓续两千多年之久的儒家思想。

（2）儒家思想是东亚商业文明的优秀文化基因。儒家思想在价值观上有着鲜明的实践向度：追求内省、追求和合、追求崇高、追求秩序、追求知行合一、追求家国情怀以及追求心灵世界的生活意义等，构成了东亚商业文明的优秀文化基因，潜移默化地影响着商人的生存方式，乃至做事、做人的行为暗示和准则。

（3）儒商最具传统文化儒学气象。在传统东亚商业文化的流派中，唯有儒商最具有传统文化儒学气象：追求商道与人道、天道相契合；深谙孔子理财术。"诚信经商，德性做人"，精准表达了东亚传统商业文化伦理精

[①] 本宣言2024年12月14日在马来西亚吉隆坡召开的首届国际儒商论坛上发表。

神的高度与厚度。

（4）以人类生存为目标，共同奉守儒商秉性。对于美好人类的未来，21世纪开展的亚洲文艺复兴，东方传统文化价值观的介入，有着十分重要的积极意义和作用。正如诺贝尔奖获得者阿内斯·阿尔文指出："人类要生存下去，就必须回到25个世纪之前，汲取孔子的智慧。"为此，我们必须携手各国商界朋友，共同奉守儒商秉性：懂规则、讲秩序、善礼仪、德天下。

（5）儒家价值观是儒商企业经营的伦理原则。儒家价值观直接影响了儒商，"和衷共济""以和为贵""和气生财"成为儒商群体代代相传的伦理原则。和合思维应用于商业经营，则有：和生的生财之道，和处的处事之道，和立的立诚之道，和达的通达之道，和爱的博爱之道。和合，简而言之，即和平、合作。和合注重和平、发展、合作、共赢。显然，和合思维，对于儒商的企业经营具有重要的启示意义。

（6）当代儒商要自觉做到与时俱进和推陈出新。传统是相继的几代人之间相似的信仰、惯例、制度和作品的频繁的重现。对优良传统的重现是人们接受并表现规范性传统的结果。毫无疑问，传统的规范性延传，学古不泥古，破法不悖法，是传统之链与现实之链相结合的必然法则。

（7）弘扬儒商精神，促进新商业文明形成。儒商精神的当代弘扬，对于净化国际营商环境，破除市场片面追求零和竞争的符咒，有着十分重要的积极作用。在全球经济一体化发展的今天，同中求异、异中求同的发展趋势不可阻挡，尤其是互联网、高科技、产业链、国际分工、人工智能、数字经济等因素的叠加互动，促进了新商业文明核心要素的形成，包括竞争、合作、公平、创新、共赢、共享等。

（8）塑造儒商气质，走向人类命运共同体。既要开放创新，又要兼容并蓄，发挥各自商业文化的优长，最终形成东亚商业文化精神的基本特征：诚信经营、德性做人、国际视野、全球协作、勇于创新、和合共赢。我们坚信，唯有塑造这样恢弘的儒商气质，世界才能真正从利益共同体走向人类命运共同体。

为此，我们郑重宣告：
大哉孔子，道贯古今；子贡精神，代代传承。
百年变局，风起云涌；商业文明，儒商新声。
遵循大道，进退守正；仁义礼智，诚信经营。

以人为本，德法并重；义利合一，博济众生。
自强不息，与时偕行；厚德载物，合作共赢。
协和万邦，命运与共；立心立命，万世太平！

马来西亚吉隆坡
2024 年 12 月 14 日